Alper Tazegül
M. Suphi Orhan

Ön Lisans Muhasebe Öğretim Programının Değerlendirilmesi

Alper Tazegül
M. Suphi Orhan

Ön Lisans Muhasebe Öğretim Programının Değerlendirilmesi

Türkiye Alim Kitapları

Impressum / Künye
Bibliografische Information der Deutschen Nationalbibliothek: Die Deutsche Nationalbibliothek verzeichnet diese Publikation in der Deutschen Nationalbibliografie; detaillierte bibliografische Daten sind im Internet über http://dnb.d-nb.de abrufbar.

Deutsche Nationalbibliothek tarafından yayınlanan bibliyografik bilgiler: Deutsche Nationalbibliothek, bu yayını Deutsche Nationalbibliografie'de listeler; detaylı bibliyografik bilgi İnternet'te http://dnb.d-nb.de sitesinde mevcuttur.

Coverbild / Kitap kapağı resmi: www.ingimage.com

Verlag / Yayıncı:
Türkiye Alim Kitapları
ist ein Imprint der / yayınevinin bir ticari markasıdır
OmniScriptum GmbH & Co. KG
Bahnhofstraße 28, 66111 Saarbrücken, Deutschland / Almanya
Email / E-posta: info@turkiye-alim-kitaplary.com

Herstellung: siehe letzte Seite /
Basım yeri: son sayfaya bakın
ISBN: 978-3-639-67455-2

ÖN SÖZ

Bu çalışma, meslek yüksekokullarında uygulanan muhasebe öğretim programına yöneliktir. Muhasebe öğretimi ile ilgili olarak bir durum tespiti yapmak ve muhasebe programını öğrenciler ve öğretim elemanlarının tutum ve görüşleri bağlamında değerlendirmek amacı ile planlanmış, yürütülmüş ve sonuçlandırılmıştır.

Genel anlamda muhasebe programı değerlendirilirken mevcut durum ortaya konulmaya çalışılmıştır. Bu noktadan hareketle bireylerin ve toplumun muhasebe eğitiminden beklentilerinin ne olduğu üzerinde durulmuş ve muhasebe eğitiminde karşılaşılan sorunlar öncelikle ele alınarak bu sorunlara ilişkin çözüm önerileri getirilmeye çalışılmıştır.

Bu çalışma kapsam ve önerileri ile elbette ki yeterli değildir. Ancak muhasebe öğretimi ile ilgili olarak yapılacak bundan sonraki çalışmalar için bir katkı sağlayacaktır.

Yoğun akademik ve idari çalışma temposuna rağmen danışmanlığımı üstlenen danışman hocam Sayın Prof. Dr. M.Suphi ORHAN'a, doktora eğitim sürecinin her aşamasında her türlü desteği Sağlayan sayın Prof. Dr. Turan ÖNDEŞ'e, sayın Prof. Dr. Reşat KARCIOĞLU'na, Sayın Doç. Dr. Kerem KARABULUT'a, Sayın Doç.Dr. Hüseyin Ali KUTLU'ya, Sayın Dr. Ataman KARAÇÖP'e ve her zaman özverili ve olağanüstü gayretleriyle yardımını esirgemeyen Öğr. Gör. Ümit Yaşar ELYILDIRIM'a teşekkürlerimi sunarım.

Ayrıca Çalışmalarım sırasında kendisinden gördüğüm destek, sabır ve anlayıştan dolayı, eşim Ferhan TAZEGÜL'e sonsuz şükranlarımı sunarım.

İÇİNDEKİLER

SİMGELER VE KISALTMALAR DİZİNİ

AAA	:	American Accounting Association
GATT	:	Tarifeler ve Ticaret Genel Anlaşması
MEB	:	Milli Eğitim Bakanlığı
MPD-A	:	Muhasebe Programı Değerlendirme - Öğretim Elemanı
MPD-B	:	Muhasebe Programı Değerlendirme - Öğrenci
NAFTA	:	Kuzey Amerika Ülkeleri Serbest Ticaret Anlaşması
SPSS	:	Sosyal Bilimler İçin İstatistik Paketi
YÖK	:	Yüksek Öğretim Kurulu
ÖSYM	:	Öğrenci Seçme Yerleştirme Merkezi

ÇİZELGE DİZİNİ

TABLOLAR DİZİNİ

GİRİŞ

Son yıllarda meydana gelen değişim ve dönüşümler, toplumsal gelişmeleri yakından etkilemiş, toplumun ihtiyaç duyduğu insan niteliklerinin de hızla değişmesine neden olmuştur. Ulusal ve uluslar arası düzeyde kalkınmanın gerektirdiği nitelikli insan gücünü yetiştirmek hiç şüphesiz nitelikli bir eğitim sistemi ile mümkündür. Nitelikli bir eğitim sistemi ise bireyin ilgi, ihtiyaç ve beklentilerinden hareketle konu alanının özelliklerini içerisinde barındıran, toplumun beklentilerini karşılayan özellikte olmalıdır. Birey, toplum ve konu alanı kaynakları dikkate alınarak öğretim programları etkin bir şekilde geliştirilmeli, uygulanmalı ve değerlendirilmelidir.

Eğitim sistemlerindeki yapılanmalara bakıldığında, önemli bir bölümünün mesleki ve teknik eğitimden oluştuğu görülmektedir. Mesleki ve teknik eğitim ulusal ve uluslar arası düzeyde önemsenen, geliştirilen bir alan olarak karşımıza çıkmaktadır. Küreselleşen ve rekabete dayalı ilişkilerin ön plana çıktığı günümüz dünyasında, mesleki eğitimin önemli bir öğesi olan muhasebe eğitimi gözden geçirilmeli ve değişim ve dönüşümlere uyumlu hale getirilmelidir. Bu bağlamda, muhasebe eğitimi ile ilgili olarak birey, toplum, konu alanı, teknolojik gelişmeler, öğretim ortamları, öğretmen ve öğrenci rollerinin yeniden değerlendirilmesi bir gerekliliktir.

Muhasebe eğitiminin tüm öğeleri ile ilgili yapılacak değerlendirmeler, ancak mevcut muhasebe öğretim programında yer alan muhasebe öğretiminin hedefleri, içeriği, eğitim durumları ve sınama durumlarının bilimsel yaklaşımlarla ele alınmasıyla mümkün olacaktır. Elbette ki mevcut programın değerlendirilmesi için temel bazı standartlar gereklidir. Bu standartlar ise, uluslar arası düzeyde ortaya konulan kriterlere uyumlu olmalıdır. Ancak bu şekilde, bilimsel ve toplumsal gelişmeler takip edilebilir ve dünyaya uyum sağlanabilir. Bu sağlandığı takdirde, muhasebe öğretim programı yapısı itibariyle birçok özelliği kendi içerisinde barındıracaktır. Bu özellikler ile oluşturulmuş muhasebe öğretim programı, yaşam boyu öğrenme anlayışını kapsaması, bilgiye ulaşma yöntemlerini içermesi, yatay ve dikey geçişlere imkan vermesi, yetki devrini esas alması, fırsat eşitliğini gözetmesi, etkin rehberlik ve danışmanlık hizmetleri vermesi açısından önemlidir.

Bilimsel ve teknolojik alandaki gelişmeler, eğitim ve toplum arasındaki ilişkileri ve doğal olarak da muhasebe ve finansman alanını bununla beraber muhasebe öğretim programını da büyük ölçüde etkilemektedir. Muhasebe öğretim programı bu anlamda tüm unsurları ile bilimsel ve teknolojik gelişmeleri içermeli ve gerektiğinde güncellenebilir bir yapıya sahip olmalıdır. Çünkü bu değişim ile birlikte bilgisayarlar, uzaktan eğitim ve paket programlar gibi unsurlar artık muhasebe eğitiminin vazgeçilmez öğeleridir ve öğretim programlarında yer almalıdır.

Muhasebe öğretim programı ve muhasebe ile ilgili teknolojik unsurlar bir arada ele alınmalı ve meslek yüksekokullarındaki muhasebe eğitimi ile iş dünyasını bütünleştirici adımlar atılmalıdır. Bu noktadan hareketle bu çalışmada, meslek yüksekokullarında muhasebe öğretim programına yönelik bir durum tespiti yapılarak, öğrenciler ve öğretim elemanlarının tutum ve görüşleri incelenmiş, elde edilen veriler çözümlenerek aralarındaki bağıntılar ortaya konmuştur. Bu kapsamda çalışma dört bölümde ele alınmıştır. Birinci bölümde, muhasebe eğitimi ve mesleki eğitim kavramları tanımlanarak Türkiye'de ve Avrupa'da mesleki eğitim ile ilgili genel bilgiler çalışmanın içeriği dikkate alınarak verilmiştir. Bu bağlamda muhasebe eğitiminin amacı, önemi ve gerekliliği anlatılmıştır. İkinci bölümde, muhasebe öğretim programı çok yönlü olarak incelenmiştir. Bu bölümde muhasebe programın tasarımı, muhasebe program geliştirme grupları, program geliştirme grubu çalışma planı, program öğeleri ve programın değerlendirilmesi konularına yer verilmiştir. Üçüncü bölümde, materyal ve yöntem başlığı altında araştırmanın amacı, önemi, gerekçesi, araştırmanın örneklemi, araştırmanın kabulleri, sınırlılıkları, yöntemi, modeli ve araştırmada kullanılan veri toplama aracı ile verilerin toplanması ve değerlendirilmesine yer verilmiştir. Dördüncü bölümde ise, alan araştırması yer almaktadır. Bu bölümde örnekleme ilişkin sayısal veriler ile belirlenen kategorilere ilişkin elde edilen bulgular öğretim elemanları ve öğrenciler için ayrı ayrı ele alınmıştır. Çalışmanın sonuç bölümünde ise, anketten elde edilen bulgular ışığında ilgili birimlere yönelik öneriler geliştirilmiştir.

BİRİNCİ BÖLÜM

1. MUHASEBE EĞİTİMİ VE MESLEKİ EĞİTİM

1.1. Muhasebe Eğitimi

En geniş anlamıyla eğitim, toplumdaki kültürleme sürecinin bir parçasıdır. İnsanın kişilik yapısı, içinde doğduğu ve yetiştiği kültür tarafından belirlenir. Kültürel özelliklerin toplum içerisinde yeni kuşaklara aktarılması kültürleme olarak da adlandırılabilir. Bu bağlamda kültür, doğanın dışında insanın ortaya koyduğu her şey, kültürleme ise kültürel değerlerin bireye kazandırılması süreci olarak tanımlanabilir (Demirel ve Kaya, 2003, s;3-4).

Çevresiyle etkileşim halinde olarak öğrendiklerini, yani edindikleri kültürü, diğer insanlara da öğretmeye kalkışan birey, belli bir amaca yönelik olarak o insanları kültürlemeye çalışıyor demektir. Bu açıdan bakıldığında sosyolojik olarak insanların diğer insanları belli bir maksatla kültürlemelerine ya da kasıtlı kültürleme sürecine eğitim denilmektedir (Büyük karagöz ve Çivi 1999, s;26). Eğitim aynı zamanda kişinin davranış örüntülerini belli amaçlara göre değiştirme ve bireyi yetiştirme sürecidir (Sönmez, 2004, s;35, Fidan, 1986, s;6). Bu süreç sonunda topluluğun kültürel temelleri oluşmaktadır (Dahlgren ve Marton 2002).

Bu davranış örüntüleri, elbette ki belli amaçlar dâhilinde olmaktadır. Bu amaçlar dikey olarak ifade edilebileceği gibi yatay olarak ta ortaya konulabilir. Dikey olarak ifade edilebilecek olan hedefler, politik ve eğitim anlayışları ile ilgilidir. Yatay olarak ortaya konulan hedefler ise derslerin alanları ve yaklaşımları olarak düşünülebilir. Bu bağlamda Muhasebe eğitiminin ana eksenini muhasebe konu alanı oluşturmaktadır.

Ekonomik faaliyetlerin değişik yönleriyle araştırılıp, elde edilen bilgilerin değerlendirilerek işletmeler için yararlı verilerin elde edilmesi, değişik bilim dalları ve disiplinlerin konusunu oluşturmaktadır (Atamanalp, Karcıoğlu, Orhan, 2001, s;2). Politik ve eğitim anlayışları ile ders alanları ve yaklaşımları bu değişik bilim ve disiplinlerle ilişkilendirildiğinde mesleki eğitimin önemi ortaya çıkmakta mikro düzeyde analizler yapıldığında da muhasebe eğitiminin ön plana çıktığı görülmektedir. Muhasebe eğitimi, muhasebe mesleğinin gerektirdiği bilgi ve beceriyi kazandırmayı amaçlayan bir mesleki eğitim olmakla beraber politik ve eğitim anlayışları ile ders alanları ve yaklaşımları açısından toplumsal açıdan önemli görev ve sorumlulukları da içinde barındırmaktadır.

Muhasebe, bir örgütün kaynaklarının oluşumunu, bu kaynakların kullanılma biçimini, örgütün işlemleri sonucunda bu kaynaklarda meydana gelen artış veya azalışları ve örgütün finansal açıdan durumunu açıklayan bilgileri üreten ve bunları ilgili kişi ve kuruluşlara ileten bir bilgi sistemidir (Sevilengül, 2007, s;9). Sevilengül'ün muhasebeyi bütün yönleriyle kapsayan tanımına karşın; Lazol muhasebeyi fonksiyonları üzerinden tanımlamıştır. Lazol'a göre muhasebe bir işletmede ortaya çıkan mali olayları tarih sırasına göre kaydeden, sınıflandıran raporlayan ve bu bilgileri analiz ederek yorumlayan teknikler bütünüdür (Lazol, 2008, s;6). Muhasebeyi disiplinler arası ilişkileri dikkate alarak tanımlamayan Uçkaç, tanımlamasında muhasebeyi matematik, istatistik, metodoloji ve kayıt teknikleri gibi çeşitli bilimleri kullanan ve sanat değerleriyle yoğrulmuş bir süreç olarak görmektedir (Uçkaç, 2003, s;12). Ayrıntılı bir tanımlama yapan Kutlu'ya göre muhasebe; işletmenin varlıklarında ve kaynaklarında değişme meydana getiren tamamen veya kısmen mali nitelikteki ve para ile ifade edilebilen işlemlere ait bilgilerin, ilgili kaynaklardan toplanması, doğruluklarının saptanması, kaydedilmesi, sınıflandırılması, elde edilen sonuçların rapor halinde ilgili kişilere sunulması ve bu bilgilerin analiz edilip yorumlanmasıdır (Kutlu, 2009, s;3).

Küçüksavaş muhasebenin kayıt tutmayla karıştırıldığını halbuki muhasebenin kayıt tutmaktan çok daha kapsamlı olduğunu belirterek bilgilerin kaynaklardan toplanmasıyla başlayıp analiz ve yorumlamayı da içeren bir süreç olduğunu belirtmektedir (Küçüksavaş, 2005, s;5-6).

Muhasebe tanımlarının büyük bir bölümünde muhasebe işlemlerini kapsayan bir süreç tanımı yapıldığı görülmektedir. Bu süreç verilerin ilgili kaynaklardan elde edilmesiyle başlayan ve çeşitli yöntemlerle işlenmesiyle devam eden nihayetinde analiz ve yorumlanmasıyla biten aşamaları kapsamaktadır. Bu süreçte işletmenin yönetimine özellikle karar alma aşamasında yardımcı olmak önem kazanmaktadır.

Ataman da muhasebenin özellikle bu yönüne dikkat çeken bir tanım yapmıştır. Ataman'a göre muhasebe işletme eylemlerinin kontrolünü olurlu kılmak, geleceğe ilişkin işletme eylemlerini planlamak, karar alınabilmesi için mali olaylarla ilgili bilgilerin toplanması ve iletilmesi işlemidir (Ataman, 2003, s;1). Muhasebeyi bir kurallar bütünü olarak da görmek mümkündür. Bu kurallar kullanılacak belgelerin toplanma işlemlerini düzenleyeceği gibi bu belgelerin işlenmesi ve özellikle ilgili mercilere iletilmesini de kapsamaktadır. Gücenme de muhasebenin bu yönünü esas alan bir tanım yapmıştır. Gücenme'ye göre muhasebe bir işletmedeki mali olayların hesaplara ve defterlere geçirilme kurallarını ortaya koyan ve böylece bu olayların sonuçlarının analiz edilip görülmesini sağlayan bir bilimdir (Gücenme, 2002, s;6).

Muhasebeyi sadece devlete karşı yasal sorumlulukları yerine getirme süreci olarak görmek mümkün değildir. Artık işletmenin temel işlevlerini yerine getirirken her aşamada muhasebe bilgi sürecinden yararlanma gereği ortaya çıkmaktadır. Muhasebe tanımları irdelendiğinde muhasebe sürecine dahil olacak bireylerin bu iş yükünü ve sorumluluğunu üstlenebilecek bilgi ve tecrübeye sahip olmasının önemi açıkça görülmektedir. Muhasebe meslek mensubuna söz konusu bilgi ve tecrübe ancak iyi hazırlanmış bir eğitim programıyla kazandırılabilir.

İş hayatının dili olarak muhasebe uluslar arası bir öneme sahiptir. Muhasebe mesleğinin dahil olduğu alanların ve kavramların genişlemesiyle beraber muhasebeciler daha etkili olabilmek için uygun eğitsel hazırlığa sahip olmalılar (Ravenscroft, Rebel ve Pierre, 2008, s;184).

Muhasebe eğitiminin kalitesi ile ülkelerin ekonomik gelişmişlik düzeyi ve diğer ülkelerle ekonomik bağları arasında karşılıklı etkileşim vardır. Muhasebe sisteminden gelen bilgi ekonomik, politik, hukuk ve eğitim sistemlerini etkilemektedir (Saudaragan, 2004, Aktaran: Köse ve Saban, 2010, s;10-11). Geniş bir etkileme alanına sahip olan muhasebe bilgi sisteminin, gerek kullanılma durumu gerekse uluslar arası kabul edilirliği ve karşılaştırılabilirliği ancak kaliteli bir muhasebe eğitimi ile oluşturulabilir.

1.2. Muhasebe Eğitiminin Amacı

Muhasebe sağladığı bilgi nedeniyle bir yandan devletin belirlediği ve zorunlu tuttuğu bilgi ve belgelerin belirli bir düzen içerisinde oluşturulmasını sağlarken diğer yandan işletme sahipleri ve işletmeyle ilgili diğer ilgililere temel finansal bilgileri sağlayan bir bilimdir. Dolayısıyla muhasebe bilimi söz konusu finansal bilgileri kullanacak ilgililere doğru ve güvenilir bilgileri düzenlemek durumundadır. Doğru ve güvenilir bilgi üretmenin yolu da iyi eğitim almış meslek elamanı yetiştirmektir.

Muhasebe eğitimi bu eğitimi alan bireye işletme kararlarına yararlı olacak bilgilerin saptanması, toplanması, işlenmesi, kaydedilmesi, doğruluğunun denetlenmesi, özetlenmesi, sonuçların karar almada kullanılması konusunda bilgilendirilmesi ve bu bilgilerin kullanılması için öğrenci yeteneğinin geliştirilmesini amaçlamaktadır (Aysan, 1979, s;254). Muhasebe eğitimi ile bireye -öğrenciye- temel bilgiler kazandırmanın yanında kazandırılan bilginin uygulamaya geçirilmesini gerektirdiği için bu eğitimin hem teorik hem de uygulamalı bir içeriğe sahip olmasını zorunlu kılmaktadır.

Muhasebe eğitimi bir mesleki eğitim olup bu eğitimden beklenen, kişiye mesleğin gerektirdiği bilgi ve becerinin kazandırılmasıdır. Bu bilgi ve beceri ders programlarıyla öğrencilere kazandırılmaktadır ve muhasebe mesleğine ilişkin bilimsel yeterlilik hem ulusal hem de uluslararası standartlarda düzenlenmiştir. Ders programlarının bu bilimsel yeterlilik kriterlerini karşılıyor olması eğitim kalitesini ölçmede bir kriter olarak alınabilir (Zaif ve Ayanoğlu, 2007, s;117). Söz konusu bilimsel yeterliliklerin ders programlarında yer almasını sağlayacak bir komisyon oluşturulabilir (Kalmış ve Yılmaz, 2004, s;46).

Muhasebe eğitimi, hızlı küreselleşmenin sonucu olarak artık sadece ulusal düzeyde ele alınacak bir konu olmaktan çıkmıştır (Rezaee.Szendi and Elmore, 1997, s;113). Gerek Avrupa Birliği gerekse diğer uluslar arası kuruluşlar muhasebe eğitiminin uluslar arası kurallara uygun, benzer ders içeriklerine sahip ve meslek mensuplarına profesyonel özellikler kazandırmak üzere yapılanmasını gerekli kılmaktadır.

1.3. Muhasebe Eğitiminin Gerekliliği

Toplumsal hayatın dinamik, sürekli değişen yönü, bu hayatın bir parçası konumundaki işletmeleri çok hızlı bir şekilde etkilemektedir. Bu hızlı değişime işletmelerin anında cevap vermesi gerekmektedir. Bunu sağlayabilmek için işletmelerin her alanda iyi eğitim almış bireyleri istihdam etmesi gerekir.

Bu bağlamda nitelikli insan yetiştirme çabaları her meslekte olduğu gibi muhasebe meslek alanında da giderek önem kazanmaktadır. Nitelikli insan yetiştirmede öğretim elemanı, örgenci ve öğrenme ortamı unsurlarının da önemli bir payı vardır (Çevik ve Ertaş, 2001. s;30). Bütün dünyada ortak bir muhasebe eğitim temeli (Köse ve Saban, 2010, s;8), oluşturulmaya çalışıldığı bir zamanda ülkelerin muhasebe eğitimini gözden geçirerek oluşturulmaya çalışılan uluslar arası muhasebe eğitim standartlarını sağlamaları uluslar arası rekabet açısından kaçınılmaz bir zorunluluktur.

Uluslar arası muhasebe standartlarına uyumlu muhasebe standartları oluşturmanın yalnız başına yeterli olmayacağı, aynı zamanda bu standartların uygulanabilirliğini ve yaygınlaştırılmasını sağlamak gerekecektir (Yılmaz ve Ciğer, 2010, s;3). Bunu sağlamanın yolu da bilgi teknolojilerini de içeren bir muhasebe eğitim programının oluşturulmasıdır.

Muhasebe eğitiminde gelişmiş bir muhasebe uzmanı açığı vardır ve bu ihtiyaç gittikçe artmaktadır. Muhasebenin geleneksel alt sistemlerini desteklemek için (hesap uzmanlığı, vergilendirme, muhasebe yöneticiliği ve finansal raporlama) etkili muhasebe eğitimine ihtiyaç vardır.

Gelecekte daha çok ihtiyaç duyulacak denetim, e-ticaret muhasebesi, sistem danışmanlığı, vergi danışmanlığı, finansal analiz, finansal planlama, finansal rapor ve stratejik danışmanlıklar (Albert ve Sack, 2000, s;16) gibi temel alanlarda birikimli olmak, kaliteli bir muhasebe eğitimini gerekli kılmaktadır. Artık Muhasebe eğitimi alan bireyler, onları bekleyen zorluklara hazırlamak için, global düşünce ve uluslar arası muhasebe bilgisi ile donatılmalıdır (Rezaee vd., 2010, s;2).

1.4. Mesleki ve Teknik Eğitim

1.4.1. Kapsam ve Kavram

Bireyin iş hayatındaki belirli bir meslek alanında üretici olarak herhangi bir statü ile yer alabilmesi için gerekli asgari yeterliliğe ve genel meslek kültürüne sahip olmasını mümkün kılan eğitime mesleki eğitim denir. Teknik eğitim ise; ileri seviyede fen ve matematik bilgisi ile tatbiki kabiliyetler kazanmış mühendislik, tarım, sağlık, ticaret, beslenme vs. gibi her alanda yer alabilecek insanı yetiştiren eğitimdir (Ünsür, 1998, s.23). Mesleki eğitim, bireyin iş becerilerinin ve yeteneklerinin geliştirilerek, mesleki tutum ve iş alışkanlıklarının kazandırıldığı geniş bir süreci kapsamaktadır (İslamoğlu, 1997, s;2).

Ülkeler, sanayinin ihtiyaç duyduğu iş gücü gereksinimini, uluslararası deneyimlerden de yararlanarak kendi dinamiklerine göre oluşturdukları meslekî teknik eğitim yöntemleri ile karşılamaktadırlar. Mesleki eğitim; teknoloji, sosyal ve ekonomik hayatta meydana gelen hızlı değişimlere bireyin daha hazırlıklı olmasını sağlar. Mesleki eğitim okul ile endüstri arasındaki bağın sağlanması açısından önemli bir işlev görmektedir.

İş dünyasının ihtiyaçlarını gözeterek planlanan mesleki eğitim programları öğrencilerin eğitim kurumlarından iş dünyasına geçişini kolaylaştırarak istihdamın artmasını sağlayabilecektir (Mndbele ve Dlamini, 2008, s;317).

Eğitimin asıl amacı ekonomik, sosyal ve kültürel gelişmeyi sağlamanın yanında fertlerin mutlu olmasını sağlamaktır. Eğitimin etkinliği ve verimliliği sanayi ile okul arasında uyum ve amaç birlikteliğine bağlıdır. Gelişmiş ülkelerde eğitimde, düşünen, araştırabilen, sanatsal duyarlılığı olan, öz güvene sahip, girişimci bir genç kitlenin eğitilmesi amaçlanmaktadır. Sistemin diploma ve değişik sertifikalarla geniş bir alana oturacak şekilde düzenlenmesi gereği vardır. Sistemin yürütülmesinde yönetim, finansman, program geliştirme, uygulama ve değerlendirmeye kadar her safhada işveren ve işçi kuruluşları, akademik kurumlar, meslek kuruluşları, öğrenci, öğretmen ve velilerle birlikte gönüllü kuruluşların katkılarının sağlanması gerekir (Hızlan, 1997, s;24-26).

Mesleki ve teknik eğitim topluma dönük, istihdama dayalı, tüm eğitim kademelerini kapsayan, kuram ile uygulama ve iş ile eğitimi bütünleştiren bir nitelik taşımaktadır (Alkan ve Diğerleri, 1996, s;3). Mesleki eğitimin bu yönü "beceri kazandırmak veya işgücü verimliliğini geliştirmek için yapılan yatırımlar" bağlamında eğitimin üretime dönük boyutunu oluşturmaktadır (Ünal 1996, s;97). Bu boyut mesleki eğitimin iş hayatındaki amacını da ortaya koymaktadır. Sezgin'e göre mesleki ve teknik eğitimin amacı; bireyin iş piyasasındaki görevleri yerine getirebilmesi için gerekli temel davranışları kazandırmaktır (Sezgin,1980, s;24). Bireye kazandırılan temel davranışlar bireyin işe yerleşmesini sağlayacağı gibi yerleştiği işte yükselmesine de katkı sağlayacaktır.

1.4.2. Türkiye'de ve Avrupa'da Mesleki Eğitim

1.4.2.1. Türkiye'de Mesleki Eğitim

Türkiye'de mesleki eğitimin tarihini Türklerin müslüman olmalarından önceki dönemlerine kadar götürmek mümkün olabilmektedir.

Özellikle atlı-göçebe bir toplumun hem hayvan ürünlerini değerlendirmeleri hem de çeşitli araç gereç yapımı ile uğraşmaları usta-çırak ilişkisinin ortaya çıkmasını sağlamıştır. Bu yapı devletin mesleki eğitimle ilgilenmesi sonucunu doğurmuştur (Akyüz,2001, s;8). İslamiyet'in kabul edilmesiyle birlikte eğitim sisteminde önemli değişimler olmuş, özellikle planlı ve düzenli eğitim kurumları oluşturulmaya başlanmıştır. Bu kurumların en önemlisi ve varlığını cumhuriyet dönemine kadar sürdüren medreselerdir.

Türkiye'de bu günkü mesleki eğitimine benzer yapı 13. yüzyılda bir esnaf örgütü olarak ortaya çıkan Ahi Birlikleridir. Ahi Birlikleri, ekonomik ve sosyal işlevlerinin yanında, çalışanların genel ve mesleki eğitimlerini de üstlenmiştir.

Ahilik, küçük esnaf, usta kalfa ve çırakları içine alan, onların dayanışmaları kadar mesleklerini dürüstlük ve özenle yapmalarını, ayrıca eğitimlerini amaçlayan bir lonca teşkilatıdır (Akyüz,2001, s;48). Bu sistemde eğitim iş başında yapıldığı gibi iş dışında da yapılmaktaydı. İş dışındaki eğitim daha çok dini bilgiler, ahlak kuralları v.b. oluşmakta iken iş başındaki eğitim daha ziyade çalışma hayatıyla ilgili konuları kapsamaktaydı.

Ahi Birlikleri ve Loncalar daha çok yaygın eğitim kurumları olarak hizmet vermekteydiler. Bu alanda örgün eğitim kurumlarının açılması, 1847 yılında Ziraat Mektebi'nin kuruluşuna, hatta 1861 yılında Mithat Paşa'nın öncülüğünde kurulan "Islahhaneler"e kadar uzanmaktadır. Cumhuriyet öncesi dönemi, mesleki eğitimin sadece yaygın eğitim faaliyeti olarak yapıldığı dönem, hem örgün hem de yaygın eğitim faaliyeti olarak yapıldığı dönem olarak ele almak mümkündür (Ünsür, 1998, s.49). Bu dönem kurulan örgün mesleki eğitim kurumlarının önemli bir bölümü askeri amaçlıdır (Mühendishane-i Bahri-i Hümayun (1773), Mühendishane-i Berri-i Hümayun (1793), Mühendishane-i seddi-i Hümayun (1848), Mühendishane İdadisi (1848), İdadi Sanayi Okulu (1848), İmalat Harbiye Nazari Mektebi (1908).

Aynı dönemde; Tanzimat'tan sonra bozulan esnaf teşkilatını düzeltmek, sanatkârları okulda yetiştirmek, yerli sanayi ürünlerini düzelterek ülke ihtiyacını karşılayacak düzeye yükseltmek için askeri amaçlı olmayan mesleki eğitim kurumları da oluşturulmuştur. Bu dönemde;

- ✓ Erkek Sanat Okulları
- ✓ Kız Sanat Okulları
- ✓ Ticaret Okulları
- ✓ Ziraat Ameliyat mektepleri
- ✓ Çiftlik mektepleri
- ✓ Amele mektepleri
- ✓ Bahçıvanlık mektepleri
- ✓ Dârülharirler (İpekçilik Okulları)
- ✓ Ormancılık Okulları
- ✓ Veteriner mektepleri
- ✓ Şimendifercilik okulları
- ✓ Mühendis Mektebi
- ✓ Posta ve Telgraf Yüksek Okulu
- ✓ Kadastro Yüksek Okulu gibi mesleki eğitim kurumları açılmıştır.

Gerek ordu ihtiyacını karşılamak için kurulan meslek sanat okulları gerekse ülke sanayisini korumak için kurulan meslek ve sanat okulları beklenen verimi ortaya koyamamışlardır. Bunun başlıca nedenleri dönemin yönetiminin mesleki eğitime gereken önemi vermeyişi, bir diğeri de kapitülasyonlardı (Ünsür, 1998, s.53).

Mesleki eğitimin önemli bir unsuru olan çıraklık mektepleri Osmanlı Devleti bünyesinde ilk kez 1914 yılında açılmıştır. Bu okulların açılış gayesi, okuma çağında olup da gündüzleri sanat ve ticaret erbabı yanında çalışmak zorunda olan çocuklara ilköğrenim (iptidai tahsili) temin etmekti. Son olarak, 1915 ve 1916 yıllarında İstanbul ve İzmir'de Şimendifer Mektep'leri açılmıştır. (Ünsür, 1998, s.54).

Cumhuriyet'in kuruluşu ile birlikte devlet, mesleki ve teknik eğitimin durumu ile ilgilenmeye başlamıştır. l. Dünya Savaşı'nda ve Kurtuluş Savaşı'nda teknik eleman eksikliğinin meydana getirdiği sorunların fazlasıyla yaşanmış olması, ekonomik ve sosyal gelişme için bireylerde yeni yeteneklerin geliştirilmesi zorunluluğu ve genel becerili işçi düzeyinde nüfus artması sonucunda boşluğu doldurmak ihtiyacı, mesleki eğitim üzerinde dikkatlerin yoğunlaşmasını gerektirmiştir (Doğan, 1983, s.360). Bu dönemde diğer okullarla birlikte meslek okulları da merkezi yönetimin kontrolüne alınmıştır. Bu kapsamda mesleki ve teknik okulların program, araç-gereç, öğretmen yetiştirme ve atama yetkisi bakanlığa verilmiş ve mesleki ve teknik okulların program ve okul sürelerinde birliktelik sağlanmaya çalışılmıştır (Türk, 1999, s;64). Yine bu dönemde yaygın eğitim kurumları ile ilgili yasal düzenlemeler yapılarak mesleki eğitimin örgün eğitimin yanı sıra yaygın eğitimle de düzenli bir şekilde yürütülmesi amaçlanmıştır.

Bu dönemin önemli gelişmelerinden biri de batının eğitim uzmanlarının fikirlerinden yararlanmak için Türkiye'ye davet edilmeleridir. Söz konusu uzmanlar yaptıkları incelemeler sonucu raporlar hazırlayarak bakanlığa sunmuşlardır.

Gerek yabancı gerekse Türk uzmanların, eğitimcilerin mesleki ve teknik öğretim konusunda hazırlamış oldukları raporları tetkik etmek üzere bakanlıklar arası bir komisyon kurulmuş ve komisyon bir rapor hazırlayarak bakanlığa sunmuştur (Turan, 1992, s;86). Raporda çıraklık okullarının açılması, mahalli sanatlarda çalışanlara mesleki bilgiler kazandırmak amacıyla gezici ve geçici kursların açılması, uzman- kalifiye işçi yetiştirmek maksadıyla meslek ve sanat okullarının açılması gibi konular yer almaktaydı.

1940 ile 1950 yılları arası, ülke ihtiyacı olan insan gücünün örgün mesleki eğitim kurumları vasıtası ile yetiştirilmesine çalışılmıştır. Bu dönemde mesleki eğitim alanında yapısal, finansal ve hukuksal açıdan önemli gelişmeler sağlanmıştır (Ünsür, 1998, s.55). II. Dünya Savaşı'nın sebep olduğu ekonomik sıkıntıların aşılması için mesleki ve teknik okullara ayrıca ödenek tahsis edilmesi yoluna gidilmiş, bunun yanı sıra Avrupa Konseyi iskan fonundan da kredi temin edilerek mesleki teknik eğitimin ihtiyaç duyduğu kaynak sağlanmaya çalışılmıştır (Turan, 1996, s;86).

Planlı dönemlerle birlikte mesleki ve teknik eğitimin geliştirilmesi için gerekli düzenlemeler yapılarak ihtiyaç duyulan kaynakların sağlanmaya çalışıldığı bir dönem başlamıştır. Birinci beş yıllık kalkınma planında "iş başında eğitim" ile ilgili konular ele alınmıştır.

II. Plan döneminde, eğitimin sanayi ile ilişkisi kurularak örgencilerin iş yaşamına uymasını öğretim sırasında sağlamak ve öğretim ile sanayi arasında doğrudan doğruya ilişkiler kurmak için staj ve uygulama çalışmalarının sanayi kuruluşlarında yapılması için gerekli tedbirlerin alınması kararlaştırılmıştır.

III. Plan döneminde ise mesleki ve teknik öğretim sisteminin yapısında yapılmak istenen değişikliklerin gerçekleştirilmesiyle ilgili tedbirler ele alınmıştır. Bu kapsamda "Mesleki ve Teknik Yaygın Eğitim Kurumu", "İş Öncesi Eğitim Merkezleri" ve "Meslek İhtisas Merkezleri"'nin kurulması kararlaştırılmıştır (Turan, 1996, s;90). Bu dönemi takiben mesleki eğitimde ilginin yüksek öğretime kaydığı görülmektedir.

IV. plan dönemi ve takip eden diğer beş yıllık plan dönemlerinde mesleki ve teknik eğitime çeşitli yönleriyle yer verilmiş, yapılması gereken çalışmalar planlarda yer almıştır.

1.4.2.2. Avrupa'da Mesleki Eğitim

Avrupa Birliği'nin eğitim ile ilgili tüm konularda ana politikası Lizbon zirvesinde belirtildiği gibi dünyadaki en rekabetçi ve dinamik bilgi ekonomisi haline gelmek ve bu sayede gerçekleştirilecek sürekli büyüme ortamında daha iyi işler ve daha fazla sosyal uyum yaratmaktır.

Avrupa Birliği'nin genişlemesi ve sürekliliğinin sağlanmasında önemli bir role sahip olan eğitim, birliğin gerçekleştirmeye çalıştığı politikaların başarısında kilit bir rol üstlenmektedir (Gültekin ve Anagün, 2006, S;145).

Avrupa'daki eğitim yönelimlerine bakıldığında özellikle son yıllarda ülkelerarası işbirliğinin gittikçe artan oranlarda destek bulduğu görülür. Buna karşın eğitimdeki ortak hedeflere ulaşım amacıyla yapılan çalımsalar genelde sistemli ve kurumsal yapılar çatısı altındadır. AB, gelecek yüzyılın eğitim planlamaları doğrultusunda örgün ve yaygın eğitim gereksinimlerini dikkate alarak üye ülkelerin bilgi potansiyellerini artırmak, karşılaşılan güçlükleri aşma noktasında yardımcı olmak ve gelecek nesillerin karsılaşacağı problemleri önceden belirleyerek çözüm üretmeyi öncelikli hedefleri arasına almıştır. (Kocatürk, 2006, s;13).

AB'nin, mesleki ve teknik eğitimle ile ilgili politikalarını oluştururken öncelikle ele aldığı bazı dinamikler vardır. Özellikle işsizlik sorunun çözülmesi ve yaşam boyu eğitimin sürdürülmesi mesleki eğitimin ana dinamiklerini oluşturmaktadır (Özsoy, 2007, s;92-93). Mesleki ve teknik eğitimin devamında yüksek eğitime devam edebilme olanakları hazırlama, mesleki ve teknik eğitim alanlara çekici kariyer olanakları sağlama, mesleki danışmanlık sistemi oluşturma gibi çalışmalar bu dinamikleri gerçekleştirmek için mesleki ve teknik eğitim politikalarını belirlemede önem verilen konular olarak belirlenmiştir (Zengingönül, 1999, s;25).

Avrupa Birliği mesleki eğitimde kaliteyi artırmak, işbirliği olanaklarını geliştirmek, bilgi paylaşımı ve akışını sağlamak, etkin bir eğitim sistemi oluşturmak için mesleki eğitim programları geliştirmiştir. Bu programların etkin olarak kullanılanları;

Leonardo Da Vinci

Socrates

Erasmus: Yüksek Öğretim

Comenius: Örgün Eğitim - Üniversite Öncesi Okul Eğitimi

Grundtvig: Yaygın Eğitim - Yetişkin Eğitimi ve Hayat Boyu Eğitim
Minerva: Açık-Uzaktan Eğitim ve Eğitimde Bilgi ve İletişim Teknolojileri
Lingua: Avrupa Dilleri Eğitimi

Leonardo Da Vinci Programı Maastricht anlaşmasına dayanmaktadır. Programda uygulamaya konulan Projelere mesleki öğretimle ilgili olarak üniversiteler, öğretim merkezleri, ticaret odaları, isletmeler ve sivil toplum kuruluşları katılmaktadır. Leonardo Da Vinci Programı ile özellikle AB'ye üye ve aday ülkelerin mesleki ve teknik eğitimlerine yönelik politikalarını desteklemek ve geliştirmek amaçlanmaktadır.

Socrates Programı Avrupa Birliği Antlaşmasının 149 ve 150. maddelerine dayanılarak hayata geçirilmiştir. Söz konusu maddelere göre, Birlik üye devletlerle yakın işbirliği içinde, bir dizi eylemi uygulamaya koyarak eğitimde kalitenin geliştirilmesine katkıda bulunacaktır. Antlaşma, aynı zamanda, Birliğin bütün vatandaşlarının hayat boyu öğrenme imkânlarını geliştirme taahhüdünü de içermektedir (Kocatürk, 2006, s;42).

Erasmus programı hayat boyu öğrenme programının bir alt faaliyetidir. Erasmus programı yükseköğretim kurumlarının birbirleri ile işbirliği yapmalarını teşvik etmeye yönelik bir programdır. Yükseköğretim kurumlarının birbirleri ile ortak projeler üretip hayata geçirmeleri; kısa süreli öğrenci ve personel değişimi yapabilmeleri için karşılıksız mali destek sağlamaktadır. Bunun yanı sıra yükseköğretim sistemini iş dünyasının gereksinimlerine uygun olarak geliştirmek ve üniversite mezunlarının iş dünyasında istihdam edilebilirliğini arttırmak amacıyla yükseköğretim kurumları ile çalışma çevreleri arasındaki ilişkilerin ve işbirliğinin arttırılmasını da teşvik etmektedir.

Okul eğitimi ile yakından ilgili olan Comenius Programı, Lizbon hedeflerine ulaşabilmek için öğrenciler ve eğitim personeli arasında Avrupa kültür ve dil çeşitliliği ile değerleri hakkında bilgi ve anlayış oluşturmayı, işbirliğini güçlendirmeyi, aktif bir Avrupa vatandaşı olma yolunda öğrencilerin kişisel gelişimleri için gerekli olan temel becerileri ve yeterlilikleri edinmelerini amaçlamaktadır.

Grundtvig Programı, bilginin sürekli yenilenmesi neticesinde oluşan gereksinimleri karşılamak ve yetişkin kişilere yaşamları boyunca, bilgi ve niteliklerini geliştirmek için imkânlar sunarak istihdam olanaklarını artırmak ve toplumda meydana gelen değişikliklere uyum sağlamalarını amaçlar. Grundtvig, mesleki eğitim dışında her çeşit yetişkin ve yaygın eğitim üzerine odaklanır. Yaygın eğitim içindeki öğrenci, öğretmen, eğitmen ve diğer personelle yetişkin eğitim alanındaki eğitim kurumları ve bu tür eğitim fırsatları sunan kuruluşları hedefler. Yaygın eğitim kurumları başta olmak üzere sivil toplum kuruluşları, araştırma merkezleri, danışmanlık ve bilgi/iletişim kuruluşları ile özel kuruluşlar, yüksek öğrenim kurumları vs. ülkeler arası ortaklıklar, Avrupa projeleri ve ağlar kurarak birlikte çalışabilirler. Bu tür kurum ve kuruluşlarda yetişkin eğitimi faaliyeti yapanlar aynı zamanda uluslararası hareketlilik faaliyetlerinde de bulunabilirler.

Minerva Programı Açık ve uzaktan eğitimin geliştirilmesi, çoklu ortam ürünlerinin artırılması ve çeşitlendirilmesi ve eğitimde bilgi ve iletişim teknolojilerinin kullanılması konularında yoğunlaşmış bulunmaktadır. Bunu yaparken de bilgi ve iletişim teknolojilerinin kullanımının bilgi, beceri ve yeteneği kesin olarak ilerlettiği görüşünün vurgulanması noktasından hareket etmektedir.

Lingua Programı Avrupalılara kendi anadillerinden farklı olarak, Topluluk üyesi ve aday ülke dillerinden en az iki tanesini daha öğretmeyi amaçlamaktadır. Dilin kültürel önemini göz önüne alarak bugün çok az konuşulan ve kullanılan İrlandaca ve Lüksemburgça gibi dillerin de unutulmaması hedeflenmektedir. Program Avrupa dillerinin, daha kaliteli, yaşam boyu eğitim ve öğretimini yaygınlaştırmak, özendirmek ve desteklemek için çalışır (UA, 2010).

İKİNCİ BÖLÜM

2. MUHASEBE ÖĞRETİM PROGRAMI

2.1. Program

Program genel olarak yapılması gereken bir işin bölümlerini yapılış sırasını, zamanını ve nasıl yapılacağını gösteren bir tasarı olarak tanımlanır (Büyük karagöz ve Çivi b, 1997, s;1).

Program aynı zamanda hedeflere ulaşmak için yapılacak etkinliklerin düzenlendiği bir süreçtir (Demirel, 2001, s;7).

2.2. Program Türleri

Eğitim alanındaki program türleri eğitim programı, öğretim programı ve ders programı olarak sıralanabilir. Bu sıralama kapsamı en genişten en dara doğrudur (Demirel, 2001, s;7, Büyük karagöz ve Çivi b, 1997, s;1,).

2.2.1. Eğitim Programı

Ülkelerin eğitim sistemlerinin temelini eğitim programları oluşturur. Çünkü nasıl bir insan yetiştirileceği sorusunun cevabı eğitim programlarında ifadesini bulur (Yüksel, 2003).

Eğitim programı, öğrencilerde beklenen öğrenmeyi meydana getirebilmek için planlanmış faaliyetlerin tamamı olarak tanımlanabilir (Doğan, 1975:36).

Tan eğitim programı kavramının, belli bir okulda veya eğitim kurumunda öğrencilerin arzulanan hedefleri kazanmaları için yapılacak tüm öğrenme-öğretme etkinliklerini içeren program olarak değerlendirmektedir (Tan, 2005, s;11).

Bu değerlendirmeler dâhilindeki etkinliklerin kapsamını milli eğitimin ve okulun amaçları belirler. Eğitim programı, okulun ve öğretmenin yol göstericiliği altında, okul içi ve okul dışındaki bütün öğrenme ve öğretim faaliyetlerini kapsar . Bu anlamda, yönetmelikler, öğretim programları, sosyal kol çalışmaları, özel günlerin kutlanması, rehberlik hizmetleri, sağlık çalışmaları, geziler, yetiştirme kursları, kültürel, okul -endüstri veya işyeri ilişkileri, sanat vb. çalışmalar eğitim programı kapsamına girer (Varış, 1996, s;14, Demirel, 2001, s;7, Küçükahmet a, 2001, s;8, Küçükahmet b, 2003, s;9).

Eğitim programı kavramı öğretim programı ve ders programı kavramını da içine alan çok daha geniş ve çağdaş bir kavramdır (Büyükkaragöz ve Çivi, 1999, s;190).

Öğrencileri etkili biçimde iletişim kurmaları için hazırlamak, uygun gerçekçi analizleri uyarlamak ve karşılarına çıkan durumlarda doğru kararlar vermeleri için bu yeni yüzyılda muhasebe öğretim programını değiştirmek ve uyarlamak gereklidir. Bu değişim ve uyarlama; bireyin, toplumun ve konu alanının ihtiyaçlarına duyarlılık gösterebilmek için muhasebe öğretim programının sürekli geliştirilmesini zorunlu kılmaktadır (Rebele & Tiller,1986; Hassel,1991).

İyi bir eğitim programının özellikleri şu şekilde sıralanabilir (Demirel, 2001, s;8, Büyükkaragöz ve Çivi a, 1999, ss;191-194);

1. İyi bir eğitim programı, birey ve toplum ihtiyaçlarını karşılayabilecek işlevselliğe sahip olmalıdır.
2. Eğitim programları, belli hedefleri / kazanımları gerçekleştirmek üzere oluşturulmalıdır.
3. Eğitim programı gereksiz ayrıntılara girmeden, öğretme-öğrenme etkinliklerine ana hatları ile yer veren çerçeve program özelliği taşımalıdır.
4. Öğrenciler arasında bireysel farklılıklar, okulların farklı özelliklere sahip olması ve hızlı toplumsal ve bilimsel değişimler iyi bir eğitim programının esnek olmasını gerektirir.
5. Eğitim programları toplumun değer, görüş ve isteklerine uygun olmalıdır.
6. Eğitim programı uygulanabilir olmalıdır.
7. Eğitim programları hem bilimsel ilkelere uygun olmalı hem de bilimsel bilgiyi kullanmayı öğretmelidir.
8. Ekonomiye uygunluk ve genellik özelliği taşımalıdır.

2.2.2. Öğretim Programı

Öğretim programı, eğitim programı içinde ağırlık taşıyan ilgili alanlara yönelik belli başlı bilgi kategorilerinden oluşan bazı okullarda bilişsel yönü ağırlıklı bazı okullarda ise devinişsel yönü daha çok ön plana çıkaran, bilişsel, duyuşsal ve psiko motor öğrenme alanlarını kapsayan hedeflerin kazandırılmasına yönelik program türü olarak tanımlanabilir. Öğrenme ve öğretme süreçleri ile ilgili tüm faaliyetleri kapsayıcı özelliğinin yanı sıra ders programlarının birleşmiş haline de öğretim programı denir (Demirel, 2001, s;7, Varış, 1996, s;14 Küçükahmet b, 2003, s; 9, Büyükkaragöz ve Çivi a, 1999, s;190, Büyükkaragöz ve Çivi b, 1997, s;2).

Öğretim programı ayrıca okulların davranış değiştirmek için göstereceği çabalar olarak da ifade edilebilir (Özçelik, 1993, s;2).

Oliva ise öğretim programı üzerine yapılan tanımlamalardan bazılarını: a)öğretim programı, okulda öğretilenlerdir, b) derslerin sıralanmasıdır, c) konu içeriğidir, d) çalışma programıdır, d) okulun yönlendirmesi ile okul içinde ve okul dışında öğretilen her şeydir ve e) okul personeli tarafından planlanan her şeydir, şeklinde sıralamaktadır (Oliva, 1988, s;8).

Ornstein ve Hunkins (1988:6), öğretim programını tanımlama şeklinin büyük ölçüde öğretim programına yaklaşım tarzının bir etkisi olduğunu belirtmekte ve yaklaşım tarzı ile buna getirilen tanımın birbiriyle ilişkili olduğunu vurgulamaktadır (Ornstein ve Hunkins, 1988, s;6).

2.2.3. Ders Programı

Ders programı, öğretim programı içinde yer alan, bilgi kategorilerinin ve faaliyet alanlarının eğitimin hedefleri ile ilişkili olan içerik, öğretme öğrenme süreçleri ve değerlendirme bölümlerini içeren programlardaki esasları davranışa dönüştüren program türüdür. Bu program aynı zamanda öğretımı ön görülen bir dersin amacını, süresini, uygulama ve değerlendirmelerini de kapsar (Demirel, 2001, s;7, Varış, 1996, s;14 Küçükahmet b, 2003, s; 9, Büyükkaragöz ve Çivi a, 1999, s;191, Büyükkaragöz ve Çivi b, 1997, s;3).

Ders programlarının en önemli özelliğinin, gerçekleştirilmesi düşünülen hedeflerin, hedef davranışlara yani gözlenebilir öğrenci davranışlarına dönüştürülerek planlanmasıdır (Gürol, 2004, s;7).

2.3. Program Geliştirme

Uygulamalı bir bilim alanı olan eğitimde istenilen sonuçlara ulaşmanın en etkili yollarından birisi, bilim ve teknolojide meydana gelen değişme ve gelişmelere paralel olarak eğitim programlarının da sürekli olarak geliştirilmesini sağlamaktır (Erişen, 1997).

Eğitim öğretim ve ders programı kategorileri daha çok yazılı, basılı, hazırlanmış materyallerle ilgilidir. Bu yazılı, basılı ve hazırlanmış materyallerin kapsadığı amaçların ve ilkelerin gerçekleşmesi için yararlanılan esas, ilke ve etkinliklerin tümü program geliştirme kapsamına girmektedir (Varış, 1996, s;15).

Program geliştirme; eğitim programlarının tasarlanması, uygulanması, geliştirilmesi, değerlendirilmesi ve değerlendirme sonucu elde edilen bulgulara göre yeniden tasarlanıp, düzenlenmesi süreci olarak tanımlanabilir (Demirel, 2001, s;6).

Eğitimde program geliştirmenin temelinde, sosyo-kültürel ve bilimsel teknolojik dinamizmin her geçen gün daha fazla nitelikli insan gücü gerektirmesi yatmaktadır. Çeşitli alanlardaki dinamizm eğitim programlarının da dinamik olmasını gerektirmektedir (Varış, 1996, s;16).

Eğitim programlarının kalitesinin temel göstergeleri mezunların davranışları ve kazanılan uzmanlıklardır (Spiel, Schober, Reimann, 2006).

2.4. Muhasebe Eğitim - Öğretim - Ders Programı Geliştirilirken Esas Alınan İlkeler

Program geliştirme: eğitim programının hedef, içerik, öğrenme-öğretme süreci (eğitim durumları, yaşantılar) ve değerlendirme öğeleri arasındaki dinamik ilişkiler bütünüdür. Bu öğeler arasındaki ilişkileri belirleme sürecinde bu dinamizme dikkat edilmelidir. Çünkü bir öğede olabilecek herhangi bir değişiklik bir diğer öğeyi mutlaka etkileyecektir. Program geliştirme alanı daha geniş bir şekilde tanımlandığında programların tasarlanması geliştirilmesi, uygulanması, değerlendirilmesi ve bu değerlendirme bulgularına dayalı olarak tekrar geliştirilip uygulanması süreci olarak ifade edilebilir. İşte hem bu program öğeleri hem de program öğeleri arasındaki dinamizm dikkate alındığında bazı temel ilkelerden hareket edilmelidir.

Muhasebe öğretim programlarının geliştirilmesinde de genel anlamda dikkat edilmesi gereken bazı temel ilkeler söz konusudur. Bu ilkeler (MEB-YÖK İşbirliği Kılavuzu);

Yeterliliğe Dayalı Olma

Muhasebe "Meslek Elemanı" unvanı taşıyacak bireyin sahip olması gereken bilgi, beceri ve alışkanlıkların genel olarak saptanması gerekmektedir. Her bir dersin amacı, konuları ve öğrencinin kazanması gereken davranışlar belirtilmelidir.

Geçerlilik

Muhasebe öğretim programının hem gelişen teknolojiye uygun, hem de piyasada geçerliliğinin olması gerekir. Bu açıdan bakıldığında işveren kesimi ile meslek elemanının görüşleri anket ve diğer yollarla tespit edilir. Tespit edilen bu temel görüş ve beklentiler değerlendirilir. Değerlendirmeden elde edilen veriler öğretim programının geçerliliği açısından referans olarak kullanılır.

Uyumluluk

Muhasebe öğretim programının uyumluluğu;

- Gelişen teknoloji ve piyasa uyumluluğu,
- Orta öğretimden meslek yüksekokullarına,
- Meslek yüksekokullarından lisans eğitimine geçiş şeklinde düzenlenmektedir.

Çeşitlilik

Muhasebe öğretim programı geliştirilirken ikinci sınıfta dallar (branşlaşma) oluşturularak öğrencinin ilgi ve kabiliyetleri doğrultusunda eğitim alma imkânı sağlanmaktadır.

Esneklik

Muhasebe öğretim programı geliştirilirken birinci sınıfta bütün dersler ortak plânlanmaktadır. İkinci sınıfta ise alt dallar İle birlikte seçmeli dersler ve yönlendirilmiş çalışma dersleri ile öğrencinin her türlü eğitim ihtiyacını giderici bir esneklik kazandırılmaktadır. Daha da ileri gidilerek bölgesel ihtiyaçlara göre de seçmeli derslerin konulabileceği ilke kararı olarak alınabilmektedir. Böylece yüksekokulun imkânları, bölgesel ihtiyaçları ve öğrencinin istekleri doğrultusunda esneklik sağlanmaktadır.

Gerçek Ortamda Eğitim

Mesleki eğitim veren kurumlarda gerçek ortamda eğitimin önemi tartışılmaz bir gerçektir. Bu anlamda öğretim programları geliştirilirken 1. ve 2. sınıfın sonunda altışar haftalık (6 hafta veya 30 iş günü) Endüstriye Dayalı Öğretim (Staj) yapma imkânı tanınmaktadır. Bu uygulama ile öğrenciye almış olduğu eğitimin iş yerlerinde uygulanmasını görme imkânı sağlamanın yanı sıra, gelecekte yapacağı işlerle ilgili seçim yapma fırsatı da sağlanmış olur.

Denklik

Gelişmiş ülkelerdeki benzer eğitim veren yükseköğretim birimleri öğretim programları dikkate alınarak geliştirilen muhasebe öğretim programlarının gelecekte akredite olabilecek bir yapıda olmasına önem verilmektedir.

2.5. Muhasebe Öğretim Program Tasarımı

Eğitim programı tasarımı, bir programın hangi öğelerden oluşacağının ortaya çıkarılması sürecidir. Bir eğitim programı planlanırken öncelikle ve özellikle programın nasıl olacağının tasarlanmasıyla başlanmalıdır. Program tasarımları bir eğitim programını oluşturan temel öğelerden oluşmakta ve öğeler arasındaki ilişkiler açısından farklılıkları ortaya koymakla farklı tasarımlar ortaya çıkmaktadır. Bir programın temel öğeleri hedef, içerik, eğitim durumları ve değerlendirme durumlarıdır. Eğitim programları tasarımları yapılırken yukarıda ifade edilen temel öğelere farklı ağırlıklar verilir ve tasarımcılar kendilerine özgü tasarımları ortaya koyar (Demirel, 2001, s;47).

Program tasarımı sanılanın aksine çok karmaşık bir süreçtir ve çeşitli düzeylerde birçok kararın verilmesini gerektirir. Verilecek kararlar, kurumsal düzeyde olabileceği gibi ulusal ve bölgesel düzeyde de verilebilir. Ve bu kararlar yapısı itibariyle sistem içerisinde bir çok unsuru etkileyeceği için, etkilenecek tüm unsurların ihtiyaçları dikkate alınmalı ve bu ihtiyaçlar bilimsel düzeyde ortaya konulmalıdır. Bu bağlamda program tasarımı sistemli, planlı, programlı ve düzenli bir yaklaşım gerektirir (Alkan, Doğan ve Sezgin, 2001).

Eğitim programları tasarımları geliştirilirken üç temel yaklaşım izlenmektedir (Demirel, 2001, s;48, Büyük karagöz ve Çivi b, 1997, s;185, Sezgin, 2009, s;5).

2.5.1. Konu Merkezli Program Tasarım Modelleri

Bu tasarımın kapsamı, öğrenci ilgi ve ihtiyaçları sınırlı ölçüde dikkate alınarak temel disiplinlerden seçilmektedir. Bu yaklaşım günümüzde de etkisini özellikle akademik hazırlığı ön plana alan eğitim kuruluşlarında sürdürmektedir (Sezgin, 2009, s;5).

Öğretmen merkezli anlayışı ön planda tutan bu tasarım yaklaşımında öğrencinin konuya / içeriğe ilişkin bilgiyi kazanması öğrenme için yeterli görülmektedir. Bu nedenle konu merkezli program tasarım yaklaşımlarında en çok içeriğin ayrıntılarına ağırlık verilir. Bu yaklaşıma göre programın amacı; davranış değişikliğinden çok bir konunun öğrenilmesine yöneliktir (Demirel, 2001, s;49).

Bu yaklaşım sadece konuların düzenlenmesini içeren konu tasarımı, akademik disiplin veya dersler altında bütünlüğü ifade eden disiplin tasarımı, konuların veya derslerin birbiriyle bütünleşmelerini öngören geniş alan tasarımı, bir ders, konu veya etkinliği merkeze alan disiplinler arası tasarım ve tüm konular için ortak öğrenme yolunu öneren süreç tasarımı şeklinde bölümlere ayrılabilir (Demirel, 2001, Sezgin, 2009,).

Bu bağlamda muhasebe öğretim programında konular aşamalı bir şekilde düzenlenip konu tasarımı yapılabileceği gibi, her bir muhasebe dersi kendi içerisinde bütünlük oluşturabilecek şekilde de tasarlanabilir. Bu açıdan bakıldığında disiplin tasarımı daha uygun olacaktır. Ancak muhasebe öğretim programındaki dersler birbirlerini destekleyici tarzda düzenlenme özelliğine sahip olduğu dikkate alınırsa geniş alan tasarımı veya disiplinler arası tasarım, muhasebe konu alanını daha iyi yansıtabilir. Bunların dışında konunun ne olduğundan daha çok nasıl olduğunu ön plana çıkaran süreç tasarımı açısından bakıldığında, ortak öğrenme yollarının araştırılması muhasebe öğretimini daha etkin kılacaktır.

2.5.2. Öğrenen Merkezli Program Tasarım Modelleri

Öğrencilerin ilgisi, ihtiyaçları, hazır bulunuşlukları ve tutumları programın en çok dikkat ettiği tüm diğer unsurların bu temel unsura göre şekillendiği bir tasarım modelidir. Programın kapsamı ve içeriği öğrenci ilgi ve ihtiyaçlarına göre tespit edilir (Sezgin, 2009).

Öğrenciyi merkeze alan programlar, konu ve bilgi alanlarına dayalı geleneksel programların öğrencilerin bireysel ihtiyaçlarına ve okul faaliyetlerinin hayatın gerçeklerinden uzak olmasına ve öğrencileri ezbere dayalı öğrenmeye yöneltmesine yönelik eleştirileri sonucunda ortaya çıkmıştır (Demirel, 2001, s;50).

Bu program tasarımı yaklaşımı önceden temel eğitim düzeyinde çok daha fazla dikkat edilirken artık günümüzde hemen hemen tüm alanlardaki öğretim programlarını etkilemektedir. Ancak bu program tasarımı ilgi ve ihtiyaçları merkeze almasına rağmen çoğu zaman ilgi ve ihtiyaçlar farklı açılardan değerlendirilebilmektedir. Çocuk merkezli tasarımlarda öğrencinin en iyi şekilde öğrenebilmesi için öğretim süreçlerine etkin katılması önem taşımaktadır. Bu tasarımda öğrencinin ilgi ve ihtiyaçları öğrenci sisteme girmeden tespit edilir, buna göre program hazırlanır ve öğrenci sisteme girdiğinde uygulanır. Ancak yaşantı merkezli tasarımlarda öğrencinin ilgi ve ihtiyacının önceden tasarlanamayacağı anlayışı vardır. Bundan dolayı öğrenci sisteme girmeli ilgi ve ihtiyaçlar belirlenmeli ve eş zamanlı olarak program hazırlanıp uygulanmalıdır. Bir diğer öğrenen merkezli tasarım olan romantik (radikal) tasarım yaklaşımı geleneksel okul kavramını tamamen reddeder ve programların hazırlanmamsı gerektiğini ifade etmektedirler. Çünkü bu anlayış her öğrencinin kendi doğasına uygun kavramları öğrenmesi gerektiğini savunmaktadırlar. Bu anlayışta da öğrenci ilgi ve ihtiyaçları önemlidir. Hümanistik tasarımda ise öğrencilerin kendilerini gerçekleştirebilecekleri öğrenme ortamları ortaya konulduğunda ve programlar bu şekilde oluşturulduğunda ilgi ve ihtiyaçlar tam anlamıyla karşılanabilir anlayışı vardır. Öğrenen merkezli program tasarımlarının geneline bakıldığında muhasebe öğretimi için en uygun tasarım yaklaşımının çocuk merkezli tasarım olduğu görülmektedir. Ancak çocuk kavramı öğrenci ilgi ve ihtiyaçları bağlamında algılanmalı farklı anlamlar yüklenmemelidir.

2.5.3. Sorun Merkezli Program Tasarım Modelleri

Bu yaklaşımda öğrencilerin karşılaştığı ve ileride karşılaşmaları muhtemel olan problemlerin çözümü için gerekli davranışların, öğrencilere kazandırılmasına yönelik etkinlikleri içeren programların geliştirilmesi esastır (Sezgin, 2009).

Bu tasarımlar genel olarak toplumun ihtiyaçlarının karşılanması ön plan tutan bir anlayışa sahip olmasına rağmen kişinin sorunlarını da göz ardı etmez. Sorun merkezli tasarımlar; öğrencilerin ve toplumun sorunları, ilgi ve ihtiyaçları üzerinde durur. Bu programların en temel özelliği, öğrencileri aktif kılması ve sosyal sorunları çözme becerisi kazandırmalarıdır (Demirel, 2001, s;51).

Sorun merkezli tasarım modellerinden biri olan yaşam şartları tasarımında öğrencilerin öğrenmeyi öğrenmeleri, problem süreçlerini kazanmalarını ve yaşama yönelik genelleme becerisine sahip olmalarını amaçlar. Programlar bu özellikler dikkate alınarak tasarlanır. Ancak toplumsal sorunlar ve yeniden kurmacılık tasarımı sürekli değişen zamanın toplumu değiştirdiğini ve değişen toplumun yeniden yapılanması için programların sürekli düzenlenmesi gerektiğini savunur. Bir başka sorun merkezli tasarım olan çekirdek tasarım yaklaşımında ise konulara sorunsal nitelik kazandırılarak program hazırlanır. Sorun merkezli tasarımlar genel anlamda çok fazla uygulama imkanı bulamamaktadır. Çünkü bu tasarım yaklaşımlarının dayanmış olduğu temel eğitim felsefesi etkileşim ve hazır bilgiyi reddetmektedir. Bu da uygulanabilirliğini güçleştirmektedir.

2.6. Muhasebe Program Geliştirme Modeli

Program geliştirme modellerini ortaya koymadaki ve geliştirmedeki temel amaç karmaşık bir süreci anlaşılabilir ve uygulanabilir bir hale getirmektir (Büyükkaragöz ve Çivi, 1997, s;212). Bireyin eğitim süreci sonunda uyumunu sağlamak aynı zamanda ayrıntılı bir öğretme ve öğrenme planının geliştirilmesiyle olabilir. Eğitim için yapılan planlamalar, yönelik olduğu sonuca göre farklı kapsam ve özellikte olabilir. Bu planlamaların bir kısmı uzun süreli ve bir ekip çalışmasını gerektirecek özelliktedir. Çok geniş kapsamlı bir eğitim, öğretim ve ders programının geliştirilmesi büyük ölçüde merkezi teşkilatların sorumluluğundadır. Ancak geliştirilen programın öğretim ortamı, öğretme-öğrenme süreçleri gibi unsurların dikkate alınarak uygulanma aşaması temel anlamda yöneticilerin ve öğreticilerin sorumluluğu olarak ortaya çıkmaktadır (Sezgin, 2009, s;21).

Mesleki ve teknik eğitim dikkate alındığında program geliştirme modelleri farklılaşmaktadır. Çünkü meslek dalı devreye girmekte, bu meslek dalı bir iş anlayışını beraberinde getirmektedir. Mesleki ve teknik eğitimin bir yönü olan muhasebe eğitimi de bundan farklı düşünülemez. Muhasebe alanında yapılacak program geliştirme çalışmalarında, genel olarak kabul gören ve modellere esin kaynağı olan genel program geliştirme modeli çizelge 2.1'de verilmiştir.

Bu modelde yapılması gereken öncelikli adım işin veya mesleğin tanımı doğal olarak da analizidir. İhtiyaçlar birey, toplum ve konu alanının özelliklerine göre oluşturulmalı, amaçlar belirlenmeli, bu amaçlardan hareketle kapsam, kapsamı aktaracak öğrenme yaşantıları modelin diğer boyutlarını oluşturur. Programın denenmesi, izlenmesi, değerlendirilmesi ve sonuçlara bağlı olarak ülke genelinde uygulanması ve sürecin baştan işletilmesi modelin ayrıntıları olarak göze çarpmaktadır (Sezgin, 2009, Alkan, Doğan ve Sezgin, 2001, Büyükkaragöz ve Çivi, 1997).

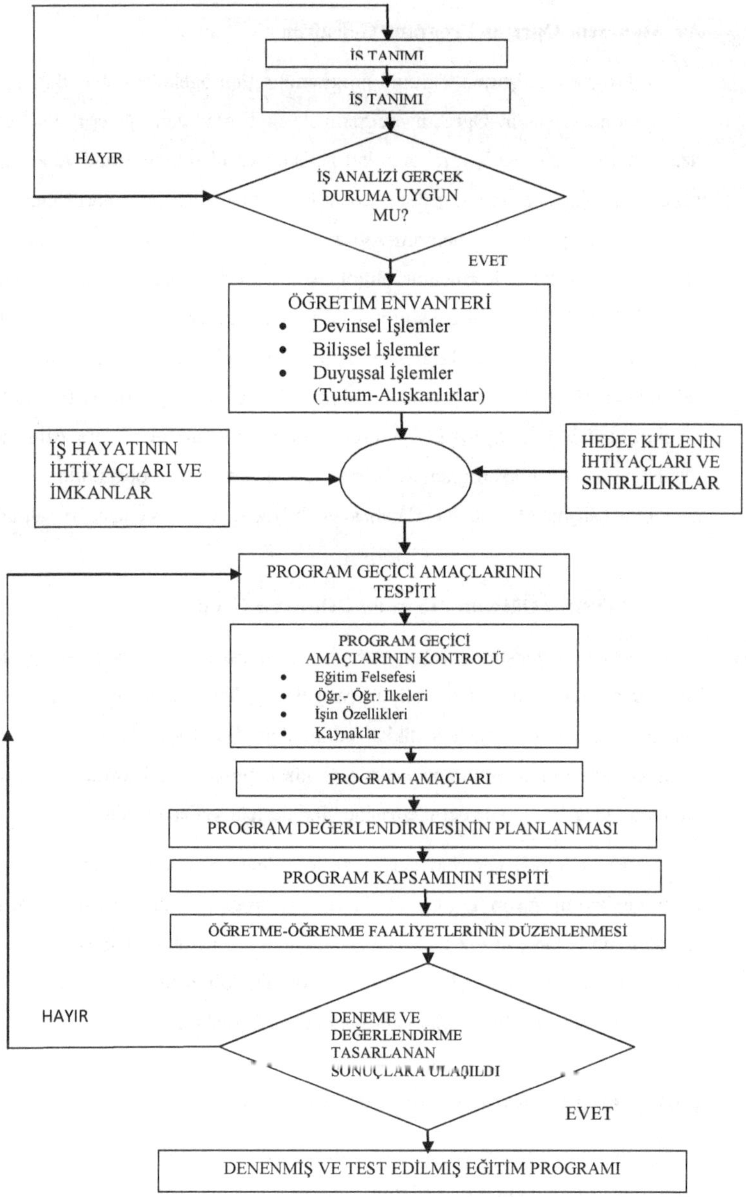

Çizelge 2.1. Mesleki ve Teknik Eğitimde Program Geliştirme Süreci (Sezgin, 2009, s;21).

2.7. Muhasebe Öğretim Programı Geliştirmenin Planlanması

Program geliştirme, öğretim programının tüm öğelerini daha etkili ve yeterli hale getirme sürecidir. Öğretim programı ile ilgili olan tüm öğelerin daha etkin ve daha yeterli olabilmesi için programları geliştirecek olan tüm kurum ve kuruluşların yapacakları çalışmalarda güçlü ve ayrıntılı bir planlama yapmaları gereklidir. Bu planlama tüm program gruplarını kapsayacağı gibi, yapılacak işlemler ile bunların yapılış zamanlarını da içermelidir. Bilim, teknoloji ve iletişim gibi alanlarda meydana gelen değişmeler program geliştirme çalışmalarına da yansımakta bu alanda yapılan çalışmaların da sürekli ve kesintisiz yapılmasını sağlamaktadır. Program geliştirme çalışmaları süreklilik isteyen bir durum olduğu için çalışmaların planlanması gerekmektedir (Erden, 1998, Demirel, 2003). Program geliştirme çalışmalarının planlanması sürecinde program geliştirme çalışma gruplarının oluşturulması, program geliştirme çalışma planının hazırlanması ve ihtiyaç saptama aşamaları yer almaktadır.

2.7.1. Muhasebe Öğretim Programı Geliştirme Grupları

Program geliştirme çalışmalarında yapılması gereken ilk iş elbette ki belli kurullar oluşturmaktır. Bu kurulların rastgele seçilmesi mümkün olamaz. Kurullar oluşturulurken bazı hususlara dikkat edilmelidir. Bu hususların başında toplumun değişik kesimlerinin programa katkı sağlaması, program geliştirmenin uzmanlarca yapılması ve gerektiğinde derinlemesine bilgi desteği sağlanmasıdır.

Bu durumda kararları alacak ve koordinasyonu sağlayacak üst kurul yani karar ve koordinasyon grubu, teknik açıdan program çalışmalarını yapacak tam zamanlı kurul olan çalışma grubu ve istendiğinde uzmanlık desteği sağlayacak kurul olan danışma grubunun oluşturulmasını zorunlu kılmaktadır. Program geliştirme çalışmaları sürecinde bu gruplar işbirliği içinde çalışmalıdırlar.

2.7.1.1. Program Karar ve Koordinasyon Grubu

İlgili kurumun yasal ve formal liderliği altında oluşturulan gruptur. Bu grubun işlevini kurul başkanı ve üyeler gerçekleştirmektedir. Bu grup hangi alanlarda program geliştirme çalışmalarının yapılacağına karar vererek, ülkenin eğitim felsefesinin programlara yansıtılmasını sağlamak ve program geliştirme çalışmaları arasındaki koordinasyonu sağlamakla görevli ve yetkili gruptur. Genel anlamda üyelerine bakıldığında, bu üyelerin toplumun değişik kesimlerinden oluşturulduğu söylenebilir. Buradaki temel amaç geliştirilecek programın toplumu yansıtmasıdır.

2.7.1.2. Program Çalışma Grubu

Bu grup teknik açıdan programın hazırlanması, uygulanması ve geliştirilmesi aşamalarında sürekli görev yapan bir kuruldur. Bu gruba tam zamanlı çalışma grubu da denebilir. Bu grupta yer alan üyeler çalışma grubunun daimi üyeleri olarak görev yaparlar. Programın tüm aşamalarında bu grubun etkisi söz konusudur. Ancak karar ve koordinasyon grubu tarafından belirlenen genel ilkelere dikkat etmektedirler.

2.7.1.3. Program Danışma Grubu

Program çalışma grubunun programın her aşamasında, ihtiyaç duyduğu anda başvurduğu uzmanlardan oluşan gruptur. İhtiyaç duyulan duruma göre grup üyeleri farklı uzmanlık gerektiren alanlardan seçilebilmektedir. Bu grupta özellikle eğitim psikologu, eğitim sosyologu, eğitim felsefecisi, eğitim ekonomisti ve eğitim yöneticisi bulunabilmektedir. Program geliştirilirken her aşamada özel uzmanlık istenen durumlar ortaya çıkabilir. Doğal olarak bu grup üyeleri danışmanlık yapar ve destek sağlarlar.

2.8. Muhasebe Öğretimi Program Çalışma Planı

Tasarlanan eğitim amaçlarının gerçekleşebilmesi ile eğitim faaliyetlerinin bir program çerçevesinde yapılması arasında pozitif bir ilişki vardır. Eğitim faaliyetleri sonunda amaçlanan sonuçların gerçekleşebilmesi tutarlı ve ayrıntılı bir planlamanın yapılmasını gerektirir (Çeliköz, 2004, s;100).

Program geliştirme çalışmalarına başlamadan önce, hangi işlemlerin, ne kadar sürede ve hangi sırada yapılacağını gösteren bir çalışma planının hazırlanması işleri zamanında bitirme açısından büyük önem taşımaktadır. Bu amaçla işlem-zaman çizelgesi, PERT işlem ağı ve akış şeması gibi planlama çalışmaları kullanılmaktadır

(Demirel, 2001, s;71). Çalışma planı hazırlanması program geliştirme çalışmalarını sistemli bir hale getireceği için oldukça önemlidir.

2.8.1. İşlem Zaman Çizelgesi

İşlem basamaklarına, yaklaşık olarak ayrılacak süreyi gösteren çizelgedir. Program geliştirme çalışmalarının başarılı bir şekilde sonuçlandırılması, işlem zaman çizelgesinin hazırlanmasını zorunlu kılmaktadır. MEB-YÖK işbirliği kapsamında 2001 yılında muhasebe programının hazırlanması sürecini içeren işlem zaman çizelgesi ana hatları ile şu şekilde oluşturulmuştur.

Muhasebe Öğretim Programı bağlamında yapılmış İşlem Zaman Çizelgesini yansıtan bir örnek (MEB—YÖK İşbirliği Kılavuzu, 2002);

Kış

Bu mevsim "Görev ve Strateji"' çalışmalarına ayrılmış ve bu başlıkta üç ana çalışma yapılmıştır. Bu bağlamda proje başkanlığınca verilen görevin üstlenilmesi, mevzuatın taranması, bilgilendirme ve eğitim toplantılarının yapılması ve ihtisas komisyonu için üyelerin seçilmesi çalışmalarını kapsayan "görev ve strateji" çalışmaları, meslek yüksekokulları analizlerini kapsayan "iç çevrenin analizi" ve mesleki orta öğretim kurumları, dikey geçiş yapılabilecek ilgili fakülteler, yurt dışı meslek yüksekokulu denkliği kolejler ve öğrencilerin iş bulabileceği piyasa (kamu kurumları dâhil) analizini kapsayan "dış çevrenin analizi" çalışmaları yapılmıştır.

İlkbahar

Bu mevsim "Analiz" çalışmaları kapsamında analiz, taslak ders dağılımlarının belirlenmesi ve tanımlamaların yapıldığı üç ana çalışma başlığı altında değerlendirilmiştir.

Yaz

Yaz mevsimi "Değerlendirme ve Yazma" çalışmalarına ayrılmış ve bu başlıkta da üç ana çalışma yapılmıştır. Bu çalışmalar derslerin belirlenmesi, programın yazılması ve tartışma şeklinde olmuştur.

Sonbahar

Sonbahar ise "Son Kontrol ve Onay" çalışmalarına ayrılmış ve bu kapsamda son kontrol, onay ve programın teslimi gerçekleştirilmiştir.

İnsan kaynaklarının mesleki eğitim yoluyla geliştirilmesi projesi kapsamında, öğretim programlarının geliştirilmesi için 2009 yılında başlanan çalışmada ise önceki kadar ayrıntılı olmasa da bir çalışma planı oluşturulmuş ve plana göre program geliştirme çalışmaları sonuçlandırılmıştır.

2.8.2. Akış Şeması

Program geliştirme basamaklarının başlangıçtan bitime kadar bir şema üzerine gösterilmesidir. Mesleki ve teknik eğitim program geliştirme modeli incelendiğinde başlangıçtan bitime kadar muhasebe öğretim programın geliştirmesindeki aşamalar ayrıntılı bir şekilde görülmektedir.

Bu modele göre ilk yapılması gereken işin tanımıdır. Akış şeması iş tamı ile başlar ki program geliştirme sürecinde bireye kazandırılacak davranışları belirlemede temel unsur olan işin kapsam ve sınırlılıklarını göstermesi yönünden önemlidir. Daha sonraki aşamada iş analizi yer alır. Programın amaçları, kapsamı, eğitim araç ve gereçleri, öğretme ortamı, ulaşılacak standartlar iş analizine dayalı olarak geliştirilir. İş tanımlamaları çerçevesinde yapılan iş ve görev analizleri doğru ve gerçek duruma uygun olduğu oranda program kapsamını belirlemede güvenilir bir envanteridir. Öğretim envanteri iş hayatında çeşitli sebeplerle meydana gelen değişmelere göre zaman zaman düzeltilmelidir. Bu bağlamda öğretim envanterinde yer alan unsurlar bilme, yapma ve iş alışkanlıkları yönünden tasnif edilerek uygulama sıklığı, öğrenme güçlüğü ve önem derecesine göre sıralanır. Öğretim envanterinin tespiti ile çizelge 2.1'de gösterilen program geliştirme sürecinin temel safhalarından biri tamamlanmış olur. Aynı çizelgede önemli girdilerden birisi de iş hayatının ihtiyaçları ve hedef kitlelerin ihtiyaçları görülmektedir. İhtiyaç tespitinden sonra yapılması gereken aday hedeflerin belirlenmesidir ki buna program geçici amaçlarının tespiti denir. Tespit edilen geçici amaçlardan sonra kontrol mekanizması devreye girer. Kontrolde eğitim felsefesi, öğrenme ve öğretim ilkeleri, işin özellikleri ve kaynaklar süzgeç görevi görür. Geçici amaçlar süzgeçlerden geçtikten sonra kesinleşir ve program değerlendirilir. Elbette ki programın değerlendirilmesi denenmesine bağlıdır. Bu anlamda şu an meslek yüksekokullarında uygulanan muhasebe öğretim programı da bu akış şeması doğrultusunda geliştirilmiş olup ülke genelinde uygulamaya geçmeden önce denenmiş, izlenmiş ve değerlendirilmiştir. Burada ifade edilen ve çizelge 2.1'de gösterilen aşamalar akış şemasına örnek olarak gösterilebilir.

2.8.3. PERT İşlem Ağı

Temel olarak yapılması gerekli olan işlemler tek hat üzerinde giderken destekleyici çalışmalar dallara ayrılıp gösterilmektedir. PERT işlem ağında her işleme bir numara verilir (Demirel, 2001, s;73). Muhasebe öğretim programları geliştirilirken genel anlamda yapılması gereken temel işlemler vardır (ihtiyaçların belirlenmesi, hedeflerin ve içeriklerin belirlenmesi gibi). Bu temel işlemler tek bir hat üzerinde gösterilir. Ancak bu işlemlerin yanında temel işlemlerin içinde yer alabilecek destek çalışmaları da yer alır. Muhasebe program bu yönüyle oldukça zengindir. Destek çalışmaları da dallara ayrılarak ifade edilir (hedeflerin bilgi, duygu veya becerileri yansıtması gibi). İşte bu planlamada temel ve ayrıntılı işlemler numaralandırılarak belirtilerek ortaya konulmaktadır.

PERT işlem ağı ile muhasebe öğretim programı ilişkilendirildiğinde muhasebe iş tanımı, muhasebe iş analizi, kontrol, öğretim envanteri gibi temel olarak yapılması gereken işlemler ardışık sıralı olması gerekir. Buna göre 1. işin tanımı, 2. iş analizi, 3. kontrol ve 4. öğretim envanterinin düzenlenmesi şeklinde numaralandırılır. Bunlar temel işlemlerdir. Ancak öğretim envanteri aşamasında yapılması gereken alt işlemler vardır. Bunlar ise "1.1 bilişsel işlemler, 1.2 duyuşsal işlemler, 1.3 devinişsel işlemler olarak belirlenir ve numaralandırılır. Doğal olarak program geliştirme planlı, programlı olarak devam eder.

2.9. Muhasebe Öğretim Programının Geliştirilmesinde Kullanılan İhtiyaç Saptama Yaklaşımları

Programın hazırlanması için bir programın ihtiyacının ortaya çıkması ve bu ihtiyacın en iyi şekilde karşılanması için gerçek ihtiyacın ne olduğunun saptanması gerekir (Demirel, 2001, s;74-75).

İhtiyaç insanın çevresiyle ilişki kurabilmesi için gereken önemli koşulların eksikliğidir (Morgan, 1981, s;189). Eğitim ihtiyacı ise eğitsel boşluğu, eksikliği ifade etmektedir. Bu anlamda eğitim ihtiyacı ulaşılmak istenen anlayış ve becerilere karşılık gelmektedir (Atwood ve Ellis, 1971, s;11-12).

İhtiyaç saptama çalışmalarında genellikle birey, toplum ve konu alanları çok geniş bir şekilde analiz edilir. Yapılan analizler sonucunda bireyin ilgi, ihtiyaç, beklenti ve özellikleri, toplumun değer, görüş, beklenti ve ihtiyaçları, konu alanının yapısı, kapsamı ve özellikleri ile ilgili ihtiyaçların saptanması önemli görülmektedir.

2.9.1. Farklar Yaklaşımı

Farklar yaklaşımında ihtiyaç, beklenen beceri düzeyi ile var olan beceri arasındaki farkla ortaya çıkarılır. Bu farkın boyutu mevcut bir problemin varlığını ya da yokluğunu ortaya koymaya yarar. Okul ortamı ve eğitim birimleri genellikle bu yöntemle ihtiyaç değerlendirmesi yaparlar. Bu yaklaşıma göre ihtiyaç; beklenilen beceri düzeyi ile var olan beceriler arasında farkla ortaya çıkar (Demirel, 2001, s;79).

Bu farkın muhasebe öğretimindeki boyutu, bireyde genelde herhangi bir yeterliğin olup olmadığının ortaya çıkmasıdır. Oluşturulması düşünülen muhasebe öğretim programının bireylerdeki farklılıklara göre oluşturulması açısından önem taşımaktadır.

2.9.2. Demokratik Yaklaşım

Bu yaklaşımın temeli, birçok insanın ihtiyacını değerlendirme sürecinde olması nedeniyle insan ilişkileri ve halkla bütünleşmeye dayanır (Demirel, 2001, s;79). Öğretmenler ve diğer ilgililer ihtiyaç belirleme çalışmalarının bütün aşamalarına katılabilmektedirler (Erişen, 1997, s;32).

Demokratik yaklaşımda çoğunluk tarafından ortaya konulan düşünceler bir ihtiyaç olarak kabul edilebilir. Ancak çoğunluğun her zaman ortaya koyduğu düşünce ve belirlediği ihtiyaç değerli ve önemli olmayabilir.

2.9.3. Analitik Yaklaşım

Ulusal ve uluslararası koşullara dayalı değişimlere ait yönelimlerin incelenmesi esasına dayanır. Bu yaklaşım, gelecekte ortaya çıkması muhtemel durumlardan yola çıkarak ihtiyacın belirlenmesi sürecidir (Gözütok, 1994, s;13).

Bir durumla ilgili bugünkü mevcut duruma ait bilgilerden, verilerden yararlanılır ve geleceğe yönelik varsayımlar ortaya konur. Eleştirel düşünceden yola çıkılarak problemlere çözüm aranır (Demirel, 2001, s;79).

Muhasebe öğretimi devamlı gelişen, değişen dinamik bir alan olarak karşımıza çıkmaktadır. Ulusal ve uluslararası düzeydeki değişimler finans sistemleri etkilemekte, değiştirmekte ve geliştirmektedir. Bu bağlamda ulusal ve uluslar arası yönelimlerin çok iyi bir şekilde analiz edilmesi geleceğe yönelik tahminlerde bulunarak muhasebe öğretimine yönelik ihtiyaçlar belirlenmelidir. Çünkü bu dünya ile bütünleşmenin bir gereğidir.

2.9.4. Betimsel Yaklaşım

Betimsel yaklaşımda özellikle eğitim yaşantılarından yoksunluk halinde ortaya çıkan durumlar incelenir (Gözütok, 1994, s;13). Bir nesnenin yokluğu ile ortaya çıkan eksiklik ile o nesnenin varlığı ile ortaya çıkan fayda ortaya konulur. Mantık alanında ve araştırmalarda iki olasılığın varsayımından hareket edilir ve ihtiyaç belirlenir (Demirel, 2001, s;80).

Muhasebe öğretim programı geliştirilirken öğretim programı içerisinde yer alması düşünülen derslerin varlığı ile ortaya çıkacak fayda, yokluğu ile ortaya çıkacak eksikliğin tespiti, uzun vadede bireylerin, toplumun ve konu alanının ihtiyaçlarının karşılanmasını sağlayacaktır. Bu açıdan bakıldığında betimsel yaklaşım ihtiyaç saptamada önemlidir.

2.10. Muhasebe Öğretim Programının Geliştirilmesinde Kullanılan İhtiyaç Saptama Teknikleri

Herhangi bir yaklaşıma göre belirlenen bir ihtiyacı daha da somutlaştırmak amacıyla bilgi toplama ve değerlendirme teknikleri kullanılır. İhtiyaçların belirlenmesinde çok sayıda teknikten yararlanılır. Çünkü birbirinden oldukça farklı olabilen ihtiyaçların tek bir teknikle belirlenmesi doğru olmayacaktır. Özellikle uzun dönemli planlamaların gerekli olduğu eğitim ihtiyaçları belirlenirken kullanılacak tekniklerin seçimine daha fazla önem göstermek gerekir.

Eğitim ihtiyaçları belirlenirken çok sayıda ihtiyaç belirleme tekniğinden yararlanılır (Sezgin, 1980, Rouda ve Kusy, 2008, Demirel, 2001, Kaptan, 1995, Brady, 1994).

Konu ile ilgili seçilmiş uzmanlar grubunun akılcı bir yaklaşımla ortak görüşlerinin alınmasını içeren Delphi tekniği bir anlamda ortak görüş sağlama çabasıdır. Bu teknikte çeşitli yollarla ilgili alan uzmanlarına ulaştırılan anketlerden elde edilen verilerin değerlendirilmesi amaçlanır. Veriler üzerinde istatistiksel analizler de yapılabilmektedir. Özellikle iletişim teknolojilerinin çok geliştiği günümüzde kolaylıkla uygulanabilecek bir tekniktir. Bu teknikte asıl amaç durum tespiti yapmaktan ziyade gelecekle ilgili bir perspektif ortaya koymaktır. Anket tekniğinde kapalı tipteki soruların yanı sıra açık uçlu sorular da kullanılmaktadır. Delphi tekniği ekonomik olması, görüşlerin etki altında kalmadan açıklanması, bağımsız düşünmeyi sağlaması gibi avantajları nedeniyle sadece eğitim programlarının planlanmasında değil, pazarlamadan politika geliştirmeye kadar birçok alanda kullanılmaktadır.

İhtiyaç saptama tekniklerinden bir diğeri Progel/ Dacum Tekniğidir. Bu teknikte bir mesleği veya o mesleği yürütmek için gerekli anahtar noktaları tanımlamak amaçlanmaktadır. Bir iş için gerekli işlemleri söz konusu işteki deneyimli, uzman kişilerle birlikte belirleme sürecidir.

Meslek (İş) Analizi tekniğinde ise iş ya da meslek tanımından yola çıkarak söz konusu işe ilişkin işlev ve işlemleri belirlemek amaçlanır. İş analizi genellikle iş analızı programının ve öğretimin içeriğinin belirleme süreçleri olarak ele alınır. Eğitimin amaçlarını belirlemede, eğitim - öğretim programlarının içeriklerinin belirlenmesinde kullanılır (Demirel, 2001, s;98-99). Bu yolla bir iş için gerekli bilgi, beceri, tutum ve alışkanlıklar saptanır (Arsal, 1998, s;30).

Kişilerden bilgi alma yoluyla gerçeklen gözlem tekniği daha çok program geliştirme sürecinde eğitimciler tarafından kullanılır. Okul merkezli olarak bireysel bilgi ve araştırma verilerine dayalıdır.

Verilerin bir başkasının rapor etmesi v.b. yollarla değil doğrudan doğruya elde edilmesine (Karasar, 1991, 157) dayandığı için güvenilir bir yöntem olarak kabul edilir. Ancak oldukça zaman alıcı bir yöntemdir.

İhtiyaç belirlenmesi yaparken sık kullanılan değerlendirme tekniklerinden biri de görüşme toplantılarıdır. Görüşme tekniğinde gerekirse yazılı anket formlarının kullanılması da mümkündür.

Raporları değerlendirme, mevcut programı ve arşiv incelemeyle gerçekleşen kaynak tarama tekniği, öğretimin denetimini yapan kişi ve kuruluşların hazırladıkları raporlar da ihtiyaç değerlendirmesinde kullanılır. Ayrıca önceki programlar ve konu alanı ile ilgili literatürün taranması da kaynak taramalarında yararlanılan tekniklerdir.

2.11. Muhasebe Programının öğeleri

2.11.1. Muhasebe Programında Hedefler

Öğretim etkinliklerinin plansız bir şekilde yapılması düşünülemez. Belli bir zaman içerisinde öğrencilere kazandırılmak istenen davranışların neler olacağı, bu davranışların kazandırılması için ne tür etkinliklerin yapılacağı ayrıntılı bir şekilde belirlenmelidir (Tan vd., 2007, s;66).

İstenilen davranışların kazandırılmasına yönelik etkinlikler belirlenirken, etkinliklere yön verecek, değerlendirme alanlarını kapsayacak temel kriterlerin belirlenmesi gereklidir. İşte bu kriterler en genel anlamda hedef olarak ifade edilmektedir.

Planlanmış ve düzenlenmiş yaşantılar yoluyla kazandırılması kararlaştırılan davranış değişikliği ya da davranış olarak ifadeye edilmeye uygun özelliğe, hedef denir (Ertürk, 1972, s;24-25) .

Öğretim hedefleri, planlanan kasıtlı değişikliklere açıklık kazandırmalıdır. Bu açıdan bakıldığında hedefler, istendik öğrenmenin net ve açık bir tanımıdır. Hedefler, derse veya içeriğe nelerin dâhil edildiğini gösteren planın bir ifadesi olmayıp, dersin sonunda öğrencilerin neler kazanacaklarının ifadesidir (Moore, 1990, s; 44).

Belli bir amaca yönelik olarak gerçekleştirilen eğitim, çeşitli düzeylerde hedeflerle ifade edilir. Hedefler eğitimde son noktayı veya çıktıları gösteren ifadelerdir (Büyükkaragöz ve Çivi b, 1999, s;200). Programın birinci boyutu olan hedefler dikey ve yatay olmak üzere iki aşamada ele alınmalıdır. Dikey boyuttaki hedefler uzak, genel ve özel hedefler olarak belirlenir. Yatay boyutta ise aşamalı olarak üç alanda sınıflandırılmaktadır. Bunlar bilişsel, duyuşsal ve devinişsel alanlarıdır (Demirel, 2003, s;31).

Yatay boyutta ifade edilen hedeflerin sınıflandırılmasında en yaygın olarak kullanılan sistem, Bloom (1956) ve Krathwohl (1964) tarafından geliştirilen taksonomidir. Bu sistem, öğrenmeyi üç temel kategori ya da alana bölmektedir. Bu alanlar zihinsel etkinliklerin ön planda olduğu bilgiye ağırlık tanıyan bilişsel alan, ilgi, tutum, korku, zevk, nefret gibi alanlara ağırlık tanıyan duyuşsal alan ve beyin ve kas koordinasyonu ile ilgili olarak fiziksel becerileri içerisine alan psiko-motor alanlar olarak ifade edilebilir. Bilişsel, duyuşsal ve psiko-motor alanlar kendi içinde alt alanlara ayrılırlar. Bu alt alanlar kendi aralarında özel bir ilişkiye de sahiptir. Bir sonraki basamak bir önceki basamağı kapsar ve geliştirir. Öğretim hedefleri hangi alan olursa olsun aşamalı sınıflandırmalara göre tasarlanır, geliştirilir ve uygulanır. (Moore, 1990, s;55, Tan vd., 2007, Tan, 2005, Sönmez, 2004, Demirel, 2001).

Bilişsel alan zihinsel öğrenmelerin yoğunlukta olduğu alanlardır. Bu alan davranışın bilme boyutu ile ilgilidir. Bu alanda öğrencinin zihinsel olarak ortaya koymaları gereken etkinlikler en basitten en gelişmişe doğru sıralanmıştır.

Bilişsel alana ilişkin hedefler, aşamalı bir şekilde sınıflandırıldığında her hangi bir nesne ve olguyla ilgili bazı özellikleri kişinin görünce tanıması, sorunca ezberden aynen tekrar etmesi davranışlarını kapsayan bilgi, öğrencilerin daha önce öğrendiklerini zihinsel bir işlemden geçirerek farklı biçimlerde ifade edebilecekleri davranışlardan oluşan kavrama basamağı, öğrencinin kendisi için yeni olan daha önce hiç karşılaşmadığı bir sorunu çözebilme yeterliğine kavuşmasını içeren uygulama basamağı, bir bilgi bütününü öğelere, ilişkilere ve örgütleme ilkelerine göre ayrıştırabilme, ilkeleri bulabilme, öğelerini bulup seçme, aralarındaki ilişkileri açıklayabilme, bütünün parçalarını karşılaştırabilme, sınıflandırabilme, ana hatlarını gösterebilme, bir sistemin ya da iletişim biçiminin hangi ilkelere göre kurulduğunu ve işlediğini ortaya koyabilme gücüyle ilgili davranışsal yeterlikleri içeren analiz basamağı, toplumsal sorunları çözmede yeni bir yöntem, teknik geliştirme, yeni bir plan oluşturma, toplumsal olguları açıklayan yeni ilkeler ortaya koyma, özgün, orijinal, yeni bir bilişsel ürün ortaya koyabilme, ayrı, farklı parçalardan bir bütün oluşturabilme, planlayabilme, formüle edebilme, tasarlama, yeniden kurma, geliştirebilme, üretebilme, projelendirebilme etkinliklerini içeren sentez basamağı ve bir konuyla ilgili tutarlılık ve tutarsızlıkları belirleyebilme, bir gerekçeden mantıklı bir sonuca ulaşılıp ulaşılamayacağını anlayabilme, bir tartışmadaki mantık yanılgılarını fark edebilme, bir aracın çeşitli ölçütler yönünden uygun olup olmadığını belirleyebilme, belli ölçütler açısından bir bilgi bütününü değerlendirebilme gibi yeterlilikleri içeren değerlendirme basamaklarından oluşmaktadır. (Bloom, 1995, ss; 37-85, Sezgin, 2007, ss;143-145, Tan vd. 2009, ss;66-68, Özçelik, 2010, ss;19-21, Demirel, 2001, s;108, Moore , 1990, ss;59-60).

Muhasebe öğretiminde de zihinsel etkinliklerin ağırlıkta olduğu öğrenme hedefleri bu basamaklar dikkate alınarak tasarlanıp geliştirilmekte ve gerekli değerlendirmeler yapıldıktan sonra uygulanmaktadır. Ancak tasarlama ve geliştirme aşamasında muhasebe öğretim programını geliştiren uzmanların bu alanın ve bu alanı yansıtan basamakların yapısına uygun eylemsi ifadelerini titizlikle seçip kullanmaları önem taşımaktadır. Çünkü bu eylemsiler ilgili basamağın öğrenme düzeyini ve bu öğrenme düzeyinden hareketle içeriği ve doğal olarak tüm eğitim etkinliklerini belirlemektedir.

Duyuşsal alan ilgi, tutum, kaygı gibi duygusal yönlerin baskın olduğu alandır. Duyuşsal alana ilişkin öğrenme hedefleri bireyin duygu ve his gelişimi ile ilgilidir. Bu alan hisleri ve duygulan ele alır ve bunları kazandırma istemine göre çeşitlilik gösterir Bu çeşitlilik farklı basamaklarda oluşur ve bir sonraki basamak bir önceki basamağın sonuçlarını girdi olarak benimser.

Duyuşsal alanın ilk aşaması alma olarak ifade edilir ki bu aşamada birey çevresel bir uyarıcının varlığından haberdar ve duyarlı olur. Alma aşaması da kendi içerisinde farkında olma, almaya açıklık ve birden fazla uyarıcı arasından birini seçilmesiyle ilgili olarak kontrollü seçici dikkat şeklinde ifade edilecek alt basamaklara ayrılır. İkinci aşamada olan tepkide bulunma aşamasında birey bir kurala ya da herhangi bir davranışa doğrudan yada dolaylı olarak tepkide bulunur, bu tepki uysallık, isteklilik ve doyum şeklinde karşımıza çıkar. Tepkide bulunan birey bir üst aşamada bir değer ya da davranışı kabul eder, önem verir veya takdir edici bir rol sergiler. İşte bu aşamada birey kendini bir değere adamıştır. Değerler sistemine yenilerini ekleyerek farklı değerleri bir araya getirme etkinlikleri yapan birey duyuşsal alanda bir üst aşamaya geçmiş ve öğrendiklerini örgütlemiştir. Son aşamada ise birey örgütlediği değerleri ya da prensipleri kişilik haline getirmiş her koşulda ve her ortamda buna uygun davranmaya başlamıştır. Bu son aşama duyuşsal öğrenme alanının son aşamasıdır ve birey artık ilgili alanı tam anlamıyla benimsemiştir. (Bloom, 1995, ss; 37-85, Sezgin, 2007, ss;143-145, Tan vd. 2009, ss;66-68, Özçelik, 2010, ss;19-21, Woolfolk, 2002:436, Demirel, 2001, s;108, Moore, 1990, ss;59-60).

Muhasebe öğretimi duyuşsal öğrenme alanlarına göre analiz edilip değerlendirildiğinde muhasebe öğrenimi almak isteyen bireyin ilgili yüksek öğretim kurumunu tercih etmesi, ilgili okulda öğretim elemanını dinlemesi, mevcut konuları benimseyip, daha sonra çeşitli ortamlarda bu alanda öğrendiklerini savunması ve buna yönelik bir mesleki yaşantı sergilemesi gibi etkilerinin olduğu söylenebilir. Duyuşsal alan muhasebe öğretiminde doğrudan ağırlıklı olmayabilir, ancak dolaylı bir şekilde yaşamın tümünü kapsayıcı bir özelliği söz konusudur.

Devinişsel alan beyin ve kas koordinasyonu gerektiren hareket ve becerilerin baskın olduğu alandır. Belirli fiziksel hareketler birbirinin ardı sıra otomatik olarak yapılır. Bu alan yönelik yapılan araştırmalarda herhangi bir hareket veya beceri başlangıç seviyesinden uzmanlaşamaya doğru gider.

Devinişsel alana yönelik ilk aşama bir hazırlık süreci olarak ifade edilebilir. Hazırlık süreci nesnelerin, niteliklerin veya ilişkilerin duyu organları yoluyla farkına varma işlemidir. Bu süreçte beceriler veya hareketler dikkatli bir şekilde izlenir ve birey mevcut becerinin farkına varır. Ancak bir ileri düzey olan kurulum aşamasında birey beceriyi yapmak için organizmasını hazır hale getirir. Organizma bu aşamadan sonra artık beceriyi başlatmak için ilk adımı atar ve bir rehber eşliğinde ifade edilen davranışı gerçekleştirir. Ancak bu gerçekleştirme başlangıç seviyesindedir. Başlangıç seviyesini geçen birey artık herhangi bir rehbere ihtiyaç duymaz. Artık beceriyi bağımsız bir şekilde yapma söz konusudur. Bu aşamaya mekanikleşme denir. Beceri belli bir süreden sonra artık karmaşık bir hal alır ve organizma beceriyi daha seri bir şekilde ortaya koyar. Bu aşamaya karmaşık dışa vuruk faaliyet veya beceri haline getirme aşaması denir. Beceri farklı ortamlarda veya farklı durumlarda uygulanıyorsa organizmanın bu farklı durum ve ortamlara uyum sağlamayı öğrenmesi gerekir. Uyum aşamasında bu gerçekleşir. Son aşama yaratma aşamasıdır. Beceri artık yeni şekiller olarak farklılaşabilir daha orijinal bir görünüm kazanabilir. (Erden ve Akman, 2002:212, Bloom, 1995, ss; 37-85, Sezgin, 2007, ss;143-145, Tan vd. 2009, ss;66-68, Özçelik, 2010, ss;19-21, Woolfolk, 2002:436, Demirel, 2001, s;108, Moore, 1990, ss;59-60).

Devinişsel alan mesleki ve teknik eğitimde öğrenme alanı bakımından en geniş olanıdır. Çünkü mesleki ve teknik eğitim büyük ölçüde beceriyi ön plana çıkarır. Gelişen ve değişen dünya koşulları dikkate alındığında devinişsel öğrenme hedeflerine muhasebe öğretiminde ihtiyaç hızla artmaktadır. Çünkü teknolojik araçlar-gereçler ve materyaller elbette ki uzmanlık isteyen beceri alanlarını da beraberinde getirmektedir. Bu açıdan etkin beceri kullanımını gerektiren muhasebe öğretimi, devinişsel alanı da tam anlamıyla kapsamalıdır.

2.11.2. Muhasebe Programında İçerik

Öğretim hedefleri belirlendikten sonra öğrencileri bu hedeflere ulaştıracak, öğretim durumlarının tasarlanması gerekir. Ancak bu aşamada öncelikle hedefe ulaştırıcı içeriğin saptanmış olması gerekir. İçerik öğretim hedeflerine yönelik bilgi, beceri ve süreçlerin tümünü kapsar (Tan vd., 2007, s;97). Bu bilgi, beceri ve süreçler bir takım konu ve etkinliklerin belirlenmesinden sonra uygulanabilir. (Gürol, 2004, s;11).

İçerik programın ikinci boyutudur. Bu boyutta hedeflere ulaşabilmek için ne öğretelim sorusuna cevap aranır (Demirel, 2003, s;34). İçerik seçiminde kavramsal çerçevelerin temel konular ve fikirleri alternatif ve örneklerin verilmesine dikkat edilir (Küçükahmet, 2003, s;19). Ancak bazı eğitim sistemlerinde hedeflerden daha çok içerik ön plana çıkmıştır (Sönmez, 2004, s;110). İçerik verilmek istenilenlerin peş peşe sıralanması değildir. İçerik seçiminde ve organizasyonunda bazı ölçütlere dikkat edilmelidir. Bu ölçütler geçerlilik ve güvenirlilik, bilimsellik, öğrencinin ihtiyaçlarını karşılama, faydalılık, öğrenilebilirlilik, sosyal gerçeklerle tutarlılık olarak ifade edilebilir (Küçükahmet, 2003, s;19).

Bu ölçütlerin dışında içerik organizasyonu yani düzenlenmesinde de bazı noktalar söz konusudur. Program konuları birbiri ile ardışık sıralı ve ön koşul öğrenmelere dayalı bir yapı sergiliyor ise doğrusal olarak programlanır. Bunun dışında mevcut konular değişik zamanlarda ve yerlerde tekrar edilerek yeniden öğretilmesi gibi bir durum söz konusu ise sarmal programlama yapılır. Program bazen birbirinden bağımsız modüllerden oluşabilir. Bu durumda birbirinden bağımsız modüllerin içeriğe yerleştirilmesi modüler programlamaya göre olur. Ancak burada her bir modülün içeriği bağımsız düşünülemez. Programlar yüksek öğretim düzeyinde ise o zaman piramitsel olarak programlanması gerekir. Muhasebe öğretim programı içeriği içerik tasarım ve düzenleme yaklaşımlarından olan piramitsel programlamaya göre düzenlene gelmiştir. Piramitsel programlamada ilk yıllarda genel ve ortak konular verilir, ilerleyen yıllarda ise uzmanlık eğitimi ön plana çıkar. İçerik buna göre düzenlenir. Yeni muhasebe öğretim programında ilk yıllarda genel muhasebe ve genel kültür derslerinin zorunlu olarak yer almasına karşın ilerleyen yıllarda maliyet muhasebesi, şirketler muhasebesi, enflasyon muhasebesi ve finansal yönetim v.b. derslerin konulması piramitsel programlama yaklaşımının en önemli göstergesidir. Ancak bu programlamada esneklik söz konusu değildir. Bir başka programlama türü olan çekirdek programlama içeriğin değişik boyutlarını bir tema etrafında yer alması olarak ifade edilebilir. Bu açıdan bakıldığında endüstriyel staj uygulamaları bir çekirdek tema veya sorun üzerinde yoğunlaşarak farklı konular bir araya getirilebilir. Bu programlama muhasebe öğretim programı tamamına uygulanmasa bile endüstriyel staj uygulamaları benzeri durumlarda uygulanabilir. İçerik yaklaşımlarından konu ağı-proje merkezli tasarımlarda problem çözme süreçlerini temel alan, öğrenci merkezli bir eğitim anlayışı öngörülür. Konular bir ağ gibi haritalandırılır, öğrenciler tarafından projelendirilir ve bu projeler öğrenciler tarafından sunulur. Farklı disiplinlerin aralarında bir bütünleşme sağlanarak bir araya getirilmesini temel alan programlamaya disiplinler arası programlama denir ki, muhasebe öğretiminin bazı bölümleri bu programlamaya uygundur. Modern dünyanın öğrenci merkezli eğitimi benimsediği anlayışlar temel alındığında öğrenci sorularından hareketle oluşturulan sorgulama merkezli programlama öğrenciyi daha çok öğretme-öğrenme sürecine çeker. Bu içerik yaklaşımı sorgulama merkezlidir ve içerik öğrenci sorularına göre oluşturulur (Tan vd. 2009, ss;98-1008, Demirel, 2003, ss;34-35, Demirel, 2001, ss;120-123, Varış, 1996, ss;114-148, Küçükahmet, 2003, ss;19-20)

2.11.3. Muhasebe Programında Eğitim Durumları

Eğitim durumları muhasebe öğretim programının öğretme-öğrenme boyutu ve en önemli öğesidir. Bu öğe muhasebe içeriğinin öğrenciye aktarıldığı öğedir. Tüm eğitim öğretim alanlarında olduğu gibi muhasebe öğretiminde de eğitim durumlarını, öğretim stratejileri, öğretim yöntemleri, muhasebe konu alanı ile örtüşen öğretim teknikleri, öğretim araç-gereç ve materyalleri uygun şekilde seçilerek, bunların işe koşulması oluşturur. (Sönmez, 2004, s;127, Demirel, 2001, s;127).

Muhasebe konu alanının planlanması, planlanan konu ve ünitelerin öğrenciye aktarılması, aktarma etkinlikleri yapılırken zamanı verimli kullanma, öğrencilerin sürece etkin katılımı, öğreticinin bireysel farklılıklara dikkat edip konuyu yaşamla ilişkilendirmesi eğitim durumlarında dikkat edilmesi gereken en önemli noktalardır. Bununla beraber öğretimin yönetilmesinde öğrencinin muhasebe konularına yönelik ilgi ve dikkati, demokratik öğretim ortamları, öğretmenin süreci sağlıklı bir şekilde yönetmesi için alacağı önlemler ve dersi uygun bir şekilde sonlandırma süreçteki önemli yönetim yeterliklerindendir. Ayrıca muhasebe öğretiminde öğrencilerle etkili iletişim kurma, anlaşılır açıklama yapma ve yönergeler verme ve öğrencileri ilgi ile dinlemek iletişim sürecinin verimliliği için şarttır.

Bu bağlamda öğrencilerin bireysel farklılıklarını dikkate alan bir öğrenme stratejisi geliştirerek (Akman ve Muğan, 2010, s;15), muhasebe eğitiminde birden fazla yöntem ve teknik kullanmak (American Accounting Association (AAA), 1999, s;3) gerekmektedir. Eğitimde amaç öğrenci davranışını istenilen yönde değiştirmek olduğuna göre muhasebe öğretiminde yapılacak her şey öğrencilerin öğrenmesine odaklanmalıdır. Bu da ağırlıklı olarak eğitim durumları öğesinde gerçekleşir.

İstenilen öğrenme yaşantılarını oluşturabilmek için eğitim durumlarının seçilip düzenlenmesinde uyulması gereken ilkeler vardır. Bunlar (Demirel, 2001, s;142-143):

Eğitim durumları öğrenciye kazandırılması düşünülen hedeflerle uygun olmalıdır. Ulaşılmak istenen hedeflere yönelik olarak araç-gereç, yöntem ve uygun zaman seçilmelidir. Eğitim durumları öğrencinin derse aktif katılımını sağlayacak şekilde düzenlenmelidir. Öğrencinin mevcut durumuna uygun olmayan eğitim durumu, öğrenciden beklenen davranış değişikliğini gerçekleştirmeyeceği için eğitim durumunun öğrenci etkileşimini sağlayacak, birden çok hedefe hizmet edecek, hedef davranışları gerçekleştirebilmesi için birbirini destekleyecek ve tutarlı olacak, özellikte olmasına dikkat edilmelidir. Ayrıca hedeflere ulaşmak için düzenlenen öğrenme yaşantıları hem kendi içinde, hem de diğer derslerdeki öğrenme yaşantıları ile ilişkili olmalıdır.

Bu açıdan bakıldığında eğitim durumlarının içerisinde bir dizi farklı etkinliğin yer aldığı görülebilir. Bu etkinlikler birbirinden karmaşık, ayrı ve bağımsız gözükmesine rağmen aslında gayet açık ve ilişkili unsurlardır. Planlamanın tüm unsurları kapsadığı, yönetimin bu unsurlar arasındaki uyumu sağladığı ve diğer ölçütlerin öğrencinin öğrenmesine katkı sağladığı düşünüldüğünde ifade edilen etkinliklerin muhasebe öğretimindeki önemi yadsınamaz. Eğitim durumlarının kapsamı içerisinde yer alan etkinlikler aşağıda sunulmuştur;

Öğretiminin Planlanması

Bir öğretim sürecine başlamadan önce yapılması gereken ilk işlemlerden biri o sürecin planlanmasıdır (Açıkgöz, 2003, s;162). Plan, neyi, ne zaman ve nasıl yapılacağını ortaya çıkarır. Öğretim terimi olarak plan, belirli eğitim amaçlarına ulaşmak için öğretim konusu olan etkinliklerden, hangilerinin seçileceğini, bunları öğrencilere niçin ve nasıl yaptırılacağını, ne gibi yardımcı ve tamamlayıcı kaynak ve araçların kullanılacağını ve elde edilen başarının nasıl değerlendirileceğinin önceden tasarlanması olarak ifade edilebilir (Büyükkaragöz ve Çivi, 1997, s;112). Muhasebe öğretim sürecinin planlanması, o öğretim sürecinin sonunda ulaşılması öngörülen eğitimsel amaçların, derste ele alınacak konuların, derste kullanılacak malzemelerin ve derste verilecek öğrenme yaşantılarının öğretim süreci başlamadan önce saptanmasıdır (Tan vd., 2007; Yalın, 2003; Demirel, 2001; Açıkgöz, 2003).

Öğretim sürecinin önceden planlanması, öğretim etkinliklerinin amaca ulaşmasını, öğrenmenin gerçekleşmesini kolaylaştıracaktır. Öğretme-öğrenme etkinliklerinin süreç içerisinde daha etkili olabilmesi için "öğretimsel zaman" kavramının muhasebe konu alanları dikkate alınarak net bir şekilde ortaya konulması gerekmektedir. Çünkü dersin etkinliği, akıcılığı, strateji-yöntem ve tekniklerin etkin kullanımı ile ilgili unsurların planlanmasına bağlıdır. Ders güçlü bir şekilde planlanırsa strateji-yöntem, tekniklerin avantajları ön plana çıkacak, sınıf içerisindeki disiplin sorunları azalacaktır. Planlama ayrıca bilgi miktarı ve materyalleri de içerecek şekilde genişletilmelidir.

Öğretimde Materyal Geliştirme

Öğretim araçları bilginin öğrenene ulaştırılabileceği farklı yollar ve ortamlar olarak tanımlanabilir (Yalın, 2003, s;93). Bilginin öğrenene ulaştırılması için pek tabi ki birden fazla duyu organına hitap eden araç-gereç ve materyalin seçimi ve kullanımı eğitim etkinliklerini artıracaktır. Eğitim etkinliklerinin artırılması bir ölçüde algılama ve öğrenmeyle ilgilidir. Bu bağlamda bir eğitim aracı ne kadar çok duyu organına hitap ederse o oranda algılamayı ve öğrenmeyi kolaylaştırmakta ve etkili olmaktadır. (Büyükkaragöz ve Çivi, 1999, s;269)

Muhasebe öğretim sürecinde araç-gereç ve materyaller öğretimi desteklemek için kullanılır. Bu anlamda iyi tasarlanan ve seçilen araç gereç ve materyaller muhasebe öğretim sürecini zenginleştirir ve öğrenmeyi artırır. Bunun dışında muhasebe öğretme öğrenme süreci dikkate alındığında araç-gereç ve materyallerin çoklu öğrenme ortamı sağladığı, bireysel ihtiyaçları karşıladığı, dikkat çektiği, soyut kavramları somutlaştırdığı ve içeriği basitleştirerek anlamayı kolaylaştırma gibi faydalarının olduğu söylenebilir

Ancak, araç-gereçlerin kuramsal faydaları ne olursa olsun kullanımları belli düzeylerde bilgi ve beceri de gerektirir. Öğretici muhasebe öğretiminde gerekli olan araç-gereç ve materyalleri kullanma becerisine sahip değilse o zaman araç-gereçler etkisini büyük ölçüde yitirecektir (Yalın, 2003, s;97).

Muhasebe öğretiminin bu yönüyle daha etkili olması için öğretme öğrenme sürecinde kullanılması gereken araç-gereç ve materyallerin kullanım amaçları belirlenmeli, programlarla ilişkilendirilmeli belli bir kullanım planı ve yönergesi hazırlanmalıdır (Başar, 2003, s;90).

Öğretim Yapma

Bu aşama mevcut dersin işlenmesi ve planlanan öğretme öğrenme etkinliklerin uygulamaya geçtiği aşama olarak ifade edilebilir. Öğretimin planlanmasında seçilen öğretim stratejileri, öğretim yöntemleri ve öğretim teknikleri, öğretim materyalleri ile öğretim ortamlarında etkileşime geçerler. Ancak bu etkileşim esnasında dikkat edilmesi gereken ve bilimsel olarak ortaya konulan birçok işlem söz konusudur.

Genel olarak bir öğretim sürecinde yer alabilecek işlemler Gagne, Briggs ve Wager (1988) tarafından şöyle listelenmiştir (Açıkgöz,2003, s;162, Demirel, 2001, s;138-139):

1. Dikkat Çekme
2. Hedef Hakkında Bilgi Verme
3. Önkoşul Öğrenmelerin Anımsatılması
4. Uyarıcı Materyalin Sunumu
5. Öğrenmeye Rehberlik Etme
6. Öğrencinin Hedeflenen Davranışı Göstermesi
7. Dönüt Verme
8. Hatırda tutma ve transferi artırma.

Dikkat Çekme

Öğretme-öğrenme etkinliklerine başlarken öğreticinin yapması gereken ilk adım öğrencinin dikkatini konuya çekmektir. Çünkü dağılan öğrenci dikkati tek bir noktaya odaklanırsa bilgi uzun süreli hafızada sağlıklı bir şekilde yer alabilir. Dikkat çekme etkinlikleri yüksek öğretim seviyesinde elbette ki farklı olacaktır. Bu ise genel olarak öğrenci için önemli olan ancak dikkati dağıtan uyarıcıları değiştirme (sözel yerine görsel uyarıcı kullanma, sesini yükseltip alçaltma) gibi farklı etkinlikler olabilir.

Hedef Hakkında Bilgi Verme

Muhasebe öğretim programının ilgili konu alanından kaynaklanan genel amaçları ve özel hedefleri vardır. Bu hedefler öğrencide davranış değişikliği ortaya koymak için geliştirilir. Öğrenci öğrenme süreci sonunda kendisinden ne beklendiğini bilmek durumundadır. Hedefler öğretim sürecinin planlanması aşamasında öğrenciler ile birlikte ve öğrencilerin anlayabileceği yaşamlarına geçirebileceği, karşılaşabilecekleri olası problemlerle ilişkilendirebilecekleri düzeyde ifade edilmeli ve ifade edilen hedefler öğrenciye aktarılmalıdır. Bu ise öğretim süreci esnasında olmalıdır. (Açıkgöz, 2003, Tan vd., 2007, Küçükahmet, 1997, Doğanay, 2007).

Öğrenci hedefler hakkında bilgi sahibi olursa muhasebe konu alanına daha fazla ilgi duyabilir veya ön bilgileri ile yeni öğreneceği bilgiler arasında bir ilişki kurabilir. Bu da kalıcı öğrenme açısından önemlidir. Hedeflerin öğretim süreci planlanırken saptanmasında ve öğrencilerin anlayabileceği biçimde ifade edilmesinde yarar vardır.

Önkoşul Öğrenmelerin Anımsatılması

Öğretim faaliyetlerine başlarken dikkat çekme ve hedeflerden haberdar etme etkinliklerinden sonra yeni sunulacak konu için ön koşul sayılabilecek önceki öğrenmelerin hatırlatılması gereklidir. Aslında bu gereklilik yeni konu dikkate alındığında önem taşımaktadır. Çünkü konular arasında zorunlu ilişkili bir bağ söz konusu ise önceki öğrenmelerin oluşup oluşmadığı kontrol edilmelidir. Önceki öğrenmeler tam anlamıyla oluşmadıysa oluşturulması, önceki öğrenmeler de bir sıkıntı yoksa yeni öğrenilecek konu ile bağlantısının kurulması öğretim sürecinin etkinliği ve hedeflerin gerçekleşmesi açısından bir gereklilikti (Açıkgöz, 2003, Tan vd., 2007, Küçükahmet, 1997, Doğanay,).

Muhasebe öğretim programında yer alan konular bu açıdan bakıldığında birbiri ile ilişkili konulardan oluşur. Ve bu konular bir çok yerde ve değişik zamanlarda tekrar edilir. İlişkili ve tekrara dayalı muhasebe konularına ilişkin ön öğrenmelerin hatırlatılması yeni öğretilecek konular için önem taşır.

Uyarıcı Materyalin Sunumu

Öğretim sürecinde birden fazla duyu organına hitap etme öğrenmenin kalıcılığı açısından önemlidir. Öğrenmenin kalıcı ve izli olması ise değişik öğrenme stillerine ve tiplerine sahip öğrencilere materyal sunumu ile mümkün olabilir. Ancak buradaki materyal kavramı uyarıcı nitelik taşımaktadır. Bireysel farklılıkları da dikkate alarak işitselliğe, görselliğe ve konunun niteliğine bağlı olarak dokunsallığa hitap eden uyarıcı materyaller öğrenmeyi geliştirir, zenginleştirir ve öğrenmeyi artırır (Yalın, 2003, Açıkgöz, 2003, Tan vd., 2007, Küçükahmet, 1997, Doğanay,).

Muhasebe öğretme-öğrenme sürecinde içeriğe bağlı olarak öğrencinin dikkatini çekecek, öğrenmeyi kolaylaştıracak, geleneksel uyarıcı materyallerin yanı sıra gelişen ve değişen teknolojilerin yardımıyla oluşturulan çağdaş uyarıcı materyallerin işe koşulması başarıyı artıcı bir faktör olacaktır.

Öğrenmeye Rehberlik Etme

Çağdaş eğitim yaklaşımları öğretmen merkezli anlayışları reddetmekte öğrenci merkezli anlayışları süreçlerde daha çok ön plana çıkarmaktadır. Doğal olarak öğrenci merkezli anlayış programlara yansımakta, öğretmenler de program uygulayıcıları olarak etkinlikleri bu bağlamda değerlendirmektedirler. Öğrenci merkezli anlayışın söz konusu olduğu süreçte öğretmen rehberlik ve danışmanlık rollerini ön plana çıkarmakta, bilgiyi aktarandan çok öğrencinin bilgiyi yapılandırmasında yol gösterici olmaktadır. Planlanan öğretim faaliyetlerinin uygulanmasında öğrenciye yapılacak rehberlik üst düzey düşünme becerilerini geliştirecek ve sosyal yaşama uyumlu birey olmada öğrenciye yardım edecektir. (Kaya vd.,2004, Açıkgöz, 2003, Tan vd., 2007, Küçükahmet, 1997, Doğanay, 2007).

Muhasebe öğretiminde öğrenciye yapılacak rehberlik muhasebe derslerini dinleme, önerilen kaynakları okuma, hedeflenen bilgiyi anlama, bir meslek mensubunun yeterliliğini ifade edecek düzeyde konuşma ve bu alanda gerektiği kadar yazma becerilerini desteklemelidir.

Öğrencinin Hedeflenen Davranışı Göstermesi

Bu aşamaya kadar ifade edilen temel öğeler gerçekleştikten sonra artık mevcut davranışın kazanılmış olduğu düşünülerek öğrenciden hedeflenen ve bu konuda çaba harcanan davranışı ortaya koyması beklenir. Öğrenci bu aşamada hangi öğrenme alanına uygun bir hedef özelliği arz ediyorsa o özelliğe göre davranışı ortaya koymalı veya sunmalıdır. Öğrenme alanlarına uygun ortaya konulan davranışlar sergilenirken gerekli öğretim ortamı ve öğretim materyalleri göz ardı edilmemelidir (Sönmez, 2004, Demirel, 2003, Açıkgöz, 2003, Tan vd., 2007, Küçükahmet, 1997, Doğanay, 2007).

Dönüt Verme

Öğrencinin hedeflenen davranışı göstermesi öğretim süreci açısından yeterli sayılamaz. Performansını ortaya koyan öğrencinin öğrenme olayının ne düzeyde gerçekleştiği hakkında gerekli geri bildirimi öğreticiden alması öğrenme açısından önemlidir. Eğer eksik öğrenme söz konusu ise bu geri bildirim sonrası düzeltme söz konusudur. Ancak performans olduğu gibi ortaya konulmuşsa öğrencinin bunu içselleştirerek pekiştirmesi gereklidir. Bu açıdan bakıldığında öğreticinin performans düzeyi hakkında öğrenciye geri bildirim vermesi önem taşımaktadır (Yalın, 2003, Açıkgöz, 2003, Tan vd., 2007, Küçükahmet, 1997, Doğanay, 2007).

Hatırda Tutma ve Transferi Artırma

Öğrencinin öğrenmiş olduğu bilgiyi değişik zamanlarda hatırlayabilmesi ve karşılaşabileceği herhangi bir durumda kullanabilmesi için uygun bir bağlam içine yerleştirmesi gereklidir. Bu gereklilik bilginin kullanımı açısından önemlidir. Çünkü hafızada tutulan bilgi değişik zamanlarda ve değişik yerlerde ilgili yönlere transfer edilmezse unutulur. Bu yüzden bilgiyi hatırda uzun süre tutmak için değişik konularla ilişkilendirmek ve geri getirmek için uyarıcı ipuçları kullanmak gerekir (Yalın, 2003, Açıkgöz, 2003, Tan vd., 2007, Küçükahmet, 1997, Doğanay, 2007).

Öğretimi Yönetme

Öğretim birçok değişkenin bileşkesi olarak karşımıza çıkmaktadır. Bu değişkenlerin uyumlu ve birbiriyle ilişkili olarak yönetilmesi önem taşımaktadır. Değişkenler fiziksel çevre, zaman, plan-program, davranış ve iletişim olarak ifade edilebilir. Sınıftaki davranış yönetimi öğrencilere demokratik ortamlar sunma, sınıftaki bireylerin ve grupların ilişkilerini yönetme olarak düşünülebilir. Bununla beraber öğrencinin ilgi ve dikkatinin sürekliliğinin sağlanması bilgilerin pekiştirilmesi, plan ve programa dayalı yönetim anlayışıdır. Öğretim ortamının fiziksel olarak konu alanına ve öğrenciye uygun olarak düzenlenmesi öğreticinin rahat bir şekilde ders sürecini işletmesine neden olur. Bu ise fiziksel çevreyle ilgili bir yönetim anlayışıdır. Öğrencinin hedeflenen davranışa yönelik motivasyonun diri tutularak olumsuz herhangi bir davranış göstermesi halinde yaptırım uygulanması bir yönetim yeterliliğidir (Moore, 1990, Küçükahmet,1997, Kaya,2004). Özellikle fiziki koşulların yetersiz olduğu (Zaif, 2004, s;59) ve kaynak kullanımının etkin olmadığı (Beyazıtlı ve Çelik, 2004, s;67) durumlarda öğretimin yönetilmesi ayrı bir önem kazanmaktadır.

Öğretimde İletişim

Bireyin topluma uyumunu sağlamak üzere kurulmuş toplumsal açık bir sistem olan okulun en önemli öğelerinden biri öğretmendir. Öğretmen sınıfta öğrenci başarısından sorumlu olan kişidir. Öğretmenin öğrencilerini oldukları gibi kabul etmesi, onlarla uygun şekilde iletişim kurması öğrencilerin öğrenmelerine ve yüksek başarı yakalamalarına katkıda bulunur (Kaya ve diğerleri, 2004, s;67).

İletişim en genel anlamda davranış değişikliği meydana getirmek için bilgi, duygu ve becerilerin paylaşılması olarak da ifade edilebilir (Büyükkaragöz ve Çivi, 1999, s;36).

İletiyi gönderen ve alan arasında oluşturulan bir alışveriş ilişkisi içinde paylaşılan, ortaklaşa yararlanma ile oluşan bir süreç olarak kabul edilen iletişim kaynak kişi tarafından iletinin oluşturulup, alıcıya gönderilmesi ile başlar ve alıcının bu iletiyi alıp değerlendirmesi ve uygun tepkide bulunması ile son bulur. (Kaya ve diğerleri, 2004, s;68)

İnsanlar iletişim yoluyla gelişirler. Bu özelliği nedeniyle iletişim, tıptan işletmeye birçok alanda bilgi odağı olmuş durumdadır. İletişim, büyük ölçüde insanların ve diğer kaynakların etkileşime dayalı olan öğretim alanında özel bir önem taşımaktadır. Öğretim ortamında öğrenciler ve öğretmenler birbiriyle sözel ya da sözel olmayan yollarla etkileşimde bulunurlar. Öğretimin etkili olabilmesi için öğrenci öğretmen ilişkilerinde gerektiğinde, ders dışı farklı ortamlardan yararlanmak (Kaya ve Daştan, 2004, s;187-188) ve iletişim süreçlerini iyi işletmek gerekir (Açıkgöz, 2003).

Endüstriyel Staj

Mesleki eğitim kurumları ve işletmenin ortak amaçlar için işbirliği içinde olmasına ve buna yönelik eğitim etkinlikleri planlamasına ve uygulamasına endüstriye dayalı eğitim denilebilir (Koşan, 2003). Endüstri stajları ise öğrencilerin çeşitli büyüklükteki işletmelerde üretimin her aşamasına katılarak okulda öğrenilen bilgi ve becerilerin uygulandığı ve bu şekilde kalıcı öğrenmenin sağlandığı eğitim faaliyetleridir (Çelik, 2005, Jonhstone and Biggs, 1998). Mesleki ve teknik eğitim, sanayinin gereksinim duyduğu standartlarda bir eğitim gerçekleştirmek durumundadır. Reel sektörün ihtiyaç duyduğu donanımda meslek elemanı yetiştirmek birçok meslek yüksekokulu açısından neredeyse imkânsızdır. Çünkü maliyeti oldukça yüksek olan laboratuar ve atölyelerin bu okullarda sağlanması her zaman mümkün olamamaktadır. Bu eksikliğin bir ölçüde giderilebilmesi için öğrencilere endüstriye dayalı staj uygulamalarının yaptırılması gerekir. İş yerinde endüstriye dayalı staj olanaklarının sağlanması hem öğrenciler açısından hem de teknolojik alt yapılarını hızla yenileyen işletmeler açısından yararlı sonuçlar verecektir. Genellikle teknik ve ticari gelişmenin en son ve yeni durumuna daha çabuk ulaşabilen işletmelerin stajyer öğrenciye oldukça önemli katkıları olacaktır.

Öğrencinin öğrenmesini kolaylaştırarak başarısını artıran (Demirkan, 2004, s;88), öğrencinin ekonomik, sosyal ve teknolojik yapıya ayak uydurmasını kolaylaştıran (Subaşı, 2006, s;27), hayat boyu öğrenme becerilerinin yükselten (Hoque, 2002,s;140), pratik yapma imkanı ile (Gençtürk, Demir ve Çarıkçı, 2008, s;221), mesleği daha yakından tanımalarını sağlayan (Sayın, Yeğinboy ve Tektüfekçi, 2010, s;108), muhasebe eğitimi ile muhasebe uygulamaları arasındaki boşluğu gideren (Parker, 2001) ve öğrencinin sektöre uyumunu kolaylaştıran (Güçlü, 2004, s;172, Yılmaz ve Ciğer, 2010, s;11) staj uygulamaları, üniversitelerin iş hayatının bir parçası kabul edildiği (Boyce, 2003,s;566) bir dönemde oldukça önemli bir role sahiptir.

Özellikle pratik yapma imkanlarının az olduğu (Gençtürk, Demir ve Çarıkçı, 2008, s;221) muhasebe/finans derslerinde staj uygulamaları, okul sonrası istihdam olanaklarının (Adıgüzel, 2009, s;122) da farkına varılmasını sağlaması açısından önemsenmesi gereken bir konudur.

2.11.4. Muhasebe Öğretiminde Ölçme Değerlendirme

Programın son boyutu ölçme ve değerlendirmedir. Bu boyutta en önemli ölçüt, öğretim programlarında yer alan hedeflerin sınanmasıdır. (Demirel, 2003, s;36) Ölçme ve değerlendirme; öğrenme-öğretme sürecinde öğrencilerin başarılarını saptamak, eksikliklerini belirlemek, öğretim yöntemlerinin etkinliğini anlamak, uygulanan programın zayıf ve kuvvetli yanlarını ortaya çıkarmak için yapılır ve öğrencilerin gelişimini izlemeyi amaçlar (MEB, 2005).

Bir başka deyişle ölçme değerlendirme, öğrencide gözlenmesine karar verilen istendik davranışların kazanılıp kazanılmadığı hakkında yargıya varma işidir (Demirel, 2001, s;148). Öğrencide gözlemeye karar verilen doğrudan ve dolaylı davranışları onun kazanıp kazanmadığını; kazandıysa, ne ölçüde kazandığını, kazanmadıysa, neden kazanamadığını, kazanabilmesi için eğitim sisteminde neler yapılması gerektiğini belirleme ölçme değerlendirme kapsamı içerisindedir (Sönmez, 2004, s;407).

Öğrenme-öğretme sürecinde bireylerin kazanmış oldukları bilgi-becerileri ve uygulamadaki etkililiği belirlemek için ölçme ve değerlendirme çalışmalarına ihtiyaç duyulmaktadır. Okullardaki öğrencilerin, bilişsel, duyuşsal ve psikomotor davranışlarındaki değişme ve gelişmeleri görmede, başarısız öğrencilerin öğrenme eksikliklerinin giderilmesinde, başarılı öğrencilerin güdülenmesinde, öğreticilerin kendilerini değerlendirmede ölçme ve değerlendirme önemli bir yer tutar. Diğer taraftan yöneticilerin, öğretmenlerin ve velilerin en önemli veri kaynağı ölçme ve değerlendirme sonuçlarıdır.

Öğrencilerin öğretme-öğrenme sürecinin tümünde yeteneklerinin, gelişim düzeyinin ve gelişme potansiyelinin belirlenmesi sistematik olarak bir ölçme ve değerlendirme gerektirir. Öğretme öğrenme sürecinde bu ölçme ve değerlendirme sonuçlarından hareketle kaliteyi artırmak, öğrenmeyi daha kalıcı hale getirmek için bazı kararların alınması gerekir. Bu kararlar çok geniş bir alana yayılır. Ancak program öğeleri bağlamında üç başlıkta incelenebilir. Bunlar öğretim, notlandırma ve öğrenciye yönelik kararlardır. Öğretici öğretme-öğrenme süreci esnasında ve süreç sonunda bazı karalar almalıdır. Bu kararlar strateji, yöntem, teknik, araç, gereç, materyal, ortam, süre gibi değişkenlerin daha etkin hale getirilmesi ile ilgili olabileceği gibi bu değişkenler ile öğrenci başarısı ilişkisini ortaya çıkarmaya yönelik de olabilir. Ancak bu tür bir ilişkiyi ortaya çıkarabilme sağlıklı olarak geliştirilecek ölçü araçları ve değerlendirme teknikleri ile mümkün olabilir. Doğal olarak öğretim ile ilgili kararlar alınırken hem süreci hem de ürünü değerlendirmeye yönelik etkinlikler yapılmalıdır.

Öğretim kurumlarında belirli aralıklarla bazı kararlar verilmesi gerekir. Tüm öğretim kademeleri için geçerli olan bu kararlar verilirken kararlara esas olacak temel kriterlerin de göz önünde bulundurulması gereklidir. Öğrencinin akademik başarıları belli aralıklarla yani sınav dönemlerinde değerlendirilebilir. Ölçü araçları ile yapılan durum tespiti sonrası genel değerlendirmeler yapılarak bu notun ne anlam taşıdığı öğrenciye anlatılarak ne gibi destek çalışmaları yapılacağı belirlenmelidir. Bu kararlar aynı zamanda programın etkililiği hakkında da bilgi verebilir. Öğrencilerin gelişim düzeyini, öğrenme problemlerini-eksiklerini- teşhis etmeye yönelik kararlar, öğretmen tarafından ya da uzmanlar tarafından verilebilir. Uzmanlar öğrencilerin ilgi, yetenek ve öğrenme problemleri ile ilgili kararlarda genellikle standart testler kullanırlar. Öğreticiler ise standart testler yerine kendi konu alanlarına uygun geliştirdikleri testler ile durum tespiti yaparlar. Her iki test grubu sonuçları belli aşamalarla değerlendirilmeli ve öğrencilerin durumları hakkında kararlar verilmelidir (Karip, 2007, Demirel, 2003, Tan vd., 2007, Yıldırım, 1999).

2.12 . Muhasebe Öğretim Programının Değerlendirilmesi

Program değerlendirme, "gözlem ve çeşitli ölçme araçları ile eğitim programlarının etkililiği hakkında veri toplama, elde edilen verileri programın etkililiğinin işaretçileri olan ölçütlerle karşılaştırıp yorumlama ve programın etkililiği hakkında karar verme süreci" olarak tanımlanabilir (Erden, 1998, s;10).

Program değerlendirme, programın etkililiği hakkında karar verme sürecidir. Programın değerlendirilmesinde amaç; programın temel öğelerini ve bu öğeler arasındaki ilişkilerin etkililiğini belirlemek, program hedeflerinin düzeyini tespit etme, bu tespit ile beraber eğer bir eksiklik söz konusu ise engelleyici tüm faktörleri kolektif olarak ortaya koymak olarak ifade edilebilir. Program değerlendirme en genel anlamda beş kategoride özetlenebilir. Bunlar sürecin etkinliğini değerlendirme anlamı taşıyan işlemlerin gözlemlenmesi, sonucun etkinliğini ortaya koyma açısından ürünün ölçülüp değerlendirilmesi, hem ürün hem de sonuç bağlamında bir değerlendirme yapılması, süreci değerlendirme dışı bırakıp program girdileri ile çıktılarının değerlendirilmesi ve kapsayıcı olarak girdilerin, sürecin ve ürünün ölçülüp değerlendirilmesi şeklinde ortaya konulabilir.

Beş kategorik program değerlendirme alanlarından hareketle program geliştirmede, değerlendirme aşamasından iki şekilde faydalanılması gerekliliğinden söz edilebilir. Bunlardan birincisi, değerlendirme sonuçlarının amaçları kuvvetlendirici yönde kullanılabileceğini, ikinci şekilde ise, özellikle programın etkinliğinin arttırılması konusunda yetersiz öğrenme yaşantılarının düzenlenerek yeterli hale getirilmesi konusunda bizlere rehberlik edebileceğidir (McNeil, 1996, 286)

2.12.1. Program Değerlendirme Modelleri

Eğitim faaliyetlerinin değerlendirilmesinin oldukça eski bir geçmişi vardır. Socrat gibi eski Yunan filozoflarının kendi öğretimlerini sözel olarak değerlendirdiklerini gösteren kanıtlar bulunmaktadır. Ancak sistematik program değerlendirme faaliyetlerinin örgün eğitimin yaygınlaşması, test tekniklerinin gelişmesiyle başladığı söylenebilir.

Günümüzde çeşitli eğitimciler tarafından geliştirilen hem niceliksel hem de niteliksel yöntemlere ağırlık veren program değerlendirme modelleri bulunmaktadır. Program değerlendirme modelleri büyük ölçüde program geliştirme yaklaşımına göre farklılık göstermektedir. Program değerlendirme araştırmalarında, araştırmacılar kendi amaç ve koşullarına en uygun modeli seçebilir ya da bu modellerden yararlanarak yeni bir model geliştirebilir.

Bu program geliştirme modellerinin başında Tyler'ın Hedefe Dayalı Değerlendirme Modeli gelmektedir. Tyler'ın değerlendirme modeli, program geliştirme modeline dayanmaktadır. Tyler'a göre bir programın üç temel öğesi vardır; Hedefler, öğrenme yaşantıları ve değerlendirmedir. Tyler programın temel öğesi olarak ifade ettiği hedef, yaşantı ve değerlendirme öğelerinin sürekli olarak etkileşim halinde bulunduğunu ancak en çok önem verdiği öğe olan hedeflerin merkeze alınması gerektiğini savunmuştur. Tyler'a göre ilk değerlendirilmesi gerek öğe de hedeflerdir. Hedefler birey, toplum, konu alanı ve doğa kaynakları dikkate alınarak değerlendirilmeli, kesinleşmemiş hedefler ortaya çıkan veriler aynı şekilde eğitim felsefesi ve eğitim psikolojisi süzgeçlerinden geçirilerek değerlendirme derinleştirilmeli ve hedeflerde olabilecek sorunlar ortadan kaldırılmalıdır. Hedef değerlendirmeleri yapıldıktan sonra bir sonraki öğe olan yaşantılar değişkenleri de dikkate alınarak hedeflere dayalı olarak değerlendirme aşamalarına katılmalıdır. Tyler değerlendirme sürecinde öğrenci davranışlarının öğretimin başında ve sonunda olmak üzere en az iki kere ölçülerek hedeflere ulaşma derecesini belirlemek gerektiğini savunmuştur. Ayrıca davranışların kalıcılığını kontrol etmek için programın bitiminden sonra da davranışların izlenme çalışması ile değerlendirilmesinin önemi üzerinde durulmaktadır.

Program değerlendirme modellerinden bir diğeri Metfessel- Michael değerlendirme modelidir. Metfessel- Michael değerlendirme sürecini sekiz adımla açıklamışlardır. Bu modele göre değerlendirme uzmanları öğretmenler, yöneticiler, öğrenciler ve sıradan vatandaşların dolaylı ya da doğrudan değerlendirmede yer almasını sağlamalıdır. Genelden özele doğru aşamalı olarak sıralanan hedefler geliştirilmelidir. Özel hedefler programlarda uygulanabilir bir biçime dönüştürülmeli ve programın etkililiğini bireyler üzerinden ölçebilecek ölçü araçları geliştirilmelidir. Program uygulandığı sürece uygun araçlar kullanılarak gözlenmeli toplanan bilgiler analiz edilmeli, analiz edilen bilgiler programın etkililiğini belirleyecek şekilde tartışılmalıdır. Ve son aşamada öneriler ortaya konulmalıdır.

Provus tarafından geliştirilen farklar yaklaşımı ile değerlendirme modelinde ise sistem yönetimi kuramına dayalı değerlendirme yapılmaktadır. Bu model değerlendirmeyi beş evreye ve dört bileşene ayrılır. Bu dört bileşen programın standartlarını belirleme, programın performansını belirleme, performansla standartları karşılaştırma, performansla standartlar arasındaki farklılığı belirlemedir. Bu modeldeki beş evre ise tasarım, oluşturma, süreç, ürün ve sonuç, analiz olarak ifade edilebilir.

Program değerlendirmede dikkate alınacak bir diğer model ise Stake'in uygunluk-olasılık modelidir. Stake düzenli ve düzensiz değerlendirmeyi birbirinden ayırmaktadır. Bu modele göre eğitimciler değerlendirme yaparken sezgisel normları ve kişisel yargıları dışarıda tutarak düzenli değerlendirmenin temel ilkelerini oluşturmalıdır. Çünkü düzenli değerlendirme süreçleri eğitimcileri nesnel sonuçlara götürür. Stake değerlendirmeye dayalı bilgilerin üç boyutta düzenlenebileceğini söylemektedir. Bunlar girdi, süreç ve ürün olarak ifade edilebilir. Girdi de programın oluşturmasına etki eden faktörler işlemde etkileşim ve etkileşimi sağlayacak faktörler, üründe ise girdi ve süreçte etkili olup olmadığına yönelik değerlendirmeler yapılır.

Stufflebeam'in ortaya koymuş olduğu model olan bağlam, girdi, ürün, süreç modeli oldukça kapsamlı ve çok yönlüdür. Bu modele göre değerlendirmenin amacı program hakkında karar verme yetkisine sahip olan kişilere bilgi vermektir. Programla ilgili karar verme yetkisine sahip olan kişiler en genel anlamda dört alanda karar verebilirler. Programla ilgili tüm faktörlerin ve mevcut durumun analizine dayalı bağlam değerlendirme, programın hedeflerine ulaşabilmesi için gerekli olan kaynaklar ve kaynakların kullanımı ile ilgili mikro düzeyde analizi içeren girdi değerlendirme, programın süreç içerisinde uygulanmasını ve bu uygulama alanındaki değerlendirmeleri içeren süreç değerlendirme ve beklenen ürün ile gerçekleşen ürünün karşılaştırılarak değerlendirilmesini öngören ürün değerlendirme olarak ifade edilecek alanlar karar verme alanları olarak belirtilebilir.

Program değerlendirmeye yönelik bir başka modelde Eisner'in eğitsel eleştiri modelidir. Model niceliksel incelemenin dışında niteliksel yönleri kapsar ve alanında uzman kişilerin program hakkında eleştirel ve nitel değerlendirmeler yapmasını öngörür. Model betimleme, yorumlama ve değerlendirme aşamalarından oluşur (Erden, 1998, Demirel, 2001, Varış, 1996, Karip, 2007,Sezgin, 2009, Alkan, Doğan ve Sezgin, 2001).

2.12.2. Program Öğelerine Dayalı Değerlendirme

Eğitim programlarının değerlendirilmesi sürecinde programla ilgili sağlıklı veriler toplamak ve bu verilerin analizi gereklidir. Analiz edilen veriler bir değerlendirmeye tutulmalı, programın bütünlüğünün etkililiği ortaya çıkarılmalıdır. Muhasebe öğretim programı dört öğeden oluşur. Bunlar, hedef, içerik, eğitim durumları ve sınama durumlarıdır. Muhasebe öğretimine yönelik bir değerlendirme yapılması istendiğinde bu dört temel öğenin genel yapısı birbirlerini etkileme düzeyi, aralarındaki ilişkiler dikkate alınarak değerlendirilmelidir. Eğitim programlarının öğelerine dönük değerlendirmede belli başlı faktörler program geliştirme aşamaları dikkate alınarak ortaya konulmalı program değerlendirmelerde olası hataların önüne geçilmelidir. Bu yüzden program öğeleri ile ilgili değerlendirmeler ayrı ayrı yapılmalıdır (Erden, 1998, Karip, 2007,Sezgin, 2009, Alkan, Doğan ve Sezgin, 2001).

Bu değerlendirme modelinde öğeler ve öğeler arasındaki ilişkilerden hareketle sorular oluşturulur, bu sorular ilgililere sorularak program değerlendirme yapılır. Ancak sorular oluşturulurken profesyonelce bir yol ve tutum izlemek gerekir. Çünkü ilgililerin program ile ilgili yaptıkları değerlendirmelerin hatalardan arındırılarak alınması değerlendirmeyi sağlıklı kılacağı gibi yeni program oluşumlarını da olumlu etkiler.

2.12.2.1. Hedeflerin Değerlendirilmesi

Eğitim programının birincisi öğesi hedefleridir. Hedefler öğrencide kazandırılması istenilen nitelikler olarak tanımlanabilir. Muhasebe eğitiminin hedefleri değişik düzeylerde ifade edilebilir. Ancak bu hedefler okul düzeyinde genel hedefler, ders düzeyinde özel hedefler olarak ortaya çıkmaktadır. Genel hedefler toplumun eğitim faaliyetlerine yön verirler. Bu anlamda meslek yüksek okullarındaki genel hedefler melek mensubunun toplumla uyumunu sağlamaya yönelik olmalıdır. Ancak özel hedefler herhangi bir ders veya çalışma alnına yöneliktir daha alt düzeyde yeterlikler için vurgulanır. Değerlendirilmek istenen hedefler değişik biçimlerde ifade edilebilir. Hedefler bazen özellik ifade ederken bazen özellikle yüksek öğretim kurumlarında dersler listesi biçiminde hazırlanmaktadır. Bu açıdan bakıldığında program değerlendirmesi yapan araştırmacılar hedeflerle kazandırılmak istenen nitelikler kümesini bir bütün olarak belirlemeli, ölçüt olarak belirlemeli ve program değerlendirmeyi bu ölçütler dâhilinde yapmalıdır. Hedeflerin ifade edilmesi için gerekli şartlar ne ise ölçütler de bu şartlardan hareketle oluşturulabilir (Erden, 1998, Karip, 2007,Sezgin, 2009, Alkan, Doğan ve Sezgin, 2001).

2.12.2.2. İçeriğin Değerlendirilmesi

Her bir öğretim programının tasarımı ve modeli ne olursa olsun açık veya örtük bir şekilde bir içeriği vardır. İçerik ilkeleri, kavramları, olguları içine alan geniş bir kavram olarak görülebilir. İçerik seçimi ile ve düzenlenmesi ile önemli bir program öğesidir. Bu açıdan bakıldığında içeriğin sadece seçimi yeterli görülmemekle beraber düzenlenmesi, organizasyonu da program değerlendirmelerinde dikkate alınmaktadır. Kapsam değerlendirilirken öncelikli olarak hedeflerden hareket edilmeli, içeriğin kendi içerisindeki organizasyonu, tasarımı ve düzenlenmesi değerlendirme kriterleri olarak ele alınmalıdır. Ayrıca içeriğin öğrenciler için anlamlı olup olmama durumu içeriğin sunuluş sırası, kaynaşıklığı ve kenetliliği de program değerlendirmede önemlidir (Erden, 1998, Demirel, 2001, Karip, 2007,Sezgin, 2009, Alkan, Doğan ve Sezgin, 2001).

2.12.2.3. Eğitim Durumlarının Değerlendirilmesi

Öğrenme bireyin kendi yaşantıları ile gerçekleşen bir süreçtir ve içsel olarak gerçekleşir. Öğrencinin içsel dünyasında gerçekleşen öğrenmenin kalıcı ve izli olabilmesi için etkinlikler düzenlenmeli ve uygulanmalıdır. Eğitim durumları ise bu süreç içerisindeki tüm etkinlikleri kapsar. Öğretim faaliyetleri sırasında öğrencinin öğrenmesini etkileyen bir dizi faktör vardır. İşte bu faktörler program değerlendirmenin eksenini oluşturur. Bunlar öğretimin planlanması, öğretimin yönetimi, öğretimin yapılması, iletişim, rehberlik gibi faktörler olarak ifade edilebilir. Program değerlendirmenin genel ölçütlerinin temelini oluşturur (Erden, 1998, Karip, 2007,Sezgin, 2009, Alkan, Doğan ve Sezgin, 2001).

2.12.2.4. Sınama Durumlarının Değerlendirilmesi

Eğitim programlarının sınama durumlarındaki hata genel olarak ölçü araçlarından, araçların uygulanma sırasındaki aksaklıklardan kaynaklanmaktadır. Sınama durumlarında ölçme aracının uygunluğu, geçerliliği, güvenirliliği, hedefleri ölçüp ölçmediği program değerlendirmesi kapsamında irdelenmektedir. Sınama durumlarının değerlendirilmesinde ele alınan ölçütler aynı zamanda programın kapsamının ve program etkinliklerinin kalitesi hakkında da bilgi vermektedir. Muhasebe öğretim programı dikkate alındığında hedeflerin, içeriğin ve eğitim durumlarının ve bu öğeler içerisindeki mikro alt alanların değerlendirilmesi gerekir (Erden, 1998, Karip, 2007,Sezgin, 2009, Alkan, Doğan ve Sezgin, 2001).

ÜÇÜNCÜ BÖLÜM

3. MATERYAL VE YÖNTEM

3.1. Problem Cümlesi

Muhasebe Bölümlerinde Uygulanan Muhasebe Öğretim Programına Yönelik Öğretim Elemanları ve Öğrencilerin Görüşleri Nedir?

3.1.1. Alt Problemler

3.1.1.1. Muhasebe Bölümlerinde Uygulanan Muhasebe Öğretim Programına Yönelik Öğretim Elemanlarının Görüşleri ile ilgili Alt Problemler

1. Muhasebe öğretim programı bağlamında öğretim elemanlarının program hedeflerine yönelik görüşleri nedir?
2. Muhasebe öğretim programı bağlamında öğretim elemanlarının program içeriğine yönelik görüşleri nedir?
3. Muhasebe öğretim programı bağlamında öğretim elemanlarının öğretimin planlanmasına yönelik görüşleri nedir?
4. Muhasebe öğretim programı bağlamında öğretim elemanlarının materyal geliştirmeye yönelik görüşleri nedir?
5. Muhasebe öğretim programı bağlamında öğretim elemanlarının öğretimi yapmalarına yönelik görüşleri nedir?
6. Muhasebe öğretim programı bağlamında öğretim elemanlarının öğretimi yönetmelerine yönelik görüşleri nedir?
7. Muhasebe öğretim programı bağlamında öğretim elemanlarının başarıları ölçme değerlendirmelerine yönelik görüşleri nedir?
8. Muhasebe öğretim programı bağlamında öğretim elemanlarının öğrencileri tanıma ve rehberlik etmelerine yönelik görüşleri nedir?
9. Muhasebe öğretim programı bağlamında öğretim elemanlarının mesleki açıdan kendilerini geliştirmelerine yönelik görüşleri nedir?
10. Muhasebe öğretim programı bağlamında öğretim elemanlarının MYO-Sektör ilişkilerine yönelik görüşleri nedir?
11. Muhasebe öğretim programı bağlamında öğretim elemanlarının görüşleri arasında cinsiyet, mesleki kıdem, eğitim düzeyi, akademik unvan ve mezuniyet alanına göre istatistiksel olarak anlamlı farklılıklar var mıdır?

3.1.1.2. Muhasebe Bölümlerinde Uygulanan Muhasebe Öğretim Programına Yönelik Öğrencilerin Görüşleri ile ilgili Alt Problemler

1. Muhasebe öğretim programı bağlamında öğrencilerin öğretimin planlanması sürecine yönelik görüşleri nedir?
2. Muhasebe öğretim programı bağlamında öğrencilerin öğretme-öğrenme sürecine yönelik görüşleri nedir?
3. Muhasebe öğretim programı bağlamında öğrencilerin sınıf yönetimi sürecine yönelik görüşleri nedir?
4. Muhasebe öğretim programı bağlamında öğrencilerin iletişim sürecine yönelik görüşleri nedir?
5. Muhasebe öğretim programı bağlamında öğrencilerin başarıyı ölçme-değerlendirmeye yönelik görüşleri nedir?
6. Muhasebe öğretim programı bağlamında öğrencilerin endüstriyel staj uygulamalarına yönelik görüşleri nedir?
7. Muhasebe öğretim programı bağlamında öğrencilerin görüşleri arasında cinsiyet, mezun olunan ortaöğretim kurumu, üniversiteye yerleştirilme şekli, öğrenim gördüğü programı tercih sırası ve sınıf düzeyine göre istatistiksel olarak anlamlı farklılıklar var mıdır?

3.2. Araştırmanın Gerekçesi

Muhasebe eğitimi, bu eğitimi alanlara teorik bilgi yanında "teknik yetenek ve beceri" kazandırmak durumundadır. Hızlı bir değişim gösteren toplumsal gereksinimler diğer alanlarda olduğu gibi muhasebe eğitiminde de kendini hissettirmektedir. Artık muhasebe eğitimi almış olan bireylerden kayıt, sınıflama, raporlama gibi temel işlevlerin yanı sıra ileri düzeyde analiz yapmaları beklenmektedir. Muhasebe eğitimi alan her birey kendini "iş çözümleyici" olarak görmek durumundadır.

Bunun için mesleki bir eğitim olan muhasebe eğitiminde kalıcı öğrenmenin gerçekleştirilmesi gerekmektedir. Kalıcı öğrenmenin gerçekleştirilebilmesi için de muhasebe programlarında muhasebe eğitiminin hedefleri, neleri içermesi gerektiği, öğrenme-öğretme sürecinde kullanılacak teknikler ve mesleki beceriyi kazandırma düzeyinin değerlendirilmesinin dikkate alınması gerekmektedir (Zaif, 2010).

Program düzenli eğitim durumları olarak (Ertük, 1998) tanımlanabileceği gibi öğretme-öğrenme sürecinde izlenecek yol olarak da tanımlanabilir. Dolayısıyla eğitim sürecinin amacına ulaşabilmesi için ilgili öğretim programının ihtiyaçları karşılayacak, hem uygulayıcıların hem de öğrencilerin beklentilerini karşılayacak bir bütünlükte olması gerekmektedir.

Bu bağlamda meslek yüksekokulları muhasebe bölümlerinde uygulanan muhasebe öğretim programının, bu bölümlerde ders veren öğretim elemanları ve öğrencilerin görüşleri doğrultusunda hazırlanmasının önemli olduğu düşünülerek araştırmanın yapılması gerekli görülmüştür.

3.3. Araştırmanın Amacı

Eğitim bireyin doğumuyla başlayan çok kapsamlı bir süreçtir. Eğitim bireye ilişkin bilgi, beceri, nitelik veya diğer yetenek ve vasıfların gelişimini amaçlayan sistemli eylemler ve yöntemlerdir. Mesleki eğitim ise bireyin iş becerilerinin ve yeteneklerinin geliştirilerek mesleki tutum ve iş alışkanlıklarının kazandırıldığı geniş bir süreci kapsamaktadır.

Meslek eğitiminin bir parçası olan muhasebe eğitimi hem örgün eğitim hem de yaygın eğitim yoluyla verilmektedir. Örgün muhasebe eğitimi orta öğretim ve yüksek öğretim kurumlarında verilmektedir. Muhasebe eğitiminde bireye mesleğin gerektirdiği bilgi ve becerinin yanı sıra muhasebe mesleği ile ilgili mesleki davranışların da kazandırılması amaçlanmaktadır. Bunun için öğretim programları hedef, içerik, öğrenme, öğretme süreci ve değerlendirme öğelerine göre oluşturulmaktadır.

Mesleki eğitimin beklentileri karşılayabilmesi için öğretim programlarının bir bütün olarak ele alınması ve öğretici, öğrenci ve sektör ilişkilerini eş güdümlemesi gerekir.

Bu noktadan hareketle bu araştırmanın amacı, Türkiye'de meslek yüksek okullarında uygulanan muhasebe öğretim programını, öğretim elemanları ve öğrenci görüşleri doğrultusunda değerlendirmek ve elde edilen sonuçlar ışığında öneriler geliştirmektir.

3.4. Araştırmanın Önemi

Muhasebe eğitiminin amacı muhasebe meslek mensuplarının gereksinim duyduğu bilgi ve teknikleri, içinde bulunulan zamanın koşullarını dikkate alarak bu alanda eğitim alan bireylere kazandırmaktır. Her geçen gün daha karmaşık bir yapıya bürünen işletmelerin ihtiyaç duyacağı bilgi ve analizleri iyi bir muhasebe eğitimi almış meslek mensuplarının sağlayacağı tartışılmaz bir gerçektir. Muhasebe meslek mensubunun ürettiği bilginin, muhasebenin temel ilkeleri de dikkate alındığında ekonomi, teknoloji ve toplumsal yapıyla ilişki içerisinde olduğu görülmektedir. Dolayısıyla meslek mensubunun bu dinamiklerdeki değişimlere hızlı bir şekilde ayak uydurması kaçınılmaz bir zorunluluktur.

Türkiye'de muhasebe eğitimi yüksek öğretimin yanı sıra orta öğretim kurumlarında da verilmektedir. Bunların dışında yaygın eğitim kurumları tarafından da çeşitli adlar altında muhasebe eğitimi verilmektedir. Muhasebe eğitimi ile sadece yasal düzenlemeler kapsamında kayıt tutmak amaçlanmaz. Bilgi üretmenin yanı sıra karar alma ve analiz etme sürecinde de muhasebe meslek mensuplarına önemli görevler düşmektedir. Bunun sağlanabilmesi için de muhasebe öğretim programlarının öğrencilerin mantıksal bağlantılar kurarak analiz etme ve yorumlama becerilerinin kazandırılmasını sağlayacak şekilde tasarlanması gerekmektedir.

3.5. Araştırmanın Evreni

Evren, araştırma sonuçlarının genellenmek istendiği elemanlar bütünüdür (Karasar, 2003, s;109, Yıldırım ve Şimşek, 2006). Araştırmalar ister tüm toplumda, ister hedef toplumda, isterse örnekte yapılmış olsun araştırmanın yapılacağı toplumun doğru tanımlanması ve toplumdaki birimlerin tam ve doğru olarak tanımlayan bir çerçevenin belirlenmesi gerekir. Araştırma, sınırlandırılmış alt toplumlarda yada gruplarda yapılacak ise sınırların doğru ve tam olarak tanımlanması gerekir (Özdamar, 2003, s;103). Bu bağlamda araştırma evreni aşağıdaki gibidir.

Araştırmanın evrenini, Türkiye'deki 102 devlet üniversitesi ile 52 vakıf üniversitesine bağlı 320 meslek yüksek okulunda muhasebe/muhasebe ve vergi uygulamaları bölümü/programında ders veren öğretim elemanları ve 2009-2010 eğitim öğretim yılında bu programlarda öğrenim gören öğrenciler oluşturmaktadır.

3.6. Araştırmanın Örneklemi

Örneklem belli bir evrenden, belli kurallara göre seçilmiş ve seçildiği evrenin temsil yeterliği kabul edilen küçük kümedir. Araştırmalar çoğunlukla örneklem kümeler üzerinde yapılır ve alınan sonuçlar ilgili evrenlerine genellenir. Örnek, toplumu temsil etmeli ve yeterli sayıda olmalıdır (Karasar, 2000; Özdamar, 2003).

Araştırmanın örneklemini, 2009-2010 eğitim öğretim yılında Türkiye'deki 25 devlet üniversitesi ile 9 vakıf üniversitesine bağlı 109 meslek yüksek okulunun muhasebe/muhasebe ve vergi uygulamaları bölümü/programlarında derse girdiği kabul edilen 145 öğretim elemanı ve bu programlarda öğrenim gören 2501 öğrenci oluşturmaktadır (Ek:Anket İzin Formu).

Örneklem seçiminde oransız eleman örnekleme yöntemi kullanılmıştır. Oransız eleman örnekleme, evrendeki tüm elemanların birbirine eşit seçilme sansına sahip oldukları örnekleme türüdür. Buna "basit tesadüfî örnekleme", "yalın örnekleme" "yansız örnekleme" gibi adlar verilmektedir. Oransız eleman örneklemede, evrendeki eleman türlerinden her birinin örnekleme girenlerin sayısı tümü ile şansa bırakılmıştır (Karasar, 2003; Gürsakal, 2007, McMillan and Schumacher, 2006).

3.7. Araştırmanın Kabulleri

Muhasebe öğretim programı bağlamında yürütülen bu araştırmanın genel anlamda tasarlanması, geliştirilmesi, uygulanması ve değerlendirilmesinde dikkate alınması gereken kabuller aşağıda belirtildiği gibidir.

1. Araştırmada kullanılan kaynak içeriklerinin güvenilir, geçerli ve güncel olduğu kabul edilmiştir.
2. Araştırma evrenini temsil edebilecek nitelikte seçilen örneklemdeki öğretim elemanlarının görüşlerinin genellenebilir nitelikte olduğu kabul edilmiştir.
3. Araştırma evrenini temsil edebilecek nitelikte seçilen örneklemdeki öğrencilerin görüşlerinin genellenebilir nitelikte olduğu kabul edilmiştir.
4. Araştırmada kullanılan tutum ifadelerinin düzeyinin öğretim elemanlarına uygun olduğu kabul edilmiştir.
5. Araştırmada kullanılan tutum ifadelerinin düzeyinin öğrencilere uygun olduğu kabul edilmiştir.
6. Araştırmaya katılan öğretim elemanlarının ölçme aracında kullanılan tutum ifadelerindeki görüşlerinin samimi ve objektif oldukları kabul edilmiştir.
7. Araştırmaya katılan öğrencilerin ölçme aracında kullanılan tutum ifadelerindeki görüşlerinin samimi ve objektif oldukları kabul edilmiştir.

3.8. Araştırmanın Sınırlılıkları

Muhasebe öğretim programı bağlamında yürütülen bu araştırmanın genel anlamda tasarlanması, geliştirilmesi, uygulanması ve değerlendirilmesinde dikkate alınması gereken sınırlılıklar aşağıda belirtildiği gibidir.

1. Bu araştırma, uygulandığı eğitim öğretim yılı olan 2009-2010 eğitim öğretim yılı ile sınırlıdır.
2. Bu araştırma, uygulandığı öğretim kurumları olan 109 meslek yüksek okulu ile sınırlıdır.
3. Bu araştırma örneklem olarak meslek yüksek okullarında derse giren ve araştırmaya katılan 145 sayıda öğretim elemanı ile sınırlıdır.
4. Bu araştırma, örneklem olarak meslek yüksek okulunda öğrenim gören ve araştırmaya katılan 2501 sayıda öğrenci ile sınırlıdır.

5. Bu araştırma, araştırmacının ilgili alana dayalı olarak geliştirdiği, öğretim elemanı tutum ölçeğindeki tutum ifadeleri ile sınırlıdır. (Ek 2. Anket soruları)
6. Bu araştırma, araştırmacı tarafından ilgili alana dayalı olarak geliştirilen öğrenci tutum ölçeğindeki tutum ifadeleri ile sınırlıdır. (Ek 3. Anket soruları)
7. Bu araştırma, araştırmacı tarafından ilgili alana dayalı olarak geliştirilen öğretim elemanı tutum ölçeğindeki tutum ifadelerine, öğretim elemanlarının vermiş olduğu cevaplar ile sınırlıdır.
8. Bu araştırma, araştırmacı tarafından ilgili alana dayalı olarak geliştirilen öğrenci tutum ölçeğindeki tutum ifadelerine, öğrencilerin vermiş olduğu cevaplar ile sınırlıdır.

3.9. Araştırmanın Yöntemi

Muhasebe öğretim programı bağlamında yürütülen bu araştırmanın tasarlanması, geliştirilmesi, uygulanması ve değerlendirilmesinde sırasıyla;
1. Konu seçimi / Sorun / Problem seçimi
2. Ön amaçların belirlenmesi
3. Kaynak tarama (Klasik ve güncel literatür tarama)
4. Amaçların yeniden belirlenmesi
5. Araştırma değişkenlerinin ve ölçeklerinin belirlenmesi
6. Problemlerin tanımlanması ve alt problemlerin belirlenmesi
7. Hedef toplum / Örnek ve araştırma birimlerinin belirlenmesi
8. Veri toplama yöntemlerinin ve araştırma düzenlerinin belirlenmesi
9. Anket ve bilgi toplama formlarının hazırlanması
10. Verilerin özetlenmesi için tablo ve grafiklerin tasarlanması
11. Uygun veri analizi yöntemlerinin belirlenmesi
12. Genellemeler için sınırlılık ve koşulların denetlenmesi
13. Pilot uygulama,
14. Denetleme-Kontrol-Düzeltmelerin yapılması
15. Esas araştırmaya geçiş, veri toplama ve verilerin işlenmesi (Bilgisayar programlarına giriş),
16. Verileri Çözümleme (Bulguların İstatistiksel Analizi)
17. Yorumlamalar,

18. Karar verme
19.Raporlama
Aşamalarına dikkat edilerek yürütülmüştür.

3.10. Araştırmanın Modeli

Bu araştırma genel tarama modelindedir. Tarama modelleri, geçmişte ya da halen var olan bir durumu var olduğu şekliyle betimlemeyi amaçlayan araştırma yaklaşımlarıdır. Araştırmaya konu olan olay, birey ya da nesne, kendi koşulları içinde ve olduğu gibi tanımlanmaya çalışılır. Genel tarama modelleri ise, çok sayıda elemandan oluşan bir evrende, evren hakkında genel bir yargıya varmak amacı ile evrenin tümü ya da ondan alınacak bir grup örnek ya da örneklem üzerinde yapılan tarama düzenlemeleridir (Karasar, 2003).

3.11. Araştırmada Kullanılan Veri Toplama Aracı

Bu araştırmada, araştırmanın amaçlarından hareketle tespit edilen ve ölçülmesi düşünülen alanlar literatür taramasından hareketle alt problemlerde de belirtildiği gibi çeşitli alt kategorilere ayrılarak daha güçlü bir şekilde değerlendirme hedeflenmiştir. Bu bağlamda alt kategorilerde kendi içinde analitik bir bakış açısıyla birbirleriyle binişik olmayacak ancak birbiri ile bitişik olacak şekilde ayrıntılı olarak ölçütlere ayrılmıştır.

Burada çok önemli iki nokta gözetilmiştir. Bunlar;

1) Veri Toplama Açısından; Araştırmaya katılanların görüşlerini daha rahat, doğru, doğal ifade etmesi

2) Veri Analizleri Açısından; Araştırmanın değerlendirilmesinin analitik bir yapıyı ifade etmesi olarak ifade edilebilir.

Bununla beraber genel anlamda dikkate alınması gereken noktalar bunlar olmasına rağmen, özel anlamda problem durumu ve alt problemlerde belirtildiği gibi "Muhasebe Öğretim Programının Program Öğelerine Dayalı olarak Değerlendirmesi" amacı güden bu araştırma, öğretim elemanları ve öğrencilere yönelik olarak hazırlanmıştır.

1. "Öğretim Elemanlarının Muhasebe Öğretim Programını Program Öğelerine Dayalı olarak Değerlendirmelerine Dayalı" olarak tasarlanmıştır. Bu tasarımdan

hareketle, öğretim elemanlarına yönelik olarak altı adet demografik özellikleri betimlemeyi hedefleyen ifade ve "Muhasebe Öğretim Programının Program Öğelerine Dayalı" olarak değerlendirmesi amacına yönelik olarak yetmiş adet ölçüt tespit edilmiştir. Demografik ifadeler, araştırmaya katılan öğretim elemanlarının cinsiyet, mesleki kıdem, eğitim düzeyi, akademik unvan ve mezuniyet alanını betimlemeye yöneliktir. "Muhasebe Öğretim Programının Program Öğelerine Dayalı" olarak değerlendirmesi amacına yönelik olarak tespit edilen ölçütler araştırmanın alt problemlerine göre on alt gruptan oluşmuştur.

Demografik özellikler ile alt ölçütlere ilişkin bilgiler Çizelge 3.1'de görülmektedir.

Çizelge 3.1. MPD-A Ölçeğine Ait Ölçülen Alan ve Alt Ölçütler

Demografik Özellikler Bölümü		
Cinsiyet		
Mesleki Kıdem		
Eğitim Düzeyi		
Akademik Unvan		
Mezuniyet Alanını		
Temel Alanlar Bölümü		
Ölçülen Alan	**Alt Ölçütler**	**Alan–Ölçüt İlişkisi**
Muhasebe Öğretim Programı Hedef Davranışlar	o Birey-Toplum-Konu Alanı o Öğrenci Akademik Gelişim Düzeyi o Muhasebe Bilim Dalı Özellikleri o Ölçülebilir ve Gözlenebilirlik o Açıklık ve Anlaşılabilirlik o Meslek Yüksekokullarında Uygulanabilir Olma o Donanımlı Meslek Mensubu Yapabilme o Tutarlı Bir Şekilde Birbirini Destekleme o Öğrencinin Ortaöğretim Sonrası Alabileceği Şekilde Tasarlanıp Geliştirilebilme o Bilişsel, Duyuşsal ve Psikomotor Becerilerin Kazandırılabilme	Uygunluk Düzeyine Yönelik Tutumlar

Çizelge 3.1. (Devam)

Muhasebe Öğretim Programı İçerik	o Muhasebe öğretim programı amaçları o Öğrenci Seviyesi o MYO-Sektör İşbirliği o Muhasebe Biliminin Güncel ve Geçerli olması o Bireysel ve Grup Problemlerini çözme becerileri o Genel Disiplin ile İlişkili Olarak Hazırlanma ve Yansıtılma o Günlük Yaşamla İlişkilendirilebilecek Nitelikte olma o Önceki Öğrenmelerle İlişki Kurulabilecek Nitelikte Olma o Öğretim İlkelerine Uygun Bir Şekilde Düzenlenme o Açık, Anlaşılabilir Bir Şekilde İfade Edilme	Tutarlılık Düzeyine Yönelik Tutumlar
Muhasebe Öğretim Programı Öğretimin Planlanması	o Öğretimin Amaç Ve İçeriğini Belirleme o Öğretim Etkinliğini Belirleme o Öğretim Yönetimini Belirleme o Öğretim Ortamını Belirleme o Ölçme Ve Değerlendirme Araçlarını Belirleme	Mevcut Duruma Yönelik Tutumlar
Muhasebe Öğretim Programı Materyal Geliştirme	o Etkinlik, Görev, İş, Bilgi, İşlem Yaprağı Hazırlama / Hazırlatma o Tepegöz saydamı, Slayt Hazırlama/ Hazırlatma o Şema, Şekil ve Grafik Hazırlama/ Hazırlatma o Materyal Uyarlama/Materyali Arşivleme o Pano, Afiş, Sergi Düzenleme / Düzenletme	Mevcut Duruma Yönelik Tutumlar
Muhasebe Öğretim Programı Öğretim Yapma	o İlgi ve Dikkati Çekme o Önceden Öğrendikleri ile Konu Alanı Arasında Bağ Kurma o Öğrencinin Konu Alanı ile İhtiyacı Arasında Bağ Kurma o Öğrencinin Hedef Davranışlardan Haberdar Edilmesi o Öğretim İlkelerinden Hareketle İşlenme o Öğrencilerin Öğretim Etkinliğine Aktif Katılımı o Alan Uzmanlarına Bilgi Sunumu Yaptırılması o Bilgiye Ulaşmaları Konusunda Yol Gösterme o Öğrencileri Soru ve Cevaba İsteklendirme, Cesaretlendirme o Demokratik Ortam Sağlama o Bireysel Ve Grup Problemlerini Çözmesini Gerektirecek Etkinlikler o Genel Özetler Yapma o Bireysel Farklılıklarına Dikkat Etme o Dönüt Ve Düzeltmeler o Bir Sonraki Derse Hazırlamaları İçin Yönlendirme Yapma	Mevcut Duruma Yönelik Tutumlar
Muhasebe Öğretim Programı Öğretimi Yönetme	o Öğrencilerin Kendilerini İfade Edebilecekleri Bir Ortam Oluşturma o Zamanı Yönetme o Olumlu Davranışı Pekiştirme Ve Olumsuz Davranışı Düzeltme o Öğretim Ortamını Düzenleme o Kuralları Belirleme ve Motive Etme	Mevcut Duruma Yönelik Tutumlar
Muhasebe Öğretim Programı Ölçme Değerlendirme	o Amaca Uygun Ölçme Ve Değerlendirme Yöntemini Belirleme o Öğrencinin Performans Ölçütlerini Belirleme o Öğrencilerin Değerlendirme Sürecine Katılımını Sağlama o Kendi Öğretiminin Etkililiğini Değerlendirme o Öğrenciye Geri Bildirim Sağlama	Mevcut Duruma Yönelik Tutumlar

Çizelge 3.1. (Devam)

Muhasebe Öğretim Programı Öğrenciyi Tanıma Rehberlik Etme	o Öğrenciyi Tanımada İlgililerle İş Birliği Yapma o Öğrencilerin Bilişsel, Duyuşsal Ve Devinişsel Özelliklerini Tanıma o Öğrencilerin İlgi Ve Yeteneklerini Gözlemleyerek, Öğrenme Stilini Tanıma o Öğrencilerin Okul Karar Süreçlerine Katılımını Destekleme o Öğrencilerin Meslekî Geleceklerini Plânlama Becerilerini Geliştirmelerine Yardım Etme	Mevcut Duruma Yönelik Tutumlar
Muhasebe Öğretim Programı Mesleki Açıdan Kendini Geliştirme	o Yasa Ve Yönetmeliklerin Farkında Olma o Bilimsel Etkinliklere Katılma Ve Meslekî Yayınları İzleme o Meslektaşlarıyla İş Birliği Yapma o Okul Etkinliklerine Katılma o Örnek Olma, Meslektaşlarından Kendi Performansıyla İlgili Geri Bildirim Alma	Mevcut Duruma Yönelik Tutumlar
Muhasebe Öğretim Programı MYO Sektör İlişkileri	o Staj Uygulamaları İle MYO'lardaki Etkinliklerin Paralelliği o Staj Uygulamalarının Bilgi Ve Beceriyi Kazandırma Durumu o İşletmelerin Stajyer Öğrenciye Gerekli Olan Rehberliği Ve Danışmanlığı Yapması o Staj Uygulamaları Objektif Ve Sürece Yönelik Olarak Değerlendirilmesi o MYO İle Sektör Arasında Yeterli Ve Etkili İşbirliği Ve Koordinasyon Sağlanması	Mevcut Duruma Yönelik Tutumlar

Araştırmacı tarafından tespit edilen Temel Alanlar ve alt ölçütler anket formuna dönüştürülerek, veri toplama aracı oluşturulmuştur. Öğretim Elemanlarına yönelik geliştirilen veri toplama aracı MPD-A ölçeği olarak adlandırılmıştır. MPD-A Ölçeğinin birinci bölümünde bulunan, araştırmaya katılan öğretim elemanlarının demografik özeliklerini belirlemeye yönelik ifadeler için uygun durumlar ortaya konulmuş, katılımcı öğretim elemanlarının kendilerine uygun seçeneği işaretlemeleri istenmiştir.

Öğretim elemanlarına yönelik MPD-A Ölçeğinin diğer bölümünde önceden tespit edilen alt ölçütler soru formatına dönüştürülmüş olup, bu soru ifadelerine yönelik tutumlarını soru ifadelerinin hemen sağında bulunan beşli derecelendirme alanlarından birine göre belirtmeleri istenmiştir. MPD-A Ölçeğindeki derecelendirme alanları "Tamamen", "Genellikle", "Kısmen", "Az" ve "Hiç" seçenekleri ile ifade edilmiş olup, katılımcıların tutumları bu aralıklar ile tanımlanmıştır.

Temel alanlardaki aynı amaca yönelik alt ölçütler anket içerisinde bir arada olmaması için karışık olarak verilmiştir.

2) Öğrencilere yönelik olarak beş adet demografik özellikleri betimlemeyi hedefleyen ifade ve muhasebe öğretim programının program öğelerine dayalı olarak değerlendirmesi amacına yönelik olarak otuz adet ölçüt tespit edilmiştir. Demografik ifadeler, araştırmaya katılan öğrencilerin cinsiyet, mezun olunan orta öğretim kurumu, üniversiteye yerleştirilme şekli, öğrenim görülen programı tercih sırası ve sınıfını betimlemeye yöneliktir. Muhasebe öğretim programının program öğelerine dayalı olarak değerlendirmesi amacına yönelik ölçütler ise araştırmanın alt problemlerine göre altı gruptan oluşmuştur.

Demografik Özellikler ile Alt Ölçütlere ilişkin bilgiler Çizelge 3.2'de görülmektedir.

Çizelge 3.2. MPD-B Ölçeğine Ait Ölçülen Alan ve Alt Ölçütler

Demografik Özellikler Bölümü		
Cinsiyet		
Mezun Olunan Orta Öğretim Kurumu		
Üniversiteye Yerleştirilme Şekli		
Öğrenim Görülen Programı Tercih Sırası		
Sınıfı		
Temel Alanlar Bölümü		
Ölçülen Alan	Alt Ölçütler	Alan–Ölçüt İlişkisi
Muhasebe Öğretim Programı Öğretimin Planlanması	o Dönem Planı Yapma o Materyal Seçme Hazırlama o Öğretim Ortamları Hazırlama o Uygulama etkinlikleri Planlama o Yeterli Kaynak Önerme	Mevcut Duruma Yönelik Tutumlar
Muhasebe Öğretim Programı Öğretme Öğrenme Süreci	o Zamanı Verimli kullanabilme o Öğrencilerin Etkin Katılımı o Öğretimi Bireysel Farklılıklara Göre Sürdürme o Materyali Sınıf Düzeyine Uygun Biçimde Kullanma o Konuyu Yaşamla İlişkilendirme	Mevcut Duruma Yönelik Tutumlar
Muhasebe Öğretim Programı Sınıf Yönetimi	o İlgi ve Dikkat o Demokratik Öğretim Ortamı o İlgi ve Güdünün Sürekliliği o Önlemler, Övgü ve Yaptırım o Dersi Sonlandırma	Mevcut Duruma Yönelik Tutumlar

Çizelge 3.2. (Devam)

Muhasebe Öğretim Programı İletişim Süreci	o Öğrencilerle Etkili İletişim Kurabilme o Anlaşılır Açıklamalar Ve Yönergeler Verebilme o Ses Tonunu Etkili Biçimde Kullanabilme o Öğrencileri İlgi İle Dinleme o Sözel Dili Ve Beden Dilini Etkili Biçimde Kullanabilme	Mevcut Duruma Yönelik Tutumlar
Muhasebe Öğretim Programı Başarıyı Ölçme Değerlendirme	o Uygun Ölçü Araçları Hazırlama o Dönüt Verme o Notlandırma ve İlgililere Bildirme o İçeriği Ölçme Durumu o Objektiflik	Mevcut Duruma Yönelik Tutumlar
Muhasebe Öğretim Programı Endüstriyel Staj Uygulamaları	o MYO'lardaki Etkinliklerin Staj İle Paralelliği o Bilgi Ve Beceriyi Kazandırma o İşletmelerin Stajyer Öğrenciye Gerekli Olan Rehberliği Ve Danışmanlığı Yapması o MYO İle Sektör Arasında Yeterli Ve Etkili İşbirliği Ve Koordinasyon Sağlanma o Objektif Ve Sürece Yönelik Olarak Değerlendirilme	Mevcut Duruma Yönelik Tutumlar

Araştırmacı tarafından tespit edilen Temel Alanlar ve alt ölçütler anket formuna dönüştürülerek, veri toplama aracı oluşturulmuştur. Öğrencilere yönelik geliştirilen Veri Toplama aracı MPD-B ölçeği olarak adlandırılmıştır. MPD-B Ölçeğinin birinci bölümünde bulunan, araştırmaya katılan öğrencilerin demografik özeliklerini belirlemeye yönelik ifadeler için uygun durumlar ortaya konulmuş, katılımcı öğrencilerin kendilerine uygun seçeneği işaretlemeleri istenmiştir. Öğrencilere yönelik MPD-B Ölçeğinin diğer bölümünde önceden tespit edilen alt ölçütler soru formatına dönüştürülmüş olup, bu soru ifadelerine yönelik tutumlarını soru ifadelerinin hemen sağında bulunan beşli derecelendirme alanlarından birine göre belirtmeleri istenmiştir. MPD-B Ölçeğindeki derecelendirme alanları "Tamamen", "Genellikle", "Kısmen", "Az" ve "Hiç" seçenekleri ile ifade edilmiş olup, katılımcıların tutumları bu aralıklar ile tanımlanmıştır. Temel alanlardaki aynı amaca yönelik alt ölçütler anket içerisinde bir arada olmaması için karışık olarak verilmiştir.

3.12. Veri Toplama Araçlarının Uygulanması

MPD-A Ölçeği ve MPD-B Ölçeği araştırmacı tarafından araştırma örnekleminde yer alan Kafkas Üniversitesi Sosyal Bilimler Meslek Yüksekokulu, Kafkas Üniversitesi Kağızman Meslek Yüksekokulu ve Artvin Çoruh Üniversitesi Artvin Meslek Yüksekokulu'nda öğrenim gören normal ve ikinci öğretim muhasebe bölümü öğrencileri ve muhasebe dersleri veren öğretim elemanlarına araştırma planına uygun olarak deneme tipinde pilot uygulaması yapılmıştır. Bunun yapılmasındaki en temel amaçlar, araştırma planının denetlenmesi varsa eksikliklerin giderilmesidir. MPD-A Ölçeği ve MPD-B Ölçeği geçerliği ve güvenirliği elde edilen veriler bağlamında SPSS 16.0 (Statistical Packet for The Social Science) programında girilerek hesaplanmıştır. Kuder-Richardson güvenilirlik testi uygulanmış güvenirlik katsayısı olan Cronbach Alpha 0,951 ve 0,949 olarak hesaplanmıştır. Güvenilirlik katsayısı 0.80'den yüksek olarak bulunan ölçekler yüksek düzeyde güvenilir (Kalaycı, 2005) olarak alındığından MPD-A Ölçeği ve MPD-B Ölçeği güvenilir olarak tespit edilmiştir. Araştırma evrenini temsil ettiği varsayılan araştırma örnekleminin çok geniş bir coğrafyaya yayılmış olması dolayısıyla posta yolu ile anket uygulaması tercih edilmiştir. Posta ile anket yolu tercih edildikten sonra MPD-A Ölçeği ve MPD-B Ölçeği yeterli sayıda çoğaltılarak araştırma örnekleminde yer alan Meslek Yüksekokullarına posta ile anket yapmanın sınırlılıkları dikkate alınarak gönderilmiştir. Bu sınırlılıkların en aza indirilmesi için her yüksekokulda bir öğretim elemanının rehberliğine önem verilmiştir. Öğretim elemanının rehberliği hem uygulama esnasında "cevaplayıcının yönetimini" objektif hale getirmesi ve hem de geri dönüşümün sağlıklı olması açısından araştırmacı tarafından önemsenmiştir. Araştırma örneklemine ulaşan anketler daha sonra aynı yolla araştırmacıya ulaşmıştır.

3.13.Verilerin Çözümlenmesi ve Değerlendirilmesi

3.13.1. Öğretim Elemanları Bağlamında;

Öğretim elemanlarının, program öğelerine dayalı olarak muhasebe öğretim programını değerlendirmelerine ilişkin görüşlerini belirlemek amacıyla kullanılan veri toplama aracından (MPD-A Ölçeği) elde edilen veriler, SPSS 16.0 Programı kullanılarak istatistiksel çözümlemeler yapılmıştır. Araştırmaya katılan öğretim elemanlarının cinsiyet, mesleki kıdem, öğrenim düzeyi, akademik unvan ve mezuniyet alanları araştırmanın bağımsız değişkenlerini, öğretim elemanlarının program öğelerine dayalı olarak muhasebe öğretim programını değerlendirmelerine ilişkin olarak tespit edilen ölçütler araştırmanın bağımlı değişkenlerini oluşturmuştur.

Öğretim elemanlarının demografik özelliklerini yansıtan değişkenlere ait ***frekans (f) ve yüzde (%)*** değerleri ile Öğretim elemanlarının Muhasebe Öğretim Programını Değerlendirmelerine ilişkin olarak tespit edilen her bir ölçütte yer alan ifadelere ait görüşleri için ***"Tamamen", "Genellikle", "Kısmen", "Az" ve "Hiç"*** seçeneklerine göre ***frekans (f) ve yüzde (%)*** değerleri hesaplanmıştır.

Araştırmaya katılan öğretim elemanlarının cinsiyet bağımsız değişkenine göre her bir ölçütte yer alan ifadelere ait görüşleri arasında anlamlı farklılıklar olup olmadığını belirlemek için bağımsız örneklem "t" testi yapılmıştır.

Ayrıca araştırmaya katılan öğretim elemanlarının, ***mesleki kıdem, öğrenim düzeyi, akademik unvan ve mezuniyet*** alanı bağımsız değişkenine göre her bir ölçütte yer alan ifadelere ait görüşleri arasında anlamlı farklılıklar olup olmadığını belirlemek için "tek yönlü varyans analizi" (one-way ANOVA) yapılmıştır. Her bir bağımsız değişkene ait oluşturulan grupların görüşleri arasındaki farklılığı ortaya koymak için de varyansların homojen olduğu durumlarda ***"LSD" testi***, varyansların homojen olmadığı durumlarda **"Dunnett's T3"** testi uygulanmıştır.

Öğretim elemanlarına ait bağımlı ve bağımsız değişkenler, veri analiz yöntemleri ve ilgili tablolara ilişkin bilgiler Çizelge 3.3'de görülmektedir.

Çizelge 3.3. MPD-A Ölçeğindeki Bağımlı ve Bağımsız Değişkenler ve Veri Analiz Yöntemleri

Bağımlı Değişken	Bağımsız Değişken	Veri Analiz Yöntemi	Tablo No
1.Muhasebe Öğretiminde Hedef Davranışlar 2.Muhasebe Öğretiminde İçerik 3.Muhasebe Öğretiminde Öğretimin Planlanması 4.Muhasebe Öğretiminde Materyal Geliştirme 5.Muhasebe Öğretiminde Öğretim Yapma 6.Muhasebe Öğretiminde Öğretimi Yönetme 7.Muhasebe Öğretiminde Ölçme Değerlendirme	Cinsiyet	Tanımlayıcı istatistikler Bağımsız örneklem "t testi"	7,16,25,34, 43,52,61,70, 79,88
	Mesleki Kıdem	Tanımlayıcı istatistikler tek yönlü varyans analizi" (one-way ANOVA)	8,9,17,18, 26,27,35,36, 44,45,53,54, 62,63,71,72, 80,81,89,90
	Eğitim Düzeyi	Tanımlayıcı istatistikler tek yönlü varyans analizi" (one-way ANOVA)	10,11,19,20, 28,29,37,38, 46,47,55,56, 64,65,73,74, 82,83,91,92
	Akademik Unvan	Tanımlayıcı istatistikler tek yönlü varyans analizi" (one-way ANOVA)	12,13,21,22, 30,31,39,40, 48,49,57,58, 66,67,75,76, 84,85,93,94

Çizelge 3.3. (Devam)

8.Muhasebe Öğretiminde Öğrenciyi Tanıma Rehberlik Etme 9.Muhasebe Öğretiminde Mesleki Açıdan Kendini Geliştirme 10.Muhasebe Öğretiminde MYO-Sektör İlişkileri	Mezuniyet Alanı	Tanımlayıcı istatistikler tek yönlü varyans analizi" (one-way ANOVA)	14,23,32,41, 50,59,68,77, 86,95

3.13.2. Öğrenci bağlamında;

Araştırmaya katılan öğrencilerin, program öğelerine dayalı olarak muhasebe öğretim programını değerlendirmelerine ilişkin görüşlerini belirlemek amacıyla kullanılan veri toplama aracından (MPD-B Ölçeği) elde edilen veriler, SPSS 16.0 Programı kullanılarak istatistiksel çözümlemeler yapılmıştır.

Araştırmaya katılan öğrencilerin, ***cinsiyet, mezun olunan ortaöğretim kurumu, üniversiteye yerleştirme şekli, sınıf ve tercih sırası*** araştırmanın bağımsız değişkenlerini, öğrencilerin program öğelerine dayalı olarak muhasebe öğretim programını değerlendirmelerine ilişkin olarak tespit edilen ölçütler ise araştırmanın bağımlı değişkenlerini oluşturmuştur.

Öğrencilerin demografik özelliklerini yansıtan değişkenlere ait ***frekans (f) ve yüzde (%)***değerleri ile muhasebe öğretim programını değerlendirmelerine ilişkin olarak tespit edilen her bir ölçütte yer alan ifadelere ait görüşleri için ***"Tamamen", "Genellikle", "Kısmen", "Az"*** *ve* ***"Hiç"*** seçeneklerine göre ***frekans (f) ve yüzde (%)*** değerleri hesaplanmıştır.

Araştırmaya katılan öğrencilerin **cinsiyet** ***ve üniversiteye yerleştirilme şekli*** bağımsız değişkenlerine göre her bir ölçütte yer alan ifadelere ait görüşleri arasında anlamlı farklılıklar olup olmadığını belirlemek için bağımsız örneklem "t" testi yapılmıştır.

Ayrıca araştırmaya katılan öğrencilerin, ***mezun olunan ortaöğretim kurumu, sınıf ve tercih sırası*** bağımsız değişkenlerine göre her bir ölçütte yer alan ifadelere ait görüşleri arasında anlamlı farklılıklar olup olmadığını belirlemek için "tek yönlü varyans analizi" (one-way ANOVA) yapılmıştır. Her bir bağımsız değişkene ait oluşturulan grupların görüşleri arasındaki farklılığı ortaya koymak için de varyansların homojen olduğu durumlarda ***"LSD" testi***, varyansların homojen olmadığı durumlarda **"Dunnett's T3"** testi uygulanmıştır.

Öğrencilere ait bağımlı ve bağımsız değişkenler, veri analiz yöntemleri ve ilgili tablolara ilişkin bilgiler Çizelge 3.4'de görülmektedir.

Çizelge 3.4. MPD-B Ölçeğindeki Bağımlı ve Bağımsız Değişkenler ve Veri Analiz Yöntemleri

Bağımlı Değişken	**Bağımsız Değişken**	**Veri Analiz Yöntemi**	**Tablo No**
1. Muhasebe Öğretim Programı Öğretimin Planlanması 2. Muhasebe Öğretim Programı Öğretme Öğrenme Süreci 3. Muhasebe Öğretim Programı Endüstriyel Staj Uygulamaları	Cinsiyet	Tanımlayıcı istatistikler Bağımsız örneklem "t testi"	102,111,120, 129,138,147
	Mezun Olunan Orta Öğretim Kurumu	Tanımlayıcı istatistikler tek yönlü varyans analizi" (one-way ANOVA)	103,104,112,113, 121,122,130,131, 139,140,148,149

Çizelge 3.4. (Devam)

4. Muhasebe Öğretim Programı İletişim Süreci 5. Muhasebe Öğretim Programı Başarıyı Ölçme Değerlendirme 6. Muhasebe Öğretim Programı Sınıf Yönetimi	Üniversiteye Yerleştirilme Şekli	Tanımlayıcı istatistikler Bağımsız örneklem "t testi"	105,114,123, 132,141,150
	Öğrenim Görülen Programı Tercih Sırası	Tanımlayıcı istatistikler tek yönlü varyans analizi" (one-way ANOVA)	106,107,115,116, 124,125,133,134, 142,143,151,152
	Sınıf	Tanımlayıcı istatistikler tek yönlü varyans analizi" (one-way ANOVA)	108,109,117,118, 126,127,135,136, 144,145,153,154

3.13.3. Likert Tipi Tutum Ölçeği Aralıkları

Araştırmada 5'li likert tipinde bir ölçek kullanılmıştır. Bu ölçekteki her bir maddeye verilen cevaplar 1.00 ile 5.00 arasında değişmektedir. Ölçekte yer alan aralıklar eşit olduğu ve ölçek 5 sütun 4 aralıktan meydana geldiği için bir aralığın değeri hesaplanırken 4/5 düşüncesinden hareket edilerek seçeneklere ait sınırlar aşağıdaki şekilde belirlenmiş ve elde edilen ortalamalar bu seçenekler kullanılarak değerlendirilmiştir.

Araştırma ölçeklerine ait verilerin değerlendirilmesinde kullanılan aralıklar çizelge 3.5'de verilmiştir.

Çizelge 3.5. MPD – A ve MPD – B Tutum Ölçeği Aralığı

Seçenekler	Kod	Sınırlar
Hiç	1	1,00–1,80
Az	2	1,81–2,60
Kısmen	3	2,61–3,40
Genellikle	4	3,41–4,20
Tamamen	5	4,21–5,00

DÖRDÜNCÜ BÖLÜM

4. BULGULAR

Bu bölümde, meslek yüksek okullarında muhasebe dersleri veren öğretim elemanları ve muhasebe bölümlerinde okuyan öğrencilerin meslek yüksek okullarında uygulanan muhasebe programının değerlendirilmesine ilişkin görüşleri ile ilgili olarak elde edilen bulgular tablolar halinde açıklanıp yorumlanmaktadır. Araştırmanın alt problemleri dikkate alınarak bulgular öğretim elemanları için on bir, öğrenciler için ise yedi bölüm halinde sunulmuştur. Bu bölümler;

Öğretim elemanları için;

1. Örnekleme ilişkin sayısal veriler,
2. Meslek yüksek okullarında uygulanan muhasebe programının hedef ve davranışlarına yönelik öğretim elemanlarının görüşlerine ait bulgular
3. Meslek yüksek okullarında uygulanan muhasebe programının içeriğine yönelik öğretim elemanlarının görüşlerine ait bulgular
4. Meslek yüksek okullarında uygulanan muhasebe programının öğretimin planlanmasına yönelik öğretim elemanlarının görüşlerine ait bulgular
5. Meslek yüksek okullarında uygulanan muhasebe programının materyal geliştirmeye yönelik öğretim elemanlarının görüşlerine ait bulgular
6. Meslek yüksek okullarında uygulanan muhasebe programının öğretim yapmaya yönelik öğretim elemanlarının görüşlerine ait bulgular
7. Meslek yüksek okullarında uygulanan muhasebe programının öğretimi yönetmelerine yönelik öğretim elemanlarının görüşlerine ait bulgular
8. Meslek yüksek okullarında uygulanan muhasebe programının ölçme değerlendirmeye yönelik öğretim elemanlarının görüşlerine ait bulgular
9. Meslek yüksek okullarında uygulanan muhasebe programının öğrencileri tanıma ve rehberlik etmelerine yönelik öğretim elemanlarının görüşlerine ait bulgular
10. Meslek yüksek okullarında uygulanan muhasebe programının mesleki açıdan kendilerini geliştirmelerine yönelik öğretim elemanlarının görüşlerine ait bulgular

11. Meslek yüksek okullarında uygulanan muhasebe programının meslek yüksek okulu sektör ilişkilerine yönelik öğretim elemanlarının görüşlerine ait bulgular
12. Öğretim elemanlarının meslek yüksek okullarında uygulanan muhasebe programına ilişkin görüşlerini cinsiyet, mesleki kıdem, eğitim düzeyi, akademik unvan ve mezuniyet alanı değişkenlerine göre yansıtan bulgular

Öğrenciler için;

1. Örnekleme ilişkin sayısal veriler,
2. Meslek yüksek okullarında uygulanan muhasebe programının öğretimin planlanması sürecine ilişkin öğrencilerin görüşlerine ait bulgular
3. Meslek yüksek okullarında uygulanan muhasebe programının öğretme-öğrenme sürecine ilişkin öğrencilerin görüşlerine ait bulgular
4. Meslek yüksek okullarında uygulanan muhasebe programının sınıf yönetimi sürecine ilişkin öğrencilerin görüşlerine ait bulgular
5. Meslek yüksek okullarında uygulanan muhasebe programının iletişim sürecine ilişkin öğrencilerin görüşlerine ait bulgular
6. Meslek yüksek okullarında uygulanan muhasebe programının başarıyı ölçme değerlendirme sürecine ilişkin öğrencilerin görüşlerine ait bulgular
7. Meslek yüksek okullarında uygulanan muhasebe programının endüstriyel staj uygulamalarına ilişkin öğrencilerin görüşlerine ait bulgular
8. Öğrencilerin meslek yüksek okullarında uygulanan muhasebe programına ilişkin görüşlerini cinsiyet, mezun olunan orta öğretim programı, üniversiteye yerleştirilme şekli, öğrenim görülen programı tercih sırası ve okudukları sınıf değişkenlerine göre yansıtan bulgular

4.1. Öğretim Elamanları İle İlgili Araştırma Bulguları

Bu bölümde örnekleme giren öğretim elemanlarının, cinsiyet, mesleki kıdem, öğrenim durumu, akademik unvan ve mezuniyet alanına ilişkin bilgiler verilmektedir.

4.1.1. Öğretim Elemanlarının Demografik Özelliklerini Yansıtan Bulgular

Araştırmaya katılan öğretim elemanlarının cinsiyetlerine göre dağılımları Tablo 4.1'de yer almaktadır.

Tablo 4.1. Öğretim Elemanlarının Cinsiyetlerine Göre Dağılımları

Cinsiyet	f	%
Bayan	71	49,0
Erkek	74	51,0
Toplam	145	100

Tablo 4.1'e göre araştırmaya katılan öğretim elemanlarının cinsiyetlerine göre dağılımları incelendiğinde; öğretim elemanlarının 71'inin (%49) bayan, 74'ünün (%51) ise erkek olduğu görülmektedir. Örneklemin bayan ve erkek katılımı bakımından bir birine oldukça yakın olduğu görülmektedir.

Araştırmaya katılan öğretim elemanlarının mesleki kıdemlerine göre dağılımları Tablo 4.2'de yer almaktadır.

Tablo 4.2. Öğretim Elemanlarının Mesleki Kıdemlerine Göre Dağılımları

Kıdem Yılı	f	%
1–5 yıl	23	15,9
6–10 yıl	36	24,8
11–15 yıl	39	26,9
16–20 yıl	29	20,0
20+	18	12,4
Toplam	145	100

Tablo 4.2 incelendiğinde örneklemi oluşturan öğretim elemanlarının % 15,9'u 1-5 yıllık, % 24,8'i 6-10 yıllık, % 29,9'u 11-15 yıllık, % 20,0'si 16-20 yıllık, % 12,4'ü ise 20 yıl ve üzeri mesleki kıdeme sahip oldukları görülmektedir. Buradan örneklemi oluşturan öğretim elemanlarının yaklaşık 2/5'si mesleğinin ilk yıllarında, 3/5'ünün ise 10 yılın üzerinde deneyimli meslek mensuplarından oluştuğu söylenebilir.

Araştırmaya katılan öğretim elemanlarının öğrenim durumlarına göre dağılımları Tablo 4.3'de yer almaktadır.

Tablo 4.3. Öğretim Elemanlarının Öğrenim Durumlarına Göre Dağılımları

Öğrenim Durumu	f	%
Lisans	41	28,3
Yüksek Lisans	63	43,4
Doktora	41	28,3
Toplam	145	100

Tablo 4.3 incelendiğinde örneklemi oluşturan öğretim elemanlarının % 28,3'ü lisans mezunu, % 43,4'ü yüksek lisans mezunu, % 28,3'ünün ise doktora mezunu oldukları görülmektedir.

Araştırmaya katılan öğretim elemanlarının akademik Ünvanlarına göre dağılımları Tablo 4.4'de yer almaktadır.

Tablo 4.4. Öğretim Elemanlarının Akademik Ünvanlarına Göre Dağılımlar

Akademik Unvan	f	%
Prof.Dr.	5	3,4
Doç.Dr.	7	4,8
Yrd. Doç.Dr.	23	15,9
Öğr. Gör.	108	74,5
Okt.	2	1,4
Toplam	145	100

Tablo 4.4 incelendiğinde örneklemi oluşturan öğretim elemanlarının % 3,4'ü profesör, % 4,8'i doçent, % 15,9'u yardımcı doçent, %74,5'i öğretim görevlisi ve % 1,4'ünün ise okutman oldukları görülmektedir. Araştırmaya katılanların önemli bir bölümünün öğretim görevlisi olması meslek yüksek okullarında derslerin ağırlıklı olarak öğretim görevlileri tarafından yürütüldüğünü göstermektedir.

Araştırmaya katılan öğretim elemanlarının mezuniyet alanlarına göre dağılımları Tablo 4.5'de yer almaktadır.

Tablo 4.5. Öğretim Elemanlarının Mezuniyet Alanlarına Göre Dağılımları

Mezuniyet Alanı	f	%
Muhasebe	56	38,6
Diğer	89	61,4
Toplam	145	100

Tablo 4.5 incelendiğinde örneklemi oluşturan öğretim elemanlarının 56'sının (%38,6) muhasebe mezunu, 89'unun (%61,4) ise diğer bölümlerden mezun olduğu görülmektedir.

4.1.2. Öğretim Elemanlarının Muhasebe Öğretim Programına Yönelik Görüşlerine İlişkin Bulgular

Bu bölümde araştırmaya katılan öğretim elemanlarının, muhasebe öğretim programına yönelik görüşlerine ait betimleyici istatistiklerin yanı sıra cinsiyet, mesleki kıdem, öğrenim durumu, akademik unvan ve mezuniyet alanına ilişkin değişkenler ile muhasebe öğretim programına yönelik görüşleri arasındaki ilişkileri yansıtan bağıntısal istatistikler yer almaktadır.

4.1.2.1. Öğretim Elemanlarının Muhasebe Öğretiminde Hedef ve Davranışlara Yönelik Görüşlerine Ait Bulgular

Araştırmaya katılan öğretim elemanlarının hedef ve davranışlara ilişkin görüşlerini yansıtan maddelere verdikleri cevaplara göre dağılımları Tablo 4.6'da gösterilmiştir.

Tablo 4.6. Muhasebe Öğretiminde Öğretim Elemanlarının Hedef ve Davranışlara Yönelik Görüşlerini Yansıtan Verilerin Dağılımı

Temel Ölçütler		Hiç	Az	Kısmen	Genellikle	Tamamen	Toplam
1. Muhasebe öğretiminde hedef-davranışlar ile "birey-toplum-konu alanı" uygunluğu	f	5	15	48	62	15	145
	%	3,4	10,3	33,1	42,8	10,4	100
5. Muhasebe öğretiminde hedef-davranışlar ile "öğrenci akademik gelişim düzeyi" uygunluğu	f	6	23	37	56	23	145
	%	4.1	15,9	25,9	38,6	15,5	100
9. Muhasebe öğretiminde hedef-davranışlar ile "muhasebe bilim dalı özellikleri" uygunluğu	f	3	12	35	66	29	145
	%	2,1	8,3	24,1	45,5	20	100
13. Muhasebe öğretiminde hedef-davranışlar ile "ölçülebilirlik ve gözlenebilirlik" uygunluğu	f	8	24	50	46	17	145
	%	5,5	16,6	34,5	31,7	11,7	100
17. Muhasebe öğretiminde hedef-davranışlar ile "açıklık ve anlaşılabilirlik" uygunluğu	f	2	10	43	64	26	145
	%	1,4	6,9	29,7	44,1	17,9	100
21. Muhasebe öğretiminde hedef-davranışlar ile "bilişsel, duyuşsal ve psikomotor becerilerin kazandırılabilme" uygunluğu	f	0	19	76	35	15	145
	%	0	13,1	52,4	24,1	10,4	100
23. Muhasebe öğretiminde hedef-davranışlar ile "donanımlı meslek mensubu yapabilme" uygunluğu	f	6	31	58	37	13	145
	%	4,1	21,4	40	25,5	9	100

Tablo 4.6. (Devam) Muhasebe Öğretiminde Öğretim Elemanlarının Hedef ve Davranışlara Yönelik Görüşlerini Yansıtan Verilerin Dağılımı

Temel Ölçütler		Hiç	Az	Kısmen	Genellikle	Tamamen	Toplam
25. Muhasebe öğretiminde hedef-davranışlar ile "tutarlı bir şekilde birbirini destekleme" uygunluğu	f	3	10	59	55	18	145
	%	2,1	6,9	40,7	37,9	12,4	100
27. Muhasebe öğretiminde hedef-davranışlar ile "öğrencinin ortaöğretim sonrası alabileceği şekilde tasarlanıp geliştirilebilme" uygunluğu	f	1	23	53	57	11	145
	%	0,7	15,9	36,6	39,3	7,6	100
29. Muhasebe öğretiminde hedef-davranışlar ile "meslek yüksekokullarında uygulanabilir olma" uygunluğu	f	1	16	37	72	19	145
	%	0,7	11	25,5	49,7	13,1	100

Tablo 4.6 incelendiğinde muhasebe öğretiminde hedef-davranışlar ile "Birey Toplum-Konu Alanı"nın uygunluğu görüşüne öğretim elemanlarının büyük çoğunluğu farklı düzeylerde (tamamen % 10,3, genellikle % 42,8, kısmen %33) katıldıklarını ifade etmişlerdir. Sadece % 3,4'ü hiç katılmadıklarını söylerken % 10,3'ü az katıldıklarını ifade etmişlerdir.

Katılımcıların yarıdan fazlası (tamamen % 15,9, genellikle % 38,6) muhasebe öğretiminde hedef-davranışlar ile öğrenci akademik gelişim düzeyinin uygunluğu konusunda olumlu görüş bildirirken % 25,9'u kısmen bu görüşe katıldıklarını ifade etmişlerdir. Ancak katılımcıların % 4,1'i bu görüşe hiç katılmazken % 15,9'u az olarak katıldıklarını beyan etmişlerdir.

Araştırmaya katılanların % 65,5'i muhasebe öğretiminde hedef-davranışlar ile muhasebe bilim dalı özellikleri uygunluğu görüşüne tamamen ve çoğu zaman diyerek yüksek oranda katılmışlardır. % 24,1'i ise kısmen de olsa katıldıklarını ifade etmişlerdir. Sadece % 2,1'lik bir katılımcı grubu bu görüşe hiç katılmazken, % 8,3 oranında bir grup da az olarak katıldıklarını beyan etmişlerdir.

Muhasebe öğretiminde hedef-davranışların ölçülebilir ve gözlenebilirliği görüşüne katılımcıların yaklaşık % 22'si olumsuz bakarken, % 34,5'i kısmen olumlu bakmakta yaklaşık % 43'ü ise olumlu bakmaktadırlar.

Araştırmaya katılanların % 62'si muhasebe öğretim programı amaçlarının açık ve anlaşılabilir nitelikte olduğu görüşüne tamamen ve genellikle katıldıklarını ifade ederken % 29,7'si kısmen bu görüşe katıldıklarını ifade etmişlerdir. % 1,4 gibi çok küçük bir grup programın böyle bir özelliği olmadığını vurgularken % 6,9'luk bir grup da bu görüşe az olarak katıldıklarını beyan etmişlerdir.

Araştırmaya katılan öğretim elemanlarının yaklaşık yarısı (% 52,4) muhasebe öğretim programı amaçlarının öğrencilere bilişsel ve psikomotor beceriler kazandırabilme görüşüne kısmen katıldıklarını beyan ederken, % 24,1'i genellikle, % 10,3'ü ise tamamen bu görüşe katıldıklarını beyan etmişlerdir. Bu görüşe hiç katılmayan olmazken az katılanların oranı % 13,1 olmuştur.

Muhasebe öğretim programı amaçlarının öğrencileri donanımlı meslek mensubu yapabilme düzeyine ilişkin öğretim elemanlarının yaklaşık % 75'i olumlu görüş bildirirken, % 21,4'ü az olarak bu görüşe katıldıklarını ifade etmiş, % 4,1'i ise hiç katılmadıklarını ifade etmişlerdir.

Katılımcıların % 40,7'si muhasebe öğretim programı amaçlarının tutarlığına kısmen katılırken, % 37,9'u genellikle, % 12,4'ü tamamen bu görüşe katıldıklarını ifade etmişlerdir. % 6,9'u bu görüşe az olarak katılırken % 2,1'i hiç katılmadıklarını ifade etmişlerdir.

Araştırmaya katılan öğretim elemanlarının yaklaşık % 83'ü muhasebe öğretim programı amaçlarının öğrencilerin orta öğretim sonrası alabileceği şekilde tasarlanıp geliştirildiği görüşüne olumlu bakarken yaklaşık % 17'si olumsuz bakmaktadır.

Muhasebe öğretim programı amaçlarının meslek yüksek okullarında uygulanabilir nitelikte olmasına ilişkin görüşe katılımcıların % 13,1'i tamamen katılırken, % 49,7'si genellikle, %25,5'i kısmen katıldıklarını ifade etmişlerdir. Bu görüşe hiç katılmayanların oranı sadece % 0,7 iken az olarak katılanların oranı % 11 olarak tespit edilmiştir.

Araştırmaya katılan öğretim elemanlarının muhasebe öğretim programının hedeflerine yönelik görüşlerini betimlemeyi amaçlayan sorulara verdikleri cevaplardan elde edilen verilere ait tanımlayıcı istatistikler hesaplanmış, öğretim elemanlarının cinsiyetlerine göre görüşleri arasında farklılık olup olmadığını tespit etmek için bağımsız gruplar t-testi yapılmış ve analiz sonuçları tablo 4.7'de verilmiştir.

Tablo 4.7. Öğretim Elemanlarının Cinsiyetlerine Göre Muhasebe Öğretim Programı Hedeflerine İlişkin Görüşlerine Ait Bağımsız t-Testi sonuçları

Temel Ölçütler	Cinsiyet	N	X	SS	t	p
Ölçüt-1	Bayan	71	3,49	,924	,388	,698
	Erkek	74	3,43	,952		
Ölçüt-5	Bayan	71	3,51	1,120	,496	,622
	Erkek	74	3,42	1,020		
Ölçüt-9	Bayan	71	3,75	,937	,192	,848
	Erkek	74	3,72	,958		
Ölçüt-13	Bayan	71	3,32	1,053	,538	,591
	Erkek	74	3,23	1,054		
Ölçüt-17	Bayan	71	3,87	,893	2,281	,024*
	Erkek	74	3,54	,863		
Ölçüt-21	Bayan	71	3,37	,849	,694	,489
	Erkek	74	3,27	,816		
Ölçüt-23	Bayan	71	3,21	,970	,873	,384
	Erkek	74	3,07	1,011		
Ölçüt-25	Bayan	71	3,58	,889	,811	,419
	Erkek	74	3,46	,863		
Ölçüt-27	Bayan	71	3,37	,882	,084	,933
	Erkek	74	3,38	,855		
Ölçüt-29	Bayan	71	3,72	,913	1,134	,259
	Erkek	74	3,55	,830		

Tablo 4.7'deki verilere göre öğretim elemanlarının anılan sorulara verdikleri cevaplardan aldıkları puanların ortalaması bayan öğretim elemanları için 3,21–3,87 değerleri arasında, erkek öğretim elemanları için 3,07-3,72 değerleri arasında değişmektedir.

Muhasebe öğretim programı amaçlarının birey ve toplumun ihtiyaçlarına yönelik oluşturulması, muhasebe öğretim programı amaçlarının bu dersi alan öğrencilerin mesleki özelliklerine uygunluğu, muhasebe öğretim programı amaçlarının genel anlamda muhasebe alanının özellikleri ile paralelliği, muhasebe öğretim programı amaçlarının toplumun arzu ettiği mesleki beklentileri karşılayabilme durumu, muhasebe öğretim programı amaçlarının programda belirtildiği gibi bilişsel, duyuşsal ve psikomotor becerileri kazandırabilme durumu, muhasebe öğretim programı amaçlarının öğrenciler mesleğe başladığında mesleki anlamda onları donanımlı meslek mensubu yapabilme düzeyi, muhasebe öğretim programı amaçlarının tutarlı bir şekilde birbirini destekleme durumu, muhasebe öğretim programı amaçlarının öğrencilerin ortaöğretim sonrası alabileceği şekilde tasarlanıp geliştirilme durumu ve muhasebe öğretim programı amaçlarının meslek yüksekokullarında uygulanabilirliğine ilişkin öğretim elemanlarının görüşleri arasında cinsiyetlerine göre $p \leq 0{,}05$ anlamlılık düzeyinde istatistiksel olarak anlamlı bir farklılık olmadığı bulunmuştur.

Ancak muhasebe öğretim programı amaçlarının açık ve anlaşılabilir nitelikte olmasına ilişkin öğretim elemanlarının görüşleri arasında istatistiksel olarak anlamlı bir farklılık olduğu görülmektedir [$t = 2{,}281$; $p = 0{,}024$; $p < 0{,}05$]. Bayan öğretim elemanları erkek öğretim elemanlarına göre muhasebe öğretim programı amaçlarının daha açık ve anlaşılabilir nitelikte olduğunu ifade etmişlerdir (X_{Bayan}=3.87, X_{Erkek}=3,54).

Araştırmaya katılan öğretim elemanlarının mesleki kıdemine göre muhasebe öğretiminde hedef davranışa ilişkin görüşleri arasında farklılık olup olmadığını belirlemek için tek yönlü varyans analizi ve farklılığın hangi gruplar arasında olduğunu belirlemek amacıyla varyanslar homojen olduğunda LSD, varyanslar homojen olmadığı durumlar için Dunnett's T3 testleri yapılmıştır. Anova tablosundan ve tanımlayıcı istatistiklerden elde edilen değerler Tablo 4.8 ve 4.9'da sunulmuştur.

Tablo 4.8. Öğretim Elemanlarının Mesleki Kıdemlerine Göre Muhasebe Öğretim Programı Hedeflerine İlişkin Görüşlerine Ait Tanımlayıcı İstatistikler

Ölçütler	Gruplar		N	X	SS
1	1	1–5 yıl	23	3,04	,825
	2	6–10 yıl	36	3,69	,920
	3	11–15 yıl	39	3,54	,682
	4	16–20 yıl	29	3,52	1,056
	5	20+	18	3,28	1,227
		Toplam	145	3,46	,936
5	1	1–5 yıl	23	3,30	,926
	2	6–10 yıl	36	3,83	,941
	3	11–15 yıl	39	3,38	1,138
	4	16–20 yıl	29	3,45	1,183
	5	20+	18	3,11	1,023
		Toplam	145	3,46	1,067
9	1	1–5 yıl	23	3,74	,915
	2	6–10 yıl	36	3,86	,762
	3	11–15 yıl	39	3,74	,938
	4	16–20 yıl	29	3,66	1,111
	5	20+	18	3,56	1,097
		Toplam	145	3,73	,945
13	1	1–5 yıl	23	2,96	,928
	2	6–10 yıl	36	3,69	1,009
	3	11–15 yıl	39	3,41	,785
	4	16–20 yıl	29	3,00	1,225
	5	20+	18	3,00	1,237
		Toplam	145	3,28	1,051

Tablo 4.8. (Devam) Öğretim Elemanlarının Mesleki Kıdemlerine Göre Muhasebe Öğretim Programı Hedeflerine İlişkin Görüşlerine Ait Tanımlayıcı İstatistikler

Ölçütler	Gruplar		N	X	SS
17	1	1–5 yıl	23	3,87	,694
	2	6–10 yıl	36	3,67	,956
	3	11–15 yıl	39	3,87	,864
	4	16–20 yıl	29	3,76	,689
	5	20+	18	3,11	1,132
		Toplam	145	3,70	,891
21	1	1–5 yıl	23	3,09	,848
	2	6–10 yıl	36	3,50	,845
	3	11–15 yıl	39	3,49	,854
	4	16–20 yıl	29	3,24	,636
	5	20+	18	3,00	,907
		Toplam	145	3,32	,831
23	1	1–5 yıl	23	3,00	1,044
	2	6–10 yıl	36	3,14	,990
	3	11–15 yıl	39	3,31	,922
	4	16–20 yıl	29	3,14	,990
	5	20+	18	2,94	1,110
		Toplam	145	3,14	,990
25	1	1–5 yıl	23	3,57	,896
	2	6–10 yıl	36	3,53	,654
	3	11–15 yıl	39	3,59	,850
	4	16–20 yıl	29	3,62	,903
	5	20+	18	3,11	1,183
		Toplam	145	3,52	,875
27	1	1–5 yıl	23	3,39	,722
	2	6–10 yıl	36	3,47	,845
	3	11–15 yıl	39	3,31	,800
	4	16–20 yıl	29	3,72	,751
	5	20+	18	2,72	1,074
		Toplam	145	3,37	,866
29	1	1–5 yıl	23	3,78	,951
	2	6–10 yıl	36	3,53	,910
	3	11–15 yıl	39	3,72	,724
	4	16–20 yıl	29	3,90	,772
	5	20+	18	3,06	,938
		Toplam	145	3,63	,873

Tablo 4.9. Öğretim Elemanlarının Mesleki Kıdemlerine Göre Muhasebe Öğretim Programı Hedeflerine İlişkin Görüşlerine Ait ANOVA Sonuçları

		Karelerinin Toplamı	SD	Karelerinin Ortalaması	F	p	LSD[1] Dunnett's T3[2]
Ölçüt-1	Gruplar arası	6,901	4	1,725	2,027	,094	
	Gruplar içi	119,140	140	,851			
	Toplam	126,041	144				
Ölçüt-5	Gruplar arası	7,991	4	1,998	1,792	,134	
	Gruplar içi	156,051	140	1,115			
	Toplam	164,041	144				
Ölçüt-9	Gruplar arası	1,338	4	,334	,368	,831	
	Gruplar içi	127,172	140	,908			
	Toplam	128,510	144				
Ölçüt-13	Gruplar arası	12,934	4	3,234	3,100	,018	1-2[1] P=0,008 2-4[1] p=0,007
	Gruplar içi	146,031	140	1,043			
	Toplam	158,966	144				
Ölçüt-17	Gruplar arası	8,192	4	2,048	2,704	,033	
	Gruplar içi	106,056	140	,758			
	Toplam	114,248	144				
Ölçüt-21	Gruplar arası	5,527	4	1,382	2,061	,089	
	Gruplar içi	93,880	140	,671			
	Toplam	99,407	144				
Ölçüt-23	Gruplar arası	2,235	4	,559	,563	,690	
	Gruplar içi	139,006	140	,993			
	Toplam	141,241	144				
Ölçüt-25	Gruplar arası	3,541	4	,885	1,162	,330	
	Gruplar içi	106,666	140	,762			
	Toplam	110,207	144				
Ölçüt-27	Gruplar arası	11,727	4	2,932	4,268	,003	
	Gruplar içi	96,162	140	,687			
	Toplam	107,890	144				
Ölçüt-29	Gruplar arası	9,211	4	2,303	3,210	,015	
	Gruplar içi	100,417	140	,717			
	Toplam	109,628	144				

Tablo 4.9 incelendiğinde muhasebe öğretim programı amaçlarının birey ve toplumun ihtiyaçlarına yönelik oluşturulması, muhasebe öğretim programı amaçlarının bu dersi alan öğrencilerin mesleki özelliklerine uygunluğu, muhasebe öğretim programı amaçlarının genel anlamda muhasebe alanının özellikleri ile paralelliği, muhasebe öğretim programı amaçlarının öğretim elemanları tarafından açık ve anlaşılabilir niteliği, muhasebe öğretim programı amaçlarının programda belirtildiği gibi bilişsel, duyuşsal ve psikomotor becerileri kazandırabilme durumu, muhasebe öğretim programı amaçlarının öğrenciler mesleğe başladığında mesleki anlamda onları donanımlı meslek mensubu yapabilme düzeyi, muhasebe öğretim programı amaçlarının tutarlı bir şekilde birbirini destekleme durumu, muhasebe öğretim programı amaçlarının öğrencilerin ortaöğretim sonrası alabileceği şekilde tasarlanıp geliştirilme durumu ve muhasebe öğretim programı amaçlarının meslek yüksekokullarında uygulanabilirliğine ilişkin öğretim elemanlarının mesleki kıdemlerine göre oluşturulan grupların görüşleri arasında $p \leq 0,05$ manidarlık düzeyinde istatistiksel olarak anlamlı bir farklılık olmadığı bulunmuştur.

Ancak muhasebe öğretim programı amaçlarının toplumun arzu ettiği mesleki beklentileri karşılayabilme durumuna ilişkin görüşler arasında gruplar arası istatistiksel olarak anlamlı bir farklılık olduğu görülmektedir [$F=3,100$; $p=0,018$, $p<0,05$].

Farklılık bulunan madde için varyanslar homojen dağıldığından, hangi gruplar arasında fark olduğunu tespit etmek amacıyla LSD testi yapılmıştır. Gruplar arasında oluşan farklılığın 6-10 yıllık kıdeme sahip ($X= 3,69$) olan öğretim elemanları ile 1-5 yıllık mesleki kıdeme sahip ($X=2,96$) öğretim elemanları ve 16-20 yıllık kıdeme sahip ($X=3,00$) öğretim elemanları arasında olduğu görülmüştür.

Araştırmaya katılan öğretim elemanlarının öğrenim düzeylerine göre muhasebe öğretiminde hedef davranışa ilişkin görüşleri arasında farklılık olup olmadığını belirlemek için tek yönlü varyans analizi ve farklılığın hangi gruplar arasında olduğunu belirlemek amacıyla varyanslar homojen olduğunda LSD, varyanslar homojen olmadığı durumlar için Dunnett's T3 testleri yapılmıştır. Anova tablosundan ve tanımlayıcı istatistiklerden elde edilen değerler Tablo 4.10 ve 4.11' de sunulmuştur.

Tablo 4.10. Öğretim Elemanlarının Öğrenim Durumuna Göre Muhasebe Öğretim Programı Hedeflerine İlişkin Görüşlerine Ait Tanımlayıcı İstatistikler

Ölçütler	Gruplar		N	X	SS
1	1	Lisans	41	3,32	1,150
	2	Y.Lisans	63	3,46	,839
	3	Doktora	41	3,61	,833
5	1	Lisans	41	3,29	1,078
	2	Y.Lisans	63	3,54	1,029
	3	Doktora	41	3,51	1,121
9	1	Lisans	41	3,66	1,063
	2	Y.Lisans	63	3,73	,865
	3	Doktora	41	3,80	,954
13	1	Lisans	41	3,22	1,107
	2	Y.Lisans	63	3,16	1,035
	3	Doktora	41	3,51	1,003
17	1	Lisans	41	3,63	,968
	2	Y.Lisans	63	3,65	,845
	3	Doktora	41	3,85	,882
21	1	Lisans	41	3,29	,782
	2	Y.Lisans	63	3,24	,893
	3	Doktora	41	3,46	,778

Tablo 4.10. (Devam) Öğretim Elemanlarının Öğrenim Durumuna Göre Muhasebe Öğretim Programı Hedeflerine İlişkin Görüşlerine Ait Tanımlayıcı İstatistikler

Ölçütler	Gruplar		N	X	SS
23	1	Lisans	41	3,12	1,005
	2	Y.Lisans	63	3,19	1,030
	3	Doktora	41	3,07	,932
25	1	Lisans	41	3,34	,855
	2	Y.Lisans	63	3,56	,799
	3	Doktora	41	3,63	,994
27	1	Lisans	41	3,29	,873
	2	Y.Lisans	63	3,43	,893
	3	Doktora	41	3,37	,829
29	1	Lisans	41	3,32	,907
	2	Y.Lisans	63	3,83	,794
	3	Doktora	41	3,66	,883

Tablo 4.11. Öğretim Elemanlarının Öğrenim Durumuna Göre Muhasebe Öğretim Programı Hedeflerine İlişkin Görüşlerine Ait ANOVA Sonuçları

		Karelerinin Toplamı	SD	Karelerinin Ortalaması	F	p	LSD[1] Dunnett's T3[2]
Ölçüt-1	Gruplar arası	1,756	2	,878			
	Gruplar içi	124,285	142	,875	1,003	,369	
	Toplam	126,041	144				
Ölçüt-5	Gruplar arası	1,659	2	,829			
	Gruplar içi	162,383	142	1,144	,725	,486	
	Toplam	164,041	144				
Ölçüt-9	Gruplar arası	,439	2	,220			
	Gruplar içi	128,071	142	,902	,243	,784	
	Toplam	128,510	144				
Ölçüt-13	Gruplar arası	3,285	2	1,642			
	Gruplar içi	155,681	142	1,096	1,498	,227	
	Toplam	158,966	144				
Ölçüt-17	Gruplar arası	1,297	2	,648			
	Gruplar içi	112,952	142	,795	,815	,445	
	Toplam	114,248	144				
Ölçüt-21	Gruplar arası	1,295	2	,648			
	Gruplar içi	98,111	142	,691	,937	,394	
	Toplam	99,407	144				
Ölçüt-23	Gruplar arası	,356	2	,178			
	Gruplar içi	140,885	142	,992	,180	,836	
	Toplam	141,241	144				
Ölçüt-25	Gruplar arası	1,920	2	,960			
	Gruplar içi	108,287	142	,763	1,259	,287	
	Toplam	110,207	144				
Ölçüt-27	Gruplar arası	,461	2	,231			
	Gruplar içi	107,429	142	,757	,305	,738	
	Toplam	107,890	144				
Ölçüt-29	Gruplar arası	6,451	2	3,225			
	Gruplar içi	103,177	142	,727	4,439	,013	1-2[1]P=0,003
	Toplam	109,628	144				

Tablo 4.11 incelendiğinde muhasebe öğretim programı amaçlarının birey ve toplumun ihtiyaçlarına yönelik oluşturulması, muhasebe öğretim programı amaçlarının bu dersi alan öğrencilerin mesleki özelliklerine uygunluğu, muhasebe öğretim programı amaçlarının genel anlamda muhasebe alanının özellikleri ile paralelliği, muhasebe öğretim programı amaçlarının öğretim elemanları tarafından açık ve anlaşılabilir niteliği, muhasebe öğretim programı amaçlarının programda belirtildiği gibi bilişsel, duyuşsal ve psikomotor becerileri kazandırabilme durumu, muhasebe öğretim programı amaçlarının öğrenciler mesleğe başladığında mesleki anlamda onları donanımlı meslek mensubu yapabilme düzeyi, muhasebe öğretim programı amaçlarının tutarlı bir şekilde birbirini destekleme durumu, muhasebe öğretim programı amaçlarının öğrencilerin ortaöğretim sonrası alabileceği şekilde tasarlanıp geliştirilme durumu ve muhasebe öğretim programı amaçlarının toplumun arzu ettiği mesleki beklentileri karşılayabilme durumuna ilişkin öğrenim düzeylerine göre oluşturulan grupların görüşler arasında $p \leq 0,05$ anlamlılık düzeyinde istatistiksel olarak anlamlı bir farklılık olmadığı bulunmuştur.

Ancak muhasebe öğretim programı amaçlarının meslek yüksekokullarında uygulanabilirliğine ilişkin görüşler arasında gruplar arası istatistiksel olarak anlamlı bir farklılık olduğu görülmektedir [$F=4,439$; $p=0,13$, $p<0,05$]. Farklılık bulunan madde için varyanslar homojen dağıldığından, hangi gruplar arasında fark olduğunu tespit etmek amacıyla LSD testi yapılmıştır.

Gruplar arasında oluşan farklılığın lisans mezunu olan öğretim elemanları ile yüksek lisans mezunu olan öğretim elemanları arasında olduğu görülmüştür ($X_{Lisans}=3,32$, $X_{Yüksek\ Lisans}=3,83$). Yüksek lisans mezunu olan öğretim elemanları lisans mezunu olan öğretim elemanlarına göre muhasebe öğretim programı amaçlarının meslek yüksekokullarında uygulanabilirliğinin daha yüksek olduğunu ifade etmişlerdir.

Araştırmaya katılan öğretim elemanlarının akademik unvanlarına göre muhasebe öğretiminde hedef davranışa ilişkin görüşleri arasında farklılık olup olmadığını belirlemek için tek yönlü varyans analizi ve farklılığın hangi gruplar arasında olduğunu belirlemek amacıyla varyanslar homojen olduğunda LSD, varyanslar homojen olmadığı durumlar için Dunnett's T3 testleri yapılmıştır. Anova tablosundan ve tanımlayıcı istatistiklerden elde edilen değerler Tablo 4.12 ve 4.13'de sunulmuştur.

Tablo 4.12. Öğretim Elemanlarının Akademik Unvana Göre Muhasebe Öğretim Programı Hedeflerine İlişkin Görüşlerine Ait Tanımlayıcı İstatistikler

Ölçütler	Gruplar		N	X	SS
1	1	Prof.Dr.	5	3,20	1,483
	2	Doç.Dr.	7	3,29	,756
	3	Yrd.Doç.Dr.	23	3,43	,945
	4	Öğr.Gör.	108	3,50	,932
	5	Okt.	2	3,00	,000
5	1	Prof.Dr.	5	4,00	,707
	2	Doç.Dr.	7	2,57	1,397
	3	Yrd.Doç.Dr.	23	3,43	1,037
	4	Öğr.Gör.	108	3,50	1,055
	5	Okt.	2	3,50	,707
9	1	Prof.Dr.	5	4,40	,894
	2	Doç.Dr.	7	3,43	1,512
	3	Yrd.Doç.Dr.	23	3,78	1,085
	4	Öğr.Gör.	108	3,72	,863
	5	Okt.	2	3,00	1,414
13	1	Prof.Dr.	5	4,00	,707
	2	Doç.Dr.	7	3,43	1,134
	3	Yrd.Doç.Dr.	23	3,17	1,193
	4	Öğr.Gör.	108	3,28	1,012
	5	Okt.	2	2,00	1,414
17	1	Prof.Dr.	5	3,80	,447
	2	Doç.Dr.	7	4,00	,816
	3	Yrd.Doç.Dr.	23	3,70	,822
	4	Öğr.Gör.	108	3,69	,934
	5	Okt.	2	3,50	,707

Tablo 4.12. (Devam) Öğretim Elemanlarının Akademik Unvana Göre Muhasebe Öğretim Programı Hedeflerine İlişkin Görüşlerine Ait Tanımlayıcı İstatistikler

Ölçütler	Gruplar		N	X	SS
21	1	Prof.Dr.	5	3,40	,548
	2	Doç.Dr.	7	3,57	,535
	3	Yrd.Doç.Dr.	23	3,35	,885
	4	Öğr.Gör.	108	3,30	,846
	5	Okt.	2	3,00	1,414
23	1	Prof.Dr.	5	3,60	,894
	2	Doç.Dr.	7	3,29	1,496
	3	Yrd.Doç.Dr.	23	3,04	,976
	4	Öğr.Gör.	108	3,15	,965
	5	Okt.	2	2,00	,000
25	1	Prof.Dr.	5	4,00	1,000
	2	Doç.Dr.	7	3,29	,756
	3	Yrd.Doç.Dr.	23	3,43	,788
	4	Öğr.Gör.	108	3,52	,891
	5	Okt.	2	4,00	1,414
27	1	Prof.Dr.	5	4,00	,707
	2	Doç.Dr.	7	3,14	,900
	3	Yrd.Doç.Dr.	23	3,26	,810
	4	Öğr.Gör.	108	3,39	,884
	5	Okt.	2	3,00	,000
29	1	Prof.Dr.	5	3,60	1,140
	2	Doç.Dr.	7	3,57	,535
	3	Yrd.Doç.Dr.	23	3,48	,846
	4	Öğr.Gör.	108	3,68	,895
	5	Okt.	2	3,50	,707

Tablo 4.13. Öğretim Elemanlarının Akademik Unvana Göre Muhasebe Öğretim Programı Hedeflerine İlişkin Görüşlerine Ait ANOVA Sonuçları

		Karelerinin Toplamı	SD	Karelerinin Ortalaması	F	p	LSD[1] Dunnett's T3[2]
Ölçüt-1	Gruplar arası	1,161	4	,290			
	Gruplar içi	124,881	140	,892	,325	,861	
	Toplam	126,041	144				
Ölçüt-5	Gruplar arası	7,175	4	1,794			
	Gruplar içi	156,866	140	1,120	1,601	,177	
	Toplam	164,041	144				
Ölçüt-9	Gruplar arası	4,016	4	1,004			
	Gruplar içi	124,494	140	,889	1,129	,345	
	Toplam	128,510	144				
Ölçüt-13	Gruplar arası	6,280	4	1,570			
	Gruplar içi	152,685	140	1,091	1,440	,224	
	Toplam	158,966	144				
Ölçüt-17	Gruplar arası	,782	4	,196			
	Gruplar içi	113,466	140	,810	,241	,914	
	Toplam	114,248	144				
Ölçüt-21	Gruplar arası	,757	4	,189			
	Gruplar içi	98,650	140	,705	,268	,898	
	Toplam	99,407	144				
Ölçüt-23	Gruplar arası	4,027	4	1,007			
	Gruplar içi	137,215	140	,980	1,027	,396	
	Toplam	141,241	144				
Ölçüt-25	Gruplar arası	2,163	4	,541			
	Gruplar içi	108,044	140	,772	,701	,593	
	Toplam	110,207	144				
Ölçüt-27	Gruplar arası	2,931	4	,733			
	Gruplar içi	104,959	140	,750	,977	,422	
	Toplam	107,890	144				
Ölçüt-29	Gruplar arası	,817	4	,204			
	Gruplar içi	108,811	140	,777	,263	,901	
	Toplam	109,628	144				

Tablo 4.13 incelendiğinde muhasebe öğretim programı amaçlarının birey ve toplumun ihtiyaçlarına yönelik oluşturulması, muhasebe öğretim programı amaçlarının bu dersi alan öğrencilerin mesleki özelliklerine uygunluğu, muhasebe öğretim programı amaçlarının genel anlamda muhasebe alanının özellikleri ile paralelliği, muhasebe öğretim programı amaçlarının toplumun arzu ettiği mesleki beklentileri karşılayabilme durumu, muhasebe öğretim programı amaçlarının öğretim elemanları tarafından açık ve anlaşılabilir niteliği, muhasebe öğretim programı amaçlarının programda belirtildiği gibi bilişsel, duyuşsal ve psikomotor becerileri kazandırabilme durumu, muhasebe öğretim programı amaçlarının öğrenciler mesleğe başladığında mesleki anlamda onları donanımlı meslek mensubu yapabilme düzeyi, muhasebe öğretim programı amaçlarının tutarlı bir şekilde birbirini destekleme durumu, muhasebe öğretim programı amaçlarının öğrencilerin ortaöğretim sonrası alabileceği şekilde tasarlanıp geliştirilme durumu ve muhasebe öğretim programı amaçlarının meslek yüksekokullarında uygulanabilirliğine ilişkin akademik unvanlarına göre oluşturulan grupların görüşleri arasında $p \leq 0,05$ manidarlık düzeyinde istatistiksel olarak anlamlı bir farklılık olmadığı bulunmuştur.

Araştırmaya katılan öğretim elemanlarının muhasebe öğretim programının hedeflerine yönelik görüşlerini belirlemeyi amaçlayan sorulara verdikleri cevaplardan elde edilen verilere ait tanımlayıcı istatistikler hesaplanmış, öğretim elemanlarının mezun olunan alana göre görüşleri arasında farklılık olup olmadığını tespit etmek için bağımsız gruplar t-testi yapılmış ve analiz sonuçları tablo 4.14'de verilmiştir.

Tablo 4.14. Öğretim Elemanlarının Muhasebe Öğretim Programı Hedeflerine İlişkin Görüşlerinin Mezun Olunan Alana Göre İstatistiksel Dağılımı

Temel Ölçütler	Mezun Olunan Alan	N	X	SS	t	p
Ölçüt-1	Muhasebe	56	3,59	,826	1,302	,195
	Diğer	89	3,38	,994		
Ölçüt-5	Muhasebe	56	3,39	1,056	,618	,538
	Diğer	89	3,51	1,078		
Ölçüt-9	Muhasebe	56	3,80	,999	,732	,465
	Diğer	89	3,69	,912		
Ölçüt-13	Muhasebe	56	3,34	,959	,575	,285
	Diğer	89	3,24	1,108		
Ölçüt-17	Muhasebe	56	3,80	,773	1,074	,285
	Diğer	89	3,64	,956		
Ölçüt-21	Muhasebe	56	3,39	,846	,869	,387
	Diğer	89	3,27	,822		
Ölçüt-23	Muhasebe	56	3,18	,993	,391	,697
	Diğer	89	3,11	,994		
Ölçüt-25	Muhasebe	56	3,52	,874	,007	,995
	Diğer	89	3,52	,881		
Ölçüt-27	Muhasebe	56	3,38	,822	,028	,977
	Diğer	89	3,37	,897		
Ölçüt-29	Muhasebe	56	3,77	,738	1,466	,145
	Diğer	89	3,55	,942		

Tablo 4.14'deki verilere göre öğretim elemanlarının anılan sorulara verdikleri cevaplardan aldıkları puanların ortalaması muhasebe alan mezunu öğretim elemanları için 3,18–3,80 değerleri arasında diğer alan mezunu öğretim

elemanları için 3,11-3,69 değerleri arasında değişmektedir. Muhasebe öğretim programı amaçlarının birey ve toplumun ihtiyaçlarına yönelik oluşturulması, muhasebe öğretim programı amaçlarının bu dersi alan öğrencilerin mesleki özelliklerine uygunluğu, muhasebe öğretim programı amaçlarının genel anlamda muhasebe alanının özellikleri ile paralelliği, muhasebe öğretim programı amaçlarının toplumun arzu ettiği mesleki beklentileri karşılayabilme durmu, muhasebe öğretim programı amaçlarının öğretim elemanları tarafından açık ve anlaşılabilir nitelikte olması, muhasebe öğretim programı amaçlarının programda belirtildiği gibi bilişsel, duyuşsal ve psikomotor becerileri kazandırabilme durumu, muhasebe öğretim programı amaçlarının öğrenciler mesleğe başladığında mesleki anlamda onları donanımlı meslek mensubu yapabilme düzeyi, muhasebe öğretim programı amaçlarının tutarlı bir şekilde birbirini destekleme durumu, muhasebe öğretim programı amaçlarının öğrencilerin ortaöğretim sonrası alabileceği şekilde tasarlanıp geliştirilme durumu ve muhasebe öğretim programı amaçlarının meslek yüksekokullarında uygulanabilirliğine ilişkin öğretim elemanlarının görüşleri arasında mezun oldukları alana göre $p \leq 0,05$ manidarlık düzeyinde istatistiksel olarak anlamlı bir farklılık olmadığı görülmüştür.

4.1.2.2. Öğretim Elemanlarının Muhasebe Öğretiminde Program İçeriğine Yönelik Görüşlerine Ait Bulgular

Araştırmaya katılan öğretim elemanlarının program içeriğine ilişkin görüşlerini yansıtan maddelere verdikleri cevaplara göre dağılımları tablo 4.15'de gösterilmiştir.

Tablo 4.15. Muhasebe Öğretiminde Öğretim Elemanlarının Program İçeriğine Yönelik Görüşlerini Yansıtan Verilerin Dağılımı

Temel Ölçütler		Hiç	Az	Kısmen	Genellikle	Tamamen	Toplam
2. Muhasebe öğretiminde, muhasebe konularının, "muhasebe öğretim programı amaçları" arasında tutarlılık düzeyi	f	1	8	44	65	27	145
	%	0,7	5,5	30,3	44,8	18,6	100
6. Muhasebe öğretiminde, muhasebe konuları ile "öğrenci seviyesi" arasında uygunluk düzeyi	f	1	32	50	51	11	145
	%	0,7	22,1	34,5	35,2	7,6	100
10. Muhasebe öğretiminde, muhasebe konularının,"MYO-sektör işbirliğini" sağlayabilme düzeyi	f	10	49	43	33	10	145
	%	6,9	33,8	29,7	22,8	6,9	100
14. Muhasebe öğretiminde, muhasebe konularının, "muhasebe biliminin güncel ve geçerli" olma düzeyi	f	11	21	49	48	16	145
	%	7,6	14,5	33,8	33,1	11	100
18. Muhasebe öğretiminde, muhasebe konularının, "bireysel ve grup problemlerini çözme becerilerine" uygunluk düzeyi	f	4	30	47	58	6	145
	%	2,8	20,7	32,4	40	4,1	100
22. Muhasebe öğretiminde, muhasebe konularının, "genel disiplin ile ilişkili olarak hazırlanma ve yansıtılma" düzeyi	f	1	10	62	57	15	145
	%	0,7	6,9	42,8	39,3	10,3	100
24. Muhasebe öğretiminde, muhasebe konularının, "günlük yaşamla ilişkilendirilebilecek nitelikte olma" düzeyi	f	1	20	57	57	10	145
	%	0,7	13,8	39,3	39,3	6,9	100
26. Muhasebe öğretiminde, muhasebe konularının, "önceki öğrenmelerle ilişki kurulabilecek nitelikte olma" düzeyi	f	5	16	42	62	20	145
	%	3,4	11	29	42,8	13,8	100

Tablo 4.15. (Devam) Muhasebe Öğretiminde Öğretim Elemanlarının Program İçeriğine Yönelik Görüşlerini Yansıtan Verilerin Dağılımı

Temel Ölçütler		Hiç	Az	Kısmen	Genellikle	Tamamen	Toplam
28. Muhasebe öğretiminde, muhasebe konularının, "öğretim ilkelerine uygun bir şekilde düzenlenme" düzeyi	f	0	15	43	65	22	145
	%	0	10,3	29,7	44,8	15,2	100
30. muhasebe öğretiminde, muhasebe konularının, "açık, anlaşılabilir bir şekilde ifade edilme" düzeyi	f	0	6	44	67	28	145
	%	0	4,1	30,3	46,2	19,3	100

Araştırmaya katılan öğretim elemanlarının % 63,2'si muhasebe öğretim programı konuları ile muhasebe öğretim programı amaçları arasındaki tutarlılık düzeyine genellikle ve tamamen katılırken, % 30,3'ü bu görüşe kısmen katıldıklarını ifade etmişlerdir. Katılımcılardan sadece % 0,7'si bu görüşe hiç katılmazken, % 5,5'i az olarak katıldıklarını ifade etmişlerdir.

Muhasebe öğretim programı konularının öğrenci seviyesini yansıttığı görüşüne katılımcıların % 7,6'sı tamamen % 35,2'si genellikle % 34,5'i ise kısmen katıldıklarını ifade etmişlerdir. Katılımcıların % 22,1'i bu görüşe az olarak katılırken % 0,7'si hiç katılmadıklarını beyan etmişlerdir.

Araştırmaya katılanların yaklaşık % 40'ı (hiç % 6,9, az % 33,8) programın okul sektör işbirliğini sağlamada yetersiz olduğunu belirtirken, % 29,7'si kısmen işbirliğini sağlamakta yeterli olduğunu ifade etmişlerdir. Katılımcıların % 22,8'i bu görüşe genellikle katılırken % 6,9'u ise tamamen katıldıklarını ifade etmişlerdir.

Muhasebe öğretim programı konu alanı bilgilerinin güncel ve geçerli olduğuna ilişkin ifadeye katılımcıların % 7,6'sı hiç katılmazken, % 14,5'i az olarak katıldıklarını ifade etmişlerdir. Katılımcıların 33,8'i kısmen, % 33,1'i genellikle ve % 11'i tamamen bu görüşe katıldıklarını ifade etmişlerdir.

Muhasebe öğretim programı konularının bireysel ve grup problemlerini çözmeye yardımcı olacak şekilde geliştirildiği görüşüne katılımcıların % 4,1'i tamamen katılırken, % 40'ı genellikle ve % 32,4'ü kısmen cevabını vermişlerdir.

Katılımcıların sadece % 2,8'i bu görüşe hiç katılmazken % 20,7'si az olarak katıldıklarını beyan etmişlerdir.

Araştırmaya katılanların büyük bir bölümü (kısmen % 42,8, genellikle % 39,3, tamamen % 10,3) muhasebe öğretim programı konularının genel disiplin ile ilişkili olarak hazırlandığı görüşüne olumlu yaklaşırken, % 7,6'sının (az % 0,7, hiç % 6,9) bu konuda olumsuz düşünceye sahip oldukları görülmektedir.

Muhasebe öğretim programı konularının günlük yaşamla ilişkilendirilebilecek nitelikte olduğu görüşüne katılımcıların % 0,7'si hiç katılmazken % 13,8'i az olarak katıldıklarını ifade etmişlerdir. Bu görüşe kısmen katılanların oranı ile genellikle katılanları oranı eşit olarak bulunmuştur (% 39,3). Tamamen katılanların oranı ise % 6,9 olmuştur.

Araştırmaya katılanların yarıdan fazlası (genellikle % 42,8, tamamen % 13,8) muhasebe öğretim programı konularının önceki öğrenmelerle ilişki kurulabilecek nitelikte olduğu görüşünü yüksek düzeyde olumlu bularken % 29'u kısmen bu görüşe katıldıklarını ifade etmişlerdir. Katılımcıların % 11'i bu görüşe az olarak katıldıklarını ifade ederken % 3,4'ü bu görüşe hiç katılmadıklarını ifade etmişlerdir.

Muhasebe öğretim programı konularının öğretim ilkelerine uygunluğu ve açık, anlaşılabilir bir şekilde düzenlenmesi konusundaki ifadeye katılımcıların büyük bir çoğunluğu olumlu görüş beyan etmişlerdir.

Araştırmaya katılan öğretim elemanlarının muhasebe öğretim programının İçeriğine yönelik görüşlerini betimlemeyi amaçlayan sorulara verdikleri cevaplardan elde edilen verilere ait tanımlayıcı istatistikler hesaplanmış, öğretim elemanlarının cinsiyetlerine göre görüşleri arasında farklılık olup olmadığını tespit etmek için bağımsız gruplar t-testi yapılmış ve analiz sonuçları tablo 4.16'da verilmiştir.

Tablo 4.16. Öğretim Elemanlarının Muhasebe Öğretim Programı İçeriklerine İlişkin Görüşlerinin Cinsiyetlerine Göre İstatistiksel Dağılımı

Temel Ölçütler	Cinsiyet	N	X	SS	t	p
Ölçüt-2	Bayan	71	3,66	,844	1,254	,212
	Erkek	74	3,84	,844		
Ölçüt-6	Bayan	71	3,32	,938	,708	,480
	Erkek	74	3,22	,896		
Ölçüt-10	Bayan	71	2,97	1,028	,918	,360
	Erkek	74	2,81	1,081		
Ölçüt-14	Bayan	71	3,25	1,092	,018	,986
	Erkek	74	3,26	1,073		
Ölçüt-18	Bayan	71	3,28	,897	,784	,434
	Erkek	74	3,16	,937		
Ölçüt-22	Bayan	71	3,58	,856	,887	,377
	Erkek	74	3,46	,744		
Ölçüt-24	Bayan	71	3,45	,891	1,010	,314
	Erkek	74	3,31	,775		
Ölçüt-26	Bayan	71	3,70	1,034	2,197	,030*
	Erkek	74	3,35	,898		
Ölçüt-28	Bayan	71	3,72	,974	,958	,340
	Erkek	74	3,58	,740		
Ölçüt-30	Bayan	71	3,86	,867	,776	,439
	Erkek	74	3,76	,718		

Tablo 4.16'daki verilere göre öğretim elemanlarının anılan sorulara verdikleri cevaplardan aldıkları puanların ortalaması bayan öğretim elemanları için 2,97–3,86 değerleri arasında, erkek öğretim elemanları için 3,16-3,84 değerleri arasında değişmektedir.

Muhasebe konuları ile muhasebe öğretim programı amaçları arasındaki tutarlılık düzeyi, muhasebe konularının öğrenci seviyesine uygunluğu, muhasebe konularının, MYO-Sektör işbirliğini sağlayabilme durumu, muhasebe konularının muhasebe biliminin gerektirdiği güncel ve geçerli olma düzeyi, muhasebe konularının bireysel ve grup problemlerini çözme becerilerine uygunluk düzeyi, muhasebe konularının genel disiplin ile ilişkisi, muhasebe konularının günlük yaşamla İlişkilendirilebilecek nitelikte olma durumu, muhasebe konularının öğretim ilkelerine uygun bir şekilde düzenlenme düzeyi ve muhasebe konularının açık, anlaşılabilir bir şekilde ifade edilebilirliğine ilişkin öğretim elemanlarının görüşleri arasında cinsiyetlerine göre $p \leq 0{,}05$ anlamlılık düzeyinde istatistiksel olarak anlamlı bir farklılık olmadığı bulunmuştur.

Ancak muhasebe öğretiminde muhasebe konularının, önceki öğrenmelerle ilişki kurulabilecek nitelikte olduğuna ilişkin öğretim elemanlarının görüşleri arasında istatistiksel olarak anlamlı bir farklılık olduğu görülmektedir [$t = 2{,}197$; $p = 0{,}030$; $p < 0{,}05$]. Bayan öğretim elemanları, erkek öğretim elemanlarına göre muhasebe öğretim programında yer alan konu alanlarının, önceki öğrenmelerle ilişki kurabilme özelliğinin daha yüksek olduğunu ifade etmişlerdir ($X_{Bayan}=3{,}70$, $X_{Bay}=3{,}35$).

Araştırmaya katılan öğretim elemanlarının mesleki kıdemine göre muhasebe öğretiminde içeriğe ilişkin görüşleri arasında farklılık olup olmadığını belirlemek için tek yönlü varyans analizi ve farklılığın hangi gruplar arasında olduğunu belirlemek amacıyla varyanslar homojen olduğunda LSD, varyanslar homojen olmadığı durumlar için Dunnett's T3 testleri yapılmıştır. Anova tablosundan ve tanımlayıcı istatistiklerden elde edilen değerler Tablo 4.17 ve 4.18'de sunulmuştur.

Tablo 4.17. Öğretim Elemanlarının Mesleki Kıdemlerine Göre Muhasebe Öğretim Programı İçeriğine İlişkin Görüşlerine Ait Tanımlayıcı İstatistikler

Ölçütler	Gruplar		N	X	SS
2	1	1-5 yıl	23	3,61	1,033
	2	6–10 yıl	36	3,94	,754
	3	11–15 yıl	39	3,77	,667
	4	16–20 yıl	29	3,76	,988
	5	20+	18	3,50	,857
6	1	1-5 yıl	23	3,48	,947
	2	6–10 yıl	36	3,36	,899
	3	11–15 yıl	39	3,31	,950
	4	16–20 yıl	29	3,24	,951
	5	20+	18	2,78	,647
10	1	1-5 yıl	23	2,83	,778
	2	6–10 yıl	36	3,08	1,296
	3	11–15 yıl	39	2,82	,970
	4	16–20 yıl	29	3,03	,944
	5	20+	18	2,50	1,150
14	1	1-5 yıl	23	3,22	1,126
	2	6–10 yıl	36	3,56	1,027
	3	11–15 yıl	39	3,26	,938
	4	16–20 yıl	29	3,03	1,210
	5	20+	18	3,06	1,162
18	1	1-5 yıl	23	3,04	,825
	2	6–10 yıl	36	3,42	,841
	3	11–15 yıl	39	3,21	,894
	4	16–20 yıl	29	3,38	,979
	5	20+	18	2,83	1,043
22	1	1-5 yıl	23	3,61	1,076
	2	6–10 yıl	36	3,53	,696
	3	11–15 yıl	39	3,33	,701
	4	16–20 yıl	29	3,79	,726
	5	20+	18	3,33	,840
24	1	1-5 yıl	23	3,22	,736
	2	6–10 yıl	36	3,25	,770
	3	11–15 yıl	39	3,56	,754
	4	16–20 yıl	29	3,55	,827
	5	20+	18	3,17	1,150

Tablo 4.17. (Devam) Öğretim Elemanlarının Mesleki Kıdemlerine Göre Muhasebe Öğretim Programı İçeriğine İlişkin Görüşlerine Ait Tanımlayıcı İstatistikler

Ölçütler	Gruplar		N	X	SS
26	1	1–5 yıl	23	3,91	,996
	2	6–10 yıl	36	3,19	,920
	3	11–15 yıl	39	3,67	,927
	4	16–20 yıl	29	3,76	,830
	5	20+	18	3,00	1,085
28	1	1–5 yıl	23	3,87	,815
	2	6–10 yıl	36	3,36	,867
	3	11–15 yıl	39	3,64	,843
	4	16–20 yıl	29	4,07	,753
	5	20+	18	3,28	,826
30	1	1–5 yıl	23	4,04	,878
	2	6–10 yıl	36	3,56	,843
	3	11–15 yıl	39	3,92	,807
	4	16–20 yıl	29	3,90	,557
	5	20+	18	3,61	,778

Tablo 4.18. Öğretim Elemanlarının Mesleki Kıdemlerine Göre Muhasebe Öğretim Programı İçeriğine İlişkin Görüşlerine Ait ANOVA Sonuçları

		Karelerinin Toplamı	SD	Karelerinin Ortalaması	F	p	LSD[1] Dunnett's T3[2]
Ölçüt-2	Gruplar arası	2,961	4	,740			
	Gruplar içi	100,101	140	,715	1,035	,391	
	Toplam	103,062	144				
Ölçüt-6	Gruplar arası	5,737	4	1,434			
	Gruplar içi	114,774	140	,820	1,749	,143	
	Toplam	120,510	144				
Ölçüt-10	Gruplar arası	4,971	4	1,243			
	Gruplar içi	155,263	140	1,109	1,121	,349	
	Toplam	160,234	144				
Ölçüt-14	Gruplar arası	5,411	4	1,353			
	Gruplar içi	162,148	140	1,158	1,168	,328	
	Toplam	167,559	144				
Ölçüt-18	Gruplar arası	5,545	4	1,386			
	Gruplar içi	115,393	140	,824	1,682	,158	
	Toplam	120,938	144				

Tablo 4.18. (Devam) Öğretim Elemanlarının Mesleki Kıdemlerine Göre Muhasebe Öğretim Programı İçeriğine İlişkin Görüşlerine Ait ANOVA Sonuçları

		Karelerinin Toplamı	SD	Karelerinin Ortalaması	F	p	LSD[1] Dunnett's T3[2]
Ölçüt-22	Gruplar arası	4,331	4	1,083			
	Gruplar içi	87,876	140	,628	1,725	,148	
	Toplam	92,207	144				
Ölçüt-24	Gruplar arası	4,213	4	1,053			
	Gruplar içi	95,925	140	,685	1,537	,195	
	Toplam	100,138	144				
Ölçüt-26	Gruplar arası	14,724	4	3,681			1=2[1]p=,005 1=5[1]p=,002
	Gruplar içi	123,442	140	,882	4,175	,003	2=3[1]p=,031 2=4[1]p=,017
	Toplam	138,166	144				3=5[1]p=,014 4=5[1]p=,008
Ölçüt-28	Gruplar arası	11,700	4	2,925			1=2[1]p=,022 1=5[1]p=,024
	Gruplar içi	95,362	140	,681	4,294	,003	2=4[1]p=,001 3=4[1]p=,036
	Toplam	107,062	144				4=5[1]p=,002
Ölçüt-30	Gruplar arası	5,011	4	1,253			
	Gruplar içi	85,582	140	,611	2,049	,091	
	Toplam	90,593	144				

Tablo 4.18 incelendiğinde Muhasebe konuları ile muhasebe öğretim programı amaçları arasındaki tutarlılık düzeyi, muhasebe konularının, öğrenci seviyesine uygunluğu, muhasebe konularının, MYO-Sektör işbirliğini sağlayabilme durumu, muhasebe konularının, muhasebe biliminin gerektirdiği güncel ve geçerli olma düzeyi, muhasebe konularının bireysel ve grup problemlerini çözme becerilerine uygunluk düzeyi, muhasebe konularının genel disiplin ile ilişkisi, muhasebe konularının günlük yaşamla ilişkilendirilebilecek nitelikte olma durumu ve muhasebe konularının açık, anlaşılabilir bir şekilde ifade edilebilirliğine ilişkin meslek kıdemlerine göre oluşturulan grupların görüşler arasında $p \leq 0,05$ manidarlık düzeyinde istatistiksel olarak anlamlı bir farklılık olmadığı bulunmuştur.

Ancak muhasebe öğretiminde muhasebe konularının önceki öğrenmelerle ilişki kurulabilecek nitelikte olduğuna ilişkin görüşler arasında gruplar arası istatistiksel olarak anlamlı bir farklılık olduğu görülmektedir [F=4,175; p=0,003 (p<0,05].

Farklılık bulunan madde için varyanslar homojen dağıldığından, hangi gruplar arasında fark olduğunu tespit etmek amacıyla LSD testi yapılmıştır.

Gruplar arasında oluşan farklılığın 1-5 yıllık mesleki kıdeme sahip (X=3,91) olan öğretim elemanları ile 6-10 yıllık ve 20 yıl ve üzeri kıdeme sahip (X=3,19, X=3,00) öğretim elemanları ve 6-10 yıllık kıdeme sahip (X= 3,19) öğretim elemanları ile 11-15 yıllık ve 16-20 yıllık kıdeme sahip (X=3,67, X=3,76) öğretim elemanları ve 11-15 ile 16-20 yıllık kıdeme sahip (X= 3,67, X= 3,76) öğretim elemanları ile 20 yıl ve üzeri kıdeme sahip (X=3,00) öğretim elemanları arasında olduğu görülmüştür. Mesleğe yeni başlayan öğretim elemanları, mesleki kıdemi daha yüksek olan öğretim elemanlarına göre muhasebe konularının önceki öğrenmelerle ilişki kurulabilecek niteliğinin olduğu görüşüne daha fazla katıldıklarını ifade etmişlerdir. Ancak mesleki deneyimin yükselmesiyle birlikte öğretim elemanlarının görüşlerinde farklı bakış açılarının ortaya çıktığı görülmektedir.

Ayrıca muhasebe konularının sunuluş sırasının öğretim ilkelerine uygun bir şekilde düzenlenme durumuna ilişkin görüşleri arasında da gruplar arası istatistiksel olarak anlamlı bir farklılık olduğu görülmektedir [F=4,294; p=0,003, p<0,05].

Farklılık bulunan madde için varyanslar homojen dağıldığından, hangi gruplar arasında fark olduğunu tespit etmek amacıyla LSD testi yapılmıştır.

Gruplar arasında oluşan farklılığın 1-5 yıllık mesleki kıdeme sahip (X=3,87) olan öğretim elemanları ile 6-10 yıllık ve 20 yıl ve üzeri kıdeme sahip (X=3,36, X=3,28) öğretim elemanları ve 16-20 yıllık kıdeme sahip (X=4,07) öğretim elemanları ile 6-10 yıllık, 11-15 yıllık ve 20 yıl ve üzeri kıdeme sahip (X=3,36, X=3,64, X=3,28) öğretim elemanları arasında olduğu görülmüştür.

Araştırmaya katılan öğretim elemanlarının öğrenim düzeylerine göre muhasebe öğretiminde içeriğe ilişkin görüşleri arasında farklılık olup olmadığını belirlemek için tek yönlü varyans analizi ve farklılığın hangi gruplar arasında olduğunu belirlemek amacıyla varyanslar homojen olduğunda LSD, varyanslar homojen olmadığı durumlar için Dunnett's T3 testleri yapılmıştır. Anova tablosundan ve tanımlayıcı istatistiklerden elde edilen değerler Tablo 4.19 ve 4.20'de sunulmuştur.

Tablo 4.19. Öğretim Elemanlarının Öğrenim Durumuna Göre Muhasebe Öğretim Programı İçeriğine İlişkin Görüşlerine Ait Tanımlayıcı İstatistikler

Ölçütler	Gruplar		N	X	SS
2	1	Lisans	41	3,56	,923
	2	Y.Lisans	63	3,95	,851
	3	Doktora	41	3,63	,698
6	1	Lisans	41	3,15	,937
	2	Y.Lisans	63	3,30	,891
	3	Doktora	41	3,34	,938
10	1	Lisans	41	2,85	1,038
	2	Y.Lisans	63	2,73	1,050
	3	Doktora	41	3,17	1,046
14	1	Lisans	41	3,27	1,141
	2	Y.Lisans	63	3,22	1,023
	3	Doktora	41	3,29	1,123
18	1	Lisans	41	3,07	,905
	2	Y.Lisans	63	3,30	,927
	3	Doktora	41	3,24	,916
22	1	Lisans	41	3,41	,805
	2	Y.Lisans	63	3,51	,801
	3	Doktora	41	3,63	,799

Tablo 4.19. (Devam) Öğretim Elemanlarının Öğrenim Durumuna Göre Muhasebe Öğretim Programı İçeriğine İlişkin Görüşlerine Ait Tanımlayıcı İstatistikler

Ölçütler	Gruplar		N	X	SS
24	1	Lisans	41	3,34	,794
	2	Y.Lisans	63	3,30	,754
	3	Doktora	41	3,54	,977
26	1	Lisans	41	3,34	1,087
	2	Y.Lisans	63	3,41	,909
	3	Doktora	41	3,88	,900
28	1	Lisans	41	3,51	,840
	2	Y.Lisans	63	3,70	,835
	3	Doktora	41	3,71	,929
30	1	Lisans	41	3,59	,805
	2	Y.Lisans	63	3,84	,827
	3	Doktora	41	3,98	,689

Tablo 4.20. Öğretim Elemanlarının Öğrenim Durumuna Göre Muhasebe Öğretim Programı İçeriğine İlişkin Görüşlerine Ait ANOVA Sonuçları

		Karelerinin Toplamı	SD	Karelerinin Ortalaması	f	p	LSD[1] Dunnett's T3[2]
Ölçüt-2	Gruplar arası	4,595	2	2,298			
	Gruplar içi	98,467	142	,693	3,313	,039	1-2[1]P=0,21
	Toplam	103,062	144				
Ölçüt-6	Gruplar arası	,899	2	,450			
	Gruplar içi	119,611	142	,842	,534	,588	
	Toplam	120,510	144				
Ölçüt-10	Gruplar arası	4,895	2	2,447			
	Gruplar içi	155,340	142	1,094	2,237	,110	
	Toplam	160,234	144				
Ölçüt-14	Gruplar arası	,133	2	,067			
	Gruplar içi	167,425	142	1,179	,056	,945	
	Toplam	167,559	144				
Ölçüt-18	Gruplar arası	1,327	2	,663			
	Gruplar içi	119,611	142	,842	,787	,457	
	Toplam	120,938	144				
Ölçüt-22	Gruplar arası	,997	2	,499			
	Gruplar içi	91,209	142	,642	,776	,462	
	Toplam	92,207	144				
Ölçüt-24	Gruplar arası	1,453	2	,727			
	Gruplar içi	98,684	142	,695	1,046	,354	
	Toplam	100,138	144				
Ölçüt-26	Gruplar arası	7,286	2	3,643			
	Gruplar içi	130,880	142	,922	3,952	,021	1-3[1]P=0,012 2-3[1]P=0,017
	Toplam	138,166	144				
Ölçüt-28	Gruplar arası	1,061	2	,530			
	Gruplar içi	106,002	142	,746	,710	,493	
	Toplam	107,062	144				
Ölçüt-30	Gruplar arası	3,254	2	1,627			
	Gruplar içi	87,340	142	,615	2,645	,075	
	Toplam	90,593	144				

Tablo 4.20 incelendiğinde, muhasebe konularının öğrenci seviyesine uygunluğu, muhasebe konularının MYO-Sektör işbirliğini sağlayabilme durumu, muhasebe konularının muhasebe biliminin gerektirdiği güncel ve geçerli olma düzeyi, muhasebe konularının bireysel ve grup problemlerini çözme becerilerine uygunluk düzeyi, muhasebe konularının genel disiplin ile ilişkisi, muhasebe konularının günlük yaşamla İlişkilendirilebilecek nitelikte olma durumu, muhasebe konularının öğretim ilkelerine uygun bir şekilde düzenlenme düzeyi ve muhasebe konularının açık, anlaşılabilir bir şekilde ifade edilebilirliğine ilişkin öğrenim düzeylerine göre oluşturulan grupların görüşleri arasında $p \leq 0{,}05$ anlamlılık düzeyinde istatistiksel olarak anlamlı bir farklılık olmadığı bulunmuştur.

Ancak muhasebe konuları ile muhasebe öğretim programı amaçları arasındaki tutarlılık düzeyine ilişkin görüşler arasında gruplar arası istatistiksel olarak anlamlı bir farklılık olduğu görülmektedir [$F=3{,}313$; $p=0{,}039$ $p<0{,}05$]. Farklılık bulunan madde için varyanslar homojen dağıldığından, hangi gruplar arasında fark olduğunu tespit etmek amacıyla LSD testi yapılmıştır.

Gruplar arasında oluşan farklılığın lisans mezunu olan öğretim elemanları ile yüksek lisans mezunu olan öğretim elemanları arasında olduğu görülmüştür ($X_{Lisans}=3{,}56$, $X_{Yüksek\ Lisans}=3{,}95$). Yüksek lisans mezunu olan öğretim elemanları lisans mezunlarına göre muhasebe konuları ile muhasebe öğretim programı amaçları arasındaki tutarlılığın daha fazla olduğunu kabul etmektedirler.

Ayrıca muhasebe öğretiminde muhasebe konularının önceki öğrenmelerle ilişki kurulabilecek yapıda olmasına ilişkin görüşler arasında da gruplar arası istatistiksel olarak anlamlı bir farklılık olduğu görülmektedir [$F=3{,}952$; $p=0{,}021$ $p<0{,}05$]. Gruplar arasında oluşan farklılığın doktora mezunu olan öğretim elemanları ile lisans ve yüksek lisans mezunu olan öğretim elemanları arasında olduğu görülmüştür ($X_{Lisans}=3{,}34$, $X_{Yüksek\ Lisans}=3{,}41$, $X_{Doktora}=3{,}88$). Doktora mezunu olan öğretim elemanlarının, muhasebe konularının önceki öğrenmelerle ilişki kurulabilecek niteliğine daha fazla inandıkları söylenebilir.

Araştırmaya katılan öğretim elemanlarının akademik unvanlarına göre muhasebe öğretiminde içeriğe ilişkin görüşleri arasında farklılık olup olmadığını belirlemek için tek yönlü varyans analizi ve farklılığın hangi gruplar arasında olduğunu belirlemek amacıyla varyanslar homojen olduğunda LSD, varyanslar homojen olmadığı durumlar için Dunnett's T3 testleri yapılmıştır. Anova tablosundan ve tanımlayıcı istatistiklerden elde edilen değerler Tablo 4.21 ve 4.22'de sunulmuştur.

Tablo 4.21. Öğretim Elemanlarının Akademik Unvana Göre Muhasebe Öğretim Programı İçeriğine İlişkin Görüşlerine Ait Tanımlayıcı İstatistikler

Ölçütler	Gruplar		N	X	SS
2	1	Prof.Dr.	5	3,60	,548
	2	Doç.Dr.	7	3,71	1,113
	3	Yrd.Doç.Dr.	23	3,74	,541
	4	Öğr.Gör.	108	3,78	,900
	5	Okt.	2	3,00	,000
6	1	Prof.Dr.	5	3,40	1,140
	2	Doç.Dr.	7	2,71	,488
	3	Yrd.Doç.Dr.	23	3,09	,848
	4	Öğr.Gör.	108	3,35	,930
	5	Okt.	2	2,50	,707
10	1	Prof.Dr.	5	2,40	,894
	2	Doç.Dr.	7	2,43	,976
	3	Yrd.Doç.Dr.	23	2,78	1,313
	4	Öğr.Gör.	108	2,97	1,009
	5	Okt.	2	2,50	,707
14	1	Prof.Dr.	5	3,40	1,140
	2	Doç.Dr.	7	2,57	,787
	3	Yrd.Doç.Dr.	23	3,26	1,137
	4	Öğr.Gör.	108	3,29	1,086
	5	Okt.	2	3,50	,707
18	1	Prof.Dr.	5	3,20	,837
	2	Doç.Dr.	7	3,14	,690
	3	Yrd.Doç.Dr.	23	3,17	,834
	4	Öğr.Gör.	108	3,23	,963
	5	Okt.	2	3,50	,707

Tablo 4.21. (Devam) Öğretim Elemanlarının Akademik Unvana Göre Muhasebe Öğretim Programı İçeriğine İlişkin Görüşlerine Ait Tanımlayıcı İstatistikler

Ölçütler	Gruplar		N	X	SS
22	1	Prof.Dr.	5	3,80	,837
	2	Doç.Dr.	7	3,71	,488
	3	Yrd.Doç.Dr.	23	3,35	,714
	4	Öğr.Gör.	108	3,55	,802
	5	Okt.	2	2,50	2,121
24	1	Prof.Dr.	5	3,60	,894
	2	Doç.Dr.	7	3,29	,756
	3	Yrd.Doç.Dr.	23	3,48	,898
	4	Öğr.Gör.	108	3,35	,835
	5	Okt.	2	3,50	,707
26	1	Prof.Dr.	5	3,40	1,517
	2	Doç.Dr.	7	3,71	,951
	3	Yrd.Doç.Dr.	23	3,78	,795
	4	Öğr.Gör.	108	3,44	,989
	5	Okt.	2	4,50	,707
28	1	Prof.Dr.	5	4,00	,707
	2	Doç.Dr.	7	3,86	1,069
	3	Yrd.Doç.Dr.	23	3,70	,822
	4	Öğr.Gör.	108	3,61	,874
	5	Okt.	2	3,50	,707
30	1	Prof.Dr.	5	3,40	,894
	2	Doç.Dr.	7	3,57	,787
	3	Yrd.Doç.Dr.	23	3,96	,767
	4	Öğr.Gör.	108	3,80	,794
	5	Okt.	2	4,50	,707

Tablo 4.22. Öğretim Elemanlarının Akademik Unvana Göre Muhasebe Öğretim Programı İçeriğine İlişkin Görüşlerine Ait ANOVA Sonuçları

		Karelerinin Toplamı	SD	Karelerinin Ortalaması	F	p	LSD[1] Dunnett's T3[2]
Ölçüt-2	Gruplar arası	1,332	4	,333			
	Gruplar içi	101,730	140	,727	,458	,766	
	Toplam	103,062	144				
Ölçüt-6	Gruplar arası	4,926	4	1,232			
	Gruplar içi	115,584	140	,826	1,492	,208	
	Toplam	120,510	144				
Ölçüt-10	Gruplar arası	3,990	4	,998			
	Gruplar içi	156,244	140	1,116	,894	,469	
	Toplam	160,234	144				
Ölçüt-14	Gruplar arası	3,608	4	,902			
	Gruplar içi	163,951	140	1,171	,770	,546	
	Toplam	167,559	144				
Ölçüt-18	Gruplar arası	,263	4	,066			
	Gruplar içi	120,674	140	,862	,076	,989	
	Toplam	120,938	144				
Ölçüt-22	Gruplar arası	3,492	4	,873			
	Gruplar içi	88,714	140	,634	1,378	,245	
	Toplam	92,207	144				
Ölçüt-24	Gruplar arası	,641	4	,160			
	Gruplar içi	99,497	140	,711	,225	,924	
	Toplam	100,138	144				
Ölçüt-26	Gruplar arası	4,457	4	1,114			
	Gruplar içi	133,708	140	,955	1,167	,328	
	Toplam	138,166	144				
Ölçüt-28	Gruplar arası	1,169	4	,292			
	Gruplar içi	105,893	140	,756	,386	,818	
	Toplam	107,062	144				
Ölçüt-30	Gruplar arası	2,704	4	,676			
	Gruplar içi	87,889	140	,628	1,077	,370	
	Toplam	90,593	144				

Tablo 4.22 incelendiğinde, muhasebe konuları ile muhasebe öğretim programı amaçları arasındaki tutarlılık düzeyi, muhasebe konularının öğrenci seviyesine uygunluğu, muhasebe konularının MYO-Sektör işbirliğini sağlayabilme durumu, muhasebe konularının muhasebe biliminin gerektirdiği güncel ve geçerli olma düzeyi, muhasebe konularının bireysel ve grup problemlerini çözme becerilerine uygunluk düzeyi, muhasebe konularının genel disiplin ile ilişkisi, muhasebe konularının günlük yaşamla ilişkilendirilebilecek nitelikte olma durumu, muhasebe öğretiminde muhasebe konularının önceki öğrenmelerle ilişki kurulabilecek niteliği, muhasebe konularının öğretim ilkelerine uygun bir şekilde düzenlenme düzeyi ve muhasebe konularının açık, anlaşılabilir bir şekilde ifade edilebilirliğine ilişkin akademik unvana göre oluşturulan grupların görüşleri arasında $p \leq 0,05$ anlamlılık düzeyinde istatistiksel olarak anlamlı bir farklılık olmadığı bulunmuştur.

Araştırmaya katılan öğretim elemanlarının mezun olunan alana göre muhasebe öğretim programı içeriği bağlamında ifade ettikleri görüşlerini belirlemeye yönelik sorulara verdikleri cevaplardan elde edilen verilere ait tanımlayıcı istatistikler hesaplanmış, öğretim elemanlarının mezun olunan alana göre görüşleri arasında farklılık olup olmadığını tespit etmek için bağımsız gruplar t-testi yapılmış ve analiz sonuçları tablo 4.23'de verilmiştir.

Tablo 4.23. Öğretim Elemanlarının Muhasebe Öğretim Programı İçeriklerine İlişkin Görüşlerinin Mezun Olunan Alana Göre İstatistiksel Dağılımı

Temel Ölçütler	Mezun Olunan Alan	N	X	SS	t	p
Ölçüt-2	Muhasebe	56	3,70	,737	,623	,534
	Diğer	89	3,79	,910		
Ölçüt-6	Muhasebe	56	3,30	,952	,360	,719
	Diğer	89	3,25	,895		
Ölçüt-10	Muhasebe	56	3,16	1,092	2,499	,014
	Diğer	89	2,72	1,000		
Ölçüt-14	Muhasebe	56	3,21	1,140	,361	,719
	Diğer	89	3,28	1,044		
Ölçüt-18	Muhasebe	56	3,23	,914	,119	,905
	Diğer	89	3,21	,923		
Ölçüt-22	Muhasebe	56	3,59	,682	,859	,392
	Diğer	89	3,47	,867		
Ölçüt-24	Muhasebe	56	3,46	,785	,973	,332
	Diğer	89	3,33	,863		
Ölçüt-26	Muhasebe	56	3,70	,851	1,691	,093
	Diğer	89	3,42	1,042		
Ölçüt-28	Muhasebe	56	3,84	,826	2,142	,034
	Diğer	89	3,53	,867		
Ölçüt-30	Muhasebe	56	3,98	,726	2,136	,034
	Diğer	89	3,70	,817		

Tablo 4.23'deki verilere göre öğretim elemanlarının anılan sorulara verdikleri cevaplardan aldıkları puanların ortalaması muhasebe alan mezunu

öğretim elemanları için 3,16–3,98 değerleri arasında diğer alan mezunu öğretim elemanları için 3,21-3,79 değerleri arasında değişmektedir.

Tablo 4.23 incelendiğinde, muhasebe konuları ile muhasebe öğretim programı amaçları arasındaki tutarlılık düzeyi, muhasebe konularının öğrenci seviyesine uygunluğu, muhasebe konularının muhasebe biliminin gerektirdiği güncel ve geçerli olma düzeyi, muhasebe konularının bireysel ve grup problemlerini çözme becerilerine uygunluk düzeyi, muhasebe konularının genel disiplin ile ilişkisi, muhasebe konularının günlük yaşamla ilişkilendirilebilecek nitelikte olma durumu ve muhasebe öğretiminde muhasebe konularının önceki öğrenmelerle ilişki kurulabilecek niteliğine ilişkin öğretim elemanlarının görüşleri arasında mezun oldukları alana göre $p \leq 0,05$ manidarlık düzeyinde istatistiksel olarak anlamlı bir farklılık olmadığı görülmüştür.

Ancak muhasebe öğretim programı konularının MYO-Sektör işbirliğini sağlayabilme durumuna ilişkin öğretim elemanları görüşleri arasında istatistiksel olarak anlamlı bir farklılık olduğu görülmektedir [$t = 2,499$; $p = 0,014$; $p < 0,05$]. Muhasebe alan mezunu olan öğretim elemanları muhasebe öğretim programı konularının MYO-Sektör işbirliğini sağlayabilme düşüncesine daha fazla katılmaktadırlar ($X_{Muhasebe}=3,16$, $X_{Diğer}=2,72$).

Ayrıca muhasebe konularının öğretim ilkelerine uygun bir şekilde sunulma durumuna [$t = 2,142$; $p = 0,034$; $p < 0,05$] ve muhasebe konularının açık, anlaşılabilir bir şekilde ifade edilmesine ilişkin de öğretim elemanları görüşleri arasında istatistiksel olarak anlamlı bir farklılık olduğu görülmektedir [$t = 2,136$; $p = 0,034$; $p < 0,05$]. Muhasebe öğretim programı konularının gerek öğretim ilkelerine uygun bir sunuş sırası gerekse açık, anlaşılabilir bir şekilde ifade edilebilme durumu konusunda muhasebe alan mezunları, diğer alan mezunlarına göre programın yeterliliğine daha fazla inanmaktadırlar ($X_{Muhasebe}=3,84-3,98$, $X_{Diğer}=3,53-3,70$).

4.1.2.3. Öğretim Elemanlarının Muhasebe Öğretiminde Öğretimi Planlamalarına Yönelik Görüşlerine Ait Bulgular

Araştırmaya katılan öğretim elemanlarının öğretimi planlamalarına ilişkin görüşlerini yansıtan maddelere verdikleri cevaplara göre dağılımları tablo 4.24'de gösterilmiştir.

Tablo 4.24. Muhasebe Öğretiminde Öğretim Elemanlarının Öğretimi Planlamalarına Yönelik Görüşlerini Yansıtan Verilerin Dağılımı

Temel Ölçütler		Hiç	Az	Kısmen	Genellikle	Tamamen	Toplam
3. Muhasebe öğretiminde; öğretimin planlanması ile ilgili "öğretimin amaç ve içeriğini belirleme" durumu	f	3	5	21	49	67	145
	%	2,1	3,4	14,5	33,8	46,2	100
7. Muhasebe öğretiminde; öğretimin planlanması ile ilgili "öğretim etkinliğini belirleme" durumu	f	6	5	29	50	55	145
	%	4.1	3.4	20	34.5	37.9	100
11. Muhasebe öğretiminde; öğretimin planlanması ile ilgili "öğretim yönetimini belirleme" durumu	f	7	9	20	45	64	145
	%	4.8	6.2	13.8	31	44	100
15. Muhasebe öğretiminde; öğretimin planlanması ile ilgili "öğretim ortamını belirleme" durumu	f	10	18	36	51	30	145
	%	6.9	12.4	24.8	35.2	20.2	100
19. Muhasebe öğretiminde; öğretimin planlanması ile ilgili "ölçme ve değerlendirme araçlarını belirleme" durumu	f	4	4	25	58	54	145
	%	2.8	2.8	17.2	40	37.2	100

Araştırmaya katılan öğretim elemanlarının % 80'i derse başlamadan öğretimin amacını ve içeriğinin belirlendiği görüşüne yüksek düzeyde (genellikle % 33,8, tamamen % 46,2) katılırken % 14,5'i bu görüşe kısmen katıldıklarını ifade etmişlerdir. Katılımcıların % 2,1'i bu görüşe hiç katılmazken % 3,4'ü az olarak katıldıklarını beyan etmişlerdir.

Muhasebe dersine başlamadan önce öğretim etkinliklerini belirliyor musunuz ifadesine katılımcıların % 37,9'u tamamen, % 34,5'i genellikle % 20'si kısmen cevabını vermişlerdir. % 4,1'i bu ifadeye hiç katılmazken % 3,4'ü az olarak katıldıklarını ifade etmişlerdir.

Katılımcıların % 75'i (genellikle % 31, tamamen % 44) derse başlamadan önce yönetim anlayışını büyük oranda belirlediğini ifade ederken % 13,8'i kısmen belirlediklerini ifade etmişlerdir. Katılımcılardan % 6,2'si bu konuya az olarak katıldıklarını ifade ederken % 4,8'i hiç katılmadıklarını ifade etmişlerdir.

Araştırmaya katılanların büyük bir çoğunluğu (kısmen % 24,8, genellikle % 35,2, tamamen % 20,2) muhasebe derslerine başlamadan önce öğretim etkinliklerini gerçekleştireceği öğretim ortamlarını seçtiklerini bildirirken % 12,4'ü bunu az olarak yaptıklarını, % 6,9'u ise hiç yapmadıklarını ifade etmişlerdir.

Muhasebe derslerinde kullanılan ölçme ve değerlendirme araçlarını önceden belirleme ifadesine ise katılımcıların % 37,2'si tamamen, % 40'ı genellikle, % 17,2'si kısmen, % 2,8'i de az ve hiç yanıtlarını vermişlerdir.

Araştırmaya katılan öğretim elemanlarının muhasebe öğretim programının Planlamasına yönelik görüşlerini betimlemeyi amaçlayan sorulara verdikleri cevaplardan elde edilen verilere ait tanımlayıcı istatistikler hesaplanmış, öğretim elemanlarının cinsiyetlerine göre görüşleri arasında farklılık olup olmadığını tespit etmek için bağımsız gruplar t-testi yapılmış ve analiz sonuçları tablo 4.25'de verilmiştir.

Tablo 4.25. Öğretim Elemanlarının Muhasebe Öğretim Programı Planlamasına İlişkin Görüşlerinin Cinsiyetlerine Göre İstatistiksel Dağılımı

Temel Ölçütler	Cinsiyet	N	X	SS	t	p
Ölçüt-3	Bayan	71	4,28	1,017	1,187	,237
	Erkek	74	4,09	,878		
Ölçüt-7	Bayan	71	4,03	1,146	,471	,638
	Erkek	74	3,95	,949		
Ölçüt-11	Bayan	71	4,08	1,228	,522	,602
	Erkek	74	3,99	1,027		
Ölçüt-15	Bayan	71	3,62	1,246	1,189	,237
	Erkek	74	3,39	1,057		
Ölçüt-19	Bayan	71	4,15	,951	1,152	,251
	Erkek	74	3,97	,950		

Tablo 4.25'deki verilere göre öğretim elemanlarının anılan sorulara verdikleri cevaplardan aldıkları puanların ortalaması bayan öğretim elemanları için 3,62–4,28 değerleri arasında, erkek öğretim elemanları için 3,39-4,09 değerleri arasında değişmektedir.

Muhasebe derslerine başlamadan önce öğretimin amacının ve içeriğinin belirlenmesi, muhasebe derslerine başlamadan önce öğretim etkinliklerinin belirlenmesi, muhasebe derslerine başlamadan önce öğretimde kullanılacak yönetim anlayışının tespit edilmesi, muhasebe derslerine başlamadan önce öğretim etkinliklerinin gerçekleştirilecek ortamın seçilmesi ve muhasebe derslerinde kullanılacak ölçme ve değerlendirme araçlarının önceden belirlenmesine ilişkin öğretim elemanlarının görüşleri arasında cinsiyetlerine göre $p \leq 0{,}05$ anlamlılık düzeyinde istatistiksel olarak anlamlı bir farklılık olmadığı bulunmuştur.

Araştırmaya katılan öğretim elemanlarının mesleki kıdemine göre muhasebe öğretiminde planlamaya ilişkin görüşleri arasında farklılık olup olmadığını belirlemek için tek yönlü varyans analizi ve farklılığın hangi gruplar arasında olduğunu belirlemek amacıyla varyanslar homojen olduğunda LSD, varyanslar homojen olmadığı durumlar için Dunnett's T3 testleri yapılmıştır. Anova tablosundan ve tanımlayıcı istatistiklerden elde edilen değerler Tablo 4.26 ve 4.27'de sunulmuştur.

Tablo 4.26. Öğretim Elemanlarının Mesleki Kıdemlerine Göre Muhasebe Öğretim Programı Planlamasına İlişkin Görüşlerine Ait Tanımlayıcı İstatistikler

Ölçütler	Gruplar		N	X	SS
3	1	1–5 yıl	23	4,39	,839
	2	6–10 yıl	36	4,00	1,219
	3	11–15 yıl	39	4,18	,854
	4	16–20 yıl	29	4,28	,882
	5	20+	18	4,17	,786
7	1	1–5 yıl	23	4,17	,887
	2	6–10 yıl	36	3,89	1,166
	3	11–15 yıl	39	4,10	,968
	4	16–20 yıl	29	3,93	1,033
	5	20+	18	3,78	1,215
11	1	1–5 yıl	23	4,39	,839
	2	6–10 yıl	36	4,11	1,166
	3	11–15 yıl	39	3,87	1,260
	4	16–20 yıl	29	3,93	1,100
	5	20+	18	3,94	1,110
			N	**X**	**SS**
15	1	1–5 yıl	23	3,70	,926
	2	6–10 yıl	36	3,47	1,108
	3	11–15 yıl	39	3,54	1,144
	4	16–20 yıl	29	3,38	1,147
	5	20+	18	3,44	1,580
19	1	1–5 yıl	23	4,26	,864
	2	6–10 yıl	36	4,11	1,090
	3	11–15 yıl	39	4,00	,918
	4	16–20 yıl	29	3,97	1,017
	5	20+	18	4,00	,767

Tablo 4.27. Öğretim Elemanlarının Mesleki Kıdemlerine Göre Muhasebe Öğretim Programı Planlamasına İlişkin Görüşlerine Ait ANOVA Sonuçları

		Karelerinin Toplamı	SD	Karelerinin Ortalaması	F	p	LSD[1] Dunnett's T3[2]
Ölçüt-3	Gruplar arası	2,457	4	,614			
	Gruplar içi	127,515	140	,911	,675	,611	
	Toplam	129,972	144				
Ölçüt-7	Gruplar arası	2,550	4	,637			
	Gruplar içi	155,423	140	1,110	,574	,682	
	Toplam	157,972	144				
Ölçüt-11	Gruplar arası	4,628	4	1,157			
	Gruplar içi	178,199	140	1,273	,909	,461	
	Toplam	182,828	144				
Ölçüt-15	Gruplar arası	1,442	4	,361			
	Gruplar içi	190,806	140	1,363	,265	,900	
	Toplam	192,248	144				
Ölçüt-19	Gruplar arası	1,486	4	,371			
	Gruplar içi	128,956	140	,921	,403	,806	
	Toplam	130,441	144				

Tablo 4.27 incelendiğinde muhasebe derslerine başlamadan önce öğretimin amacının ve içeriğinin belirlenmesi, muhasebe derslerine başlamadan önce öğretim etkinliklerinin belirlenmesi, muhasebe derslerine başlamadan önce öğretimde kullanılacak yönetim anlayışının tespit edilmesi, muhasebe derslerine başlamadan önce öğretim etkinliklerinin gerçekleştirilecek ortamın seçilmesi ve muhasebe derslerinde kullanılacak ölçme ve değerlendirme araçlarının önceden belirlenmesine ilişkin meslek kıdemlerine göre oluşturulan grupların görüşler arasında $p \leq 0,05$ anlamlılık düzeyinde istatistiksel olarak anlamlı bir farklılık olmadığı bulunmuştur.

Araştırmaya katılan öğretim elemanlarının öğrenim düzeylerine göre muhasebe öğretiminde planlamaya ilişkin görüşleri arasında farklılık olup olmadığını belirlemek için tek yönlü varyans analizi ve farklılığın hangi gruplar arasında olduğunu belirlemek amacıyla varyanslar homojen olduğunda LSD, varyanslar homojen olmadığı durumlar için Dunnett's T3 testleri yapılmıştır. Anova tablosundan ve tanımlayıcı istatistiklerden elde edilen değerler Tablo 4.28 ve 4.29'da sunulmuştur.

Tablo 4.28. Öğretim Elemanlarının Öğrenim Durumuna Göre Muhasebe Öğretim Programı Planlamasına İlişkin Görüşlerine Ait Tanımlayıcı İstatistikler

Ölçütler	Gruplar		N	X	SS
3	1	Lisans	41	4,15	,963
	2	Y.Lisans	63	4,22	,851
	3	Doktora	41	4,17	1,093
7	1	Lisans	41	3,93	1,127
	2	Y.Lisans	63	4,08	,938
	3	Doktora	41	3,90	1,136
11	1	Lisans	41	3,88	1,288
	2	Y.Lisans	63	4,14	,931
	3	Doktora	41	4,02	1,235
15	1	Lisans	41	3,63	1,178
	2	Y.Lisans	63	3,49	1,014
	3	Doktora	41	3,39	1,339
19	1	Lisans	41	3,90	,995
	2	Y.Lisans	63	4,16	,807
	3	Doktora	41	4,07	1,104

Tablo 4.29. Öğretim Elemanlarının Öğrenim Durumuna Göre Muhasebe Öğretim Programı Planlamasına İlişkin Görüşlerine Ait ANOVA Sonuçları

		Karelerinin Toplamı	SD	Karelerinin Ortalaması	F	p	LSD[1] Dunnett's T3[2]
Ölçüt-3	Gruplar arası	,157	2	,078			
	Gruplar içi	129,816	142	,914	,086	,918	
	Toplam	129,972	144				
Ölçüt-7	Gruplar arası	,979	2	,489			
	Gruplar içi	156,993	142	1,106	,443	,643	
	Toplam	157,972	144				
Ölçüt-11	Gruplar arası	1,747	2	,874			
	Gruplar içi	181,080	142	1,275	,685	,506	
	Toplam	182,828	144				
Ölçüt-15	Gruplar arası	1,234	2	,617			
	Gruplar içi	191,014	142	1,345	,459	,633	
	Toplam	192,248	144				
Ölçüt-19	Gruplar arası	1,638	2	,819			
	Gruplar içi	128,803	142	,907	,903	,408	
	Toplam	130,441	144				

Tablo 4.29 incelendiğinde muhasebe derslerine başlamadan önce öğretimin amacının ve içeriğinin belirlenmesi, muhasebe derslerine başlamadan önce öğretim etkinliklerinin belirlenmesi, muhasebe derslerine başlamadan önce öğretimde kullanılacak yönetim anlayışının tespit edilmesi, muhasebe derslerine başlamadan önce öğretim etkinliklerinin gerçekleştirilecek ortamın seçilmesi ve muhasebe derslerinde kullanılacak ölçme ve değerlendirme araçlarının önceden belirlenmesine ilişkin öğrenim düzeylerine göre oluşturulan grupların görüşleri arasında $p \leq 0,05$ anlamlılık düzeyinde istatistiksel olarak anlamlı bir farklılık olmadığı bulunmuştur.

Araştırmaya katılan öğretim elemanlarının akademik unvanlarına göre muhasebe öğretiminde planlamaya ilişkin görüşleri arasında farklılık olup olmadığını belirlemek için tek yönlü varyans analizi ve farklılığın hangi gruplar arasında olduğunu belirlemek amacıyla varyanslar homojen olduğunda LSD, varyanslar homojen olmadığı durumlar için Dunnett's T3 testleri yapılmıştır. Anova tablosundan ve tanımlayıcı istatistiklerden elde edilen değerler Tablo 4.30 ve 4.31'de sunulmuştur.

Tablo 4.30. Öğretim Elemanlarının Akademik Unvana Göre Muhasebe Öğretim Programı Planlamasına İlişkin Görüşlerine Ait Tanımlayıcı İstatistikler

Ölçütler	Gruplar		N	X	SS
3	1	Prof.Dr.	5	3,60	1,517
	2	Doç.Dr.	7	4,14	,690
	3	Yrd.Doç.Dr.	23	3,87	1,100
	4	Öğr.Gör.	108	4,27	,892
	5	Okt.	2	5,00	,000
7	1	Prof.Dr.	5	4,20	,837
	2	Doç.Dr.	7	3,57	,976
	3	Yrd.Doç.Dr.	23	3,61	1,373
	4	Öğr.Gör.	108	4,07	,974
	5	Okt.	2	4,50	,707
11	1	Prof.Dr.	5	4,00	,707
	2	Doç.Dr.	7	3,71	1,113
	3	Yrd.Doç.Dr.	23	3,74	1,356
	4	Öğr.Gör.	108	4,10	1,093
	5	Okt.	2	5,00	,000
15	1	Prof.Dr.	5	3,80	1,095
	2	Doç.Dr.	7	3,29	1,113
	3	Yrd.Doç.Dr.	23	3,13	1,424
	4	Öğr.Gör.	108	3,56	1,088
	5	Okt.	2	5,00	,000
19	1	Prof.Dr.	5	4,00	,707
	2	Doç.Dr.	7	4,29	,756
	3	Yrd.Doç.Dr.	23	3,74	1,322
	4	Öğr.Gör.	108	4,11	,879
	5	Okt.	2	4,50	,707

Tablo 4.31. Öğretim Elemanlarının Akademik Unvana Göre Muhasebe Öğretim Programı Planlamaya İlişkin Görüşlerine Ait ANOVA Sonuçları

		Karelerinin Toplamı	SD	Karelerinin Ortalaması	F	p	LSD[1] Dunnett's T3[2]
Ölçüt-6	Gruplar arası	6,094	4	1,523			
	Gruplar içi	123,879	140	,885	1,722	,149	
	Toplam	129,972	144				
Ölçüt-7	Gruplar arası	6,072	4	1,518			
	Gruplar içi	151,900	140	1,085	1,399	,237	
	Toplam	157,972	144				
Ölçüt-11	Gruplar arası	5,085	4	1,271			
	Gruplar içi	177,743	140	1,270	1,001	,409	
	Toplam	182,828	144				
Ölçüt-15	Gruplar arası	8,744	4	2,186			
	Gruplar içi	183,504	140	1,311	1,668	,161	
	Toplam	192,248	144				
Ölçüt-19	Gruplar arası	3,411	4	,853			
	Gruplar içi	127,030	140	,907	,940	,443	
	Toplam	130,441	144				

Tablo 4.31 incelendiğinde muhasebe derslerine başlamadan önce öğretimin amacının ve içeriğinin belirlenmesi, muhasebe derslerine başlamadan önce öğretim etkinliklerinin belirlenmesi, muhasebe derslerine başlamadan önce öğretimde kullanılacak yönetim anlayışının tespit edilmesi, muhasebe derslerine başlamadan önce öğretim etkinliklerinin gerçekleştirilecek ortamın seçilmesi ve muhasebe derslerinde kullanılacak ölçme ve değerlendirme araçlarının önceden belirlenmesine ilişkin akademik unvana göre oluşturulan grupların görüşleri arasında $p \leq 0,05$ anlamlılık düzeyinde istatistiksel olarak anlamlı bir farklılık olmadığı bulunmuştur.

Araştırmaya katılan öğretim elemanlarının mezun olunan alana göre muhasebe öğretim programı planlama bağlamında ifade ettikleri görüşlerini belirlemeye yönelik sorulara verdikleri cevaplardan elde edilen verilere ait tanımlayıcı istatistikler hesaplanmış, öğretim elemanlarının mezun olunan alana göre görüşleri arasında farklılık olup olmadığını tespit etmek için bağımsız gruplar t-testi yapılmış ve analiz sonuçları tablo 4.32'de verilmiştir.

Tablo 4.32. Öğretim Elemanlarının Muhasebe Öğretim Programı Planlamasına İlişkin Görüşlerinin Mezun Olunan Alana Göre İstatistiksel Dağılımı

Temel Ölçütler	Mezun Olunan Alan	N	X	SS	t	p
Ölçüt-3	Muhasebe	56	4,29	,731	1,000	,319
	Diğer	89	4,12	1,064		
Ölçüt-7	Muhasebe	56	4,14	,962	1,434	,154
	Diğer	89	3,89	1,092		
Ölçüt-11	Muhasebe	56	4,16	1,075	1,071	,286
	Diğer	89	3,96	1,157		
Ölçüt-15	Muhasebe	56	3,61	1,139	,856	,393
	Diğer	89	3,44	1,167		
Ölçüt-19	Muhasebe	56	3,91	,996	-1,526	,129
	Diğer	89	4,16	,916		

Tablo 4.32'deki verilere göre öğretim elemanlarının anılan sorulara verdikleri cevaplardan aldıkları puanların ortalaması muhasebe alan mezunu öğretim elemanları için 3,61-4,29 değerleri arasında diğer alan mezunu öğretim elemanları için 3,44-4,16 değerleri arasında değişmektedir.

Tablo 4.32 incelendiğinde, muhasebe derslerine başlamadan önce öğretimin amacının ve içeriğinin belirlenmesi, muhasebe derslerine başlamadan önce öğretim etkinliklerinin belirlenmesi, muhasebe derslerine başlamadan önce öğretimde kullanılacak yönetim anlayışının tespit edilmesi, muhasebe derslerine başlamadan önce öğretim etkinliklerinin gerçekleştirilecek ortamın seçilmesi ve muhasebe derslerinde kullanılacak ölçme ve değerlendirme araçlarının önceden belirlenmesine ilişkin öğretim elemanlarının görüşleri arasında mezun oldukları alana göre p≤0,05 anlamlılık düzeyinde istatistiksel olarak anlamlı bir farklılık olmadığı görülmüştür.

4.1.2.4. Öğretim Elemanlarının Muhasebe Öğretiminde Materyal Geliştirmeye Yönelik Görüşlerine Ait Bulgular

Araştırmaya katılan öğretim elemanlarının materyal geliştirmeye ilişkin görüşlerini yansıtan maddelere verdikleri cevaplara göre dağılımları tablo 4.33'de gösterilmiştir.

Tablo 4.33. Muhasebe Öğretiminde Öğretim Elemanlarının Materyal Geliştirmeye Yönelik Görüşlerini Yansıtan Verilerin Dağılımı

Temel Ölçütler		Hiç	Az	Kısmen	Genellikle	Tamamen	Toplam
4. Muhasebe öğretiminde; materyal geliştirme ile ilgili "etkinlik, görev, iş, bilgi, işlem yaprağı hazırlama / hazırlatma" durumu	f	10	20	30	41	44	145
	%	6,9	13,8	20,7	28,3	30,3	100
8. Muhasebe öğretiminde; öğretimin planlanması ile ilgili "tepegöz saydamı, slayt, bilgisayar ekranı hazırlama/ hazırlatma" durumu	f	26	25	28	39	27	145
	%	17,9	17,2	19,3	26,9	18,6	100
12. Muhasebe öğretiminde; öğretimin planlanması ile ilgili "şema, şekil ve grafik hazırlama/ hazırlatma" durumu	f	12	27	23	49	34	145
	%	8,3	18,6	15,9	33,8	23,4	100
16. Muhasebe öğretiminde; öğretimin planlanması ile ilgili "pano, afiş, sergi düzenleme / düzenletme" durumu	f	52	43	27	16	7	145
	%	35,9	29,7	18,6	11	4,8	100
20. Muhasebe öğretiminde; öğretimin planlanması ile ilgili "materyal uyarlama/materyali arşivleme" durumu.	f	7	27	37	48	26	145
	%	4,8	18,6	25,5	33,1	17,9	100

Araştırmaya katılan öğretim elemanlarının yaklaşık % 80'i (kısmen % 20,7, genellikle % 28,3, tamamen % 30,3) muhasebe dersleriyle ilgili bilgi ve işlem yaprağı hazırlıyor musunuz ifadesine olumlu cevap verirken, % 6,9'u hiç cevabını, % 13,8'i ise az olarak cevabını vermişlerdir.

Muhasebe derslerinde tepegöz saydamı, slayt ve bilgisayar ekranı hazırlıyor musunuz sorusuna katılımcıların % 18,6'sı tamamen, % 26,9'u genellikle ve % 19,3'ü kısmen cevabını vermişlerdir. Katılımcılardan % 17,9'u bu ifadeye hiç cevabını verirken % 17,2'si az cevabını vermişlerdir.

Araştırmaya katılanların % 23,4'ü muhasebe derslerinde şema, şekil ve grafik gösterilmesi ifadesine tamamen katıldıklarını ifade ederken, % 33,8'i genellikle ve % 15,9'u da kısmen bu görüşe katıldıklarını ifade etmişlerdir. Katılımcılardan % 8,3'ü bu görüşe hiç katılmazken, % 18,6'sı az olarak katıldıklarını ifade etmişlerdir.

Muhasebe derslerinde pano, afiş ve sergi düzenliyor musunuz ifadesine katılımcıların sadece % 4,8'i tamamen cevabını verirken, % 11'i genellikle ve % 18,6'si kısmen cevabını vermişlerdir. Katılımcıların % 35,9'u bu soruya hiç cevabını verirken % 29,7'si az cevabını vermişlerdir.

Muhasebe derslerinde materyal uyarlama ve materyal arşivleme çalışmaları yapılmasına ilişkin ifadeye araştırmaya katılan öğretim elemanlarının yaklaşık % 23'ü olumsuz cevap verirken, % 25,5'i kısmen, % 33,1'i genellikle ve % 17,9'u tamamen bu görüşe katıldıklarını ifade etmişlerdir.

Araştırmaya katılan öğretim elemanlarının muhasebe öğretim programının materyal geliştirmeye yönelik görüşlerini betimlemeyi amaçlayan sorulara verdikleri cevaplardan elde edilen verilere ait tanımlayıcı istatistikler hesaplanmış, öğretim elemanlarının cinsiyetlerine göre görüşleri arasında farklılık olup olmadığını tespit etmek için bağımsız gruplar t-testi yapılmış ve analiz sonuçları tablo 4.34'de verilmiştir.

Tablo 4.34. Öğretim Elemanlarının Muhasebe Öğretim Programı Materyal Geliştirmeye İlişkin Görüşlerinin Cinsiyetlerine Göre İstatistiksel Dağılımı

Temel Ölçütler	Cinsiyet	N	X	SS	t	p
Ölçüt-4	Bayan	71	3,59	1,379	-,210	,834
	Erkek	74	3,64	1,105		
Ölçüt-8	Bayan	71	3,15	1,431	,380	,705
	Erkek	74	3,07	1,338		
Ölçüt-12	Bayan	71	3,37	1,355	-,830	,408
	Erkek	74	3,54	1,173		
Ölçüt-16	Bayan	71	2,32	1,216	1,311	,192
	Erkek	74	2,07	1,139		
Ölçüt-20	Bayan	71	3,46	1,093	,604	,547
	Erkek	74	3,35	1,164		

Tablo 4.34'deki verilere göre öğretim elemanlarının anılan sorulara verdikleri cevaplardan aldıkları puanların ortalaması bayan öğretim elemanları için 2,32–3,59 değerleri arasında, erkek öğretim elemanları için 2,07-3,64 değerleri arasında değişmektedir.

Muhasebe dersleriyle ilgili bilgi ve işlem yaprağı hazırlama, muhasebe derslerinde tepegöz saydamı, slayt, bilgisayar ekranı hazırlama, muhasebe derslerinde şema, şekil ve grafik hazırlama, muhasebe derslerinde pano, afiş, sergi düzenleme, muhasebe derslerinde materyal uyarlama, materyali arşivleme çalışmaları yapmaya ilişkin öğretim elemanlarının görüşleri arasında cinsiyetlerine göre $p \leq 0,05$ anlamlılık düzeyinde istatistiksel olarak anlamlı bir farklılık olmadığı bulunmuştur.

Araştırmaya katılan öğretim elemanlarının mesleki kıdemine göre muhasebe öğretiminde materyal geliştirmeye ilişkin görüşleri arasında farklılık olup olmadığını belirlemek için tek yönlü varyans analizi ve farklılığın hangi gruplar arasında olduğunu belirlemek amacıyla varyanslar homojen olduğunda LSD, varyanslar homojen olmadığı durumlar için Dunnett's T3 testleri yapılmıştır. Anova tablosundan ve tanımlayıcı istatistiklerden elde edilen değerler Tablo 4.35ve 4.36'da sunulmuştur.

Tablo 4.35. Öğretim Elemanlarının Mesleki Kıdemlerine Göre Muhasebe Öğretim Programı Materyal Geliştirmeye İlişkin Görüşlerine Ait Tanımlayıcı İstatistikler

Ölçütler	Gruplar		N	X	SS
4	1	1-5 yıl	23	3,74	1,251
	2	6-10 yıl	36	3,33	1,309
	3	11-15 yıl	39	3,77	1,224
	4	16-20 yıl	29	3,90	1,081
	5	20+	18	3,22	1,309
8	1	1-5 yıl	23	3,22	1,622
	2	6-10 yıl	36	3,25	1,360
	3	11-15 yıl	39	3,36	1,181
	4	16-20 yıl	29	2,72	1,386
	5	20+	18	2,78	1,437
12	1	1-5 yıl	23	3,35	1,369
	2	6-10 yıl	36	3,50	1,254
	3	11-15 yıl	39	3,41	1,229
	4	16-20 yıl	29	3,45	1,242
	5	20+	18	3,61	1,378
16	1	1-5 yıl	23	2,22	1,313
	2	6-10 yıl	36	2,14	1,073
	3	11-15 yıl	39	2,28	1,191
	4	16-20 yıl	29	2,07	1,163
	5	20+	18	2,28	1,320
20	1	1-5 yıl	23	3,26	1,484
	2	6-10 yıl	36	3,44	1,034
	3	11-15 yıl	39	3,33	,982
	4	16-20 yıl	29	3,59	1,018
	5	20+	18	3,39	1,290

Tablo 4.36. Öğretim Elemanlarının Mesleki Kıdemlerine Göre Muhasebe Öğretim Programı Materyal Geliştirmeye İlişkin Görüşlerine Ait ANOVA Sonuçları

		Karelerinin Toplamı	SD	Karelerinin Ortalaması	F	p	LSD[1] Dunnett's T3[2]
Ölçüt-4	Gruplar arası	9,214	4	2,303			
	Gruplar içi	213,159	140	1,523	1,513	,202	
	Toplam	222,372	144				
Ölçüt-8	Gruplar arası	9,693	4	2,423			
	Gruplar içi	264,542	140	1,890	1,282	,280	
	Toplam	274,234	144				
Ölçüt-12	Gruplar arası	,855	4	,214			
	Gruplar içi	229,103	140	1,636	,131	,971	
	Toplam	229,959	144				
Ölçüt-16	Gruplar arası	1,004	4	,251			
	Gruplar içi	199,589	140	1,426	,176	,950	
	Toplam	200,593	144				
Ölçüt-20	Gruplar arası	1,691	4	,423			
	Gruplar içi	181,303	140	1,295	,326	,860	
	Toplam	182,993	144				

Tablo 4.36 incelendiğinde muhasebe dersleriyle ilgili bilgi ve işlem yaprağı hazırlama, muhasebe derslerinde tepegöz saydamı, slayt, bilgisayar ekranı hazırlama, muhasebe derslerinde şema, şekil ve grafik hazırlama, muhasebe derslerinde pano, afiş, sergi düzenleme, muhasebe derslerinde materyal uyarlama, materyali arşivleme çalışmaları yapmaya ilişkin meslek kıdemlerine göre oluşturulan grupların görüşler arasında $p \leq 0,05$ anlamlılık düzeyinde istatistiksel olarak anlamlı bir farklılık olmadığı bulunmuştur.

Araştırmaya katılan öğretim elemanlarının öğrenim düzeylerine göre muhasebe öğretiminde materyal Geliştirmeye ilişkin görüşleri arasında farklılık olup olmadığını belirlemek için tek yönlü varyans analizi ve farklılığın hangi gruplar arasında olduğunu belirlemek amacıyla varyanslar homojen olduğunda LSD, varyanslar homojen olmadığı durumlar için Dunnett's T3 testleri yapılmıştır. Anova tablosundan ve tanımlayıcı istatistiklerden elde edilen değerler Tablo 4.37 ve 4.38'de sunulmuştur.

Tablo 4.37. Öğretim Elemanlarının Öğrenim Durumuna Göre Muhasebe Öğretim Programı Materyal Geliştirmeye İlişkin Görüşlerine Ait Tanımlayıcı İstatistikler

Ölçütler	Gruplar		N	X	SS
4	1	Lisans	41	3,54	1,325
	2	Y.Lisans	63	3,73	1,096
	3	Doktora	41	3,51	1,381
8	1	Lisans	41	3,32	1,293
	2	Y.Lisans	63	2,98	1,397
	3	Doktora	41	3,10	1,446
12	1	Lisans	41	3,22	1,235
	2	Y.Lisans	63	3,62	1,237
	3	Doktora	41	3,44	1,324
16	1	Lisans	41	2,24	1,261
	2	Y.Lisans	63	2,19	1,176
	3	Doktora	41	2,15	1,131
20	1	Lisans	41	3,41	1,161
	2	Y.Lisans	63	3,37	1,140
	3	Doktora	41	3,46	1,098

Tablo 4.38 Öğretim Elemanlarının Öğrenim Durumuna Göre Muhasebe Öğretim Programı Materyal Geliştirmeye İlişkin Görüşlerine Ait ANOVA Sonuçları

		Karelerinin Toplamı	SD	Karelerinin Ortalaması	F	p	LSD[1] Dunnett's T3[2]
Ölçüt-4	Gruplar arası	1,521	2	,760			
	Gruplar içi	220,852	142	1,555	,489	,614	
	Toplam	222,372	144				
Ölçüt-8	Gruplar arası	2,763	2	1,381			
	Gruplar içi	271,472	142	1,912	,723	,487	
	Toplam	274,234	144				
Ölçüt-12	Gruplar arası	3,980	2	1,990			
	Gruplar içi	225,979	142	1,591	1,250	,290	
	Toplam	229,959	144				
Ölçüt-16	Gruplar arası	,196	2	,098			
	Gruplar içi	200,397	142	1,411	,069	,933	
	Toplam	200,593	144				
Ölçüt-20	Gruplar arası	,244	2	,122			
	Gruplar içi	182,750	142	1,287	,095	,910	
	Toplam	182,993	144				

Tablo 4.38 incelendiğinde, muhasebe dersleriyle ilgili bilgi ve işlem yaprağı hazırlama, muhasebe derslerinde tepegöz saydamı, slayt, bilgisayar ekranı hazırlama, muhasebe derslerinde şema, şekil ve grafik hazırlama, muhasebe derslerinde pano, afiş, sergi düzenleme, muhasebe derslerinde materyal uyarlama, materyali arşivleme çalışmaları yapmaya ilişkin öğrenim durumlarına göre oluşturulan grupların görüşler arasında $p \leq 0,05$ anlamlılık düzeyinde istatistiksel olarak anlamlı bir farklılık olmadığı bulunmuştur.

Araştırmaya katılan öğretim elemanlarının akademik unvanlarına göre muhasebe öğretiminde materyal geliştirmeye ilişkin görüşleri arasında farklılık olup olmadığını belirlemek için tek yönlü varyans analizi ve farklılığın hangi gruplar arasında olduğunu belirlemek amacıyla varyanslar homojen olduğunda LSD, varyanslar homojen olmadığı durumlar için Dunnett's T3 testleri yapılmıştır. Anova tablosundan ve tanımlayıcı istatistiklerden elde edilen değerler Tablo 4.39 ve 4.40'da sunulmuştur.

Tablo 4.39. Öğretim Elemanlarının Akademik Unvana Göre Muhasebe Öğretim Programı Materyal Geliştirmeye İlişkin Görüşlerine Ait Tanımlayıcı İstatistikler

Ölçütler	Gruplar		N	X	SS
4	1	Prof.Dr.	5	3,60	1,140
	2	Doç.Dr.	7	3,43	1,134
	3	Yrd.Doç.Dr.	23	3,39	1,340
	4	Öğr.Gör.	108	3,69	1,220
	5	Okt.	2	3,00	2,828
8	1	Prof.Dr.	5	4,20	,447
	2	Doç.Dr.	7	2,86	,900
	3	Yrd.Doç.Dr.	23	3,00	1,508
	4	Öğr.Gör.	108	3,08	1,395
	5	Okt.	2	4,00	1,414
12	1	Prof.Dr.	5	3,20	,837
	2	Doç.Dr.	7	3,71	1,254
	3	Yrd.Doç.Dr.	23	3,30	1,460
	4	Öğr.Gör.	108	3,49	1,227
	5	Okt.	2	3,00	2,828
16	1	Prof.Dr.	5	2,60	1,517
	2	Doç.Dr.	7	2,14	,900
	3	Yrd.Doç.Dr.	23	1,78	,998
	4	Öğr.Gör.	108	2,29	1,208
	5	Okt.	2	1,00	,000
20	1	Prof.Dr.	5	4,20	,447
	2	Doç.Dr.	7	3,43	1,134
	3	Yrd.Doç.Dr.	23	3,13	1,290
	4	Öğr.Gör.	108	3,44	1,079
	5	Okt.	2	3,00	2,828

Tablo 4.40. Öğretim Elemanlarının Akademik Unvana Göre Muhasebe Öğretim Programı Materyal Geliştirmeye İlişkin Görüşlerine Ait ANOVA Sonuçları

		Karelerinin Toplamı	SD	Karelerinin Ortalaması	F	p	LSD[1] Dunnett's T3[2]
Ölçüt-4	Gruplar arası	2,684	4	,671			
	Gruplar içi	219,689	140	1,569	,428	,789	
	Toplam	222,372	144				
Ölçüt-8	Gruplar arası	8,327	4	2,082			
	Gruplar içi	265,907	140	1,899	1,096	,361	
	Toplam	274,234	144				
Ölçüt-12	Gruplar arası	1,870	4	,467			
	Gruplar içi	228,089	140	1,629	,287	,886	
	Toplam	229,959	144				
Ölçüt-16	Gruplar arası	8,521	4	2,130			
	Gruplar içi	192,072	140	1,372	1,553	,190	
	Toplam	200,593	144				
Ölçüt-20	Gruplar arası	5,324	4	1,331			
	Gruplar içi	177,669	140	1,269	1,049	,384	
	Toplam	182,993	144				

Tablo 4.40 incelendiğinde, muhasebe dersleriyle ilgili bilgi ve işlem yaprağı hazırlama, muhasebe derslerinde tepegöz saydamı, slayt, bilgisayar ekranı hazırlama, muhasebe derslerinde şema, şekil ve grafik hazırlama, muhasebe derslerinde pano, afiş, sergi düzenleme, muhasebe derslerinde materyal uyarlama, materyali arşivleme çalışmaları yapmaya ilişkin akademik unvana göre oluşturulan grupların görüşler arasında $p \leq 0,05$ anlamlılık düzeyinde istatistiksel olarak anlamlı bir farklılık olmadığı bulunmuştur.

Araştırmaya katılan öğretim elemanlarının mezun olunan alana göre muhasebe öğretim programı materyal Geliştirme bağlamında ifade ettikleri görüşlerini belirlemeye yönelik sorulara verdikleri cevaplardan elde edilen verilere ait tanımlayıcı istatistikler hesaplanmış, öğretim elemanlarının mezun olunan alana göre görüşleri arasında farklılık olup olmadığını tespit etmek için bağımsız gruplar t-testi yapılmış ve analiz sonuçları tablo 4.41'de verilmiştir.

Tablo 4.41. Öğretim Elemanlarının Muhasebe Öğretim Programı Materyal Geliştirmeye İlişkin Görüşlerinin Mezun Olunan Alana Göre İstatistiksel Dağılımı

Temel Ölçütler	Mezun Olunan Alan	N	X	SS	t	p
Ölçüt-4	Muhasebe	56	3,70	1,111	,634	,527
	Diğer	89	3,56	1,322		
Ölçüt-8	Muhasebe	56	3,23	1,375	,842	,401
	Diğer	89	3,03	1,385		
Ölçüt-12	Muhasebe	56	3,55	1,249	,743	,459
	Diğer	89	3,39	1,276		
Ölçüt-16	Muhasebe	56	2,34	1,116	1,185	,238
	Diğer	89	2,10	1,216		
Ölçüt-20	Muhasebe	56	3,45	1,111	,334	,739
	Diğer	89	3,38	1,143		

Tablo 41 incelendiğinde, muhasebe dersleriyle ilgili bilgi ve işlem yaprağı hazırlama, muhasebe derslerinde tepegöz saydamı, slayt, bilgisayar ekranı hazırlama, muhasebe derslerinde şema, şekil ve grafik hazırlama, muhasebe derslerinde pano, afiş, sergi düzenleme, muhasebe derslerinde materyal uyarlama, materyali arşivleme çalışmaları yapmaya ilişkin mezun olunan alana göre oluşturulan grupların görüşleri arasında $p \leq 0,05$ anlamlılık düzeyinde istatistiksel olarak anlamlı bir farklılık olmadığı bulunmuştur.

4.1.2.5. Öğretim Elemanlarının Muhasebe Öğretiminde Öğretimi Yapmalarına Yönelik Görüşlerine Ait Bulgular

Araştırmaya katılan öğretim elemanlarının öğretimi yapmalarına ilişkin görüşlerini yansıtan maddelere verdikleri cevaplara göre dağılımları tablo 4.42'de gösterilmiştir.

Tablo 4.42. Muhasebe Öğretiminde Öğretim Elemanlarının Öğretimi Yapmalarına Yönelik Görüşlerini Yansıtan Verilerin Dağılımı

Temel Ölçütler		Hiç	Az	Kısmen	Genellikle	Tamamen	Toplam
1. Muhasebe Öğretiminde; öğretim yapma ile ilgili "ilgi ve dikkati çekme" durumu	f	0	4	42	62	37	145
	%	0	2,8	29,0	42,8	15,5	100
4. Muhasebe öğretiminde; öğretim yapma ile ilgili "önceden öğrendikleri ile konu alanı arasında bağ kurma" durumu	f	0	8	38	58	41	145
	%	0	5,5	26,2	40	28,3	100
7. Muhasebe öğretiminde; öğretim yapma ile ilgili "öğrencinin konu alanı ile ihtiyacı arasında bağ kurma" durumu	f	2	4	55	42	42	145
	%	1,4	2,8	37,9	29	29	100
10. Muhasebe öğretiminde; öğretim yapma ile ilgili "öğrenci hedef davranışlardan haberdar edilme" durumu	f	1	5	41	54	44	145
	%	0,7	3,4	28,3	37,2	30,3	100
13. Muhasebe öğretiminde; öğretim yapma ile ilgili "öğretim ilkelerinden hareketle işlenme" durumu	f	0	4	37	57	47	145
	%	0	2,8	25,5	39,3	32,4	100
16. Muhasebe öğretiminde; öğretim yapma ile ilgili "öğrencilerin öğretim etkinliğine aktif katılım" durumu	f	0	10	41	50	44	145
	%	0	6,9	28,3	34,5	30,3	100
17. Muhasebe öğretiminde; öğretim yapma ile ilgili "alan uzmanlarına bilgi sunumu yaptırılma" durumu	f	21	45	26	33	20	145
	%	14,5	31	17,9	22,8	13,8	100
18. Muhasebe öğretiminde; öğretim yapma ile ilgili "bilgiye ulaşmaları konusunda yol gösterme" durumu	f	5	21	39	47	33	145
	%	3,4	14,5	26,9	32,4	22,8	100

Tablo 4.42. (Devam) Muhasebe Öğretiminde Öğretim Elemanlarının Öğretimi Yapmalarına Yönelik Görüşlerini Yansıtan Verilerin Dağılımı

Temel Ölçütler		Hiç	Az	Kısmen	Genellikle	Tamamen	Toplam
19. Muhasebe öğretiminde; öğretim yapma ile ilgili "öğrenciler soru sormaya ve cevap vermeye isteklendirme, cesaretlendirme durumu	f	0	4	26	56	59	145
	%	0	2,8	17,9	38,6	40,7	100
20. Muhasebe öğretiminde; öğretim yapma ile ilgili "demokratik ortam sağlama" durumu	f	2	1	18	51	73	145
	%	1,4	0,7	12,4	35,2	50,3	100
21. Muhasebe öğretiminde; öğretim yapma ile ilgili "bireysel ve grup problemlerini çözmesini gerektirecek etkinliklere yönelik uygulama" durumu	f	4	15	43	49	34	145
	%	2,8	10,3	29,7	33,8	23,4	100
22. Muhasebe öğretiminde; öğretim yapma ile ilgili "genel özetler yapma" durumu	f	1	13	36	44	51	145
	%	0,7	9	24,8	30,3	35,2	100
23. Muhasebe öğretiminde; öğretim yapma ile ilgili "bireysel farklılıklarına dikkat etme" durumu	f	3	14	37	62	29	145
	%	2,1	9,7	25,5	42,8	20	100
24. Muhasebe öğretiminde; öğretim yapma ile ilgili "dönüt ve düzeltmeler" durumu	f	0	5	33	48	59	145
	%	0	3,4	22,8	33,1	40,7	100
25. Muhasebe öğretiminde; öğretim yapma ile ilgili "bir sonraki derse hazırlamaları için yönlendirme yapma" durumu	f	2	17	46	44	36	145
	%	1,4	11,7	31,7	30,3	24,8	100

Muhasebe derslerinde öğrencinin ilgi ve dikkatinin çekilmesi ve öğrencilerin önceden öğrendikleri ile konu alanı arasında bağ kurulabilmesi konularında araştırmaya katılan öğretim elemanlarının genelde olumlu kanaate sahip oldukları görülmektedir. Her iki konuda da az olarak katılıyorum ifadesini kullanan katılımcı sayısı düşük olup, hiç katılmıyorum diyen katılımcı bulunmamaktadır.

Araştırmaya katılan öğretim elemanlarının sadece % 4,2'sinin olumsuz görüş bildirdiği, muhasebe derslerinde öğrencinin konu alanı ile ihtiyacı arasında bağ kurulması görüşüne katılımcıların önemli bir bölümü kısmen (% 37,9), genellikle (% 29) ve tamamen (% 29) katılıyorum diyerek olumlu görüş beyan etmişlerdir.

Muhasebe derslerinde öğrenci, hedef-davranışlardan haberdar edilmekte midir ifadesine araştırmaya katılan öğretim elemanlarının % 28,3'ü kısmen, % 37,2'si genellikle ve % 30,3'ü tamamen cevabını vererek ders öncesi yüksek oranda öğrencileri hedef-davranış konusunda haberdar ettiklerini ifade etmişlerdir. Katılımcılardan sadece % 0,7'si hiç cevabını verirken % 3,4'ü az olarak cevabını vermişlerdir.

Araştırmaya katılan öğretim elemanlarının tamamına yakını (kısmen %25,5, genellikle % 39,3, tamamen % 32,4) muhasebe derslerinde konuların öğretim ilkelerinden hareketle işlendiğini ifade etmişlerdir. Benzer bir sonuç öğrencilerin öğretim etkinliğine aktif katılmalarını sağlamak için sürecin zenginleştirilmesi konusunda da görülmektedir.

Muhasebe derslerinde konu ile ilgili olarak alan uzmanlarına bilgi sunumları yaptırılması konusunda katılımcıların % 14,5'i hiç cevabını verirken, % 31'i az olarak bu ifadeye katıldıklarını beyan etmişlerdir. Aynı ifadeye kısmen cevabını verenlerin oranı % 17,9, genellikle cevabını verenlerin oranı % 22,8 ve tamamen cevabını verenlerin oranı ise % 13,8 olmuştur.

Muhasebe derslerinde bilgiyi aktarmaktan çok öğrenciye bilgiye ulaşmaları konusunda yol gösterilmesi görüşüne katılımcıların sadece % 3,4'ü hiç cevabını verirken, % 14,5'i az olarak cevabını vermişlerdir. Diğer katılımcılar ise bu konuda olumlu görüş beyan etmişlerdir.

Muhasebe derslerinde öğrenciler soru sormaya ve cevap vermeye isteklendiriliyor mu ve ders esnasında demokratik bir ortam sağlanıyor mu ifadesine katılımcıların tamamına yakını olumlu cevap vermiştir.

Muhasebe derslerinde bireysel ve grup problemlerinin çözümü noktasında etkinlik yapmaya ilişkin ifadeye öğretim elemanlarının % 29,7'si kısmen, %

33,8'i genellikle ve % 23,4'ü tamamen katılıyorum şeklinde görüş beyan etmişlerdir. Katılımcılardan sadece % 2,8'i hiç cevabını verirken % 10,3'ü az katılıyorum cevabını vermiştir.

Araştırmaya katılan öğretim elemanlarının muhasebe öğretim programının öğretim yapmaya yönelik görüşlerini betimlemeyi amaçlayan sorulara verdikleri cevaplardan elde edilen verilere ait tanımlayıcı istatistikler hesaplanmış, öğretim elemanlarının cinsiyetlerine göre görüşleri arasında farklılık olup olmadığını tespit etmek için bağımsız gruplar t-testi yapılmış ve analiz sonuçları tablo 4.43'de verilmiştir.

Tablo 4.43. Öğretim Elemanlarının Muhasebe Öğretim Programı Öğretim Yapmaya İlişkin Görüşlerinin Cinsiyetlerine Göre İstatistiksel Dağılımı

Temel Ölçütler	Cinsiyet	N	X	SS	t	p
Ölçüt-1	Bayan	71	3,97	,845	,898	,371
	Erkek	74	3,85	,771		
Ölçüt-4	Bayan	71	3,97	,845	,829	,408
	Erkek	74	3,85	,902		
Ölçüt-7	Bayan	71	3,94	,924	1,647	,102
	Erkek	74	3,69	,935		
Ölçüt-10	Bayan	71	3,96	,869	,354	,724
	Erkek	74	3,91	,909		
Ölçüt-13	Bayan	71	4,04	,818	,402	,688
	Erkek	74	3,99	,852		
Ölçüt-16	Bayan	71	3,94	,908	,776	,439
	Erkek	74	3,82	,942		
Ölçüt-17	Bayan	71	3,13	1,362	2,060	,041*
	Erkek	74	2,69	1,193		
Ölçüt-18	Bayan	71	3,59	1,202	,279	,781
	Erkek	74	3,54	,996		
Ölçüt-19	Bayan	71	4,30	,818	1,789	,076
	Erkek	74	4,05	,809		

Tablo 4.43. (Devam) Öğretim Elemanlarının Muhasebe Öğretim Programı Öğretim Yapmaya İlişkin Görüşlerinin Cinsiyetlerine Göre İstatistiksel Dağılımı

Temel Ölçütler	Cinsiyet	N	X	SS	t	p
Ölçüt-20	Bayan	71	4,35	,927	,399	,690
	Erkek	74	4,30	,716		
Ölçüt-21	Bayan	71	3,79	1,041	1,605	,111
	Erkek	74	3,51	1,024		
Ölçüt-22	Bayan	71	3,90	1,002	-,024	,981
	Erkek	74	3,91	1,023		
Ölçüt-23	Bayan	71	3,85	,966	1,910	,058
	Erkek	74	3,54	,954		
Ölçüt-24	Bayan	71	4,14	,915	,410	,682
	Erkek	74	4,08	,840		
Ölçüt-25	Bayan	71	3,92	,982	3,089	,002*
	Erkek	74	3,41	1,006		

Tablo 4.43'deki verilere göre öğretim elemanlarının anılan sorulara verdikleri cevaplardan aldıkları puanların ortalaması bayan öğretim elemanları için 2,32–4,15 değerleri arasında, erkek öğretim elemanları için 2,07-3,97 değerleri arasında değişmektedir.

Muhasebe derslerinde öğrencinin ilgi ve dikkatinin ilgili konu ya da konulara çekilebilmesi, muhasebe derslerinde öğrencinin önceden öğrendikleri ile konu alanı arasında bağ kurabilmesi, muhasebe derslerinde öğrencinin konu alanı ile ihtiyacı arasında bağ kurabilmesi, muhasebe derslerinde öğrencinin hedef davranışlardan haberdar edilmesi, muhasebe derslerinde konuların öğretim ilkelerinden hareketle işlenmesi, muhasebe derslerinde öğrencilerin öğretim etkinliğine aktif katılımları için sürecin zenginleştirilmesi, muhasebe derslerinde bilgiyi aktarmaktan çok öğrencilere bilgiye ulaşmaları konusunda yol gösterilmesi, muhasebe derslerinde öğrencilerin soru sormaya ve cevap vermeye isteklendirilmesi, muhasebe derslerinde öğrencilerin görüşlerini açık, özgür bir şekilde ifade etmelerine fırsat verecek demokratik ortamlar sağlanması, muhasebe derslerinde bireysel ve grup problemlerini çözmesini gerektirecek etkinliklere yönelik uygulamalar yapılması, muhasebe derslerinde ana temaları da belirleyerek, ortaya çıkan düşünceler konusunda genel özetler yapılması, muhasebe derslerinde öğrencilerin bireysel farklılıklarına dikkat edilmesi ve muhasebe derslerinde öğrenme eksikliklerini ve yanlışlıklarını gidermek için anında dönüt ve düzeltmeler yapılmasına ilişkin öğretim elemanlarının görüşleri arasında cinsiyetlerine göre $p \leq 0,05$ anlamlılık düzeyinde istatistiksel olarak anlamlı bir farklılık olmadığı bulunmuştur.

Ancak muhasebe derslerinde konu ile ilgili olarak alan uzmanlarına bilgi sunumları yaptırılmasına ilişkin öğretim elemanlarının görüşleri arasında istatistiksel olarak anlamlı bir farklılık olduğu görülmektedir [$t = 2,060$; $p = 0,041$; $p < 0,05$]. Bayan öğretim elemanları erkek öğretim elemanlarına göre muhasebe derslerinde konu ile ilgili olarak alan uzmanlarına yaptırılan bilgi sunumlarını daha yüksek oranda yeterli görmüşlerdir ($X_{Bayan} = 3,13$, $X_{Bay} = 2,69$).

Ayrıca muhasebe derslerinde öğrencilerin bir sonraki derse hazırlanmaları için gerekli yönlendirmelerin yapılmasına ilişkin öğretim elemanlarının görüşleri arasında da istatistiksel olarak anlamlı bir farklılık olduğu görülmektedir [$t = 3,089$; $p = 0,002$; $p < 0,05$]. Sonraki derslere hazırlanmaya yönelik yönlendirmelerin yapıldığı görüşüne de bayan öğretim elemanları erkek öğretim elemanlarına göre daha yüksek oranda katılmışlardır ($X_{Bayan} = 3,92$, $X_{Bay} = 3,41$).

Araştırmaya katılan öğretim elemanlarının mesleki kıdemine göre muhasebe öğretiminde öğretim yapmaya ilişkin görüşleri arasında farklılık olup olmadığını belirlemek için tek yönlü varyans analizi ve farklılığın hangi gruplar arasında olduğunu belirlemek amacıyla varyanslar homojen olduğunda LSD, varyanslar homojen olmadığı durumlar için Dunnett's T3 testleri yapılmıştır. Anova tablosundan ve tanımlayıcı istatistiklerden elde edilen değerler Tablo 4.44 ve 4.45'de sunulmuştur.

Tablo 4.44. Öğretim Elemanlarının Mesleki Kıdemlerine Göre Muhasebe Öğretim Programı Öğretim Yapmaya İlişkin Görüşlerine Ait Tanımlayıcı İstatistikler

Ölçütler	Gruplar		N	X	SS
1	1	1–5 yıl	23	4,00	,739
	2	6–10 yıl	36	3,94	,893
	3	11–15 yıl	39	4,00	,889
	4	16–20 yıl	29	3,79	,491
	5	20+	18	3,72	,958
4	1	1–5 yıl	23	4,00	,739
	2	6–10 yıl	36	4,03	1,028
	3	11–15 yıl	39	3,92	,774
	4	16–20 yıl	29	3,93	,884
	5	20+	18	3,50	,857
7	1	1–5 yıl	23	3,83	,887
	2	6–10 yıl	36	3,69	1,091
	3	11–15 yıl	39	3,95	,826
	4	16–20 yıl	29	3,83	,805
	5	20+	18	3,72	1,127
10	1	1–5 yıl	23	3,83	1,029
	2	6–10 yıl	36	3,78	,929
	3	11–15 yıl	39	4,10	,821
	4	16–20 yıl	29	4,00	,845
	5	20+	18	3,89	,832
13	1	1–5 yıl	23	3,87	,694
	2	6–10 yıl	36	4,06	,826
	3	11–15 yıl	39	3,92	,984
	4	16–20 yıl	29	4,28	,702
	5	20+	18	3,89	,832
16	1	1–5 yıl	23	3,96	1,065
	2	6–10 yıl	36	3,81	,951
	3	11–15 yıl	39	3,92	,870
	4	16–20 yıl	29	3,93	,923
	5	20+	18	3,78	,878
17	1	1–5 yıl	23	2,70	1,396
	2	6–10 yıl	36	3,03	1,320
	3	11–15 yıl	39	3,13	1,380
	4	16–20 yıl	29	2,90	1,205
	5	20+	18	2,44	,984
18	1	1–5 yıl	23	3,48	1,082
	2	6–10 yıl	36	3,72	1,233
	3	11–15 yıl	39	3,56	1,095
	4	16–20 yıl	29	3,66	1,111
	5	20+	18	3,22	,808

Tablo 4.44. (Devam) Öğretim Elemanlarının Mesleki Kıdemlerine Göre Muhasebe Öğretim Programı Öğretim Yapmaya İlişkin Görüşlerine Ait Tanımlayıcı İstatistikler

Ölçütler	Gruplar		N	X	SS
19	1	1–5 yıl	23	4,09	,848
	2	6–10 yıl	36	4,11	,854
	3	11–15 yıl	39	4,28	,793
	4	16–20 yıl	29	4,21	,774
	5	20+	18	4,11	,900
20	1	1–5 yıl	23	4,43	,728
	2	6–10 yıl	36	4,31	,749
	3	11–15 yıl	39	4,33	,927
	4	16–20 yıl	29	4,34	,857
	5	20+	18	4,17	,857
21	1	1–5 yıl	23	3,87	,869
	2	6–10 yıl	36	3,67	1,042
	3	11–15 yıl	39	3,56	1,209
	4	16–20 yıl	29	3,66	,974
	5	20+	18	3,50	,985
22	1	1–5 yıl	23	3,96	1,065
	2	6–10 yıl	36	4,06	1,040
	3	11–15 yıl	39	3,67	1,009
	4	16–20 yıl	29	4,07	,923
	5	20+	18	3,78	1,003
23	1	1–5 yıl	23	3,78	1,204
	2	6–10 yıl	36	3,56	1,081
	3	11–15 yıl	39	3,74	,850
	4	16–20 yıl	29	3,59	,983
	5	20+	18	3,89	,583
24	1	1–5 yıl	23	4,26	,810
	2	6–10 yıl	36	4,14	,931
	3	11–15 yıl	39	4,00	,858
	4	16–20 yıl	29	4,28	,841
	5	20+	18	3,83	,924
25	1	1–5 yıl	23	3,91	,949
	2	6–10 yıl	36	3,58	,967
	3	11–15 yıl	39	3,56	1,095
	4	16–20 yıl	29	3,62	1,083
	5	20+	18	3,72	1,018

Tablo 4.45. Öğretim Elemanlarının Mesleki Kıdemlerine Göre Muhasebe Öğretim Programı Öğretim Yapmaya İlişkin Görüşlerine Ait ANOVA Sonuçları

		Karelerinin Toplamı	SD	Karelerinin Ortalaması	F	p	LSD[1] Dunnett's T3[2]
Ölçüt-1	Gruplar arası	1,576	4	,394	,598	,665	
	Gruplar içi	92,259	140	,659			
	Toplam	93,834	144				
Ölçüt-4	Gruplar arası	3,731	4	,933	1,231	,301	
	Gruplar içi	106,104	140	,758			
	Toplam	109,834	144				
Ölçüt-7	Gruplar arası	1,383	4	,346	,388	,817	
	Gruplar içi	124,590	140	,890			
	Toplam	125,972	144				
Ölçüt-10	Gruplar arası	2,416	4	,604	,763	,551	
	Gruplar içi	110,894	140	,792			
	Toplam	113,310	144				
Ölçüt-13	Gruplar arası	3,135	4	,784	1,133	,344	
	Gruplar içi	96,838	140	,692			
	Toplam	99,972	144				
Ölçüt-16	Gruplar arası	,669	4	,167	,191	,943	
	Gruplar içi	122,338	140	,874			
	Toplam	123,007	144				
Ölçüt-17	Gruplar arası	7,313	4	1,828	1,097	,361	
	Gruplar içi	233,335	140	1,667			
	Toplam	240,648	144				
Ölçüt-18	Gruplar arası	3,414	4	,853	,702	,592	
	Gruplar içi	170,214	140	1,216			
	Toplam	173,628	144				
Ölçüt-19	Gruplar arası	,874	4	,219	,319	,865	
	Gruplar içi	95,815	140	,684			
	Toplam	96,690	144				
Ölçüt-20	Gruplar arası	,756	4	,189	,273	,895	
	Gruplar içi	97,009	140	,693			
	Toplam	97,766	144				

Tablo 4.45. (Devam) Öğretim Elemanlarının Mesleki Kıdemlerine Göre Muhasebe Öğretim Programı Öğretim Yapmaya İlişkin Görüşlerine Ait ANOVA Sonuçları

		Karelerinin Toplamı	SD	Karelerinin Ortalaması	F	p	LSD[1] Dunnett's T3[2]
Ölçüt-21	Gruplar arası	1,812	4	,453	,414	,798	
	Gruplar içi	153,250	140	1,095			
	Toplam	155,062	144				
Ölçüt-22	Gruplar arası	4,163	4	1,041	1,023	,398	
	Gruplar içi	142,485	140	1,018			
	Toplam	146,648	144				
Ölçüt-23	Gruplar arası	1,984	4	,496	,522	,720	
	Gruplar içi	133,050	140	,950			
	Toplam	135,034	144				
Ölçüt-24	Gruplar arası	3,201	4	,800	1,047	,385	
	Gruplar içi	107,033	140	,765			
	Toplam	110,234	144				
Ölçüt-25	Gruplar arası	2,154	4	,539	,507	,730	
	Gruplar içi	148,605	140	1,061			
	Toplam	150,759	144				

Tablo 4.45 incelendiğinde muhasebe derslerinde öğrencinin ilgi ve dikkatinin ilgili konu ya da konulara çekilebilmesi, muhasebe derslerinde öğrencinin önceden öğrendikleri ile konu alanı arasında bağ kurabilmesi, muhasebe derslerinde öğrencinin konu alanı ile ihtiyacı arasında bağ kurabilmesi, muhasebe derslerinde öğrencinin hedef davranışlardan haberdar edilmesi, muhasebe derslerinde konuların öğretim ilkelerinden hareketle işlenmesi, muhasebe derslerinde öğrencilerin öğretim etkinliğine aktif katılımları içim sürecin zenginleştirilmesi, muhasebe derslerinde konu ile ilgili olarak alan uzmanlarına bilgi sunumları yaptırılması, muhasebe derslerinde bilgiyi aktarmaktan çok öğrencilere bilgiye ulaşmaları konusunda yol gösterilmesi, muhasebe derslerinde öğrencilerin soru sormaya ve cevap vermeye isteklendirilmesi, muhasebe derslerinde öğrencilerin görüşlerini açık, özgür bir

şekilde ifade etmelerine fırsat verecek demokratik ortamlar sağlanması, muhasebe derslerinde bireysel ve grup problemlerini çözmesini gerektirecek etkinliklere yönelik uygulamalar yapılması, muhasebe derslerinde ana temaları da belirleyerek, ortaya çıkan düşünceler konusunda genel özetler yapılması, muhasebe derslerinde öğrencilerin bireysel farklılıklarına dikkat edilmesi, muhasebe derslerinde öğrenme eksikliklerini ve yanlışlıklarını gidermek için anında dönüt ve düzeltmeler yapılması ve muhasebe derslerinde öğrencilerin bir sonraki derse hazırlanmaları için gerekli yönlendirmelerin yapılmasına ilişkin meslek kıdemlerine göre oluşturulan grupların görüşler arasında $p \leq 0,05$ anlamlılık düzeyinde istatistiksel olarak anlamlı bir farklılık olmadığı bulunmuştur.

Araştırmaya katılan öğretim elemanlarının öğrenim düzeylerine göre muhasebe öğretiminde öğretim yapmaya ilişkin görüşleri arasında farklılık olup olmadığını belirlemek için tek yönlü varyans analizi ve farklılığın hangi gruplar arasında olduğunu belirlemek amacıyla varyanslar homojen olduğunda LSD, varyanslar homojen olmadığı durumlar için Dunnett's T3 testleri yapılmıştır. Anova tablosundan ve tanımlayıcı istatistiklerden elde edilen değerler Tablo 4.46 ve 4.47'de sunulmuştur.

Tablo 4.46. Öğretim Elemanlarının Öğrenim Durumuna Göre Muhasebe Öğretim Programı Öğretim Yapmaya İlişkin Görüşlerine Ait Tanımlayıcı İstatistikler

Ölçütler	Gruplar		N	X	SS
1	1	Lisans	41	3,90	,860
	2	Y.Lisans	63	3,83	,752
	3	Doktora	41	4,05	,835
4	1	Lisans	41	3,56	,867
	2	Y.Lisans	63	4,06	,840
	3	Doktora	41	4,02	,851
7	1	Lisans	41	3,63	1,043
	2	Y.Lisans	63	3,76	,856
	3	Doktora	41	4,07	,905
10	1	Lisans	41	3,85	1,014
	2	Y.Lisans	63	3,97	,740
	3	Doktora	41	3,95	,973

Tablo 4.46. (Devam) Öğretim Elemanlarının Öğrenim Durumuna Göre Muhasebe Öğretim Programı Öğretim Yapmaya İlişkin Görüşlerine Ait Tanımlayıcı İstatistikler

13	1	Lisans	41	3,95	,835
	2	Y.Lisans	63	3,95	,750
	3	Doktora	41	4,17	,946
16	1	Lisans	41	3,71	1,006
	2	Y.Lisans	63	3,84	,827
	3	Doktora	41	4,12	,954
17	1	Lisans	41	2,88	1,382
	2	Y.Lisans	63	3,00	1,332
	3	Doktora	41	2,78	1,151
18	1	Lisans	41	3,49	1,143
	2	Y.Lisans	63	3,76	,995
	3	Doktora	41	3,34	1,175
19	1	Lisans	41	4,07	,877
	2	Y.Lisans	63	4,17	,730
	3	Doktora	41	4,27	,895
20	1	Lisans	41	4,29	,814
	2	Y.Lisans	63	4,35	,652
	3	Doktora	41	4,32	1,059
21	1	Lisans	41	3,59	,974
	2	Y.Lisans	63	3,67	1,047
	3	Doktora	41	3,68	1,105
22	1	Lisans	41	3,73	1,119
	2	Y.Lisans	63	3,95	,958
	3	Doktora	41	4,00	,975
23	1	Lisans	41	3,68	,934
	2	Y.Lisans	63	3,57	1,103
	3	Doktora	41	3,88	,748
24	1	Lisans	41	4,05	,865
	2	Y.Lisans	63	4,08	,867
	3	Doktora	41	4,22	,909
25	1	Lisans	41	3,56	1,097
	2	Y.Lisans	63	3,70	,909
	3	Doktora	41	3,68	1,128

Tablo 4.47. Öğretim Elemanlarının Öğrenim Durumuna Göre Muhasebe Öğretim Programı Öğretim Yapmaya İlişkin Görüşlerine Ait ANOVA Sonuçları

		Karelerinin Toplamı	SD	Karelerinin Ortalaması	F	p	LSD[1] Dunnett's T3[2]
Ölçüt-1	Gruplar arası	1,243	2	,621			
	Gruplar içi	92,592	142	,652	,953	,388	
	Toplam	93,834	144				
Ölçüt-4	Gruplar arası	7,015	2	3,508			
	Gruplar içi	102,819	142	,724	4,844	,009	1-2[1] p=0,004 1-3[1] p=0,015
	Toplam	109,834	144				
Ölçüt-7	Gruplar arası	4,251	2	2,126			
	Gruplar içi	121,721	142	,857	2,480	,087	
	Toplam	125,972	144				
Ölçüt-10	Gruplar arası	,349	2	,175			
	Gruplar içi	112,961	142	,795	,220	,803	
	Toplam	113,310	144				
Ölçüt-13	Gruplar arası	1,408	2	,704			
	Gruplar içi	98,564	142	,694	1,014	,365	
	Toplam	99,972	144				
Ölçüt-16	Gruplar arası	3,716	2	1,858			
	Gruplar içi	119,291	142	,840	2,212	,113	
	Toplam	123,007	144				
Ölçüt-17	Gruplar arası	1,234	2	,617			
	Gruplar içi	239,415	142	1,686	,366	,694	
	Toplam	240,648	144				
Ölçüt-18	Gruplar arası	4,736	2	2,368			
	Gruplar içi	168,892	142	1,189	1,991	,140	
	Toplam	173,628	144				
Ölçüt-19	Gruplar arası	,781	2	,391			
	Gruplar içi	95,909	142	,675	,578	,562	
	Toplam	96,690	144				
Ölçüt-20	Gruplar arası	,082	2	,041			
	Gruplar içi	97,683	142	,688	,060	,942	
	Toplam	97,766	144				

Tablo 4.47. (Devam) Öğretim Elemanlarının Öğrenim Durumuna Göre Muhasebe Öğretim Programı Öğretim Yapmaya İlişkin Görüşlerine Ait ANOVA Sonuçları

		Karelerinin Toplamı	SD	Karelerinin Ortalaması	F	p	LSD[1] Dunnett's T3[2]
Ölçüt-21	Gruplar arası	,233	2	,116			
	Gruplar içi	154,829	142	1,090	,107	,899	
	Toplam	155,062	144				
Ölçüt-22	Gruplar arası	1,742	2	,871			
	Gruplar içi	144,906	142	1,020	,854	,428	
	Toplam	146,648	144				
Ölçüt-23	Gruplar arası	2,338	2	1,169			
	Gruplar içi	132,697	142	,934	1,251	,289	
	Toplam	135,034	144				
Ölçüt-24	Gruplar arası	,704	2	,352			
	Gruplar içi	109,530	142	,771	,457	,634	
	Toplam	110,234	144				
Ölçüt-25	Gruplar arası	,513	2	,257			
	Gruplar içi	150,245	142	1,058	,243	,785	
	Toplam	150,759	144				

Tablo 4.47 incelendiğinde muhasebe derslerinde öğrencinin ilgi ve dikkatinin ilgili konu ya da konulara çekilebilmesi, muhasebe derslerinde öğrencinin konu alanı ile ihtiyacı arasında bağ kurabilmesi, muhasebe derslerinde öğrencinin hedef davranışlardan haberdar edilmesi, muhasebe derslerinde konuların öğretim ilkelerinden hareketle işlenmesi, muhasebe derslerinde öğrencilerin öğretim etkinliğine aktif katılımları için sürecin zenginleştirilmesi, muhasebe derslerinde konu ile ilgili olarak alan uzmanlarına bilgi sunumları yaptırılması, muhasebe derslerinde bilgiyi aktarmaktan çok öğrencilere bilgiye ulaşmaları konusunda yol gösterilmesi, muhasebe derslerinde öğrencilerin soru sormaya ve cevap vermeye isteklendirilmesi, muhasebe derslerinde öğrencilerin görüşlerini açık, özgür bir şekilde ifade etmelerine fırsat verecek demokratik ortamlar sağlanması, muhasebe derslerinde bireysel ve grup problemlerini çözmesini gerektirecek etkinliklere yönelik uygulamalar yapılması, muhasebe derslerinde ana temaları da belirleyerek, ortaya çıkan düşünceler konusunda genel

özetler yapılması, muhasebe derslerinde öğrencilerin bireysel farklılıklarına dikkat edilmesi, muhasebe derslerinde öğrenme eksikliklerini ve yanlışlıklarını gidermek için anında dönüt ve düzeltmeler yapılması ve muhasebe derslerinde öğrencilerin bir sonraki derse hazırlanmaları için gerekli yönlendirmelerin yapılmasına ilişkin meslek kıdemlerine göre oluşturulan grupların görüşler arasında $p \leq 0{,}05$ anlamlılık düzeyinde istatistiksel olarak anlamlı bir farklılık olmadığı bulunmuştur.

Ancak muhasebe derslerinde öğrencinin önceden öğrendikleri ile konu alanı arasında bağ kurabilmesine ilişkin görüşler arasında gruplar arası istatistiksel olarak anlamlı bir farklılık olduğu görülmektedir [$F=4{,}844$; $p=0{,}009$ $p<0{,}05$]. Farklılık bulunan madde için varyanslar homojen dağıldığından, hangi gruplar arasında fark olduğunu tespit etmek amacıyla LSD testi yapılmıştır.

Gruplar arasında oluşan farklılığın lisans mezunu olan öğretim elemanları ile yüksek lisans ve doktora mezunu olan öğretim elemanları arasında olduğu görülmüştür ($X_{Lisans}=3{,}56$, $X_{Yüksek\ Lisans}=4{,}06$, $X_{Doktora}=4{,}02$). Lisans mezunu olan öğretim elemanları, yüksek lisans ve doktora mezunlarına göre muhasebe derslerinde öğrencinin önceden öğrendikleri ile konu alanı arasında bağ kurabilmektedir görüşüne daha düşük düzeyde katılmaktadırlar.

Araştırmaya katılan öğretim elemanlarının akademik unvanlarına göre muhasebe öğretiminde öğretim yapmaya ilişkin görüşleri arasında farklılık olup olmadığını belirlemek için tek yönlü varyans analizi ve farklılığın hangi gruplar arasında olduğunu belirlemek amacıyla varyanslar homojen olduğunda LSD, varyanslar homojen olmadığı durumlar için Dunnett's T3 testleri yapılmıştır. Anova tablosundan ve tanımlayıcı istatistiklerden elde edilen değerler Tablo 4.48 ve 4.49'da sunulmuştur.

Tablo 4.48. Öğretim Elemanlarının Akademik Unvana Göre Muhasebe Öğretim Programı Öğretim Yapmaya İlişkin Görüşlerine Ait Tanımlayıcı İstatistikler

Ölçütler	Gruplar		N	X	SS
1	1	Prof.Dr.	5	3,40	,894
	2	Doç.Dr.	7	3,71	,756
	3	Yrd.Doç.Dr.	23	3,96	,825
	4	Öğr.Gör.	108	3,94	,807
	5	Okt.	2	3,50	,707
4	1	Prof.Dr.	5	3,60	,894
	2	Doç.Dr.	7	3,71	,951
	3	Yrd.Doç.Dr.	23	4,04	,878
	4	Öğr.Gör.	108	3,91	,870
	5	Okt.	2	4,00	1,414
7	1	Prof.Dr.	5	3,20	1,483
	2	Doç.Dr.	7	4,29	,756
	3	Yrd.Doç.Dr.	23	3,70	1,020
	4	Öğr.Gör.	108	3,84	,898
	5	Okt.	2	3,50	,707
10	1	Prof.Dr.	5	3,60	1,342
	2	Doç.Dr.	7	3,86	,690
	3	Yrd.Doç.Dr.	23	3,74	1,054
	4	Öğr.Gör.	108	4,01	,791
	5	Okt.	2	3,00	2,828
13	1	Prof.Dr.	5	4,20	,447
	2	Doç.Dr.	7	3,71	,488
	3	Yrd.Doç.Dr.	23	3,91	,949
	4	Öğr.Gör.	108	4,03	,837
	5	Okt.	2	5,00	,000
16	1	Prof.Dr.	5	3,60	1,140
	2	Doç.Dr.	7	4,00	,816
	3	Yrd.Doç.Dr.	23	3,78	1,126
	4	Öğr.Gör.	108	3,89	,879
	5	Okt.	2	5,00	,000
17	1	Prof.Dr.	5	2,80	1,304
	2	Doç.Dr.	7	3,00	1,633
	3	Yrd.Doç.Dr.	23	3,00	1,128
	4	Öğr.Gör.	108	2,87	1,326
	5	Okt.	2	3,50	,707

Tablo 4.48. (Devam) Öğretim Elemanlarının Akademik Unvana Göre Muhasebe Öğretim Programı Öğretim Yapmaya İlişkin Görüşlerine Ait Tanımlayıcı İstatistikler

Ölçütler	Gruplar		N	X	SS
18	1	Prof.Dr.	5	3,40	1,140
	2	Doç.Dr.	7	4,00	,816
	3	Yrd.Doç.Dr.	23	3,17	1,403
	4	Öğr.Gör.	108	3,61	1,031
	5	Okt.	2	4,50	,707
19	1	Prof.Dr.	5	4,20	,837
	2	Doç.Dr.	7	4,14	,900
	3	Yrd.Doç.Dr.	23	4,13	1,014
	4	Öğr.Gör.	108	4,18	,783
	5	Okt.	2	4,50	,707
20	1	Prof.Dr.	5	4,00	,707
	2	Doç.Dr.	7	4,57	,535
	3	Yrd.Doç.Dr.	23	4,17	,984
	4	Öğr.Gör.	108	4,36	,803
	5	Okt.	2	4,00	1,414
21	1	Prof.Dr.	5	3,20	,447
	2	Doç.Dr.	7	3,86	,900
	3	Yrd.Doç.Dr.	23	3,26	1,137
	4	Öğr.Gör.	108	3,72	1,031
	5	Okt.	2	4,50	,707
22	1	Prof.Dr.	5	3,60	,894
	2	Doç.Dr.	7	4,29	,488
	3	Yrd.Doç.Dr.	23	3,78	,951
	4	Öğr.Gör.	108	3,90	1,050
	5	Okt.	2	5,00	,000
23	1	Prof.Dr.	5	3,40	,894
	2	Doç.Dr.	7	4,00	,816
	3	Yrd.Doç.Dr.	23	3,70	1,063
	4	Öğr.Gör.	108	3,67	,967
	5	Okt.	2	4,50	,707
24	1	Prof.Dr.	5	3,40	1,140
	2	Doç.Dr.	7	4,43	,535
	3	Yrd.Doç.Dr.	23	3,96	,976
	4	Öğr.Gör.	108	4,15	,852
	5	Okt.	2	4,50	,707
25	1	Prof.Dr.	5	3,80	,837
	2	Doç.Dr.	7	3,71	1,113
	3	Yrd.Doç.Dr.	23	3,13	1,100
	4	Öğr.Gör.	108	3,73	,982
	5	Okt.	2	5,00	,000

Tablo 4.49. Öğretim Elemanlarının Akademik Unvana Göre Muhasebe Öğretim Programı Öğretim Yapmaya İlişkin Görüşlerine Ait ANOVA Sonuçları

		Karelerinin Toplamı	SD	Karelerinin Ortalaması	F	p	LSD[1] Dunnett's T3[2]
Ölçüt-1	Gruplar arası	2,083	4	,521			
	Gruplar içi	91,752	140	,655	,794	,531	
	Toplam	93,834	144				
Ölçüt-4	Gruplar arası	1,175	4	,294			
	Gruplar içi	108,659	140	,776	,379	,824	
	Toplam	109,834	144				
Ölçüt-7	Gruplar arası	4,050	4	1,013			
	Gruplar içi	121,922	140	,871	1,163	,330	
	Toplam	125,972	144				
Ölçüt-10	Gruplar arası	3,828	4	,957			
	Gruplar içi	109,483	140	,782	1,224	,304	
	Toplam	113,310	144				
Ölçüt-13	Gruplar arası	3,001	4	,750			
	Gruplar içi	96,971	140	,693	1,083	,367	
	Toplam	99,972	144				
Ölçüt-16	Gruplar arası	3,227	4	,807			
	Gruplar içi	119,780	140	,856	,943	,441	
	Toplam	123,007	144				
Ölçüt-17	Gruplar arası	1,163	4	,291			
	Gruplar içi	239,485	140	1,711	,170	,953	
	Toplam	240,648	144				
Ölçüt-18	Gruplar arası	6,957	4	1,739			
	Gruplar içi	166,671	140	1,191	1,461	,217	
	Toplam	173,628	144				
Ölçüt-19	Gruplar arası	,266	4	,067			
	Gruplar içi	96,423	140	,689	,097	,983	
	Toplam	96,690	144				
Ölçüt-20	Gruplar arası	1,830	4	,458			
	Gruplar içi	95,935	140	,685	,668	,615	
	Toplam	97,766	144				

Tablo 4.49. (Devam) Öğretim Elemanlarının Akademik Unvana Göre Muhasebe Öğretim Programı Öğretim Yapmaya İlişkin Görüşlerine Ait ANOVA Sonuçları

		Karelerinin Toplamı	SD	Karelerinin Ortalaması	F	p	LSD[1] Dunnett's T3[2]
Ölçüt-21	Gruplar arası	6,803	4	1,701			
	Gruplar içi	148,259	140	1,059	1,606	,176	
	Toplam	155,062	144				
Ölçüt-22	Gruplar arası	4,227	4	1,057			
	Gruplar içi	142,421	140	1,017	1,039	,390	
	Toplam	146,648	144				
Ölçüt-23	Gruplar arası	2,465	4	,616			
	Gruplar içi	132,570	140	,947	,651	,627	
	Toplam	135,034	144				
Ölçüt-24	Gruplar arası	4,234	4	1,059			
	Gruplar içi	106,000	140	,757	1,398	,238	
	Toplam	110,234	144				
Ölçüt-25	Gruplar arası	10,708	4	2,677			
	Gruplar içi	140,050	140	1,000	2,676	,034	3-4[1]p=0,010
	Toplam	150,759	144				3-5[1]p=0,012

Tablo 4.49 incelendiğinde muhasebe derslerinde öğrencinin ilgi ve dikkatinin ilgili konu ya da konulara çekilebilmesi, muhasebe derslerinde öğrencinin önceden öğrendikleri ile konu alanı arasında bağ kurabilmesi, muhasebe derslerinde öğrencinin konu alanı ile ihtiyacı arasında bağ kurabilmesi, muhasebe derslerinde öğrencinin hedef davranışlardan haberdar edilmesi, muhasebe derslerinde konuların öğretim ilkelerinden hareketle işlenmesi, muhasebe derslerinde öğrencilerin öğretim etkinliğine aktif katılımları için sürecin zenginleştirilmesi, muhasebe derslerinde konu ile ilgili olarak alan uzmanlarına bilgi sunumları yaptırılması, muhasebe derslerinde bilgiyi aktarmaktan çok öğrencilere bilgiye ulaşmaları konusunda yol gösterilmesi, muhasebe derslerinde öğrencilerin soru sormaya ve cevap vermeye isteklendirilmesi, muhasebe derslerinde öğrencilerin görüşlerini açık, özgür bir şekilde ifade etmelerine fırsat verecek demokratik ortamlar sağlanması, muhasebe derslerinde bireysel ve grup

problemlerini çözmesini gerektirecek etkinliklere yönelik uygulamalar yapılması, muhasebe derslerinde ana temaları da belirleyerek, ortaya çıkan düşünceler konusunda genel özetler yapılması, muhasebe derslerinde öğrencilerin bireysel farklılıklarına dikkat edilmesi ve muhasebe derslerinde öğrenme eksikliklerini ve yanlışlıklarını gidermek için anında dönüt ve düzeltmeler yapılmasına ilişkin akademik unvana göre oluşturulan grupların görüşleri arasında $p \leq 0,05$ anlamlılık düzeyinde istatistiksel olarak anlamlı bir farklılık olmadığı bulunmuştur.

Ancak muhasebe derslerinde öğrencilerin bir sonraki derse hazırlanmaları için gerekli yönlendirmelerin yapılmasına ilişkin görüşler arasında gruplar arası istatistiksel olarak anlamlı bir farklılık olduğu görülmektedir [$F=2,676$, ; $p=0,034$ $p<0,05$]. Farklılık bulunan madde için varyanslar homojen dağıldığından, hangi gruplar arasında fark olduğunu tespit etmek amacıyla LSD testi yapılmıştır.

Gruplar arasında oluşan farklılığın yardımcı doçent unvanlı öğretim elemanları ile öğretim görevlisi ve okutman unvanlı öğretim elemanları arasında olduğu görülmüştür ($X_{\text{Yardımcı Doçent}}=3,13$, $X_{\text{Öğretim Görevlisi}}=3,73$, $X_{\text{Okutman}}=5,00$).

Araştırmaya katılan öğretim elemanlarının mezun olunan alana göre muhasebe öğretim programı öğretim yapma bağlamında ifade ettikleri görüşlerini belirlemeye yönelik sorulara verdikleri cevaplardan elde edilen verilere ait tanımlayıcı istatistikler hesaplanmış, öğretim elemanlarının mezun olunan alana göre görüşleri arasında farklılık olup olmadığını tespit etmek için bağımsız gruplar t-testi yapılmış ve analiz sonuçları tablo 4.50'de verilmiştir.

Tablo 4.50. Öğretim Elemanlarının Muhasebe Öğretim Programı Öğretim Yapmaya İlişkin Görüşlerinin Mezun Olunan Alana Göre İstatistiksel Dağılımı

Temel Ölçütler	Mezun Olunan Alan	N	X	SS	t	p
Ölçüt-1	Muhasebe	56	4,00	,763	1,061	,290
	Diğer	89	3,85	,833		
Ölçüt-4	Muhasebe	56	3,91	,880	,004	,997
	Diğer	89	3,91	,874		
Ölçüt-7	Muhasebe	56	3,95	,840	1,358	,176
	Diğer	89	3,73	,986		
Ölçüt-10	Muhasebe	56	4,14	,862	2,315	,022*
	Diğer	89	3,80	,881		
Ölçüt-13	Muhasebe	56	4,21	,825	2,334	,021*
	Diğer	89	3,89	,818		
Ölçüt-16	Muhasebe	56	4,02	,924	1,401	,163
	Diğer	89	3,80	,919		
Ölçüt-17	Muhasebe	56	3,30	1,334	3,040	,003*
	Diğer	89	2,65	1,207		
Ölçüt-18	Muhasebe	56	3,62	1,184	,516	,607
	Diğer	89	3,53	1,045		
Ölçüt-19	Muhasebe	56	4,32	,834	1,749	,082
	Diğer	89	4,08	,801		
Ölçüt-20	Muhasebe	56	4,34	,920	,175	,861
	Diğer	89	4,31	,763		
Ölçüt-21	Muhasebe	56	3,73	,963	,771	,442
	Diğer	89	3,60	1,084		
Ölçüt-22	Muhasebe	56	4,04	,914	1,254	,212
	Diğer	89	3,82	1,061		
Ölçüt-23	Muhasebe	56	3,95	,724	2,582	,011*
	Diğer	89	3,53	1,067		
Ölçüt-24	Muhasebe	56	4,20	,818	,939	,349
	Diğer	89	4,06	,909		
Ölçüt-25	Muhasebe	56	3,73	1,018	,717	,474
	Diğer	89	3,61	1,029		

Tablo 4.50'deki verilere göre öğretim elemanlarının anılan sorulara verdikleri cevaplardan aldıkları puanların ortalaması muhasebe alan mezunu öğretim elemanları için 3,30–4,34 değerleri arasında diğer alan mezunu öğretim elemanları için 2,65-4,31 değerleri arasında değişmektedir.

Tablo 4.50 incelendiğinde muhasebe derslerinde öğrencinin ilgi ve dikkatinin ilgili konu ya da konulara çekilebilmesi, muhasebe derslerinde öğrencinin önceden öğrendikleri ile konu alanı arasında bağ kurabilmesi, muhasebe derslerinde öğrencinin konu alanı ile ihtiyacı arasında bağ kurabilmesi, muhasebe derslerinde öğrencilerin öğretim etkinliğine aktif katılımları için sürecin zenginleştirilmesi, muhasebe derslerinde bilgiyi aktarmaktan çok öğrencilere bilgiye ulaşmaları konusunda yol gösterilmesi, muhasebe derslerinde öğrencilerin soru sormaya ve cevap vermeye isteklendirilmesi, muhasebe derslerinde öğrencilerin görüşlerini açık, özgür bir şekilde ifade etmelerine fırsat verecek demokratik ortamlar sağlanması, muhasebe derslerinde ana temaları da belirleyerek, ortaya çıkan düşünceler konusunda genel özetler yapılması, muhasebe derslerinde öğrencilerin bireysel farklılıklarına dikkat edilmesi, muhasebe derslerinde öğrenme eksikliklerini ve yanlışlıklarını gidermek için anında dönüt ve düzeltmeler yapılması ve muhasebe derslerinde öğrencilerin bir sonraki derse hazırlanmaları için gerekli yönlendirmelerin yapılmasına ilişkin mezun olunan alana göre oluşturulan grupların görüşler arasında $p \leq 0,05$ anlamlılık düzeyinde istatistiksel olarak anlamlı bir farklılık olmadığı bulunmuştur.

Ancak muhasebe derslerinde, öğrencinin hedef – davranışlardan haberdar edilmesine ilişkin öğretim elemanları görüşleri arasında istatistiksel olarak anlamlı bir farklılık olduğu görülmektedir [$t = 2,315$; $p = 0,022$; $p < 0,05$]. Muhasebe alan mezunu olan öğretim elemanları, öğrencinin hedef – davranışlardan haberdar edildiği düşüncesine daha fazla katılmaktadırlar ($X_{Muhasebe} = 4,14$, $X_{Diğer} = 3,80$).

Ayrıca muhasebe derslerinde konuların öğretim ilkelerinden hareketle işlenmesine ilişkin de öğretim elemanları görüşleri arasında istatistiksel olarak anlamlı bir farklılık olduğu görülmektedir [$t = 2,334$; $p = 0,021$; $p < 0,05$]. Muhasebe derslerinde konular öğretim ilkelerinden hareketle işlenmekte midir sorusuna muhasebe alan mezunları, diğer alan mezunlarına göre daha yüksek bir oranda olumlu cevap vermektedirler. ($X_{Muhasebe}$=4,21, $X_{Diğer}$=3,89).

Muhasebe derslerinde konu ile ilgili olarak alan uzmanlarına bilgi sunumları yaptırılması [t =3,040; p= 0,003; p<0,05] ve muhasebe derslerinde öğrencilerin bireysel farklılıklarına dikkat edilmesi [t =2,528; p= 0,011; p<0,05] konularında da öğretim elemanları görüşleri arasında istatistiksel olarak anlamlı bir farklılık olduğu görülmektedir. Muhasebe alan mezunu olan öğretim elemanları alan uzmanlarına sunum yaptırılması konusunda daha yüksek oranda olumlu görüş beyan etmişlerdir ($X_{Muhasebe}$=3,30, $X_{Diğer}$=2,65). Ancak muhasebe derslerinde bireysel farklılıklara dikkat edilmesi konusunda diğer alan mezunlarının, muhasebe alan mezunlarından daha olumlu görüşe sahip oldukları görülmektedir ($X_{Muhasebe}$=3,53, $X_{Diğer}$=4,20).

4.1.2.6. Öğretim Elemanlarının Muhasebe Öğretiminde Öğretimi Yönetmelerine Yönelik Görüşlerine Ait Bulgular

Araştırmaya katılan öğretim elemanlarının öğretimi yönetmelerine ilişkin görüşlerini yansıtan maddelere verdikleri cevaplara göre dağılımları tablo 4.51'de gösterilmiştir.

Tablo 4.51. Muhasebe Öğretiminde Öğretim Elemanlarının Öğretimi Yönetmelerine Yönelik Görüşlerini Yansıtan Verilerin Dağılımı

Temel Ölçütler		Hiç	Az	Kısmen	Genellikle	Tamamen	Toplam
2. Muhasebe öğretiminde; öğretimi yönetme ile ilgili "öğrencilerin kendilerini ifade edebilecekleri bir ortam oluşturma" durumu	f	0	3	17	65	60	145
	%	0	2,1	11,7	44,8	41,4	100
5. Muhasebe öğretiminde; öğretimi yönetme ile ilgili "kuralları belirleme ve motive etme" durumu	f	0	5	34	49	57	145
	%	0	3,4	23,4	33,8	39,3	100
8. Muhasebe öğretiminde; öğretimi yönetme ile ilgili "olumlu davranışı pekiştirme ve olumsuz davranışı düzeltme" durumu	f	1	0	18	67	59	145
	%	0,7	0	12,4	46,2	40,7	100
11. Muhasebe öğretiminde; öğretimi yönetme ile ilgili "öğretim ortamını düzenleme" durumu	f	2	6	25	59	53	145
	%	1,4	4,1	17,2	40,7	36,6	100
14. Muhasebe öğretiminde; öğretimi yönetme ile ilgili "zamanı yönetme" durumu	f	0	1	18	71	55	145
	%	0	0,7	12,4	49	37,9	100

Araştırmaya katılan öğretim elemanlarının yaklaşık % 98'i muhasebe derslerinde öğrencilerin kendilerini ifade edebilecekleri bir ortam hazırlanması konusunda olumlu görüş ifade etmişlerdir.

Muhasebe derslerinde öğretimde uygulanacak kuralları belirleyerek öğrencileri motive ediyor musunuz sorusuna katılımcıların sadece % 3,4'ü az olarak cevabını verirken, % 23,4'ü kısmen, % 33,8'i genellikle ve % 39,3'ü de tamamen katılıyorum cevabını vermişlerdir.

Muhasebe derslerinde olumlu davranışı pekiştirerek olumsuz davranışı düzeltme ve zamanı etkin olarak kullanma konusunda araştırmaya katılan öğretim elemanlarının tamamına yakını olumlu görüş beyan etmişlerdir.

Katılımcılardan sadece % 1,4'ünün hiç cevabını verdiği muhasebe derslerinde öğretim ortamını düzenliyor musunuz ifadesine katılımcıların yaklaşık % 94'ü olumlu cevap vermişlerdir.

Araştırmaya katılan öğretim elemanlarının muhasebe öğretim programının öğretimi yönetmeye yönelik görüşlerini betimlemeyi amaçlayan sorulara verdikleri cevaplardan elde edilen verilere ait tanımlayıcı istatistikler hesaplanmış, öğretim elemanlarının cinsiyetlerine göre görüşleri arasında farklılık olup olmadığını tespit etmek için bağımsız gruplar t-testi yapılmış ve analiz sonuçları tablo 4.52'de verilmiştir.

Tablo 4.52. Öğretim Elemanlarının Muhasebe Öğretiminde Öğretimi Yönetmeye İlişkin Görüşlerinin Cinsiyetlerine Göre İstatistiksel Dağılımı

Temel Ölçütler	Cinsiyet	N	X	SS	t	p
Ölçüt-2	Bayan	71	4,44	,626	2,956	,004*
	Erkek	74	4,08	,807		
Ölçüt-5	Bayan	71	4,17	,862	1,072	,285
	Erkek	74	4,01	,884		
Ölçüt-8	Bayan	71	4,28	,796	,317	,751
	Erkek	74	4,24	,658		
Ölçüt-11	Bayan	71	4,08	,982	,201	,841
	Erkek	74	4,05	,842		
Ölçüt-14	Bayan	71	4,31	,646	1,172	,243
	Erkek	74	4,18	,728		

Tablo 4.52'deki verilere göre araştırmaya katılan Öğretim Elemanlarının cinsiyetlerine göre öğretim elemanlarının anılan sorulara verdikleri cevaplardan aldıkları puanların ortalaması bayan öğretim elemanları için 4,08–4,44 değerleri arasında erkek öğretim elemanları için 4,01- 4,24 değerleri arasında değişmektedir.

Muhasebe derslerinde öğretimde uygulanacak kuralları belirleyerek, öğrencileri olumlu davranış yönünde motive etme, muhasebe derslerinde olumlu davranışı pekiştirerek, olumsuz davranışı düzeltme, muhasebe derslerinde öğretim ortamını düzenleme ve öğretim hızını öğrenciye göre ayarlayarak, zamanı etkin olarak yönetmeye ilişkin öğretim elemanlarının görüşleri arasında cinsiyetlerine göre $p \leq 0,05$ anlamlılık düzeyinde istatistiksel olarak anlamlı bir farklılık olmadığı bulunmuştur.

Ancak muhasebe derslerinde öğrencilerin kendilerini ifade edebilecekleri bir ortam oluşturulmasına ilişkin öğretim elemanlarının görüşleri arasında istatistiksel olarak anlamlı bir farklılık olduğu görülmektedir [$t = 2,956$; $p = 0,004$; $p < 0,05$]. Bayan öğretim elemanları, erkek öğretim elemanlarına göre muhasebe derslerinde öğrencilerin kendilerini ifade edebilecekleri ortam oluşturulması konusunda daha olumlu görüş bildirmişlerdir. ($X_{Bayan}=4,44$, $X_{Bay}=4,08$).

Araştırmaya katılan öğretim elemanlarının mesleki kıdemine göre muhasebe öğretiminde öğretimi yönetmeye ilişkin görüşleri arasında farklılık olup olmadığını belirlemek için tek yönlü varyans analizi ve farklılığın hangi gruplar arasında olduğunu belirlemek amacıyla varyanslar homojen olduğunda LSD, varyanslar homojen olmadığı durumlar için Dunnett's T3 testleri yapılmıştır. Anova tablosundan ve tanımlayıcı istatistiklerden elde edilen değerler Tablo 4.53 ve 4.54'de sunulmuştur.

Tablo 4.53. Öğretim Elemanlarının Mesleki Kıdemlerine Göre Muhasebe Öğretim Programı Öğretimi Yönetmeye İlişkin Görüşlerine Ait Tanımlayıcı İstatistikler

Ölçütler	Gruplar		N	X	SS
2	1	1–5 yıl	23	4,39	,583
	2	6–10 yıl	36	4,11	,820
	3	11–15 yıl	39	4,38	,782
	4	16–20 yıl	29	4,21	,774
	5	20+	18	4,17	,618
5	1	1–5 yıl	23	4,17	,937
	2	6–10 yıl	36	4,00	,862
	3	11–15 yıl	39	4,18	,942
	4	16–20 yıl	29	4,07	,842
	5	20+	18	4,00	,767
8	1	1–5 yıl	23	4,22	,998
	2	6–10 yıl	36	4,17	,737
	3	11–15 yıl	39	4,41	,677
	4	16–20 yıl	29	4,28	,649
	5	20+	18	4,17	,514
11	1	1–5 yıl	23	3,96	1,147
	2	6–10 yıl	36	3,89	1,141
	3	11–15 yıl	39	4,31	,655
	4	16–20 yıl	29	4,03	,680
	5	20+	18	4,11	,832
14	1	1–5 yıl	23	4,26	,810
	2	6–10 yıl	36	4,17	,655
	3	11–15 yıl	39	4,38	,711
	4	16–20 yıl	29	4,21	,675
	5	20+	18	4,11	,583

Tablo 4.54. Öğretim Elemanlarının Mesleki Kıdemlerine Göre Muhasebe Öğretiminde Öğretimi Yönetmeye İlişkin Görüşlerine Ait ANOVA Sonuçları

		Karelerinin Toplamı	SD	Karelerinin Ortalaması	F	p	LSD[1] Dunnett's T3[2]
Ölçüt-2	Gruplar arası	2,035	4	,509			
	Gruplar içi	77,523	140	,554	,919	,455	
	Toplam	79,559	144				
Ölçüt-5	Gruplar arası	,924	4	,231			
	Gruplar içi	108,910	140	,778	,297	,879	
	Toplam	109,834	144				
Ölçüt-8	Gruplar arası	1,399	4	,350			
	Gruplar içi	74,642	140	,533	,656	,623	
	Toplam	76,041	144				
Ölçüt-11	Gruplar arası	3,747	4	,937			
	Gruplar içi	115,563	140	,825	1,135	,343	
	Toplam	119,310	144				
Ölçüt-14	Gruplar arası	1,350	4	,337			
	Gruplar içi	67,202	140	,480	,703	,591	
	Toplam	68,552	144				

Tablo 4.54 incelendiğinde muhasebe derslerinde öğrencilerin kendilerini ifade edebilecekleri bir ortam oluşturulması, muhasebe derslerinde öğretimde uygulanacak kuralları belirleyerek, öğrencilerin olumlu davranış yönünde motive edilmesi, muhasebe derslerinde olumlu davranışı pekiştirerek, olumsuz davranışın düzeltilmesi, muhasebe derslerinde öğretim ortamını düzenleme ve öğretim hızını öğrenciye göre ayarlayarak zamanı etkin olarak yönetmeye ilişkin meslek kıdemlerine göre oluşturulan grupların görüşleri arasında $p \leq 0,05$ anlamlılık düzeyinde istatistiksel olarak anlamlı bir farklılık olmadığı bulunmuştur.

Araştırmaya katılan öğretim elemanlarının öğrenim düzeylerine göre muhasebe öğretiminde öğretimi yönetmeye ilişkin görüşleri arasında farklılık olup olmadığını belirlemek için tek yönlü varyans analizi ve farklılığın hangi gruplar arasında olduğunu belirlemek amacıyla varyanslar homojen olduğunda LSD, varyanslar homojen olmadığı durumlar için Dunnett's T3 testleri yapılmıştır. Anova tablosundan ve tanımlayıcı istatistiklerden elde edilen değerler Tablo 4.55 ve 4.56'da sunulmuştur.

Tablo 4.55. Öğretim Elemanlarının Öğrenim Durumuna Göre Muhasebe Öğretiminde Öğretimi Yönetmeye İlişkin Görüşlerine Ait Tanımlayıcı İstatistikler

Ölçütler	Gruplar		N	X	SS
2	1	Lisans	41	4,22	,822
	2	Y.Lisans	63	4,24	,689
	3	Doktora	41	4,32	,756
5	1	Lisans	41	3,90	,970
	2	Y.Lisans	63	4,14	,780
	3	Doktora	41	4,20	,901
8	1	Lisans	41	4,02	,880
	2	Y.Lisans	63	4,29	,633
	3	Doktora	41	4,46	,636
11	1	Lisans	41	4,00	,949
	2	Y.Lisans	63	4,03	,915
	3	Doktora	41	4,20	,872
14	1	Lisans	41	4,07	,721
	2	Y.Lisans	63	4,22	,728
	3	Doktora	41	4,44	,550

Tablo 4.56. Öğretim Elemanlarının Öğrenim Durumuna Göre Muhasebe Öğretiminde Öğretimi Yönetmeye İlişkin Görüşlerine Ait ANOVA Sonuçları

		Karelerinin Toplamı	SD	Karelerinin Ortalaması	F	p	LSD[1] Dunnett's T3[2]
Ölçüt-2	Gruplar arası	,228	2	,114			
	Gruplar içi	79,331	142	,559	,204	,816	
	Toplam	79,559	144				
Ölçüt-5	Gruplar arası	2,071	2	1,036			
	Gruplar içi	107,763	142	,759	1,365	,259	
	Toplam	109,834	144				
Ölçüt-8	Gruplar arası	4,014	2	2,007			
	Gruplar içi	72,028	142	,507	3,956	,021	1-3[1] p= 0,006
	Toplam	76,041	144				
Ölçüt-11	Gruplar arası	,935	2	,467			
	Gruplar içi	118,376	142	,834	,561	,572	
	Toplam	119,310	144				
Ölçüt-14	Gruplar arası	2,785	2	1,392			
	Gruplar içi	65,767	142	,463	3,006	,053	
	Toplam	68,552	144				

Tablo 4.56 incelendiğinde, muhasebe derslerinde öğrencilerin kendilerini ifade edebilecekleri bir ortam oluşturulması, muhasebe derslerinde öğretimde uygulanacak kuralları belirleyerek, öğrencilerin olumlu davranış yönünde motive edilmesi, muhasebe derslerinde öğretim ortamını düzenleme ve öğretim hızını öğrenciye göre ayarlayarak zamanı etkin olarak yönetmeye ilişkin öğrenim düzeylerine göre oluşturulan grupların görüşleri arasında $p \leq 0,05$ anlamlılık düzeyinde istatistiksel olarak anlamlı bir farklılık olmadığı bulunmuştur.

Ancak muhasebe derslerinde olumlu davranışı pekiştirerek, olumsuz davranışın düzeltilmesine ilişkin görüşler arasında gruplar arası istatistiksel olarak anlamlı bir farklılık olduğu görülmektedir [$F=3,956$; $p=0,021$ $p<0,05$]. Farklılık bulunan madde için varyanslar homojen dağıldığından, hangi gruplar arasında fark olduğunu tespit etmek amacıyla LSD testi yapılmıştır.

Gruplar arasında oluşan farklılığın lisans mezunu olan öğretim elemanları ile doktora mezunu olan öğretim elemanları arasında olduğu görülmüştür (X_{Lisans}=4,02, $X_{Doktora}$=4,46). Doktora mezunu olan öğretim elemanları muhasebe derslerinde olumlu davranışı pekiştirerek, olumsuz davranışın düzeltilmesi konusuna tamamen katıldıklarını ifade ederken lisans mezunları genellikle katıldıklarını ifade etmişlerdir.

Araştırmaya katılan öğretim elemanlarının akademik unvanlarına göre muhasebe öğretiminde öğretimi yönetmeye ilişkin görüşleri arasında farklılık olup olmadığını belirlemek için tek yönlü varyans analizi ve farklılığın hangi gruplar arasında olduğunu belirlemek amacıyla varyanslar homojen olduğunda LSD, varyanslar homojen olmadığı durumlar için Dunnett's T3 testleri yapılmıştır. Anova tablosundan ve tanımlayıcı istatistiklerden elde edilen değerler Tablo 4.57 ve 4.58'de sunulmuştur.

Tablo 4.57. Öğretim Elemanlarının Akademik Unvana Göre Muhasebe Öğretiminde Öğretimi Yönetemeye İlişkin Görüşlerine Ait Tanımlayıcı İstatistikler

Ölçütler	Gruplar		N	X	SS
2	1	Prof.Dr.	5	4,00	,707
	2	Doç.Dr.	7	4,29	,488
	3	Yrd.Doç.Dr.	23	4,09	,900
	4	Öğr.Gör.	108	4,29	,724
	5	Okt.	2	5,00	,000
5	1	Prof.Dr.	5	4,00	1,000
	2	Doç.Dr.	7	3,71	,756
	3	Yrd.Doç.Dr.	23	3,96	,928
	4	Öğr.Gör.	108	4,16	,866
	5	Okt.	2	3,50	,707
8	1	Prof.Dr.	5	3,80	,837
	2	Doç.Dr.	7	4,29	,488
	3	Yrd.Doç.Dr.	23	4,26	,752
	4	Öğr.Gör.	108	4,31	,665
	5	Okt.	2	2,50	2,121

Tablo 4.57. (Devam) Öğretim Elemanlarının Akademik Unvana Göre Muhasebe Öğretiminde Öğretimi Yönetemeye İlişkin Görüşlerine Ait Tanımlayıcı İstatistikler

Ölçütler		Gruplar	N	X	SS
11	1	Prof.Dr.	5	3,00	1,225
	2	Doç.Dr.	7	3,43	,787
	3	Yrd.Doç.Dr.	23	4,04	,976
	4	Öğr.Gör.	108	4,15	,852
	5	Okt.	2	5,00	,000
14	1	Prof.Dr.	5	3,80	,837
	2	Doç.Dr.	7	3,86	,900
	3	Yrd.Doç.Dr.	23	4,30	,559
	4	Öğr.Gör.	108	4,27	,692
	5	Okt.	2	4,50	,707

Tablo 4.58. Öğretim Elemanlarının Akademik Unvana Göre Muhasebe Öğretiminde Öğretimi Yönetmeye İlişkin Görüşlerine Ait ANOVA Sonuçları

		Karelerinin Toplamı	SD	Karelerinin Ortalaması	F	p	LSD[1] Dunnett's T3[2]
Ölçüt-2	Gruplar arası	2,202	4	,551			
	Gruplar içi	77,357	140	,553	,996	,412	
	Toplam	79,559	144				
Ölçüt-5	Gruplar arası	2,625	4	,656			
	Gruplar içi	107,209	140	,766	,857	,492	
	Toplam	109,834	144				
Ölçüt-8	Gruplar arası	7,582	4	1,895			1-5[1]p=0,028
	Gruplar içi	68,460	140	,489	3,876	,005	2-5[1]p=0,002 3-5[1]p=0,001
	Toplam	76,041	144				4-5[1]p=0,000
Ölçüt-11	Gruplar arası	11,010	4	2,752			1-3[1]p=0,018
	Gruplar içi	108,300	140	,774	3,558	,008	1-4[1]p=0,005 1-5[1]p=0,007
	Toplam	119,310	144				2-4[1]p=0,038 2-5[1]p=0,027
Ölçüt-14	Gruplar arası	2,312	4	,578			
	Gruplar içi	66,240	140	,473	1,222	,304	
	Toplam	68,552	144				

Tablo 4.58 incelendiğinde muhasebe derslerinde öğrencilerin kendilerini ifade edebilecekleri bir ortam oluşturulması, muhasebe derslerinde öğretimde uygulanacak kuralları belirleyerek, öğrencilerin olumlu davranış yönünde motive edilmesi ve öğretim hızını öğrenciye göre ayarlayarak zamanı etkin olarak yönetmeye ilişkin akademik unvanlarına göre oluşturulan grupların görüşleri arasında $p \leq 0{,}05$ anlamlılık düzeyinde istatistiksel olarak anlamlı bir farklılık olmadığı bulunmuştur.

Ancak muhasebe derslerinde olumlu davranışı pekiştirerek, olumsuz davranışın düzeltilmesine ilişkin görüşleri arasında gruplar arası istatistiksel olarak anlamlı bir farklılık olduğu görülmektedir [$F=3{,}876$; $p=0{,}005$ $p<0{,}05$]. Farklılık bulunan madde için varyanslar homojen dağıldığından, hangi gruplar arasında fark olduğunu tespit etmek amacıyla LSD testi yapılmıştır.

Gruplar arasında oluşan farklılığın okutman unvanlı öğretim elemanları ile diğer dört grubu oluşturan öğretim elemanları arasında olduğu görülmüştür ($X_{Prof..Dr}=4{,}00$, $X_{Doç.Dr}=3{,}71$, $X_{Yrd.Doç.Dr}=3{,}96$, $X_{Öğr.Gör.}= 4{,}16$, $X_{Okt.}= 3{,}50$).

Ayrıca muhasebe derslerinde öğretim ortamının düzenlenmesi konusundaki görüşler arasında da gruplar arası istatistiksel olarak anlamlı bir farklılık olduğu görülmektedir [$F=3{,}558$; $p=0{,}008$, $p<0{,}05$]. Farklılık bulunan madde için varyanslar homojen dağıldığından, hangi gruplar arasında fark olduğunu tespit etmek amacıyla LSD testi yapılmıştır.

Gruplar arasında oluşan farklılığın Prof.Dr. unvanlı öğretim elemanları ile Yrd.Doç.Dr., Öğr.Görevlisi ve Okutman unvanlı öğretim elemanları ($X_{Prof..Dr}=3{,}00$, $X_{Yrd.Doç.Dr}=4{,}04$, $X_{Öğr.Gör.}= 4{,}15$, $X_{Okt.}= 5{,}00$). ile Doç.Dr. unvanlı öğretim elemanları ile öğretim görevlisi ve okutman unvanlı öğretim elemanları arasında olduğu görülmüştür ($X_{Doç.Dr}=3{,}43$, $X_{Öğr.Gör.}= 4{,}15$, $X_{Okt.}= 5{,}00$).

Araştırmaya katılan öğretim elemanlarının mezun olunan alana göre muhasebe öğretiminde öğretimi yönetme bağlamında ifade ettikleri görüşlerini belirlemeye yönelik sorulara verdikleri cevaplardan elde edilen verilere ait tanımlayıcı istatistikler hesaplanmış, öğretim elemanlarının mezun olunan alana göre görüşleri arasında farklılık olup olmadığını tespit etmek için bağımsız gruplar t-testi yapılmış ve analiz sonuçları tablo 4.59'da verilmiştir.

Tablo 4.59. Öğretim Elemanlarının Muhasebe Öğretiminde Öğretimi Yönetmeye İlişkin Görüşlerinin Mezun Olunan Alana Göre İstatistiksel Dağılımı

Temel Ölçütler	Mezun Olunan Alan	N	X	SS	t	p
Ölçüt-2	Muhasebe	56	4,36	,724	1,314	,191
	Diğer	89	4,19	,752		
Ölçüt-5	Muhasebe	56	4,18	,855	,972	,333
	Diğer	89	4,03	,885		
Ölçüt-8	Muhasebe	56	4,34	,668	1,015	,312
	Diğer	89	4,21	,761		
Ölçüt-11	Muhasebe	56	4,18	,789	1,151	,251
	Diğer	89	4,00	,977		
Ölçüt-14	Muhasebe	56	4,23	,687	-,127	,899
	Diğer	89	4,25	,695		

Tablo 4.59'daki verilere göre öğretim elemanlarının anılan sorulara verdikleri cevaplardan aldıkları puanların ortalaması muhasebe alan mezunu öğretim elemanları için 4,18–4,36 değerleri arasında diğer alan mezunu öğretim elemanları için 4,00-4,25 değerleri arasında değişmektedir.

Tablo 4.59 incelendiğinde muhasebe derslerinde öğrencilerin kendilerini ifade edebilecekleri bir ortam oluşturulması, muhasebe derslerinde öğretimde uygulanacak kuralları belirleyerek, öğrencilerin olumlu davranış yönünde motive edilmesi, muhasebe derslerinde olumlu davranışı pekiştirerek, olumsuz davranışın düzeltilmesi, muhasebe derslerinde öğretim ortamını düzenleme ve öğretim hızını öğrenciye göre ayarlayarak zamanı etkin olarak yönetmeye ilişkin mezun oldukları alana göre oluşturulan grupların görüşleri arasında p≤0,05 anlamlılık düzeyinde istatistiksel olarak anlamlı bir farklılık olmadığı bulunmuştur.

4.1.2.7. Öğretim Elemanlarının Muhasebe Öğretiminde Başarıyı Ölçme ve Değerlendirmeye Yönelik Görüşlerine Ait Bulgular

Araştırmaya katılan öğretim elemanlarının başarıyı ölçme ve değerlendirmelerine ilişkin görüşlerini yansıtan maddelere verdikleri cevaplara göre dağılımları tablo 4.60'da gösterilmiştir.

Tablo 4.60. Muhasebe Öğretiminde Öğretim Elemanlarının Başarıyı Ölçme ve Değerlendirmelerine Yönelik Görüşlerini Yansıtan Verilerin Dağılımı

Temel Ölçütler		Hiç	Az	Kısmen	Genellikle	Tamamen	Toplam
3. Muhasebe öğretiminde; başarıları ölçme değerlendirme ile ilgili "amaca uygun ölçme ve değerlendirme yöntemini belirleme" durumu	f	0	3	23	53	66	145
	%	0	2,1	15,9	36,6	45,5	100
6. muhasebe öğretiminde; başarıları ölçme değerlendirme ile ilgili "öğrencinin performans ölçütlerini belirleme" durumu	f	0	4	40	56	45	145
	%	0	2,8	27,6	38,6	31	100
9. Muhasebe öğretiminde; başarıları ölçme değerlendirme ile ilgili "öğrencilerin değerlendirme sürecine katılımını sağlama" durumu	f	8	18	26	57	36	145
	%	5,5	12,4	17,9	39,3	24,8	100
12. Muhasebe öğretiminde; başarıları ölçme değerlendirme ile ilgili "kendi öğretiminin etkililiğini değerlendirme" durumu	f	0	4	28	67	46	145
	%	0	2,8	19,3	46,2	31,7	100
15. Muhasebe öğretiminde; başarıları ölçme değerlendirme ile ilgili "öğrenciye geri bildirim sağlama" durumu	f	1	2	31	61	50	145
	%	0,7	1,4	21,4	42,1	34,5	100

Araştırmaya katılan öğretim elemanlarının tamamına yakını muhasebe öğretiminde amaca uygun ölçme ve değerlendirme yöntemleri belirlenmesi ve öğrencinin performans ölçütlerinin belirlenmesi konusunda olumlu cevaplar vermişlerdir.

Öğrencilerin değerlendirme sürecine katılımını sağlıyor musunuz ifadesine araştırmaya katılan öğretim elemanlarının % 17,9'u kısmen, % 39,3'ü genellikle ve % 24,8'i tamamen cevabını vermişlerdir. Katılımcılardan % 5,5'i bu ifadeye hiç cevabını verirken, % 12,4'ü az olarak cevabını vermişlerdir.

Öğretim sürecinin etkinliğini ve süreçteki rolünüzü değerlendiriyor musunuz sorusuna katılımcılardan % 19,3'ü kısmen, % 46,2'si genellikle ve % 31,7'si tamamen cevabını vermişlerdir. Hiç cevabının verilmediği ifadeye sadece % 2,8'lik bir katılımcı az olarak cevabını vermişlerdir.

Araştırmaya katılan öğretim elemanlarının sadece % 2,1'nin (hiç % 0,7, az % 1,4) olumsuz görüş bildirdiği öğrenciye geri bildirim sağlama konusunda yüksek düzeyde olumlu cevap verildiği görülmüştür.

Araştırmaya katılan öğretim elemanlarının muhasebe öğretim programının ölçme değerlendirmeye yönelik görüşlerini betimlemeyi amaçlayan sorulara verdikleri cevaplardan elde edilen verilere ait tanımlayıcı istatistikler hesaplanmış, öğretim elemanlarının cinsiyetlerine göre görüşleri arasında farklılık olup olmadığını tespit etmek için bağımsız gruplar t-testi yapılmış ve analiz sonuçları tablo 4.61'de verilmiştir.

Tablo 4.61. Öğretim Elemanlarının Muhasebe Öğretiminde Ölçme Değerlendirmeye İlişkin Görüşlerinin Cinsiyetlerine Göre İstatistiksel Dağılımı

Temel Ölçütler	Cinsiyet	N	X	SS	t	p
Ölçüt-3	Bayan	71	4,31	,767	,808	,420
	Erkek	74	4,20	,827		
Ölçüt-6	Bayan	71	3,94	,843	-,501	,617
	Erkek	74	4,01	,836		
Ölçüt-9	Bayan	71	3,58	1,261	-,800	,425
	Erkek	74	3,73	1,024		
Ölçüt-12	Bayan	71	4,14	,798	1,077	,283
	Erkek	74	4,00	,776		
Ölçüt-15	Bayan	71	4,11	,903	,429	,669
	Erkek	74	4,05	,738		

Tablo 4.61'deki verilere göre öğretim elemanlarının anılan sorulara verdikleri cevaplardan aldıkları puanların ortalaması bayan öğretim elemanları için 3,58–4,31 değerleri arasında, erkek öğretim elemanları için 3,73-4,20 değerleri arasında değişmektedir.

Amaca uygun ölçme ve değerlendirme yöntemlerinin belirlenmesi, öğrencinin performans ölçütlerinin belirlenmesi, öğrencilerin değerlendirme sürecine katılımının sağlanması, kendi öğretiminin etkililiğini değerlendirilmesi ve öğrenciye geri bildirim sağlanmasına ilişkin öğretim elemanlarının görüşleri arasında cinsiyetlerine göre $p \leq 0,05$ anlamlılık düzeyinde istatistiksel olarak anlamlı bir farklılık olmadığı bulunmuştur.

Araştırmaya katılan öğretim elemanlarının mesleki kıdemine göre muhasebe öğretiminde ölçme değerlendirmeye ilişkin görüşleri arasında farklılık olup olmadığını belirlemek için tek yönlü varyans analizi ve farklılığın hangi gruplar arasında olduğunu belirlemek amacıyla varyanslar homojen olduğunda LSD, varyanslar homojen olmadığı durumlar için Dunnett's T3 testleri yapılmıştır. Anova tablosundan ve tanımlayıcı istatistiklerden elde edilen değerler Tablo 4.62 ve 4.63'de sunulmuştur.

Tablo 4.62. Öğretim Elemanlarının Mesleki Kıdemlerine Göre Muhasebe Öğretiminde Ölçme Değerlendirmeye İlişkin Görüşlerine Ait Tanımlayıcı İstatistikler

Ölçütler	Gruplar		N	X	SS
3	1	1–5 yıl	23	4,35	,832
	2	6–10 yıl	36	4,11	,747
	3	11–15 yıl	39	4,49	,721
	4	16–20 yıl	29	4,24	,872
	5	20+	18	3,94	,802
6	1	1–5 yıl	23	3,96	,878
	2	6–10 yıl	36	3,89	,854
	3	11–15 yıl	39	4,26	,818
	4	16–20 yıl	29	3,83	,848
	5	20+	18	3,83	,707
9	1	1–5 yıl	23	3,87	1,058
	2	6–10 yıl	36	3,33	1,195
	3	11–15 yıl	39	3,67	1,243
	4	16–20 yıl	29	3,83	,966
	5	20+	18	3,72	1,179
12	1	1–5 yıl	23	4,17	,778
	2	6–10 yıl	36	4,00	,862
	3	11–15 yıl	39	4,13	,767
	4	16–20 yıl	29	4,03	,778
	5	20+	18	4,00	,767
15	1	1–5 yıl	23	4,30	,703
	2	6–10 yıl	36	3,92	,874
	3	11–15 yıl	39	4,23	,931
	4	16–20 yıl	29	3,90	,618
	5	20+	18	4,11	,832

Tablo 4.63. Öğretim Elemanlarının Mesleki Kıdemlerine Göre Muhasebe Öğretiminde Ölçme Değerlendirmeye İlişkin Görüşlerine Ait ANOVA Sonuçları

		Karelerinin Toplamı	SD	Karelerinin Ortalaması	F	p	LSD[1] Dunnett's T3[2]
Ölçüt-3	Gruplar arası	4,787	4	1,197			
	Gruplar içi	86,771	140	,620	1,931	,109	
	Toplam	91,559	144				
Ölçüt-6	Gruplar arası	4,352	4	1,088			
	Gruplar içi	96,586	140	,690	1,577	,184	
	Toplam	100,938	144				
Ölçüt-9	Gruplar arası	5,734	4	1,434			
	Gruplar içi	183,024	140	1,307	1,097	,361	
	Toplam	188,759	144				
Ölçüt-12	Gruplar arası	,682	4	,170			
	Gruplar içi	88,629	140	,633	,269	,897	
	Toplam	89,310	144				
Ölçüt-15	Gruplar arası	3,997	4	,999			
	Gruplar içi	93,010	140	,664	1,504	,204	
	Toplam	97,007	144				

Tablo 4.63 incelendiğinde Amaca uygun ölçme ve değerlendirme yöntemlerinin belirlenmesi, öğrencinin performans ölçütlerinin belirlenmesi, öğrencilerin değerlendirme sürecine katılımının sağlanması, kendi öğretiminin etkililiğini değerlendirilmesi ve öğrenciye geri bildirim sağlanmasına ilişkin meslek kıdemlerine göre oluşturulan grupların görüşler arasında $p \leq 0,05$ anlamlılık düzeyinde istatistiksel olarak anlamlı bir farklılık olmadığı bulunmuştur.

Araştırmaya katılan öğretim elemanlarının öğrenim düzeylerine göre muhasebe öğretiminde ölçme değerlendirmeye ilişkin görüşleri arasında farklılık olup olmadığını belirlemek için tek yönlü varyans analizi ve farklılığın hangi gruplar arasında olduğunu belirlemek amacıyla varyanslar homojen olduğunda LSD, varyanslar homojen olmadığı durumlar için Dunnett's T3 testleri yapılmıştır. Anova tablosundan ve tanımlayıcı istatistiklerden elde edilen değerler Tablo 4.64 ve 4.65'de sunulmuştur.

Tablo 4.64. Öğretim Elemanlarının Öğrenim Durumuna Göre Muhasebe Öğretiminde Ölçme Değerlendirmeye İlişkin Görüşlerine Ait Tanımlayıcı İstatistikler

Ölçütler	Gruplar		N	X	SS
3	1	Lisans	41	4,20	,813
	2	Y.Lisans	63	4,29	,705
	3	Doktora	41	4,27	,923
6	1	Lisans	41	3,90	,831
	2	Y.Lisans	63	4,03	,740
	3	Doktora	41	3,98	,987
9	1	Lisans	41	3,51	1,098
	2	Y.Lisans	63	3,65	1,050
	3	Doktora	41	3,80	1,327
12	1	Lisans	41	4,00	,922
	2	Y.Lisans	63	4,05	,633
	3	Doktora	41	4,17	,863
15	1	Lisans	41	3,98	1,037
	2	Y.Lisans	63	4,05	,705
	3	Doktora	41	4,24	,734

Tablo 4.65. Öğretim Elemanlarının Öğrenim Durumuna Göre Muhasebe Öğretiminde Ölçme Değerlendirmeye İlişkin Görüşlerine Ait ANOVA Sonuçları

		Karelerinin Toplamı	SD	Karelerinin Ortalaması	F	p	LSD[1] Dunnett's T3[2]
Ölçüt-3	Gruplar arası	,214	2	,107	,166	,847	
	Gruplar içi	91,345	142	,643			
	Toplam	91,559	144				
Ölçüt-6	Gruplar arası	,416	2	,208	,294	,746	
	Gruplar içi	100,522	142	,708			
	Toplam	100,938	144				
Ölçüt-9	Gruplar arası	1,758	2	,879	,668	,515	
	Gruplar içi	187,000	142	1,317			
	Toplam	188,759	144				
Ölçüt-12	Gruplar arası	,648	2	,324	,519	,596	
	Gruplar içi	88,662	142	,624			
	Toplam	89,310	144				
Ölçüt-15	Gruplar arası	1,613	2	,807	1,201	,304	
	Gruplar içi	95,394	142	,672			
	Toplam	97,007	144				

Tablo 4.65 incelendiğinde Amaca uygun ölçme ve değerlendirme yöntemlerinin belirlenmesi, öğrencinin performans ölçütlerinin belirlenmesi, öğrencilerin değerlendirme sürecine katılımının sağlanması, kendi öğretiminin etkililiğini değerlendirilmesi ve öğrenciye geri bildirim sağlanmasına ilişkin öğrenim düzeylerine göre oluşturulan grupların görüşler arasında $p \leq 0,05$ anlamlılık düzeyinde istatistiksel olarak anlamlı bir farklılık olmadığı bulunmuştur.

Araştırmaya katılan öğretim elemanlarının akademik unvanlarına göre muhasebe öğretiminde ölçme değerlendirmeye ilişkin görüşleri arasında farklılık olup olmadığını belirlemek için tek yönlü varyans analizi ve farklılığın hangi gruplar arasında olduğunu belirlemek amacıyla varyanslar homojen olduğunda LSD, varyanslar homojen olmadığı durumlar için Dunnett's T3 testleri yapılmıştır. Anova tablosundan ve tanımlayıcı istatistiklerden elde edilen değerler Tablo 4.66 ve 4.67'de sunulmuştur.

Tablo 4.66. Öğretim Elemanlarının Akademik Unvana Göre Muhasebe Öğretiminde Ölçme Değerlendirmeye İlişkin Görüşlerine Ait Tanımlayıcı İstatistikler

Ölçütler	Gruplar		N	X	SS
3	1	Prof.Dr.	5	4,00	1,000
	2	Doç.Dr.	7	3,71	,488
	3	Yrd.Doç.Dr.	23	4,17	,937
	4	Öğr.Gör.	108	4,31	,769
	5	Okt.	2	4,50	,707
6	1	Prof.Dr.	5	3,40	,548
	2	Doç.Dr.	7	3,86	,900
	3	Yrd.Doç.Dr.	23	3,83	1,029
	4	Öğr.Gör.	108	4,04	,796
	5	Okt.	2	4,50	,707
9	1	Prof.Dr.	5	3,60	1,342
	2	Doç.Dr.	7	3,00	1,414
	3	Yrd.Doç.Dr.	23	3,78	1,126
	4	Öğr.Gör.	108	3,65	1,122
	5	Okt.	2	5,00	,000
12	1	Prof.Dr.	5	3,80	1,304
	2	Doç.Dr.	7	3,71	,756
	3	Yrd.Doç.Dr.	23	3,70	,926
	4	Öğr.Gör.	108	4,17	,704
	5	Okt.	2	5,00	,000
15	1	Prof.Dr.	5	4,40	,894
	2	Doç.Dr.	7	3,71	,951
	3	Yrd.Doç.Dr.	23	3,74	,864
	4	Öğr.Gör.	108	4,15	,783
	5	Okt.	2	5,00	,000

Tablo 4.67. Öğretim Elemanlarının Akademik Unvana Göre Muhasebe Öğretiminde Ölçme Değerlendirmeye İlişkin Görüşlerine Ait ANOVA Sonuçları

		Karelerinin Toplamı	SD	Karelerinin Ortalaması	F	p	LSD[1] Dunnett's T3[2]
Ölçüt-3	Gruplar arası	3,029	4	,757			
	Gruplar içi	88,529	140	,632	1,198	,315	
	Toplam	91,559	144				
Ölçüt-6	Gruplar arası	3,225	4	,806			
	Gruplar içi	97,713	140	,698	1,155	,333	
	Toplam	100,938	144				
Ölçüt-9	Gruplar arası	7,016	4	1,754			
	Gruplar içi	181,743	140	1,298	1,351	,254	
	Toplam	188,759	144				
Ölçüt-12	Gruplar arası	7,212	4	1,803			2-5[2]p=0.030
	Gruplar içi	82,098	140	,586	3,075	,018	3-5[2]p=0,000
	Toplam	89,310	144				4-5[2]p=0,000
Ölçüt-15	Gruplar arası	6,314	4	1,578			
	Gruplar içi	90,693	140	,648	2,437	,050	
	Toplam	97,007	144				

Tablo 4.67 incelendiğinde amaca uygun ölçme ve değerlendirme yöntemlerinin belirlenmesi, öğrencinin performans ölçütlerinin belirlenmesi, öğrencilerin değerlendirme sürecine katılımının sağlanması ve öğrenciye geri bildirim sağlanmasına ilişkin akademik unvanlara göre oluşturulan grupların görüşler arasında $p \leq 0,05$ anlamlılık düzeyinde istatistiksel olarak anlamlı bir farklılık olmadığı bulunmuştur.

Ancak kendi öğretiminin etkililiğini değerlendirilmesine ilişkin görüşler arasında gruplar arası istatistiksel olarak anlamlı bir farklılık olduğu görülmektedir [$F=3,075$; $p=0,018$ $p<0,05$]. Farklılık bulunan madde için varyanslar homojen dağılmadığından, hangi gruplar arasında fark olduğunu tespit etmek amacıyla Dunnett's T3 testi yapılmıştır.

Gruplar arasında oluşan farklılığın okutman unvanlı öğretim elemanları ile doçent, yardımcı doçent ve öğretim görevlisi unvanlı öğretim elemanları arasında olduğu görülmüştür ($X_{Okutman}$=5,00, $X_{Doçent}$ =3,71, $X_{Yardımcı\ Doçent}$ =3,70, $X_{Öğretim\ Görevlisi}$ =4,17). Okutman unvanlı öğretim elemanları öğretim sürecinde, sürecin etkinliğini ve süreçteki rolünü değerlendirmeyi diğer üç grupta yer alan öğretim elemanlarına göre daha yüksek düzeyde yaptıklarını ifade etmişlerdir.

Araştırmaya katılan öğretim elemanlarının mezun olunan alana göre muhasebe öğretiminde ölçme değerlendirme bağlamında ifade ettikleri görüşlerini belirlemeye yönelik sorulara verdikleri cevaplardan elde edilen verilere ait tanımlayıcı istatistikler hesaplanmış, öğretim elemanlarının mezun olunan alana göre görüşleri arasında farklılık olup olmadığını tespit etmek için bağımsız gruplar t-testi yapılmış ve analiz sonuçları tablo 4.68'de verilmiştir.

Tablo 4.68. Öğretim Elemanlarının Muhasebe Öğretiminde Ölçme Değerlendirmeye İlişkin Görüşlerinin Mezun Olunan Alana Göre İstatistiksel Dağılımı

Temel Ölçütler	Mezun Olunan Alan	N	X	SS	t	p
Ölçüt-3	Muhasebe	56	4,25	,858	-,062	,951
	Diğer	89	4,26	,762		
Ölçüt-6	Muhasebe	56	3,95	,862	-,374	,709
	Diğer	89	4,00	,826		
Ölçüt-9	Muhasebe	56	3,70	1,174	,343	,732
	Diğer	89	3,63	1,132		
Ölçüt-12	Muhasebe	56	3,95	,749	-1,493	,138
	Diğer	89	4,15	,806		
Ölçüt-15	Muhasebe	56	4,02	,842	-,754	,452
	Diğer	89	4,12	,809		

Tablo 4.68'deki verilere göre öğretim elemanlarının anılan sorulara verdikleri cevaplardan aldıkları puanların ortalaması muhasebe alan mezunu öğretim elemanları için 3,70–4,25 değerleri arasında diğer alan mezunu öğretim elemanları için 3,63-4,26 değerleri arasında değişmektedir.

Amaca uygun ölçme ve değerlendirme yöntemlerinin belirlenmesi, öğrencinin performans ölçütlerinin belirlenmesi, öğrencilerin değerlendirme sürecine katılımının sağlanması, kendi öğretiminin etkililiğini değerlendirilmesi ve öğrenciye geri bildirim sağlanmasına ilişkin öğretim elemanlarının görüşleri arasında mezuniyet alanlarına göre p≤0,05 anlamlılık düzeyinde istatistiksel olarak anlamlı bir farklılık olmadığı bulunmuştur.

4.1.2.8. Öğretim Elemanlarının Muhasebe Öğretiminde Öğrenciyi Tanıma ve Rehberlik Etmeye Yönelik Görüşlerine Ait Bulgular

Araştırmaya katılan öğretim elemanlarının öğrenciyi tanıma ve rehberlik etmelerine ilişkin görüşlerini yansıtan maddelere verdikleri cevaplara göre dağılımları tablo 4.69'da gösterilmiştir.

Tablo 4.69. Muhasebe Öğretiminde Öğretim Elemanlarının Öğrenciyi Tanıma ve Rehberlik Etmelerine Yönelik Görüşlerini Yansıtan Verilerin Dağılımı

Temel Ölçütler		Hiç	Az	Kısmen	Genellikle	Tamamen	Toplam
1. Muhasebe öğretiminde; öğrencileri tanıma ve rehberlik etme ile ilgili "öğrenciyi tanımada ilgililerle iş birliği yapma" durumu	f	7	23	36	46	33	145
	%	4,8	15,9	24,8	31,7	22,8	100
3. Muhasebe öğretiminde; başarıları ölçme değerlendirme ile ilgili "öğrencilerin bilişsel, duyuşsal ve devinişsel özelliklerini tanıma" durumu	f	6	21	53	46	19	145
	%	4,1	14,5	36,6	31,7	13,1	100
5. Muhasebe öğretiminde; başarıları ölçme değerlendirme ile ilgili "öğrencilerin ilgi ve yeteneklerini gözlemleyerek, öğrenme stilini tanıma" durumu	f	1	21	32	67	24	145
	%	0,7	14,5	22,1	46,2	16,6	100
7. Muhasebe öğretiminde; başarıları ölçme değerlendirme ile ilgili "öğrencilerin okul karar süreçlerine katılımını destekleme" durumu	f	3	15	24	64	19	145
	%	2,1	10,3	16,6	44,1	26,9	100
9. Muhasebe öğretiminde; başarıları ölçme değerlendirme ile ilgili "öğrencilerin meslekî geleceklerini plânlama becerilerini geliştirmelerine yardım etme" durumu	f	0	11	22	76	36	145
	%	0	7,6	15,2	52,4	24,8	100

Araştırmaya katılan öğretim elemanlarının yaklaşık % 21'i öğrenciyi tanımada ilgililerle işbirliği yapma konusunda olumsuz görüş beyan etmişlerdir. Katılımcıların % 24,8'nin kısmen katıldığı bu ifadeye katılımcılarda % 31,7'si genellikle ve % 22,8'i tamamen şeklinde görüşlerini ifade etmişlerdir.

Öğrencilerin bilişsel, duyuşsal ve devinişsel özelliklerini tanımaya yönelik çalışmalar yapıyor musunuz ifadesine araştırmaya katılanların % 4,1'i hiç cevabını verirken % 14,5'i az olarak cevabını vermişlerdir. Katılımcılardan % 36,6'sı kısmen bu görüşe katıldıklarını ifade ederken % 31,7'si genellikle ve % 13,1'i tamamen bu görüşe katıldıklarını ifade etmişlerdir.

Araştırmaya katılanların % 0,7'sinin hiç, % 14,5'inin az cevabını verdikleri öğrencilerin ilgi ve yeteneklerini gözlemleyerek, öğrenme stilini belirleme ifadesine katılımcılardan % 22,1'i kısmen, % 46,2'si genellikle ve % 16,6'sı tamamen katılıyorum şeklinde görüş beyan etmişlerdir.

Öğrencilerin okul karar süreçlerine katılımını destekliyor musunuz ifadesine katılımcıların % 2,1'i hiç, % 10,3'ü az, % 16,6'sı kısmen, % 44,1'i genellikle ve % 26,9'u tamamen cevabını vermişlerdir.

Araştırmaya katılan öğretim elemanlarından % 15,2'sinin kısmen, % 52,4'ünün genellikle ve % 24,8'inin tamamen cevabını verdikleri, öğrencilerin mesleki geleceklerini planlama becerilerini geliştirmelerine yardım ediyor musunuz ifadesine katılımcılardan sadece % 7,6'sı az cevabını verirken bu görüşe katılmıyorum diyen katılımcı olmamıştır.

Araştırmaya katılan öğretim elemanlarının muhasebe öğretim programının öğrencileri tanıma ve rehberlik etmeye yönelik görüşlerini betimlemeyi amaçlayan sorulara verdikleri cevaplardan elde edilen verilere ait tanımlayıcı istatistikler hesaplanmış, öğretim elemanlarının cinsiyetlerine göre görüşleri arasında farklılık olup olmadığını tespit etmek için bağımsız gruplar t-testi yapılmış ve analiz sonuçları tablo 70'de verilmiştir.

Tablo 4.70. Öğretim Elemanlarının Muhasebe Öğretiminde Öğrencileri Tanıma ve Rehberlik Etmeye İlişkin Görüşlerinin Cinsiyetlerine Göre İstatistiksel Dağılımı

Temel Ölçütler	Cinsiyet	N	X	SS	t	p
Ölçüt-1	Bayan	71	3,41	1,154	-1,117	,266
	Erkek	74	3,62	1,143		
Ölçüt-3	Bayan	71	3,44	,967	,984	,327
	Erkek	74	3,27	1,064		
Ölçüt-5	Bayan	71	3,65	,943	,166	,868
	Erkek	74	3,62	,961		
Ölçüt-7	Bayan	71	3,77	1,072	-,700	,485
	Erkek	74	3,89	,945		
Ölçüt-9	Bayan	71	3,97	,828	,378	,706
	Erkek	74	3,92	,856		

Tablo 4.70'deki verilere göre öğretim elemanlarının anılan sorulara verdikleri cevaplardan aldıkları puanların ortalaması bayan öğretim elemanları için 3,41–3,97 değerleri arasında, erkek öğretim elemanları için 3,27-3,92 değerleri arasında değişmektedir.

Öğrenciyi tanımada ilgililerle iş birliği yapılması, öğrencilerin bilişsel, duyuşsal ve devinişsel özelliklerini tanımaya yönelik çalışmalar yapılması, öğrencilerin ilgi ve yeteneklerini gözlemleyerek, öğrenme stilinin belirlenmesi, öğrencilerin okul karar süreçlerine katılımının desteklenmesi ve öğrencilerin meslekî geleceklerini plânlama becerilerini geliştirmelerine yardım edilmesine ilişkin öğretim elemanlarının görüşleri arasında cinsiyetlerine göre $p \leq 0,05$ anlamlılık düzeyinde istatistiksel olarak anlamlı bir farklılık olmadığı bulunmuştur.

Araştırmaya katılan öğretim elemanlarının mesleki kıdemine göre muhasebe öğretiminde öğrencileri tanıma ve rehberlik etmeye ilişkin görüşleri arasında farklılık olup olmadığını belirlemek için tek yönlü varyans analizi ve farklılığın hangi gruplar arasında olduğunu belirlemek amacıyla varyanslar homojen olduğunda LSD, varyanslar homojen olmadığı durumlar için Dunnett's T3 testleri yapılmıştır. Anova tablosundan ve tanımlayıcı istatistiklerden elde edilen değerler Tablo 4.71 ve 4.72'de sunulmuştur.

Tablo 4.71. Öğretim Elemanlarının Mesleki Kıdemlerine Göre Muhasebe Öğretiminde Öğrencileri Tanıma ve Rehberlik Etmeye İlişkin Görüşlerine Ait Tanımlayıcı İstatistikler

Ölçütler	Gruplar		N	X	SS
1	1	1–5 yıl	23	4,04	1,147
	2	6–10 yıl	36	3,33	1,195
	3	11–15 yıl	39	3,26	1,186
	4	16–20 yıl	29	3,59	,946
	5	20+	18	3,67	1,138
3	1	1–5 yıl	23	3,43	1,273
	2	6–10 yıl	36	3,44	,969
	3	11–15 yıl	39	3,26	1,093
	4	16–20 yıl	29	3,34	,936
	5	20+	18	3,28	,752
5	1	1–5 yıl	23	3,65	1,071
	2	6–10 yıl	36	3,61	,994
	3	11–15 yıl	39	3,59	,938
	4	16–20 yıl	29	3,62	,862
	5	20+	18	3,78	,943
7	1	1–5 yıl	23	3,70	1,146
	2	6–10 yıl	36	3,42	1,079
	3	11–15 yıl	39	4,10	,852
	4	16–20 yıl	29	4,00	,926
	5	20+	18	4,00	,907
9	1	1–5 yıl	23	3,96	,976
	2	6 10 yıl	36	3,75	,996
	3	11–15 yıl	39	4,10	,598
	4	16–20 yıl	29	4,03	,906
	5	20+	18	3,83	,618

Tablo 4.72. Öğretim Elemanlarının Mesleki Kıdemlerine Göre Muhasebe Öğretiminde Öğrencileri Tanıma ve Rehberlik Etmeye İlişkin Görüşlerine Ait ANOVA Sonuçları

		Karelerinin Toplamı	SD	Karelerinin Ortalaması	F	p	LSD[1] Dunnett's T3[2]
Ölçüt-1	Gruplar arası	10,780	4	2,695			
	Gruplar içi	179,427	140	1,282	2,103	,084	
	Toplam	190,207	144				
Ölçüt-3	Gruplar arası	,922	4	,231			
	Gruplar içi	148,140	140	1,058	,218	,928	
	Toplam	149,062	144				
Ölçüt-5	Gruplar arası	,480	4	,120			
	Gruplar içi	129,148	140	,922	,130	,971	
	Toplam	129,628	144				
Ölçüt-7	Gruplar arası	10,818	4	2,705			2-3[1]p=0,003
	Gruplar içi	135,209	140	,966	2,800	,028	2-4[1]p=0,019
	Toplam	146,028	144				2-5[1]p=0,042
Ölçüt-9	Gruplar arası	2,797	4	,699			
	Gruplar içi	98,762	140	,705	,991	,415	
	Toplam	101,559	144				

Tablo 4.72 incelendiğinde öğrenciyi tanımada ilgililerle iş birliği yapılması, öğrencilerin bilişsel, duyuşsal ve devinişsel özelliklerini tanımaya yönelik çalışmalar yapılması, öğrencilerin ilgi ve yeteneklerini gözlemleyerek, öğrenme stilinin belirlenmesi ve öğrencilerin meslekî geleceklerini plânlama becerilerini geliştirmelerine yardım edilmesine ilişkin meslek kıdemlerine göre oluşturulan grupların görüşler arasında $p \leq 0,05$ anlamlılık düzeyinde istatistiksel olarak anlamlı bir farklılık olmadığı bulunmuştur.

Ancak öğrencilerin okul karar süreçlerine katılımının desteklenmesine ilişkin görüşler arasında gruplar arası istatistiksel olarak anlamlı bir farklılık olduğu görülmektedir [F=2,800; p=0,028 (p<0,05].

Farklılık bulunan madde için varyanslar homojen dağıldığından, hangi gruplar arasında fark olduğunu tespit etmek amacıyla LSD testi yapılmıştır.

Gruplar arasında oluşan farklılığın 6-10 yıllık mesleki kıdeme sahip (X=3,42) olan öğretim elemanları ile 11-15 yıllık 16-20 yıllık ve 20 yıl ve üzeri kıdeme sahip (X=4,10, X=4,00, X=4,00) öğretim elemanları arasında olduğu görülmüştür.

Araştırmaya katılan öğretim elemanlarının öğrenim düzeylerine göre muhasebe öğretiminde öğrencileri tanıma ve rehberlik etmeye ilişkin görüşleri arasında farklılık olup olmadığını belirlemek için tek yönlü varyans analizi ve farklılığın hangi gruplar arasında olduğunu belirlemek amacıyla varyanslar homojen olduğunda LSD, varyanslar homojen olmadığı durumlar için Dunnett's T3 testleri yapılmıştır. Anova tablosundan ve tanımlayıcı istatistiklerden elde edilen değerler Tablo 4.73 ve 4.74'de sunulmuştur.

Tablo 4.73. Öğretim Elemanlarının Öğrenim Durumuna Göre Muhasebe Öğretiminde Öğrencileri Tanıma ve Rehberlik Etmeye İlişkin Görüşlerine Ait Tanımlayıcı İstatistikler

Ölçütler	Gruplar		N	X	SS
1	1	Lisans	41	3,41	1,048
	2	Y.Lisans	63	3,76	1,118
	3	Doktora	41	3,24	1,241
3	1	Lisans	41	3,24	,994
	2	Y.Lisans	63	3,56	,980
	3	Doktora	41	3,15	1,062
5	1	Lisans	41	3,54	1,075
	2	Y.Lisans	63	3,73	,884
	3	Doktora	41	3,59	,921
7	1	Lisans	41	3,61	,997
	2	Y.Lisans	63	3,89	,918
	3	Doktora	41	3,98	1,129
9	1	Lisans	41	3,76	,830
	2	Y.Lisans	63	4,02	,751
	3	Doktora	41	4,02	,961

Tablo 4.74. Öğretim Elemanlarının Öğrenim Durumuna Göre Muhasebe Öğretiminde Öğrencileri Tanıma ve Rehberlik Etmeye İlişkin Görüşlerine Ait ANOVA Sonuçları

		Karelerinin Toplamı	SD	Karelerinin Ortalaması	F	p	LSD[1] Dunnett's T3[2]
Ölçüt-1	Gruplar arası	7,266	2	3,633			
	Gruplar içi	182,941	142	1,288	2,820	,063	
	Toplam	190,207	144				
Ölçüt-3	Gruplar arası	4,824	2	2,412			
	Gruplar içi	144,238	142	1,016	2,374	,097	
	Toplam	149,062	144				
Ölçüt-5	Gruplar arası	1,069	2	,534			
	Gruplar içi	128,559	142	,905	,590	,556	
	Toplam	129,628	144				
Ölçüt-7	Gruplar arası	3,074	2	1,537			
	Gruplar içi	142,954	142	1,007	1,527	,221	
	Toplam	146,028	144				
Ölçüt-9	Gruplar arası	2,038	2	1,019			
	Gruplar içi	99,521	142	,701	1,454	,237	
	Toplam	101,559	144				

Tablo 4.74 incelendiğinde öğrenciyi tanımada ilgililerle iş birliği yapılması, öğrencilerin bilişsel, duyuşsal ve devinişsel özelliklerini tanımaya yönelik çalışmalar yapılması, öğrencilerin ilgi ve yeteneklerini gözlemleyerek, öğrenme stilinin belirlenmesi, öğrencilerin okul karar süreçlerine katılımının desteklenmesi ve öğrencilerin meslekî geleceklerini plânlama becerilerini geliştirmelerine yardım edilmesine ilişkin öğrenim düzeylerine göre oluşturulan grupların görüşleri arasında $p \leq 0,05$ anlamlılık düzeyinde istatistiksel olarak anlamlı bir farklılık olmadığı bulunmuştur.

Araştırmaya katılan öğretim elemanlarının akademik unvanlarına göre muhasebe öğretiminde öğrencileri tanıma ve rehberlik etmelerine ilişkin görüşleri arasında farklılık olup olmadığını belirlemek için tek yönlü varyans analizi ve farklılığın hangi gruplar arasında olduğunu belirlemek amacıyla varyanslar homojen olduğunda LSD, varyanslar homojen olmadığı durumlar için Dunnett's T3 testleri yapılmıştır. Anova tablosundan ve tanımlayıcı istatistiklerden elde edilen değerler Tablo 4.75 ve 4.76'da sunulmuştur.

Tablo 4.75. Öğretim Elemanlarının Akademik Unvana Göre Muhasebe Öğretiminde Öğrencileri Tanıma ve Rehberlik Etmelerine İlişkin Görüşlerine Ait Tanımlayıcı İstatistikler

Ölçütler	Gruplar		N	X	SS
1	1	Prof.Dr.	5	2,80	,837
	2	Doç.Dr.	7	3,14	1,464
	3	Yrd.Doç.Dr.	23	3,09	1,345
	4	Öğr.Gör.	108	3,65	1,071
	5	Okt.	2	4,50	,707
3	1	Prof.Dr.	5	3,00	,707
	2	Doç.Dr.	7	3,14	,900
	3	Yrd.Doç.Dr.	23	3,04	1,147
	4	Öğr.Gör.	108	3,46	,980
	5	Okt.	2	2,50	2,121
5	1	Prof.Dr.	5	3,20	,447
	2	Doç.Dr.	7	3,14	,900
	3	Yrd.Doç.Dr.	23	3,17	1,029
	4	Öğr.Gör.	108	3,81	,880
	5	Okt.	2	2,50	2,121
7	1	Prof.Dr.	5	2,60	,894
	2	Doç.Dr.	7	3,71	,488
	3	Yrd.Doç.Dr.	23	3,96	1,147
	4	Öğr.Gör.	108	3,90	,947
	5	Okt.	2	2,50	2,121
9	1	Prof.Dr.	5	3,80	1,095
	2	Doç.Dr.	7	4,00	,577
	3	Yrd.Doç.Dr.	23	3,83	1,029
	4	Öğr.Gör.	108	3,98	,809
	5	Okt.	2	3,50	,707

Tablo 4.76. Öğretim Elemanlarının Akademik Unvana Göre Muhasebe Öğretiminde Öğrencileri Tanıma ve Rehberlik Etmelerine İlişkin Görüşlerine Ait ANOVA Sonuçları

		Karelerinin Toplamı	SD	Karelerinin Ortalaması	F	p	LSD[1] Dunnett's T3[2]
Ölçüt-1	Gruplar arası	11,594	4	2,899			
	Gruplar içi	178,613	140	1,276	2,272	,065	
	Toplam	190,207	144				
Ölçüt-3	Gruplar arası	5,897	4	1,474			
	Gruplar içi	143,166	140	1,023	1,442	,223	
	Toplam	149,062	144				
Ölçüt-5	Gruplar arası	13,249	4	3,312			
	Gruplar içi	116,378	140	,831	3,985	,004	3-4[1]p=0,003 4-5[1]p=0,047
	Toplam	129,628	144				
Ölçüt-7	Gruplar arası	12,063	4	3,016			1-3[1]p=0,006
	Gruplar içi	133,965	140	,957	3,152	,016	1-4[1]p=0,004
	Toplam	146,028	144				3-5[1]p=0,045 4-5[1]p=0,047
Ölçüt-9	Gruplar arası	,991	4	,248			
	Gruplar içi	100,567	140	,718	,345	,847	
	Toplam	101,559	144				

Tablo 4.76 incelendiğinde öğrenciyi tanımada ilgililerle iş birliği yapılması, öğrencilerin bilişsel, duyuşsal ve devinişsel özelliklerini tanımaya yönelik çalışmalar yapılması ve öğrencilerin meslekî geleceklerini plânlama becerilerini geliştirmelerine yardım edilmesine ilişkin akademik unvanlarına göre oluşturulan grupların görüşler arasında p≤0,05 anlamlılık düzeyinde istatistiksel olarak anlamlı bir farklılık olmadığı bulunmuştur.

Ancak öğrencilerin ilgi ve yeteneklerini gözlemleyerek, öğrenme stilinin belirlenmesine ilişkin görüşler arasında gruplar arası istatistiksel olarak anlamlı bir farklılık olduğu görülmektedir [F=3,985; p=0,004 p<0,05]. Farklılık bulunan madde için varyanslar homojen dağıldığından, hangi gruplar arasında fark olduğunu tespit etmek amacıyla LSD testi yapılmıştır.

Gruplar arasında oluşan farklılığın öğretim görevlisi unvanlı öğretim elemanları ile yardımcı doçent ve okutman unvanlı öğretim elemanları arasında olduğu görülmüştür ($X_{Öğretim\ Görevlisi}$=3,81, $X_{Yardımcı\ Doçent}$=3,17, $X_{Okutman}$=2,50).

Ayrıca öğrencilerin okul karar süreçlerine katılımının desteklenmesine ilişkin görüşler arasında da gruplar arası istatistiksel olarak anlamlı bir farklılık olduğu görülmektedir [F=3,152; p=0,016 p<0,05]. Gruplar arasında oluşan farklılığın Prof.Dr. unvanlı öğretim elemanları ile yardımcı doçent ve öğretim görevlisi unvanlı öğretim elemanları ($X_{Prof.\ Dr.}$= 2,60, $X_{Yardımcı\ Doçent}$=3,96, $X_{Öğretim\ Görevlisi}$=3,90) ile okutman unvanlı öğretim elemanları ile yardımcı doçent ve öğretim görevlisi unvanlı öğretim elemanları arasında olduğu görülmüştür ($X_{Okutman}$=2,50, $X_{Yardımcı\ Doçent}$=3,96, $X_{Öğretim\ Görevlisi}$=3,90).

Araştırmaya katılan öğretim elemanlarının mezun olunan alana göre muhasebe öğretiminde öğrencileri tanıma ve rehberlik etmeleri bağlamında ifade ettikleri görüşlerini belirlemeye yönelik sorulara verdikleri cevaplardan elde edilen verilere ait tanımlayıcı istatistikler hesaplanmış, öğretim elemanlarının mezun olunan alana göre görüşleri arasında farklılık olup olmadığını tespit etmek için bağımsız gruplar t-testi yapılmış ve analiz sonuçları tablo 4.77'de verilmiştir.

Tablo 4.77. Öğretim Elemanlarının Muhasebe Öğretiminde Öğrencileri Tanıma ve Rehberlik Etmelerine İlişkin Görüşlerinin Mezun Olunan Alana Göre İstatistiksel Dağılımı

Temel Ölçütler	Mezun Olunan Alan	N	X	SS	t	p
Ölçüt-1	Muhasebe	56	3,30	1,174	-1,789	,076
	Diğer	89	3,65	1,119		
Ölçüt-3	Muhasebe	56	3,36	1,034	,051	,960
	Diğer	89	3,35	1,012		
Ölçüt-5	Muhasebe	56	3,62	,964	-,095	,924
	Diğer	89	3,64	,944		
Ölçüt-7	Muhasebe	56	3,95	1,017	1,062	,290
	Diğer	89	3,76	1,000		
Ölçüt-9	Muhasebe	56	3,95	,818	,018	,986
	Diğer	89	3,94	,858		

Tablo 4.77'deki verilere göre öğretim elemanlarının anılan sorulara verdikleri cevaplardan aldıkları puanların ortalaması muhasebe alan mezunu öğretim elemanları için 3,30–3,95 değerleri arasında diğer alan mezunu öğretim elemanları için 3,35-3,94 değerleri arasında değişmektedir.

Tablo 4.77 incelendiğinde öğrenciyi tanımada ilgililerle iş birliği yapılması, öğrencilerin bilişsel, duyuşsal ve devinişsel özelliklerini tanımaya yönelik çalışmalar yapılması, öğrencilerin ilgi ve yeteneklerini gözlemleyerek, öğrenme stilinin belirlenmesi, öğrencilerin okul karar süreçlerine katılımının desteklenmesi ve öğrencilerin meslekî geleceklerini plânlama becerilerini geliştirmelerine yardım edilmesine ilişkin öğretim elemanlarının görüşleri arasında mezun oldukları alana göre $p \leq 0,05$ anlamlılık düzeyinde istatistiksel olarak anlamlı bir farklılık olmadığı görülmüştür.

4.1.2.9. Öğretim Elemanlarının Muhasebe Öğretiminde Mesleki Açıdan Kendilerini Geliştirmeye Yönelik Görüşlerine Ait Bulgular

Araştırmaya katılan öğretim elemanlarının mesleki açıdan kendilerini geliştirmelerine ilişkin görüşlerini yansıtan maddelere verdikleri cevaplara göre dağılımları tablo 4.78'de gösterilmiştir.

Tablo 4.78. Muhasebe Öğretiminde Öğretim Elemanlarının Mesleki Açıdan Kendilerini Geliştirmeye Yönelik Görüşlerini Yansıtan Verilerin Dağılımı

Temel Ölçütler		Hiç	Az	Kısmen	Genellikle	Tamamen	Toplam
2. Muhasebe öğretiminde; mesleki açıdan kendilerini geliştirme ile ilgili "yasa ve yönetmeliklerin farkında olma" durumu	f	4	8	35	52	46	145
	%	2,8	5,5	24,1	35,9	31,7	100
4. Muhasebe öğretiminde; mesleki açıdan kendilerini geliştirme ile ilgili "bilimsel etkinliklere katılma ve meslekî yayınları izleme" durumu	f	3	11	35	52	44	145
	%	2,1	7,6	24,1	35,9	30,3	100
6. Muhasebe öğretiminde; mesleki açıdan kendilerini geliştirme ile ilgili "meslektaşlarıyla iş birliği yapma" durumu	f	8	28	54	29	26	145
	%	5,5	19,3	37,2	20	17,9	100
8. Muhasebe öğretiminde; mesleki açıdan kendilerini geliştirme ile ilgili "örnek olma, meslektaşlarından kendi performansıyla ilgili geri bildirim alma" durumu	f	9	13	47	53	23	145
	%	6,2	9	32,4	36,6	15,9	100
10. Muhasebe öğretiminde; mesleki açıdan kendilerini geliştirme ile ilgili "okul etkinliklerine katılma" durumu	f	4	15	37	47	42	145
	%	2,8	10,3	25,5	32,4	29	100

Muhasebe mesleği ile ilgili yasa ve yönetmelikleri takip ediyor musunuz ifadesine araştırmaya katılan öğretim elemanlarının sadece % 2,8'i hiç cevabını verirken % 5,5'i az olarak cevabını vermişlerdir. Katılımcılardan % 24,1'nin kısmen cevabını verdiği ifadeye % 35,9'u genellikle ve % 31,7'si tamamen cevabını vermişlerdir.

Araştırmaya katılan öğretim elemanlarından yaklaşık % 10'unun olumsuz görüş bildirdiği, bilimsel etkinliklere katılarak mesleki yayınları izleme ifadesine katılımcılardan % 24,1'i kısmen, % 35,9'u genellikle ve % 30,3'ü tamamen katılıyorum şeklinde görüş beyan etmişlerdir.

Katılımcılardan % 5,5'inin mesleki kuruluşlara hiç üye olmadığını ifade ettiği soruya % 17,9'luk bir katılımcı söz konusu mesleki kuruluşlara üye olduğunu ifade etmiştir. Diğer katılımcıların dönem dönem bu kuruluşlara üye olduğu araştırma sonuçlarında ortaya çıkmıştır.

Kişisel ve mesleki davranışlarınız nedeniyle meslektaşlarınızdan performansınız ile ilgili geri bildirim alıyor musunuz ifadesine katılımcıların % 15,2'si olumsuz cevap verirken, % 32,4'ü kısmen, % 36,6'sı genellikle ve % 15,9'u tamamen cevabını vermişlerdir.

Araştırmaya katılan öğretim elemanlarından sadece % 2,8'nin okul etkinliklerine katılarak okulun işleyişi ile ilgili görüş ve önerilerde bulunmadığı, % 10,3'ünün az olarak bu etkinliklere katıldığı, diğer katılımcıların ise genelde okul etkinliklerine katıldığı araştırma sonuçlarından anlaşılmaktadır.

Araştırmaya katılan öğretim elemanlarının muhasebe öğretim programının mesleki açıdan kendini geliştirmeye yönelik görüşlerini betimlemeyi amaçlayan sorulara verdikleri cevaplardan elde edilen verilere ait tanımlayıcı istatistikler hesaplanmış, öğretim elemanlarının cinsiyetlerine göre görüşleri arasında farklılık olup olmadığını tespit etmek için bağımsız gruplar t-testi yapılmış ve analiz sonuçları tablo 79'da verilmiştir.

Tablo 4.79. Öğretim Elemanlarının Muhasebe Öğretiminde Mesleki Açıdan Kendini Geliştirmeye İlişkin Görüşlerinin Cinsiyetlerine Göre İstatistiksel Dağılımı

Temel Ölçütler	Cinsiyet	N	X	SS	t	p
Ölçüt-2	Bayan	71	3,94	,969	,710	,479
	Erkek	74	3,82	1,052		
Ölçüt-4	Bayan	71	3,92	1,011	,785	,434
	Erkek	74	3,78	1,010		
Ölçüt-6	Bayan	71	3,24	1,152	-,164	,870
	Erkek	74	3,27	1,114		
Ölçüt-8	Bayan	71	3,56	1,024	1,050	,296
	Erkek	74	3,38	1,094		
Ölçüt-10	Bayan	71	3,83	1,134	,947	,345
	Erkek	74	3,66	1,011		

Tablo 4.79'daki verilere göre öğretim elemanlarının anılan sorulara verdikleri cevaplardan aldıkları puanların ortalaması bayan öğretim elemanları için 3,24–3,94 değerleri arasında, erkek öğretim elemanları için 3,27-3,82 değerleri arasında değişmektedir.

Muhasebe mesleği ile ilgili yasa ve yönetmelikleri takip etme, bilimsel etkinliklere katılma ve meslekî yayınları izleme, meslekî kuruluşlara aktif olarak katılma, kişisel ve mesleki davranışlar nedeniyle geri bildirim alma ve okul etkinliklerine katılarak, okulun işleyişi ile ilgili görüş ve önerilerde bulunmaya ilişkin öğretim elemanlarının görüşleri arasında cinsiyetlerine göre $p \leq 0,05$ anlamlılık düzeyinde istatistiksel olarak anlamlı bir farklılık olmadığı bulunmuştur.

Araştırmaya katılan öğretim elemanlarının mesleki kıdemine göre muhasebe öğretiminde mesleki açıdan kendini geliştirmeye ilişkin görüşleri arasında farklılık olup olmadığını belirlemek için tek yönlü varyans analizi ve farklılığın hangi gruplar arasında olduğunu belirlemek amacıyla varyanslar homojen olduğunda LSD, varyanslar homojen olmadığı durumlar için Dunnett's T3 testleri yapılmıştır. Anova tablosundan ve tanımlayıcı istatistiklerden elde edilen değerler Tablo 4.80 ve 4.81'de sunulmuştur.

Tablo 4.80. Öğretim Elemanlarının Mesleki Kıdemlerine Göre Muhasebe Öğretiminde Mesleki Açıdan Kendini Geliştirmeye İlişkin Görüşlerine Ait Tanımlayıcı İstatistikler

Ölçütler	Gruplar		N	X	SS
2	1	1–5 yıl	23	3,96	1,022
	2	6–10 yıl	36	3,61	1,128
	3	11–15 yıl	39	4,10	,718
	4	16–20 yıl	29	3,86	1,093
	5	20+	18	3,89	1,132
4	1	1–5 yıl	23	3,57	1,161
	2	6–10 yıl	36	4,03	1,082
	3	11–15 yıl	39	4,05	,972
	4	16–20 yıl	29	3,76	,830
	5	20+	18	3,56	,922
6	1	1–5 yıl	23	3,09	1,474
	2	6–10 yıl	36	3,36	1,222
	3	11–15 yıl	39	3,18	,942
	4	16–20 yıl	29	3,24	,988
	5	20+	18	3,44	1,097
8	1	1–5 yıl	23	3,26	1,322
	2	6–10 yıl	36	3,47	1,000
	3	11–15 yıl	39	3,64	1,013
	4	16–20 yıl	29	3,41	1,150
	5	20+	18	3,44	,784
10	1	1–5 yıl	23	3,65	1,191
	2	6–10 yıl	36	3,83	1,028
	3	11–15 yıl	39	3,74	1,069
	4	16–20 yıl	29	3,83	1,071
	5	20+	18	3,56	1,097

Tablo 4.81. Öğretim Elemanlarının Mesleki Kıdemlerine Göre Muhasebe Öğretiminde Mesleki Açıdan Kendini Geliştirmeye İlişkin Görüşlerine Ait ANOVA Sonuçları

		Karelerinin Toplamı	SD	Karelerinin Ortalaması	F	p	LSD[1] Dunnett's T3[2]
Ölçüt-2	Gruplar arası	4,679	4	1,170			
	Gruplar içi	142,328	140	1,017	1,151	,335	
	Toplam	147,007	144				
Ölçüt-4	Gruplar arası	6,385	4	1,596			
	Gruplar içi	140,277	140	1,002	1,593	,179	
	Toplam	146,662	144				
Ölçüt-6	Gruplar arası	1,929	4	,482			
	Gruplar içi	181,630	140	1,297	,372	,829	
	Toplam	183,559	144				
Ölçüt-8	Gruplar arası	2,250	4	,563			
	Gruplar içi	159,860	140	1,142	,493	,741	
	Toplam	162,110	144				
Ölçüt-10	Gruplar arası	1,323	4	,331			
	Gruplar içi	164,236	140	1,173	,282	,889	
	Toplam	165,559	144				

Tablo 4.81 incelendiğinde muhasebe mesleği ile ilgili yasa ve yönetmelikleri takip etme, bilimsel etkinliklere katılma ve meslekî yayınları izleme, meslekî kuruluşlara aktif olarak katılma, kişisel ve mesleki davranışlar nedeniyle geri bildirim alma ve okul etkinliklerine katılarak, okulun işleyişi ile ilgili görüş ve önerilerde bulunmaya ilişkin meslek kıdemlerine göre oluşturulan grupların görüşler arasında $p \leq 0,05$ anlamlılık düzeyinde istatistiksel olarak anlamlı bir farklılık olmadığı bulunmuştur.

Araştırmaya katılan öğretim elemanlarının öğrenim düzeylerine göre muhasebe öğretiminde mesleki açıdan kendini geliştirmeye ilişkin görüşleri arasında farklılık olup olmadığını belirlemek için tek yönlü varyans analizi ve farklılığın hangi gruplar arasında olduğunu belirlemek amacıyla varyanslar homojen olduğunda LSD, varyanslar homojen olmadığı durumlar için Dunnett's T3 testleri yapılmıştır. Anova tablosundan ve tanımlayıcı istatistiklerden elde edilen değerler Tablo 4.82 ve 4.83'de sunulmuştur.

Tablo 4.82. Öğretim Elemanlarının Öğrenim Durumuna Göre Muhasebe Öğretiminde Mesleki Açıdan Kendini Geliştirmeye İlişkin Görüşlerine Ait Tanımlayıcı İstatistikler

Ölçütler	Gruplar		N	X	SS
2	1	Lisans	41	3,88	,842
	2	Y.Lisans	63	3,73	1,110
	3	Doktora	41	4,12	,980
4	1	Lisans	41	3,80	1,030
	2	Y.Lisans	63	3,78	1,039
	3	Doktora	41	4,00	,949
6	1	Lisans	41	3,15	1,014
	2	Y.Lisans	63	3,22	1,301
	3	Doktora	41	3,41	,948
8	1	Lisans	41	3,34	1,132
	2	Y.Lisans	63	3,46	1,029
	3	Doktora	41	3,61	1,046
10	1	Lisans	41	3,61	1,181
	2	Y.Lisans	63	3,89	,986
	3	Doktora	41	3,66	1,087

Tablo 4.83. Öğretim Elemanlarının Öğrenim Durumuna Göre Muhasebe Öğretiminde Mesleki Açıdan Kendini Geliştirmeye İlişkin Görüşlerine Ait ANOVA Sonuçları

		Karelerinin Toplamı	SD	Karelerinin Ortalaması	F	p	LSD[1] Dunnett's T3[2]
Ölçüt-2	Gruplar arası	3,814	2	1,907	1,891	,155	
	Gruplar içi	143,193	142	1,008			
	Toplam	147,007	144				
Ölçüt-4	Gruplar arası	1,334	2	,667	,652	,523	
	Gruplar içi	145,328	142	1,023			
	Toplam	146,662	144				
Ölçüt-6	Gruplar arası	1,597	2	,798	,623	,538	
	Gruplar içi	181,962	142	1,281			
	Toplam	183,559	144				
Ölçüt-8	Gruplar arası	1,484	2	,742	,656	,521	
	Gruplar içi	160,626	142	1,131			
	Toplam	162,110	144				
Ölçüt-10	Gruplar arası	2,361	2	1,180	1,027	,361	
	Gruplar içi	163,198	142	1,149			
	Toplam	165,559	144				

Tablo 4.83 incelendiğinde muhasebe mesleği ile ilgili yasa ve yönetmelikleri takip etme, bilimsel etkinliklere katılma ve meslekî yayınları izleme, meslekî kuruluşlara aktif olarak katılma, kişisel ve mesleki davranışlar nedeniyle geri bildirim alma ve okul etkinliklerine katılarak, okulun işleyişi ile ilgili görüş ve önerilerde bulunmaya ilişkin öğrenim düzeylerine göre oluşturulan grupların görüşleri arasında $p \leq 0,05$ anlamlılık düzeyinde istatistiksel olarak anlamlı bir farklılık olmadığı bulunmuştur.

Araştırmaya katılan öğretim elemanlarının akademik unvanlarına göre muhasebe öğretiminde mesleki açıdan kendini geliştirmeye ilişkin görüşleri arasında farklılık olup olmadığını belirlemek için tek yönlü varyans analizi ve farklılığın hangi gruplar arasında olduğunu belirlemek amacıyla varyanslar homojen olduğunda LSD, varyanslar homojen olmadığı durumlar için Dunnett's

T3 testleri yapılmıştır. Anova tablosundan ve tanımlayıcı istatistiklerden elde edilen değerler Tablo 4.84 ve 4.85'de sunulmuştur.

Tablo 4.84. Öğretim Elemanlarının Akademik Unvana Göre Muhasebe Öğretiminde Mesleki Açıdan Kendini Geliştirmeye İlişkin Görüşlerine Ait Tanımlayıcı İstatistikler

Ölçütler	Gruplar		N	X	SS
2	1	Prof.Dr.	5	3,80	,837
	2	Doç.Dr.	7	3,86	,900
	3	Yrd.Doç.Dr.	23	3,87	,920
	4	Öğr.Gör.	108	3,89	1,053
	5	Okt.	2	4,00	1,414
4	1	Prof.Dr.	5	4,40	,894
	2	Doç.Dr.	7	3,71	,951
	3	Yrd.Doç.Dr.	23	3,91	,949
	4	Öğr.Gör.	108	3,81	1,034
	5	Okt.	2	4,00	1,414
6	1	Prof.Dr.	5	3,80	,447
	2	Doç.Dr.	7	2,86	1,345
	3	Yrd.Doç.Dr.	23	3,39	1,033
	4	Öğr.Gör.	108	3,21	1,152
	5	Okt.	2	4,00	1,414
8	1	Prof.Dr.	5	3,60	1,517
	2	Doç.Dr.	7	3,57	,787
	3	Yrd.Doç.Dr.	23	3,48	,790
	4	Öğr.Gör.	108	3,46	1,123
	5	Okt.	2	3,00	,000
10	1	Prof.Dr.	5	4,00	,707
	2	Doç.Dr.	7	3,57	1,618
	3	Yrd.Doç.Dr.	23	3,43	,945
	4	Öğr.Gör.	108	3,81	1,078
	5	Okt.	2	3,50	,707

Tablo 4.85. Öğretim Elemanlarının Akademik Unvana Göre Muhasebe Öğretiminde Mesleki Açıdan Kendini Geliştirmeye İlişkin Görüşlerine Ait ANOVA Sonuçları

		Karelerinin Toplamı	SD	Karelerinin Ortalaması	F	p	LSD[1] Dunnett's T3[2]
Ölçüt-2	Gruplar arası	,074	4	,019			
	Gruplar içi	146,933	140	1,050	,018	,999	
	Toplam	147,007	144				
Ölçüt-4	Gruplar arası	1,911	4	,478			
	Gruplar içi	144,751	140	1,034	,462	,763	
	Toplam	146,662	144				
Ölçüt-6	Gruplar arası	4,321	4	1,080			
	Gruplar içi	179,237	140	1,280	,844	,500	
	Toplam	183,559	144				
Ölçüt-8	Gruplar arası	,605	4	,151			
	Gruplar içi	161,505	140	1,154	,131	,971	
	Toplam	162,110	144				
Ölçüt-10	Gruplar arası	3,396	4	,849			
	Gruplar içi	162,163	140	1,158	,733	,571	
	Toplam	165,559	144				

Tablo 4.85 incelendiğinde muhasebe mesleği ile ilgili yasa ve yönetmelikleri takip etme, bilimsel etkinliklere katılma ve meslekî yayınları izleme, meslekî kuruluşlara aktif olarak katılma, kişisel ve mesleki davranışlar nedeniyle geri bildirim alma ve okul etkinliklerine katılarak, okulun işleyişi ile ilgili görüş ve önerilerde bulunmaya ilişkin akademik unvana göre oluşturulan grupların görüşleri arasında $p \leq 0,05$ anlamlılık düzeyinde istatistiksel olarak anlamlı bir farklılık olmadığı bulunmuştur.

Araştırmaya katılan öğretim elemanlarının muhasebe öğretim programının mesleki açıdan kendini geliştirmeye yönelik görüşlerini belirlemeyi amaçlayan sorulara verdikleri cevaplardan elde edilen verilere ait tanımlayıcı istatistikler hesaplanmış, öğretim elemanlarının mezun olunan alana göre görüşleri arasında farklılık olup olmadığını tespit etmek için bağımsız gruplar t-testi yapılmış ve analiz sonuçları tablo 4.86'da verilmiştir.

Tablo 4.86. Öğretim Elemanlarının Muhasebe Öğretiminde Mesleki Açıdan Kendini Geliştirmeye İlişkin Görüşlerinin Mezun Olunan Alana Göre İstatistiksel Dağılımı

Temel Ölçütler	Mezun Olunan Alan	N	X	SS	t	p
Ölçüt-2	Muhasebe	56	4,09	,859	1,972	,051
	Diğer	89	3,75	1,080		
Ölçüt-4	Muhasebe	56	3,93	1,006	,759	,449
	Diğer	89	3,80	1,013		
Ölçüt-6	Muhasebe	56	3,43	1,158	1,473	,143
	Diğer	89	3,15	1,103		
Ölçüt-8	Muhasebe	56	3,64	,943	1,573	,118
	Diğer	89	3,36	1,121		
Ölçüt-10	Muhasebe	56	3,68	1,046	-,589	,557
	Diğer	89	3,79	1,092		

Tablo 4.86'daki verilere göre öğretim elemanlarının anılan sorulara verdikleri cevaplardan aldıkları puanların ortalaması muhasebe alan mezunu öğretim elemanları için 3,43–4,09 değerleri arasında diğer alan mezunu öğretim elemanları için 3,15-3,80 değerleri arasında değişmektedir.

Tablo 4.86 incelendiğinde muhasebe mesleği ile ilgili yasa ve yönetmelikleri takip etme, bilimsel etkinliklere katılma ve meslekî yayınları izleme, meslekî kuruluşlara aktif olarak katılma, kişisel ve mesleki davranışlar nedeniyle geri bildirim alma ve okul etkinliklerine katılarak, okulun işleyişi ile ilgili görüş ve önerilerde bulunmaya ilişkin öğretim elemanlarının görüşleri arasında mezun oldukları alana göre $p \leq 0,05$ anlamlılık düzeyinde istatistiksel olarak anlamlı bir farklılık olmadığı görülmüştür.

4.1.2.10. Öğretim Elemanlarının Muhasebe Öğretiminde MYO- Sektör İlişkilerine Yönelik Görüşlerine Ait Bulgular

Araştırmaya katılan öğretim elemanlarının MYO-sektör ilişkilerine yönelik görüşlerini yansıtan maddelere verdikleri cevaplara göre dağılımları tablo 4.87'de gösterilmiştir.

Tablo 4.87. Muhasebe Öğretiminde Öğretim Elemanlarının MYO-Sektör İlişkilerine Yönelik Görüşlerini Yansıtan Verilerin Dağılımı

Temel Ölçütler		Hiç	Az	Kısmen	Genellikle	Tamamen	Toplam
1. Muhasebe öğretiminde; "staj uygulamaları ile MYO'lardaki etkinliklerin paralellik" durumu	f	1	41	44	38	21	145
	%	0,7	28,3	30,3	26,2	14,5	100
2. Muhasebe öğretiminde; MYO-sektör ilişkileri ile ilgili "staj uygulamalarının bilgi ve beceriyi kazandırma" durumu	f	13	36	52	29	15	145
	%	9	24,8	35,9	20	10,3	100
3. Muhasebe öğretiminde; MYO-sektör ilişkileri ile ilgili "işletmelerin stajyer öğrenciye gerekli olan rehberliği ve danışmanlığı yapma" durumu	f	13	63	31	25	13	145
	%	9	43,4	21,4	17,2	9	100
4. Muhasebe öğretiminde; MYO-sektör ilişkileri ile ilgili "myo ile sektör arasında yeterli ve etkili işbirliği ve koordinasyon sağlanma " durumu	f	19	51	40	22	13	145
	%	13,1	35,2	27,6	15,2	9	100
5. Muhasebe öğretiminde; MYO-sektör ilişkileri ile ilgili "staj uygulamaları objektif ve sürece yönelik olarak değerlendirilme" durumu	f	16	40	39	34	16	145
	%	11	27,6	26,9	23,4	11	100

Staj uygulamaları ile MYO'larda verilen teorik eğitim paralellik göstermekte midir ifadesine katılımcıların sadece % 0,7'si hiç katılmazken % 28,3'ü az olarak bu görüşe katıldıklarını ifade etmişlerdir. Katılımcılardan % 30,3'ü kısmen bu görüşe katılırken, % 26,2'si genellikle ve % 14,5'i tamamen cevabını vermişlerdir.

Araştırmaya katılan öğretim elemanlarının % 9'u staj uygulamaları esnasında öğrencilerin gerekli bilgi ve beceriyi hiç kazanmadıklarını ifade ederken % 24,8'i az olarak bu görüşe katıldıklarını ifade etmişlerdir. Katılımcılardan sadece % 10,3'ü söz konusu bilgi ve becerinin stajla birlikte tamamen kazanıldığını ifade ederken, % 35,9'luk bir katılımcı grup bu görüşe kısmen katıldıklarını ifade etmişlerdir.

Araştırmaya katılan öğretim elemanlarının yaklaşık yarısı (hiç % 9, az % 43,4) staj uygulamalarında işletmelerin stajyer öğrenciye gerekli olan rehberlik ve danışmanlığı yapmadığını ifade etmişlerdir. İşletmelerin gerekli rehberlik ve danışmanlığı tam olarak yaptığını düşünen katılımcı oranı sadece % 9 olarak tespit edilmiştir.

MYO ile sektör arasında yeterli ve etkili işbirliği ve koordinasyon sağlanmakta mıdır ifadesine araştırmaya katılanların sadece % 9'u tam olarak cevabını verirken, olumsuz cevap verenlerin oranı % 48,3 olmuştur.

Staj uygulamalarının objektif ve sürece yönelik olarak değerlendirilmesi konusunda araştırmaya katılan öğretim elemanlarının % 26,9'u kısmen, % 23,4'ü genellikle ve % 11'i tamamen cevabını vermişlerdir. Staj uygulamalarının sürece yönelik değerlendirilmesini yetersiz bulanların oranı % 27,6 olurken, % 11'lik bir katılımcı grubu sürece yönelik bir değerlendirme yapılmadığını ifade etmişlerdir.

Araştırmaya katılan öğretim elemanlarının muhasebe öğretim programının MYO- sektör ilişkilerine yönelik görüşlerini betimlemeyi amaçlayan sorulara verdikleri cevaplardan elde edilen verilere ait tanımlayıcı istatistikler hesaplanmış, öğretim elemanlarının cinsiyetlerine göre görüşleri arasında farklılık olup olmadığını tespit etmek için bağımsız gruplar t-testi yapılmış ve analiz sonuçları tablo 88'de verilmiştir.

Tablo 4.88. Öğretim Elemanlarının Muhasebe Öğretiminde MYO- Sektör İlişkilerine İlişkin Görüşlerinin Cinsiyetlerine Göre İstatistiksel Dağılımı

Temel Ölçütler	Cinsiyet	N	X	SS	t	p
Ölçüt-1	Bayan	74	3,30	,961	-,494	,622
	Erkek	71	2,86	1,187		
Ölçüt-2	Bayan	74	3,09	1,023	-1,281	,202
	Erkek	71	2,73	1,218		
Ölçüt-3	Bayan	74	2,74	1,034	-,058	,954
	Erkek	71	2,77	1,233		
Ölçüt-4	Bayan	74	2,66	1,063	,589	,557
	Erkek	71	2,99	1,270		
Ölçüt-5	Bayan	74	2,93	1,102	,271	,787
	Erkek	74	3,30	,961		

Tablo 4.88'deki verilere göre öğretim elemanlarının anılan sorulara verdikleri cevaplardan aldıkları puanların ortalaması bayan öğretim elemanları için 2,66–3,30 değerleri arasında, erkek öğretim elemanları için 2,73-3,30 değerleri arasında değişmektedir.

Staj uygulamaları ile MYO'larda verilen teorik eğitimin paralelliği, staj uygulamaları esnasında öğrencilerin gerekli bilgi ve beceriyi kazanmaları, staj uygulamalarında işletmelerin stajyer öğrenciye gerekli olan rehberliği ve danışmanlığı sağlamaları, MYO ile sektör arasında yeterli ve etkili işbirliği ve koordinasyonun sağlanması ve staj uygulamalarının objektif ve sürece yönelik olarak değerlendirilmesine ilişkin öğretim elemanlarının görüşleri arasında cinsiyetlerine göre $p \leq 0{,}05$ anlamlılık düzeyinde istatistiksel olarak anlamlı bir farklılık olmadığı bulunmuştur.

Araştırmaya katılan öğretim elemanlarının mesleki kıdemine göre muhasebe öğretiminde MYO-Sektör ilişkilerine ilişkin görüşleri arasında farklılık olup olmadığını belirlemek için tek yönlü varyans analizi ve farklılığın hangı gruplar arasında olduğunu belirlemek amacıyla varyanslar homojen olduğunda LSD, varyanslar homojen olmadığı durumlar için Dunnett's T3 testleri yapılmıştır. Anova tablosundan ve tanımlayıcı istatistiklerden elde edilen değerler Tablo 4.89 ve 4.90'da sunulmuştur.

Tablo 4.89. Öğretim Elemanlarının Mesleki Kıdemlerine Göre Muhasebe Öğretiminde MYO- Sektör İlişkilerine İlişkin Görüşlerine Ait Tanımlayıcı İstatistikler

Ölçütler	Gruplar		N	X	SS
1	1	1–5 yıl	23	3,48	,994
	2	6–10 yıl	36	3,33	1,195
	3	11–15 yıl	39	3,21	1,005
	4	16–20 yıl	29	3,34	1,010
	5	20+	18	2,78	,878
2	1	1–5 yıl	23	3,35	,935
	2	6–10 yıl	36	3,11	1,141
	3	11–15 yıl	39	2,79	1,151
	4	16–20 yıl	29	3,10	1,047
	5	20+	18	2,44	1,097
3	1	1–5 yıl	23	3,22	1,085
	2	6–10 yıl	36	2,78	1,267
	3	11–15 yıl	39	2,46	,996
	4	16–20 yıl	29	2,90	1,145
	5	20+	18	2,39	,916
4	1	1–5 yıl	23	2,96	1,186
	2	6–10 yıl	36	2,78	1,245
	3	11–15 yıl	39	2,69	1,127
	4	16–20 yıl	29	2,86	1,187
	5	20+	18	2,11	,676
5	1	1–5 yıl	23	3,78	1,126
	2	6–10 yıl	36	3,06	,924
	3	11–15 yıl	39	2,72	1,234
	4	16–20 yıl	29	3,17	1,071
	5	20+	18	1,89	,900

Tablo 4.90. Öğretim Elemanlarının Mesleki Kıdemlerine Göre Muhasebe Öğretiminde MYO- Sektör İlişkilerine İlişkin Görüşlerine Ait ANOVA Sonuçları

		Karelerinin Toplamı	SD	Karelerinin Ortalaması	F	p	LSD[1] Dunnett's T3[2]
Ölçüt-1	Gruplar arası	5,798	4	1,449			
	Gruplar içi	151,761	140	1,084	1,337	,259	
	Toplam	157,559	144				
Ölçüt-2	Gruplar arası	10,672	4	2,668			
	Gruplar içi	166,266	140	1,188	2,247	,067	
	Toplam	176,938	144				
Ölçüt-3	Gruplar arası	11,246	4	2,812			
	Gruplar içi	170,795	140	1,220	2,305	,061	
	Toplam	182,041	144				
Ölçüt-4	Gruplar arası	8,694	4	2,174			
	Gruplar içi	180,712	140	1,291	1,684	,157	
	Toplam	189,407	144				
Ölçüt-5	Gruplar arası	40,137	4	10,034			1-21p=0,012 1-31p=0,000 1-41p=0,044 1-51p=0,000 2-51p=0,000 3-51p=0,008 4-51p=0,000
	Gruplar içi	161,615	140	1,154	8,692	,000	
	Toplam	201,752	144				

Tablo 4.90 incelendiğinde staj uygulamaları ile MYO'larda verilen teorik eğitimin paralelliği, staj uygulamaları esnasında öğrencilerin gerekli bilgi ve beceriyi kazanmaları, staj uygulamalarında işletmelerin stajyer öğrenciye gerekli olan rehberliği ve danışmanlığı sağlamaları ve MYO ile sektör arasında yeterli ve etkili işbirliği ve koordinasyonun sağlanmasına ilişkin meslek kıdemlerine göre oluşturulan grupların görüşler arasında p≤0,05 anlamlılık düzeyinde istatistiksel olarak anlamlı bir farklılık olmadığı bulunmuştur.

Ancak staj uygulamalarının objektif ve sürece yönelik olarak değerlendirilmesine ilişkin görüşler arasında gruplar arası istatistiksel olarak anlamlı bir farklılık olduğu görülmektedir [F=8,692; p=0,000 p<0,05].

Farklılık bulunan madde için varyanslar homojen dağıldığından, hangi gruplar arasında fark olduğunu tespit etmek amacıyla LSD testi yapılmıştır.

Gruplar arasında oluşan farklılığın 1-5 yıllık mesleki kıdeme sahip (X_{1-5}=3,78) olan öğretim elemanları ile diğer dört grubu oluşturan (X_{6-10}=3,06, X_{11-15}=2,72, X_{16-20}=3,17, X_{20+}=1,89) öğretim elemanları ve 20+ yıllık kıdeme sahip (X_{20+}=1,89) öğretim elemanları ile diğer dört grubu oluşturan (X_{1-5}=3,78, X_{6-10}=3,06, X_{11-15}=2,72, X_{16-20}=3,17) öğretim elemanları arasında olduğu görülmüştür.

Araştırmaya katılan öğretim elemanlarının öğrenim düzeylerine göre muhasebe öğretiminde MYO-Sektör ilişkilerine ilişkin görüşleri arasında farklılık olup olmadığını belirlemek için tek yönlü varyans analizi ve farklılığın hangi gruplar arasında olduğunu belirlemek amacıyla varyanslar homojen olduğunda LSD, varyanslar homojen olmadığı durumlar için Dunnett's T3 testleri yapılmıştır. Anova tablosundan ve tanımlayıcı istatistiklerden elde edilen değerler Tablo 4.91ve 4.92'de sunulmuştur.

Tablo 4.91. Öğretim Elemanlarının Öğrenim Durumuna Göre Muhasebe Öğretiminde MYO- Sektör İlişkilerine İlişkin Görüşlerine Ait Tanımlayıcı İstatistikler

Ölçütler	Gruplar		N	X	SS
1	1	Lisans	41	3,22	1,107
	2	Y.Lisans	63	3,38	,991
	3	Doktora	41	3,10	1,068
2	1	Lisans	41	2,88	1,100
	2	Y.Lisans	63	3,17	1,086
	3	Doktora	41	2,78	1,129
3	1	Lisans	41	2,68	1,059
	2	Y.Lisans	63	2,86	1,189
	3	Doktora	41	2,61	1,093
4	1	Lisans	41	2,76	1,179
	2	Y.Lisans	63	2,79	1,180
	3	Doktora	41	2,56	1,074
5	1	Lisans	41	3,02	1,235
	2	Y.Lisans	63	3,13	1,198
	3	Doktora	41	2,63	1,067

Tablo 4.92. Öğretim Elemanlarının Öğrenim Durumuna Göre Muhasebe Öğretiminde MYO-Sektör İlişkilerine İlişkin Görüşlerine Ait ANOVA Sonuçları

		Karelerinin Toplamı	SD	Karelerinin Ortalaması	F	p	LSD[1] Dunnett's T3[2]
Ölçüt-1	Gruplar arası	2,067	2	1,034	,944	,392	
	Gruplar içi	155,491	142	1,095			
	Toplam	157,559	144				
Ölçüt-2	Gruplar arası	4,444	2	2,222	1,829	,164	
	Gruplar içi	172,494	142	1,215			
	Toplam	176,938	144				
Ölçüt-3	Gruplar arası	1,693	2	,846	,666	,515	
	Gruplar içi	180,348	142	1,270			
	Toplam	182,041	144				
Ölçüt-4	Gruplar arası	1,431	2	,715	,540	,584	
	Gruplar içi	187,976	142	1,324			
	Toplam	189,407	144				
Ölçüt-5	Gruplar arası	6,280	2	3,140	2,281	,106	
	Gruplar içi	195,472	142	1,377			
	Toplam	201,752	144				

Tablo 4.92 incelendiğinde, staj uygulamaları ile MYO'larda verilen teorik eğitimin paralelliği, staj uygulamaları esnasında öğrencilerin gerekli bilgi ve beceriyi kazanmaları, staj uygulamalarında işletmelerin stajyer öğrenciye gerekli olan rehberliği ve danışmanlığı sağlamaları, MYO ile sektör arasında yeterli ve etkili işbirliği ve koordinasyonun sağlanması ve staj uygulamalarının objektif ve sürece yönelik olarak değerlendirilmesine ilişkin öğrenim düzeylerine göre oluşturulan grupların görüşleri arasında $p \leq 0,05$ anlamlılık düzeyinde istatistiksel olarak anlamlı bir farklılık olmadığı bulunmuştur.

Araştırmaya katılan öğretim elemanlarının akademik unvanlarına göre muhasebe öğretiminde MYO-Sektör ilişkilerine ilişkin görüşleri arasında farklılık olup olmadığını belirlemek için tek yönlü varyans analizi ve farklılığın hangi gruplar arasında olduğunu belirlemek amacıyla varyanslar homojen olduğunda LSD, varyanslar homojen olmadığı durumlar için Dunnett's T3 testleri yapılmıştır. Anova tablosundan ve tanımlayıcı istatistiklerden elde edilen değerler Tablo 4.93 ve 4.94' de sunulmuştur.

Tablo 4.93. Öğretim Elemanlarının Akademik Unvana Göre Muhasebe Öğretiminde MYO-Sektör İlişkilerine İlişkin Görüşlerine Ait Tanımlayıcı İstatistikler

Ölçütler	Gruplar		N	X	SS
1	1	Prof.Dr.	5	3,40	1,342
	2	Doç.Dr.	7	2,71	,951
	3	Yrd.Doç.Dr.	23	3,04	1,022
	4	Öğr.Gör.	108	3,32	1,031
	5	Okt.	2	3,50	2,121
2	1	Prof.Dr.	5	2,60	,548
	2	Doç.Dr.	7	2,43	,976
	3	Yrd.Doç.Dr.	23	2,83	1,114
	4	Öğr.Gör.	108	3,07	1,133
	5	Okt.	2	2,50	,707
3	1	Prof.Dr.	5	2,20	,447
	2	Doç.Dr.	7	2,14	,900
	3	Yrd.Doç.Dr.	23	2,57	1,037
	4	Öğr.Gör.	108	2,82	1,151
	5	Okt.	2	3,50	2,121
4	1	Prof.Dr.	5	2,20	,837
	2	Doç.Dr.	7	2,14	,690
	3	Yrd.Doç.Dr.	23	2,39	,839
	4	Öğr.Gör.	108	2,85	1,221
	5	Okt.	2	2,50	,707
5	1	Prof.Dr.	5	2,80	,837
	2	Doç.Dr.	7	2,43	1,512
	3	Yrd.Doç.Dr.	23	2,70	,876
	4	Öğr.Gör.	108	3,04	1,222
	5	Okt.	2	4,00	1,414

Tablo 4.94. Öğretim Elemanlarının Akademik Unvana Göre Muhasebe Öğretiminde MYO-Sektör İlişkilerine İlişkin Görüşlerine Ait ANOVA Sonuçları

		Karelerinin Toplamı	SD	Karelerinin Ortalaması	F	p	LSD[1] Dunnett's T3[2]
Ölçüt-1	Gruplar arası	3,816	4	,954			
	Gruplar içi	153,743	140	1,098	,869	,484	
	Toplam	157,559	144				
Ölçüt-2	Gruplar arası	4,812	4	1,203			
	Gruplar içi	172,126	140	1,229	,978	,421	
	Toplam	176,938	144				
Ölçüt-3	Gruplar arası	6,575	4	1,644			
	Gruplar içi	175,467	140	1,253	1,311	,269	
	Toplam	182,041	144				
Ölçüt-4	Gruplar arası	8,142	4	2,035			
	Gruplar içi	181,265	140	1,295	1,572	,185	
	Toplam	189,407	144				
Ölçüt-5	Gruplar arası	6,516	4	1,629			
	Gruplar içi	195,236	140	1,395	1,168	,328	
	Toplam	201,752	144				

Tablo 4.94 incelendiğinde, staj uygulamaları ile MYO'larda verilen teorik eğitimin paralelliği, staj uygulamaları esnasında öğrencilerin gerekli bilgi ve beceriyi kazanmaları, staj uygulamalarında işletmelerin stajyer öğrenciye gerekli olan rehberliği ve danışmanlığı sağlamaları, MYO ile sektör arasında yeterli ve etkili işbirliği ve koordinasyonun sağlanması ve staj uygulamalarının objektif ve sürece yönelik olarak değerlendirilmesine ilişkin akademik unvana göre oluşturulan grupların görüşleri arasında $p \leq 0,05$ anlamlılık düzeyinde istatistiksel olarak anlamlı bir farklılık olmadığı bulunmuştur.

Araştırmaya katılan öğretim elemanlarının muhasebe öğretim programının myo-sektör ilişkilerine yönelik görüşlerini belirlemeyi amaçlayan sorulara verdikleri cevaplardan elde edilen verilere ait tanımlayıcı istatistikler hesaplanmış, öğretim elemanlarının mezun olunan alana göre görüşleri arasında farklılık olup olmadığını tespit etmek için bağımsız gruplar t-testi yapılmış ve analiz sonuçları tablo 4.95'de verilmiştir.

Tablo 4.95. Öğretim Elemanlarının Muhasebe Öğretim Programı İçeriklerine İlişkin Görüşlerinin Mezun Olunan Alana Göre İstatistiksel Dağılımı

Temel Ölçütler	Mezun Olunan Alan	N	X	SS	t	p
Ölçüt-4	Muhasebe	56	3,21	1,022	-,372	,710
	Diğer	89	3,28	1,066		
Ölçüt-8	Muhasebe	56	2,88	1,046	-,898	,371
	Diğer	89	3,04	1,147		
Ölçüt-12	Muhasebe	56	2,50	,934	-2,043	,043*
	Diğer	89	2,89	1,210		
Ölçüt-16	Muhasebe	56	2,73	1,087	,124	,902
	Diğer	89	2,71	1,189		
Ölçüt-20	Muhasebe	56	2,91	1,149	-,385	,700
	Diğer	89	2,99	1,211		

Tablo 4.95'deki verilere göre öğretim elemanlarının anılan sorulara verdikleri cevaplardan aldıkları puanların ortalaması muhasebe alan mezunu öğretim elemanları için 2,50–3,21 değerleri arasında diğer alan mezunu öğretim elemanları için 2,71-3,28 değerleri arasında değişmektedir.

Tablo 4.95 incelendiğinde, staj uygulamaları ile MYO'larda verilen teorik eğitimin paralelliği, staj uygulamaları esnasında öğrencilerin gerekli bilgi ve beceriyi kazanmaları, MYO ile sektör arasında yeterli ve etkili işbirliği ve koordinasyonun sağlanması ve staj uygulamalarının objektif ve sürece yönelik olarak değerlendirilmesine ilişkin öğretim elemanlarının görüşleri arasında mezun oldukları alana göre $p \leq 0,05$ anlamlılık düzeyinde istatistiksel olarak anlamlı bir farklılık olmadığı görülmüştür.

Ancak staj uygulamalarında işletmelerin stajyer öğrenciye gerekli olan rehberliği ve danışmanlığı sağlamalarına ilişkin öğretim elemanları görüşleri arasında istatistiksel olarak anlamlı bir farklılık olduğu görülmektedir [$t = -2{,}043$; $p = 0{,}043$; $p < 0{,}05$]. Muhasebe alan mezunu olan öğretim elemanları staj uygulamalarında işletmelerin stajyer öğrenciye gerekli olan rehberliği ve danışmanlığı sağladığı düşüncesine pek katılmadıklarını ifade etmişlerdir ($X_{Muhasebe}=2{,}50$, $X_{Diğer}=2{,}89$).

4.2. Öğrenciler İle İlgili Araştırma Bulguları

4.2.1. Öğrencilerin Demografik Özelliklerini Yansıtan Bulgular

Araştırmaya katılan öğrencilerin cinsiyetlerine göre dağılımları Tablo 4.96'da yer almaktadır.

Tablo 4.96. Öğrencilerin Cinsiyetlerine Göre Dağılımları

Cinsiyet	f	%
Bayan	1329	53,1
Erkek	1173	46,9
Toplam	2502	100

Tablo 4.96'ya göre araştırmaya katılan öğrencilerin cinsiyetlerine göre dağılımları incelendiğinde; öğrencilerin 1329'unun (% 53,1) bayan, 1173'ünün (% 46,9) ise erkek olduğu görülmektedir.

Araştırmaya katılan öğrencilerin mezun olduğu orta öğretim kurumuna göre dağılımları Tablo 4.97'de yer almaktadır

Tablo 4.97. Öğrencilerin Mezun Olduğu Orta Öğretim kurumuna Göre Dağılımları

Mezun Olunan Orta Öğretim Kurumu	f	%
Genel Lise	1294	51,7
Ticaret Lisesi	1055	42,2
Diğer	153	6,1
Toplam	2502	100

Tablo 4.97 incelendiğinde örneklemi oluşturan öğrencilerin % 51,7'si genel liseden, % 42,2'si ticaret lisesinden, % 6,1'inin ise diğer alanlardan mezun oldukları görülmektedir.

Araştırmaya katılan öğrencilerin üniversiteye yerleştirilme durumlarına göre dağılımları Tablo 4.98'de yer almaktadır

Tablo 4.98. Öğrencilerin Üniversiteye Yerleştirilme Durumlarına Göre Dağılımları

Üniversiteye Yerleştirilme Durumu	f	%
Sınavla	1613	64.5
Sınavsız	889	35.5
Toplam	2502	100

Tablo 4.98 incelendiğinde örneklemi oluşturan öğrencilerin önemli bir bölümünün sınavla üniversiteye yerleştirildiği görülmektedir. Sınavla yerleştirilenlerin oranı % 64,5 (1613) iken sınavsız yerleşenlerin oranı % 35,5'dir.

Araştırmaya katılan öğrencilerin öğrenim gördüğü programı tercih sırasına göre dağılımları Tablo 4.99'da yer almaktadır

Tablo 4.99. Öğrencilerin Öğrenim Gördüğü Programı Tercih Sırasına Göre Dağılımlar

Tercih Sırası	f	%
1.	549	21,9
2.	238	9,5
3.	231	9,2
4.	234	9,4
5.	1250	50,0

Tablo 4.99 incelendiğinde örneklemi oluşturan öğrencilerin % 22'si okudukları bölümü 1. tercih olarak seçtikleri görülmektedir. % 28,1'si ise 2.3. ve 4. tercih olarak seçtikleri görülmektedir. Örneklemi oluşturan öğrencilerin yaklaşık % 50'si ise okudukları bölümü 5. ve 5.'den sonra tercih ettikleri görülmektedir.

Araştırmaya katılan öğrencilerin okudukları sınıfa göre dağılımları Tablo 4.100'de yer almaktadır

Tablo 4.100. Öğrencilerin Okudukları Sınıfa Göre Dağılımları

Sınıf Seviyesi	f	%
1.Sınıf	1100	44.0
2.Sınıf	1334	53.3
Tekrar	68	2.7
Toplam	2502	100

Tablo 4.100 incelendiğinde örneklemi oluşturan öğrencilerin % 44,0'ü 1. Sınıfta okurken, % 53,3'ü 2. sınıfta okumaktadır. Tekrar eden öğrencilerin ise % 2,7 oranında oldukları görülmektedir.

4.2.2. Öğrencilerin Muhasebe Öğretim Programına Yönelik Görüşlerine İlişkin Bulgular

Bu bölümde araştırmaya katılan öğrencilerin, muhasebe öğretim programına yönelik görüşlerine ait betimleyici istatistiklerin yanı sıra cinsiyet, mezun olunan orta öğretim kurumu, üniversiteye yerleştirilme durumları, öğrenim gördüğü programı tercih sırası ve okudukları sınıfa ilişkin değişkenler ile muhasebe öğretim programına yönelik görüşleri arasındaki ilişkileri yansıtan bağıntısal istatistikler yer almaktadır.

4.2.2.1. Öğrencilerin Muhasebe Öğretiminde Öğretimin planlanması Sürecine Yönelik Görüşlerine Ait Bulgular

Araştırmaya katılan öğrencilerin öğretimin planlanmasına ilişkin görüşlerini yansıtan maddelere verdikleri cevaplara göre dağılımları tablo 4.101'de gösterilmiştir.

Tablo 4.101. Muhasebe Öğretiminde Öğrencilerin Öğretimin planlanması Sürecine Yönelik Görüşlerini Yansıtan Verilerin Dağılımı

Temel Ölçütler		Hiç	Az	Kısmen	Genellikle	Tamamen	Toplam
1. Muhasebe öğretiminde öğretimin planlanması ile "dönem planı yapma" durumu	f	144	290	669	821	578	2502
	%	5,8	11,6	26,7	32,8	23,1	100
7. Muhasebe öğretiminde öğretimin planlanması ile "materyal seçme hazırlama" durumu	f	494	465	571	579	393	2502
	%	19,7	18,6	22,8	23,1	15,7	100
13. muhasebe öğretiminde öğretimin planlanması ile "öğretim ortamları hazırlama" durumu	f	221	350	716	780	435	2502
	%	8,8	14	28,6	31,2	17,4	100
19. Muhasebe öğretiminde öğretimin planlanması ile "uygulama etkinlikleri planlama" durumu	f	361	465	663	686	328	205
	%	14,4	18,8	26,5	27,4	13,1	100
25. Muhasebe öğretiminde öğretimin planlanması ile "yeterli kaynak önerme" durumu	f	225	424	683	683	487	2502
	%	9	16,9	27,3	27,3	19,5	100

Araştırmaya katılan öğrencilerin yaklaşık % 73'ü öğretim elemanlarının muhasebe dersleri ile ilgili dönem planı yaparak, planlamasını açık, anlaşılır ve düzenli biçimde ifade ettiklerini beyan ederken, % 5,8'i öğretim elemanlarının planla ilgili bilgilendirme yapmadıklarını ifade etmişlerdir.

Öğretim elemanları muhasebe derslerine uygun araç gereç ve materyal seçip hazırlıyor mu ifadesine katılımcıların % 38,8'i (genellikle % 23,1, tamamen % 15,7) yüksek oranda katılırken % 22,8'i kısmen ifadesini kullanmışlarıdır. Araştırmaya katılan öğrencilerden % 19,7'si hiç ve % 18,6'sı az cevabını vererek öğretim elemanlarının materyal hazırlama konusunda yetersiz oldukları görüşünü beyan etmişlerdir.

Araştırmaya katılan öğrenciler, öğretim elemanları muhasebe derslerine uygun öğretim ortamları hazırlıyor mu ifadesine çoğunlukla olumlu cevap vermişlerdir. Katılımcılardan sadece % 8,8'i öğretim ortamı hazırlanmadığını ifade ederken % 14 az olarak hazırlandığını ifade etmiştir.

Öğretim elemanları muhasebe dersleri ile uyumlu uygulama etkinlikleri planlıyor mu ifadesine katılımcıların yaklaşık % 33'ü (hiç % 14,4, az % 18,8) olumsuz görüş bildirmişlerdir.

Araştırmaya katılanların % 9'u öğretim elemanlarının muhasebe dersleri ile ilgili yeterli kaynak önermediğini, % 16,9'u az kaynak önerdiğini ifade etmişlerdir. Diğer katılımcılar değişik düzeylerde (kısmen % 27,3, genellikle % 27,3, tamamen % 19,5) bu görüşe katıldıklarını beyan etmişlerdir.

Araştırmaya katılan öğrencilerin muhasebe öğretim programının planlamasına yönelik görüşlerini belirlemeyi amaçlayan sorulara verdikleri cevaplardan elde edilen verilere ait tanımlayıcı istatistikler hesaplanmış, öğrencilerin cinsiyetlerine göre görüşleri arasında farklılık olup olmadığını tespit etmek için bağımsız gruplar t-testi yapılmış ve analiz sonuçları tablo 4.102'de verilmiştir.

Tablo 4.102. Öğrencilerin Cinsiyetlerine Göre Muhasebe Öğretim Programının Planlamasına İlişkin Görüşlerine Ait Bağımsız t-Testi sonuçları

Temel Ölçütler	Cinsiyet	N	X	SS	t	p
Ölçüt-1	**Bayan**	1329	3,57	1,113	,526	,599
	Erkek	1173	3,55	1,158		
Ölçüt-7	**Bayan**	1329	2,91	1,350	-2,257	,024*
	Erkek	1173	3,03	1,357		
Ölçüt-13	**Bayan**	1329	3,33	1,165	-,809	,419
	Erkek	1173	3,36	1,188		
Ölçüt-19	**Bayan**	1329	3,03	1,251	-1,505	,133
	Erkek	1173	3,10	1,244		
Ölçüt-25	**Bayan**	1329	3,32	1,231	,332	,740
	Erkek	1173	3,30	1,203		

Tablo 4.102'deki verilere göre öğrencilerin anılan sorulara verdikleri cevaplardan aldıkları puanların ortalaması bayan öğrenciler için 2,91–3,57 değerleri arasında, erkek öğrenciler için 3,03-3,55 değerleri arasında değişmektedir.

Öğretim elemanlarının muhasebe dersleri ile ilgili dönem planı yaparak, planını açık, anlaşılır ve düzenli biçimde ifade etmesi, öğretim elemanlarının muhasebe derslerine uygun öğretim ortamları hazırlaması, öğretim elemanlarının muhasebe derslerine uygun uygulama etkinlikleri planlaması ve öğretim elemanlarının muhasebe dersleri ile ilgili olarak yeterli kaynak önermesine ilişkin Öğrencilerin görüşleri arasında cinsiyetlerine göre $p \leq 0,05$ anlamlılık düzeyinde istatistiksel olarak anlamlı bir farklılık olmadığı bulunmuştur.

Ancak öğretim elemanlarının muhasebe derslerine uygun araç-gereç ve materyal seçip ve hazırlamasına ilişkin öğrencilerin görüşleri arasında istatistiksel olarak anlamlı bir farklılık olduğu görülmektedir [$t = -2,257$; $p = 0,024$; $p < 0,05$]. Bayan öğrenciler, erkek öğrencilere göre muhasebe derslerine uygun araç-gereç ve materyal seçimi konusunda öğretim elemanlarının daha hazırlıksız olduğunu düşünmektedirler ($X_{Bayan}=2,91$, $X_{Bay}=3,03$).

Araştırmaya katılan öğrencilerin mezun oldukları orta öğretim kurumuna göre muhasebe öğretimi programının planlamasına ilişkin görüşleri arasında farklılık olup olmadığını belirlemek için tek yönlü varyans analizi ve farklılığın hangi gruplar arasında olduğunu belirlemek amacıyla varyanslar homojen olduğunda LSD, varyanslar homojen olmadığı durumlar için Dunnett's T3 testleri yapılmıştır. Anova tablosundan ve tanımlayıcı istatistiklerden elde edilen değerler Tablo 4.103 ve 4.104'de sunulmuştur.

Tablo 4.103. Öğrencilerin Mezun Oldukları Orta Öğretim Kurumuna Göre Muhasebe Öğretim Programının Planlamasına İlişkin Görüşlerine Ait Tanımlayıcı İstatistikler

Ölçütler	Gruplar		N	X	SS
1	1	Genel Lise	1294	3,47	1,151
	2	Ticaret Lisesi	1055	3,64	1,118
	3	Diğer	153	3,73	1,032
7	1	Genel Lise	1294	2,81	1,351
	2	Ticaret Lisesi	1055	3,15	1,343
	3	Diğer	153	3,01	1,308
13	1	Genel Lise	1294	3,25	1,164
	2	Ticaret Lisesi	1055	3,44	1,191
	3	Diğer	153	3,41	1,115
19	1	Genel Lise	1294	2,92	1,262
	2	Ticaret Lisesi	1055	3,24	1,218
	3	Diğer	153	3,04	1,191
25	1	Genel Lise	1294	3,21	1,238
	2	Ticaret Lisesi	1055	3,43	1,195
	3	Diğer	153	3,41	1,133

Tablo 4.104. Öğrencilerin Mezun Oldukları Orta Öğretim Kurumuna Göre Muhasebe Öğretim Programının Planlamasına İlişkin Görüşlerine Ait ANOVA Sonuçları

		Karelerinin Toplamı	SD	Karelerinin Ortalaması	F	p	LSD[1] Dunnett's T3[2]
Ölçüt-1	Gruplar arası	22,763	2	11,381			
	Gruplar içi	3193,983	2499	1,278	8,905	,000	1-2[1]p=0,000 1-3[1]p=0,007
	Toplam	3216,745	2501				
Ölçüt-7	Gruplar arası	68,808	2	34,404			
	Gruplar içi	4520,097	2499	1,809	19,021	,000	1-2[1]p=0,000
	Toplam	4588,905	2501				
Ölçüt-13	Gruplar arası	21,262	2	10,631			
	Gruplar içi	3438,508	2499	1,376	7,726	,000	1-2[1]p=0,000
	Toplam	3459,770	2501				
Ölçüt-19	Gruplar arası	58,109	2	29,054			
	Gruplar içi	3838,165	2499	1,536	18,917	,000	1-2[1]p=0,000
	Toplam	3896,273	2501				
Ölçüt-25	Gruplar arası	28,748	2	14,374			
	Gruplar içi	3681,213	2499	1,473	9,758	,000	1-2[1]p=0,000
	Toplam	3709,960	2501				

Tablo 4.104 incelendiğinde öğretim elemanlarının muhasebe dersleri ile ilgili dönem planı yaparak, planını açık, anlaşılır ve düzenli biçimde ifade etmesine ilişkin görüşler arasında gruplar arası istatistiksel olarak anlamlı bir farklılık olduğu görülmektedir [F=8,905; p=0,000 (p<0,05]. Farklılık bulunan madde için varyanslar homojen dağıldığından, hangi gruplar arasında fark olduğunu tespit etmek amacıyla LSD testi yapılmıştır.

Gruplar arasında oluşan farklılığın genel lise mezunu ($X_{G.Lise}=3,47$) olan öğrenciler ile ticaret lisesi ve diğer lise mezunları ($X_{T.Lisesi}=3,64$, $X_{Diğer}=3,73$) öğrenciler arasında olduğu görülmüştür.

Öğretim elemanlarının muhasebe derslerine uygun araç-gereç ve materyal seçip hazırlamasına ilişkin görüşler arasında da gruplar arası istatistiksel olarak anlamlı bir farklılık olduğu görülmektedir [F=19,021; p=0,000 p<0,05]. Farklılık bulunan madde için varyanslar homojen dağıldığından, hangi gruplar arasında fark olduğunu tespit etmek amacıyla LSD testi yapılmıştır. Genel lise mezunları ($X_{G.Lise}=2,81$), ticaret lisesi mezunlarına ($X_{T.Lisesi}=3,15$) göre öğretim elemanlarının araç-gereç seçimi ve hazırlığını daha yetersiz gördükleri anlaşılmaktadır.

Öğretim elemanlarının muhasebe derslerine uygun öğretim ortamları hazırlaması konusundaki görüşler arasında da gruplar arası istatistiksel olarak anlamlı bir farklılık olduğu görülmektedir [F=7,726; p=0,000 p<0,05]. Farklılık bulunan madde için varyanslar homojen dağıldığından, hangi gruplar arasında fark olduğunu tespit etmek amacıyla LSD testi yapılmıştır. Genel lise mezunları ($X_{G.Lise}=3,25$), ticaret lisesi mezunlarına ($X_{T.Lisesi}=3,44$) göre öğretim elemanlarının uygun öğretim ortamı hazırlıklarını yetersiz bulmaktadırlar.

Ayrıca öğretim elemanlarının muhasebe derslerine uygun uygulama etkinlikleri planlaması ve öğretim elemanlarının muhasebe dersleri ile ilgili olarak yeterli kaynak önermesine ilişkin de görüşler arasında gruplar arası istatistiksel olarak anlamlı bir farklılık olduğu görülmektedir [F=18,917; p=0,000 p<0,05, F=9,758; p=0,000 p<0,05]. Farklılık bulunan maddeler için varyanslar homojen dağıldığından, hangi gruplar arasında fark olduğunu tespit etmek amacıyla LSD testi yapılmıştır. Genel lise mezunları ($X_{G.Lise}=2,92-3,21$) iki konuda da ticaret lisesi mezunlarına ($X_{T.Lisesi}$=3,24-3,43) göre öğretim elemanlarının hazırlıklarını yetersiz bulmaktadırlar.

Araştırmaya katılan öğrencilerin üniversiteye yerleştirilme şekline göre muhasebe öğretim programı planlama bağlamında ifade ettikleri görüşlerini belirlemeye yönelik sorulara verdikleri cevaplardan elde edilen verilere ait tanımlayıcı istatistikler hesaplanmış, öğrencilerin cinsiyetlerine göre görüşleri arasında farklılık olup olmadığını tespit etmek için bağımsız gruplar t-testi yapılmış ve analiz sonuçları tablo 4.105'de verilmiştir.

Tablo 4.105. Öğrencilerin Üniversiteye Yerleştirilme Şekline Göre Muhasebe Öğretim Programının Planlamasına İlişkin Görüşlerine Ait Bağımsız t-Testi sonuçları

Temel Ölçütler	Üniversiteye Yerleştirilme Şekline	N	X	SS	t	p
Ölçüt-1	Sınavla	1613	3,54	1,127	-1,434	,152
	Sınavsız Geçiş	889	3,60	1,146		
Ölçüt-7	Sınavla	1613	2,85	1,351	-5,530	,000*
	Sınavsız Geçiş	889	3,17	1,338		
Ölçüt-13	Sınavla	1613	3,30	1,173	-2,707	,007*
	Sınavsız Geçiş	889	3,43	1,178		
Ölçüt-19	Sınavla	1613	2,97	1,256	-5,132	,000*
	Sınavsız Geçiş	889	3,23	1,215		
Ölçüt-25	Sınavla	1613	3,25	1,228	-3,326	,001*
	Sınavsız Geçiş	889	3,42	1,192		

Tablo 4.105'deki verilere göre öğrencilerin anılan sorulara verdikleri cevaplardan aldıkları puanların ortalaması sınavla yerleşen öğrenciler için 2,85–3,54 değerleri arasında, sınavsız yerleşen öğrenciler için 3,17-3,60 değerleri arasında değişmektedir.

Öğretim elemanlarının muhasebe dersleri ile ilgili dönem planı yaparak, planını açık, anlaşılır ve düzenli biçimde ifade etmesine ilişkin öğrencilerin görüşleri arasında üniversiteye yerleştirilme şekline göre $p \leq 0,05$ anlamlılık düzeyinde istatistiksel olarak anlamlı bir farklılık olmadığı bulunmuştur.

Ancak öğretim elemanlarının muhasebe derslerine uygun araç-gereç ve materyal seçip ve hazırlamasına ilişkin öğrencilerin görüşleri arasında istatistiksel olarak anlamlı bir farklılık olduğu görülmektedir [t =-5,530; p= 0,000; p<0,05]. Üniversiteye sınavla yerleştirilen öğrenciler, sınavsız geçiş yapan öğrencilere göre muhasebe derslerine uygun araç-gereç ve materyal seçimi konusunda öğretim elemanlarının daha hazırlıksız olduğunu düşünmektedirler ($X_{Sınavla}$=2,85, $X_{Sınavsız}$=3,17).

Öğretim elemanlarının muhasebe derslerine uygun öğretim ortamları hazırlamalarına ilişkin de öğrencilerin görüşleri arasında istatistiksel olarak anlamlı bir farklılık olduğu görülmektedir [t =-2,707; p= 0,007; p<0,05]. Üniversiteye sınavla yerleştirilen öğrenciler, sınavsız geçiş yapan öğrencilere göre öğretim elemanlarının, muhasebe derslerine uygun öğretim ortamları hazırlamaları görüşüne daha düşük düzeyde katıldıklarını ifade etmişlerdir ($X_{Sınavla}$=3,30, $X_{Sınavsız}$=3,43).

Ayrıca öğretim elemanlarının muhasebe derslerine uygun uygulama etkinlikleri planlaması ve öğretim elemanlarının muhasebe dersleri ile ilgili olarak yeterli kaynak önermesine ilişkin öğrencilerin görüşleri arasında da istatistiksel olarak anlamlı bir farklılık olduğu görülmektedir [t =5,132; p= 0,000; p<0,05, t =3,326; p= 0,001; p<0,05]. Öğretim elemanlarının muhasebe derslerine uygun uygulama etkinlikleri planlaması ve muhasebe dersleri ile ilgili olarak yeterli kaynak önermesi konularında üniversiteye sınavla yerleştirilen öğrencilerin, sınavsız geçiş yapan öğrencilere göre daha olumsuz bir görüşe sahip oldukları görülmektedir ($X_{Sınavla}$=2,97-3,25, $X_{Sınavsız}$=3,23-3,42).

Araştırmaya katılan öğrencilerin öğrenim gördükleri programı tercih sırasına göre muhasebe öğretim programının planlamasına ilişkin görüşleri arasında farklılık olup olmadığını belirlemek için tek yönlü varyans analizi ve farklılığın hangi gruplar arasında olduğunu belirlemek amacıyla varyanslar homojen olduğunda LSD, varyanslar homojen olmadığı durumlar için Dunnett's T3 testleri yapılmıştır. Anova tablosundan ve tanımlayıcı istatistiklerden elde edilen değerler Tablo 4.106 ve 4.107'de sunulmuştur.

Tablo 4.106. Öğrencilerin Öğrenim Gördükleri Programı Tercih Sırasına Göre Muhasebe Öğretiminde Öğretimin Planlanmasına İlişkin Görüşlerine Ait Tanımlayıcı İstatistikler

Ölçütler		Gruplar	N	X	SS
1	1	1	549	3,67	1,133
	2	2	238	3,64	1,061
	3	3	231	3,57	1,188
	4	4	234	3,62	1,059
	5	5+	1250	3,48	1,147
7	1	1	549	3,06	1,291
	2	2	238	2,93	1,381
	3	3	231	2,98	1,362
	4	4	234	3,03	1,329
	5	5+	1250	2,92	1,379
13	1	1	549	3,41	1,242
	2	2	238	3,27	1,237
	3	3	231	3,35	1,176
	4	4	234	3,38	1,018
	5	5+	1250	3,32	1,162
19	1	1	549	3,20	1,233
	2	2	238	3,07	1,279
	3	3	231	3,07	1,300
	4	4	234	3,09	1,181
	5	5+	1250	2,99	1,248
25	1	1	549	3,44	1,201
	2	2	238	3,25	1,270
	3	3	231	3,39	1,199
	4	4	234	3,24	1,223
	5	5+	1250	3,27	1,215

Tablo 4.107. Öğrencilerin Öğrenim Gördükleri Programı Tercih Sırasına Göre Muhasebe Öğretiminde Öğretimin Planlanmasına İlişkin Görüşlerine Ait ANOVA Sonuçları

		Karelerinin Toplamı	SD	Karelerinin Ortalaması	F	p	LSD[1] Dunnett's T3[2]
Ölçüt-1	Gruplar arası	16,569	4	4,142			
	Gruplar içi	3200,176	2497	1,282	3,232	,012	1-5[1]p=0,001 2-5[1]p=0,045
	Toplam	3216,745	2501				
Ölçüt-7	Gruplar arası	9,071	4	2,268			
	Gruplar içi	4579,834	2497	1,834	1,236	,293	
	Toplam	4588,905	2501				
Ölçüt-13	Gruplar arası	5,248	4	1,312			
	Gruplar içi	3454,522	2497	1,383	,948	,435	
	Toplam	3459,770	2501				
Ölçüt-19	Gruplar arası	16,161	4	4,040			
	Gruplar içi	3880,113	2497	1,554	2,600	,034	1-5[1]p=0,001
	Toplam	3896,273	2501				
Ölçüt-25	Gruplar arası	13,804	4	3,451			
	Gruplar içi	3696,157	2497	1,480	2,331	,054	
	Toplam	3709,960	2501				

Tablo 4.107 incelendiğinde öğretim elemanlarının muhasebe derslerine uygun araç-gereç ve materyal seçip ve hazırlaması, öğretim elemanlarının muhasebe derslerine uygun öğretim ortamları hazırlaması ve öğretim elemanlarının muhasebe dersleri ile ilgili olarak yeterli kaynak önermesine ilişkin öğrenim gördükleri programı tercih sırasına göre oluşturulan grupların görüşler arasında $p \leq 0,05$ anlamlılık düzeyinde istatistiksel olarak anlamlı bir farklılık olmadığı bulunmuştur.

Ancak öğretim elemanlarının muhasebe dersleri ile ilgili dönem planı yaparak, planını açık, anlaşılır ve düzenli biçimde ifade etmelerine ilişkin görüşler arasında gruplar arası istatistiksel olarak anlamlı bir farklılık olduğu görülmektedir [$F=3,232$; $p=0,012$, $p<0,05$]. Farklılık bulunan madde için varyanslar homojen dağıldığından, hangi gruplar arasında fark olduğunu tespit etmek amacıyla LSD testi yapılmıştır.

Gruplar arasında oluşan farklılığın 1. (X=3,67) ve 2. (X=3,64) tercihi ile üniversiteye yerleşenler ile 5. (X=3,48) ve daha sonraki tercihleri ile üniversiteye yerleşen öğrenciler arasında olduğu görülmüştür.

Ayrıca öğretim elemanlarının muhasebe derslerine uygun uygulama etkinlikleri planlamasına ilişkin görüşler arasında da gruplar arası istatistiksel olarak anlamlı bir farklılık olduğu görülmektedir [F=2,600; p=0,034 p<0,05]. Farklılık bulunan madde için varyanslar homojen dağıldığından, hangi gruplar arasında fark olduğunu tespit etmek amacıyla LSD testi yapılmıştır.

Gruplar arasında oluşan farklılığın 1. (X=3,67) tercihi ile üniversiteye yerleşenler ile 5. (X=3,48) ve daha sonraki tercihleri ile üniversiteye yerleşen öğrenciler arasında olduğu görülmüştür.

Araştırmaya katılan öğrencilerin okudukları sınıf düzeyine göre muhasebe öğretim programının planlamasına ilişkin görüşleri arasında farklılık olup olmadığını belirlemek için tek yönlü varyans analizi ve farklılığın hangi gruplar arasında olduğunu belirlemek amacıyla varyanslar homojen olduğunda LSD, varyanslar homojen olmadığı durumlar için Dunnett's T3 testleri yapılmıştır. Anova tablosundan ve tanımlayıcı istatistiklerden elde edilen değerler Tablo 4.108 ve 4.109'da sunulmuştur.

Tablo 4.108. Öğrencilerin Sınıf Düzeyine Göre Muhasebe Öğretiminde Öğretimin Planlanmasına İlişkin Görüşlerine Ait Tanımlayıcı İstatistikler

Ölçütler	Gruplar		N	X	SS
1	1	1.Sınıf	1100	3,58	1,196
	2	2.Sınıf	1334	3,55	1,079
	3	Tekrar	68	3,31	1,149
7	1	1.Sınıf	1100	2,92	1,407
	2	2.Sınıf	1334	3,01	1,303
	3	Tekrar	68	2,68	1,440
13	1	1.Sınıf	1100	3,33	1,241
	2	2.Sınıf	1334	3,38	1,105
	3	Tekrar	68	2,76	1,306
19	1	1.Sınıf	1100	3,03	1,325
	2	2.Sınıf	1334	3,11	1,178
	3	Tekrar	68	2,74	1,253
25	1	1.Sınıf	1100	3,26	1,279
	2	2.Sınıf	1334	3,38	1,159
	3	Tekrar	68	2,88	1,216

Tablo 4.109. Öğrencilerin Sınıf Düzeyine Göre Muhasebe Öğretiminde Öğretimin Planlanmasına İlişkin Görüşlerine Ait ANOVA Sonuçları

		Karelerinin Toplamı	SD	Karelerinin Ortalaması	F	p	LSD[1] Dunnett's T3[2]
Ölçüt-1	Gruplar arası	4,994	2	2,497			
	Gruplar içi	3211,751	2499	1,285	1,943	,143	
	Toplam	3216,745	2501				
Ölçüt-7	Gruplar arası	10,861	2	5,431			
	Gruplar içi	4578,044	2499	1,832	2,964	,052	
	Toplam	4588,905	2501				
Ölçüt-13	Gruplar arası	25,286	2	12,643			
	Gruplar içi	3434,484	2499	1,374	9,199	,000	1-3[2]p=0,003 2-3[2]p=0,001
	Toplam	3459,770	2501				

Tablo 4.109. (Devam) Öğrencilerin Sınıf Düzeyine Göre Muhasebe Öğretiminde Öğretimin Planlanmasına İlişkin Görüşlerine Ait ANOVA Sonuçları

		Karelerinin Toplamı	SD	Karelerinin Ortalaması	F	p	LSD[1] Dunnett's T3[2]
Ölçüt-19	Gruplar arası	11,564	2	5,782			
	Gruplar içi	3884,710	2499	1,555	3,719	,024	2-3[1]p=0,016
	Toplam	3896,273	2501				
Ölçüt-25	Gruplar arası	20,967	2	10,484			
	Gruplar içi	3688,993	2499	1,476	7,102	,001	1-3[2]p=0,044 2-3[2]p=0,005
	Toplam	3709,960	2501				

Tablo 4.109 incelendiğinde öğretim elemanlarının muhasebe dersleri ile ilgili dönem planı yaparak, planını açık, anlaşılır ve düzenli biçimde ifade etmesi ve muhasebe derslerine uygun araç-gereç ve materyal seçip ve hazırlamasına ilişkin sınıf düzeylerine göre oluşturulan grupların görüşler arasında $p \leq 0,05$ anlamlılık düzeyinde istatistiksel olarak anlamlı bir farklılık olmadığı bulunmuştur.

Ancak öğretim elemanlarının muhasebe derslerine uygun öğretim ortamları hazırlamasına ilişkin görüşler arasında gruplar arası istatistiksel olarak anlamlı bir farklılık olduğu görülmektedir [F=9,199; p=0,000, p<0,05].

Farklılık bulunan madde için varyanslar homojen dağılmadığından, hangi gruplar arasında fark olduğunu tespit etmek amacıyla Dunnett's T3 testi yapılmıştır.

Gruplar arasında oluşan farklılığın 1. (X=3,33) ve 2. (X=3,38) sınıf öğrencileri ile tekrar konumunda (X=2,76) olan öğrenciler arasında olduğu görülmüştür.

Öğretim elemanlarının muhasebe derslerine uygun uygulama etkinlikleri planlamasına ilişkin görüşler arasında da gruplar arası istatistiksel olarak anlamlı bir farklılık olduğu görülmektedir [F=3,719; p=0,024, p<0,05]. Farklılık bulunan madde için varyanslar homojen dağılmadığından, hangi gruplar arasında fark olduğunu tespit etmek amacıyla LSD testi yapılmıştır.

Gruplar arasında oluşan farklılığın 2. (X=3,11) sınıf öğrencileri ile tekrar konumunda (X=2,74) olan öğrenciler arasında olduğu görülmüştür.

Ayrıca öğretim elemanlarının muhasebe dersleri ile ilgili olarak yeterli kaynak önermesine ilişkin de görüşler arasında gruplar arası istatistiksel olarak anlamlı bir farklılık olduğu görülmektedir [F=7,102; p=0,001, p<0,05].

Farklılık bulunan madde için varyanslar homojen dağılmadığından, hangi gruplar arasında fark olduğunu tespit etmek amacıyla Dunnett's T3 testi yapılmıştır.

Gruplar arasında oluşan farklılığın 1. (X=3,26) ve 2. (X=3,38) sınıf öğrencileri ile tekrar konumunda (X=2,88) olan öğrenciler arasında olduğu görülmüştür.

4.2.2.2. Öğrencilerin Muhasebe Öğretiminde Öğretme-Öğrenme Sürecine Yönelik Görüşlerine Ait Bulgular

Araştırmaya katılan öğrencilerin öğretme-öğrenme sürecine ilişkin görüşlerini yansıtan maddelere verdikleri cevaplara göre dağılımları tablo 4.110'da gösterilmiştir.

Tablo 4.110. Muhasebe Öğretiminde Öğrencilerin Öğretme-Öğrenme Sürecine Yönelik Görüşlerini Yansıtan Verilerin Dağılımı

Temel Ölçütler		Hiç	Az	Kısmen	Genellikle	Tamamen	Toplam
2. Muhasebe öğretiminde öğretme öğrenme süreci ile "zamanı verimli kullanabilme" durumu	f	95	155	500	964	788	2502
	%	3,8	6,2	20	38,5	31,5	100
8. Muhasebe öğretiminde öğretme öğrenme süreci ile "öğrencilerin etkin katılım" durumu	f	567	550	625	508	252	2502
	%	22,7	22	25	20,3	10,1	100
14. Muhasebe öğretiminde öğretme öğrenme süreci ile "öğretimi bireysel farklılıklara göre sürdürme" durumu	f	443	510	769	538	242	2502
	%	17,7	20,4	30,7	21,5	9,7	100
20. Muhasebe öğretiminde öğretme öğrenme süreci ile "materyali sınıf düzeyine uygun biçimde kullana" durumu	f	430	515	647	619	291	2502
	%	17,2	20,6	25,9	24,7	11,6	100
26. Muhasebe öğretiminde öğretme öğrenme süreci ile "konuyu yaşamla ilişkilendiriyorlar" durumu	f	227	361	662	783	469	2502
	%	9,1	14,4	26,5	31,3	18,7	100

Öğretim elemanları muhasebe derslerinde zamanı verimli kullanıyorlar mı ifadesine araştırmaya katılan öğrencilerin büyük bir çoğunluğu (kısmen % 20, genellikle % 38,5, tamamen % 31,5) olumlu cevap verirken sadece % 3,8'i bu görüşe hiç katılmadıklarını ifade etmişlerdir.

Araştırmaya katılan öğrencilerin % 22,7'si öğretim elemanlarının muhasebe derslerinde öğrencilerin etkin katılımı için etkinlikler düzenlemediğini, % 22'si ise az düzenlediğini beyan etmişlerdir. Etkin katılım için etkinlikler düzenleniyor görüşüne tam olarak katılanların oranı % 10,1 olurken, genellikle cevabını verenlerin oranı % 20,3 ve kısmen cevabını verenlerin oranı % 25 olarak tespit edilmiştir.

Öğretim elemanları muhasebe derslerinde öğretimi bireysel farklılıklara göre sürdürüyorlar mı ifadesine katılımcıların % 30,7'si kısmen cevabını vermişlerdir. Katılımcıların yaklaşık % 38'i bu ifadeye olumsuz cevap verirken diğer katılımcılar olumlu cevap vermişlerdir.

Araştırmaya katılanların yaklaşık % 38'i öğretim elemanları muhasebe derslerinde öğretim araç-gereç ve materyallerini sınıf düzeyine uygun biçimde kullanıyorlar mı ifadesine olumsuz görüş beyan ederken diğer katılımcılar değişik oranlarda (kısmen % 25,9, genellikle % 24,7, tamamen % 11,6) olumlu cevap vermişlerdir.

Öğretim elemanları muhasebe derslerinde özetleme ve uygun dönütler vererek konuyu yaşamla ilişkilendiriyor mu ifadesine araştırmaya katılanların % 9,1'i hiç cevabını verirken % 14,4'ü az olarak cevaplamışlardır. Diğer katılımcılar değişik düzeylerde konuların yaşamla ilişkilendirildiğini ifade etmişlerdir.

Araştırmaya katılan öğrencilerin muhasebe öğretim programının öğretme-öğrenme sürecine yönelik görüşlerini belirlemeyi amaçlayan sorulara verdikleri cevaplardan elde edilen verilere ait tanımlayıcı istatistikler hesaplanmış, öğrencilerin cinsiyetlerine göre görüşleri arasında farklılık olup olmadığını tespit etmek için bağımsız gruplar t-testi yapılmış ve analiz sonuçları tablo 4.111'de verilmiştir.

Tablo 4.111. Öğrencilerin Cinsiyetlerine Göre Muhasebe Öğretim Programı Öğretme-Öğrenme Sürecine İlişkin Görüşlerine Ait Bağımsız t-Testi sonuçları

Temel Ölçütler	Cinsiyet	N	X	SS	t	p
Ölçüt-2	Bayan	1329	3,88	1,032	,003	,998
	Erkek	1173	3,88	1,057		
Ölçüt-8	Bayan	1329	2,68	1,309	-1,992	,046*
	Erkek	1173	2,79	1,264		
Ölçüt-14	Bayan	1329	2,78	1,225	-2,901	,004*
	Erkek	1173	2,93	1,214		
Ölçüt-20	Bayan	1329	2,94	1,267	,393	,694
	Erkek	1173	2,92	1,264		
Ölçüt-26	Bayan	1329	3,37	1,179	,192	,848
	Erkek	1173	3,36	1,224		

Tablo 4.111'deki verilere göre öğrencilerin anılan sorulara verdikleri cevaplardan aldıkları puanların ortalaması bayan öğrenciler için 2,68–3,88 değerleri arasında, erkek öğrenciler için 2,79-3,88 değerleri arasında değişmektedir.

Öğretim elemanlarının, muhasebe derslerinde zamanı verimli kullanması, öğretim elemanlarının muhasebe derslerinde öğretim araç-gereç ve materyalini sınıf düzeyine uygun biçimde kullanması ve öğretim elemanlarının muhasebe derslerinde özetleme ve uygun dönütler vererek, konuyu yaşamla ilişkilendirmesine ilişkin öğrencilerin görüşleri arasında cinsiyetlerine göre $p \leq 0,05$ anlamlılık düzeyinde istatistiksel olarak anlamlı bir farklılık olmadığı bulunmuştur.

Ancak öğretim elemanlarının muhasebe derslerinde öğrencilerin etkin katılımı için etkinlikler düzenlemesine ilişkin öğrencilerin görüşleri arasında istatistiksel olarak anlamlı bir farklılık olduğu görülmektedir [$t = -1,992$, $p = 0,046$, $p<0,05$]. Bayan öğrenciler, erkek öğrencilere göre muhasebe derslerinde öğrencilerin etkin katılımı için etkinlikler düzenlemesi konusunda öğretim elemanlarının daha yetersiz olduğunu düşünmektedirler ($X_{Bayan}=2,68$, $X_{Bay}=2,79$).

Ayrıca öğretim elemanlarının muhasebe derslerinde öğretimi bireysel farklılıklara göre sürdürmesi konusunda da öğrencilerin görüşleri arasında istatistiksel olarak anlamlı bir farklılık olduğu görülmektedir [t =-2,901; p= 0,004; p<0,05]. Erkek öğrenciler muhasebe derslerinde öğretim elemanlarının bireysel farklılıklara daha fazla hassasiyet gösterdiklerini düşünmektedirler (X_{Bayan}=2,78, X_{Bay}=2,93).

Araştırmaya katılan öğrencilerin mezun oldukları orta öğretim kurumuna göre muhasebe öğretim programı öğretme-öğrenme sürecine ilişkin görüşleri arasında farklılık olup olmadığını belirlemek için tek yönlü varyans analizi ve farklılığın hangi gruplar arasında olduğunu belirlemek amacıyla varyanslar homojen olduğunda LSD, varyanslar homojen olmadığı durumlar için Dunnett's T3 testleri yapılmıştır. Anova tablosundan ve tanımlayıcı istatistiklerden elde edilen değerler Tablo 4.112 ve 4.113'de sunulmuştur.

Tablo 4.112. Öğrencilerin Mezun Oldukları Orta Öğretim Kurumuna Göre Muhasebe Öğretim Programı Öğretme-Öğrenme Sürecine İlişkin Görüşlerine Ait Tanımlayıcı İstatistikler

Ölçütler	Gruplar		N	X	SS
2	1	Genel Lise	1294	3,81	1,069
	2	Ticaret Lisesi	1055	3,94	1,024
	3	Diğer	153	4,01	,925
8	1	Genel Lise	1294	2,63	1,288
	2	Ticaret Lisesi	1055	2,84	1,274
	3	Diğer	153	2,81	1,336
14	1	Genel Lise	1294	2,74	1,227
	2	Ticaret Lisesi	1055	3,01	1,207
	3	Diğer	153	2,70	1,153
20	1	Genel Lise	1294	2,83	1,277
	2	Ticaret Lisesi	1055	3,04	1,246
	3	Diğer	153	3,02	1,233
26	1	Genel Lise	1294	3,28	1,220
	2	Ticaret Lisesi	1055	3,45	1,174
	3	Diğer	153	3,46	1,153

Tablo 4.113. Öğrencilerin Mezun Oldukları Orta Öğretim Kurumuna Göre Muhasebe Öğretim Programı Öğretme-Öğrenme Sürecine İlişkin Görüşlerine Ait ANOVA Sonuçları

		Karelerinin Toplamı	SD	Karelerinin Ortalaması	F	p	LSD[1] Dunnett's T3[2]
Ölçüt-2	Gruplar arası	12,885	2	6,443			
	Gruplar içi	2712,445	2499	1,085	5,936	,003	1-2[2]p=0,008 1-3[2]p=0,036
	Toplam	2725,331	2501				
Ölçüt-8	Gruplar arası	26,123	2	13,061			
	Gruplar içi	4127,388	2499	1,652	7,908	,000	1-2[1]p=0,000
	Toplam	4153,511	2501				
Ölçüt-14	Gruplar arası	46,307	2	23,153			
	Gruplar içi	3685,788	2499	1,475	15,698	,000	1-2[2]p=0,000 2-3[2]p=0,007
	Toplam	3732,094	2501				
Ölçüt-20	Gruplar arası	28,828	2	14,414			
	Gruplar içi	3977,071	2499	1,591	9,057	,000	1-2[1]p=0,000
	Toplam	4005,899	2501				
Ölçüt-26	Gruplar arası	18,893	2	9,446			
	Gruplar içi	3581,035	2499	1,433	6,592	,001	1-2[1]p=0,001
	Toplam	3599,928	2501				

Tablo 4.113 incelendiğinde Öğretim elemanlarının, muhasebe derslerinde zamanı verimli kullanmasına ilişkin görüşler arasında gruplar arası istatistiksel olarak anlamlı bir farklılık olduğu görülmektedir [F=5,936; p=0,003 (p<0,05]. Farklılık bulunan madde için varyanslar homojen dağılmadığından, hangi gruplar arasında fark olduğunu tespit etmek amacıyla Dunnett's T3 testi yapılmıştır.

Gruplar arasında oluşan farklılığın genel lise mezunu ($X_{G. Lise}$=3,81) olan öğrenciler ile ticaret lisesi ve diğer lise mezunları ($X_{T. Lisesi}$=3,94, $X_{Diğer}$=4,01) öğrenciler arasında olduğu görülmüştür.

Öğretim elemanlarının muhasebe derslerinde öğrencilerin etkin katılımı için etkinlikler düzenlemesine ilişkin görüşler arasında da gruplar arası istatistiksel olarak anlamlı bir farklılık olduğu görülmektedir [F=7,908; p=0,000 (p<0,05]. Farklılık bulunan madde için varyanslar homojen dağıldığından, hangi gruplar arasında fark olduğunu tespit etmek amacıyla LSD testi yapılmıştır. Gruplar arasında oluşan farklılığın genel lise mezunu ($X_{G.\ Lise}$=2,63) olan öğrenciler ile ticaret lisesi mezunu olan ($X_{T.\ Lisesi}$=2,84) öğrenciler arasında olduğu görülmüştür.

Öğretim elemanlarının muhasebe derslerinde öğretimi bireysel farklılıklara göre sürdürmesine ilişkin görüşler arasında da gruplar arası istatistiksel olarak anlamlı bir farklılık olduğu görülmektedir [F=15,698; p=0,000 (p<0,05]. Farklılık bulunan madde için varyanslar homojen dağılmadığından, hangi gruplar arasında fark olduğunu tespit etmek amacıyla Dunnett's T3 testi yapılmıştır.

Gruplar arasında oluşan farklılığın genel lise mezunu ($X_{G.\ Lise}$=2,74) olan öğrenciler ile ticaret lisesi mezunu olan ($X_{T.\ Lisesi}$=3,01) öğrenciler ve ticaret lisesi mezunu olan öğrenciler ($X_{T.\ Lisesi}$=3,01) ile diğer lise mezunu ($X_{Diğer}$=2,70) öğrenciler arasında olduğu görülmüştür.

Öğretim elemanlarının muhasebe derslerinde öğretim araç-gereç ve materyalini sınıf düzeyine uygun biçimde kullanmasına ilişkin görüşler arasında da gruplar arası istatistiksel olarak anlamlı bir farklılık olduğu görülmektedir [F=9,057; p=0,000 (p<0,05]. Farklılık bulunan madde için varyanslar homojen dağıldığından, hangi gruplar arasında fark olduğunu tespit etmek amacıyla LSD testi yapılmıştır. Gruplar arasında oluşan farklılığın genel lise mezunu ($X_{G.\ Lise}$=2,83) olan öğrenciler ile ticaret lisesi mezunu olan ($X_{T.\ Lisesi}$=3,04) öğrenciler arasında olduğu görülmüştür.

Ayrıca öğretim elemanlarının muhasebe derslerinde özetleme ve uygun dönütler vererek, konuyu yaşamla ilişkilendirmesi konusuna ilişkin görüşler arasında da gruplar arası istatistiksel olarak anlamlı bir farklılık olduğu görülmektedir [F=6,592; p=0,001 (p<0,05]. Farklılık bulunan madde için varyanslar homojen dağıldığından, hangi gruplar arasında fark olduğunu tespit etmek amacıyla LSD testi yapılmıştır. Gruplar arasında oluşan farklılığın genel lise mezunu ($X_{G.\ Lise}$=3,28) olan öğrenciler ile ticaret lisesi mezunu olan ($X_{T.\ Lisesi}$=3,45) öğrenciler arasında olduğu görülmüştür.

Araştırmaya katılan öğrencilerin üniversiteye yerleştirilme şekline göre muhasebe öğretim programı öğretme-öğrenme süreci bağlamında ifade ettikleri görüşlerini belirlemeye yönelik sorulara verdikleri cevaplardan elde edilen verilere ait tanımlayıcı istatistikler hesaplanmış, öğrencilerin cinsiyetlerine göre görüşleri arasında farklılık olup olmadığını tespit etmek için bağımsız gruplar t-testi yapılmış ve analiz sonuçları tablo 4.114'de verilmiştir.

Tablo 4.114. Öğrencilerin Üniversiteye Yerleştirilme Şekline Göre Muhasebe Öğretim Programı Öğretme-Öğrenme Sürecine İlişkin Görüşlerine Ait Bağımsız t-Testi sonuçları

Temel Ölçütler	Üniversiteye Yerleştirilme Şekline	N	X	SS	t	p
Ölçüt-2	Sınavla	1613	3,86	1,050	-,924	,356
	Sınavsız Geçiş	889	3,90	1,033		
Ölçüt-8	Sınavla	1613	2,62	1,268	-6,064	,000*
	Sınavsız Geçiş	889	2,94	1,300		
Ölçüt-14	Sınavla	1613	2,73	1,209	-6,582	,000*
	Sınavsız Geçiş	889	3,07	1,216		
Ölçüt-20	Sınavla	1613	2,86	1,284	-3,600	,000*
	Sınavsız Geçiş	889	3,05	1,222		
Ölçüt-26	Sınavla	1613	3,31	1,210	-2,687	,007*
	Sınavsız Geçiş	889	3,45	1,176		

Tablo 4.114'deki verilere göre öğrencilerin anılan sorulara verdikleri cevaplardan aldıkları puanların ortalaması sınavla yerleşen öğrenciler için 2,62–3,86 değerleri arasında, sınavsız yerleşen öğrenciler için 2,94-3,90 değerleri arasında değişmektedir.

Öğretim elemanlarının, muhasebe derslerinde zamanı verimli kullanmasına ilişkin öğrencilerin görüşleri arasında üniversiteye yerleştirilme şekline göre $p \leq 0,05$ anlamlılık düzeyinde istatistiksel olarak anlamlı bir farklılık olmadığı bulunmuştur.

Ancak öğretim elemanlarının muhasebe derslerinde öğrencilerin etkin katılımı için etkinlikler düzenlemesine ilişkin öğrencilerin görüşleri arasında istatistiksel olarak anlamlı bir farklılık olduğu görülmektedir [t =6,064; p= 0,000;

$p<0,05$]. Üniversiteye sınavla yerleştirilen öğrenciler, sınavsız geçiş yapan öğrencilere göre öğretim elemanlarının muhasebe derslerinde öğrencilerin etkin katılımı için etkinlikler düzenlemesi konusunda daha hazırlıksız olduğunu düşünmektedirler ($X_{Sınavla}$=2,62, $X_{Sınavsız}$=2,94).

Öğretim elemanlarının muhasebe derslerinde öğretimi bireysel farklılıklara göre sürdürmesine ilişkin öğrencilerin görüşleri arasında da istatistiksel olarak anlamlı bir farklılık olduğu görülmektedir [t =6,582; p=0,000; $p<0,05$]. Üniversiteye sınavla yerleştirilen öğrenciler sınavsız yerleşenlere göre muhasebe derslerinde bireysel farklılıkların dikkate alınması konusunda mevcut durumu yeterli görmemektedirler. ($X_{Sınavla}$=2,73, $X_{Sınavsız}$=3,07).

Öğretim elemanlarının muhasebe derslerinde öğretim araç-gereç ve materyalini sınıf düzeyine uygun biçimde kullanmasına ilişkin öğrencilerin görüşleri arasında da istatistiksel olarak anlamlı bir farklılık olduğu görülmektedir [t =3,600; p=0,000; $p<0,05$].

Ayrıca öğretim elemanlarının muhasebe derslerinde özetleme ve uygun dönütler vererek, konuyu yaşamla ilişkilendirmesi konusuna ilişkin de öğrencilerin görüşleri arasında istatistiksel olarak anlamlı bir farklılık olduğu görülmektedir [t =2,687; p=0,007; $p<0,05$]. Üniversiteye sınavla yerleştirilen öğrenciler sınavsız yerleşenlere göre muhasebe derslerinde özetleme ve uygun dönütler vererek, konuyu yaşamla ilişkilendirmesi konusunda daha olumsuz bir görüşe sahip oldukları görülmektedir. ($X_{Sınavla}$=3,31, $X_{Sınavsız}$=3,45).

Araştırmaya katılan öğrencilerin öğrenim gördükleri programı tercih sırasına göre muhasebe öğretim programı öğretme-öğrenme sürecine ilişkin görüşleri arasında farklılık olup olmadığını belirlemek için tek yönlü varyans analizi ve farklılığın hangi gruplar arasında olduğunu belirlemek amacıyla varyanslar homojen olduğunda LSD, varyanslar homojen olmadığı durumlar için Dunnett's T3 testleri yapılmıştır. Anova tablosundan ve tanımlayıcı istatistiklerden elde edilen değerler Tablo 4.115 ve 4.116'da sunulmuştur.

Tablo 4.115. Öğrencilerin Öğrenim Gördükleri Programı Tercih Sırasına Göre Muhasebe Öğretim Programı Öğretme-Öğrenme Sürecine İlişkin Görüşlerine Ait Tanımlayıcı İstatistikler

Ölçütler	Gruplar		N	X	SS
2	1	1	549	3,96	1,007
	2	2	238	3,86	1,120
	3	3	231	3,90	1,062
	4	4	234	3,94	,990
	5	5+	1250	3,83	1,050
8	1	1	549	2,81	1,294
	2	2	238	2,70	1,363
	3	3	231	2,56	1,218
	4	4	234	2,90	1,283
	5	5+	1250	2,70	1,282
14	1	1	549	2,92	1,252
	2	2	238	2,84	1,285
	3	3	231	2,69	1,226
	4	4	234	2,93	1,144
	5	5+	1250	2,83	1,207
20	1	1	549	3,01	1,282
	2	2	238	3,00	1,220
	3	3	231	2,85	1,298
	4	4	234	2,97	1,218
	5	5+	1250	2,89	1,269
26	1	1	549	3,50	1,189
	2	2	238	3,30	1,232
	3	3	231	3,40	1,257
	4	4	234	3,37	1,220
	5	5+	1250	3,31	1,180

Tablo 4.116. Öğrencilerin Öğrenim Gördükleri Programı Tercih Sırasına Göre Muhasebe Öğretim Programı Öğretme-Öğrenme Sürecine İlişkin Görüşlerine Ait ANOVA Sonuçları

		Karelerinin Toplamı	SD	Karelerinin Ortalaması	F	p	LSD[1] Dunnett's T3[2]
Ölçüt-2	Gruplar arası	8,457	4	2,114			
	Gruplar içi	2716,874	2497	1,088	1,943	,101	
	Toplam	2725,331	2501				
Ölçüt-8	Gruplar arası	18,230	4	4,557			
	Gruplar içi	4135,281	2497	1,656	2,752	,027	1-3[1]p=0,012 3-4[1]p=0,005 4-5[1]p=0,034
	Toplam	4153,511	2501				
Ölçüt-14	Gruplar arası	10,874	4	2,719			
	Gruplar içi	3721,220	2497	1,490	1,824	,121	
	Toplam	3732,094	2501				
Ölçüt-20	Gruplar arası	7,874	4	1,968			
	Gruplar içi	3998,025	2497	1,601	1,229	,296	
	Toplam	4005,899	2501				
Ölçüt-26	Gruplar arası	14,822	4	3,705			
	Gruplar içi	3585,106	2497	1,436	2,581	,036	1-2[1]p=0,034 1-5[1]p=0,012
	Toplam	3599,928	2501				

Tablo 4.116 incelendiğinde öğretim elemanlarının, muhasebe derslerinde zamanı verimli kullanması, öğretim elemanlarının muhasebe derslerinde öğretimi bireysel farklılıklara göre sürdürmesi ve öğretim elemanlarının muhasebe derslerinde öğretim araç-gereç ve materyalini sınıf düzeyine uygun biçimde kullanmasına ilişkin öğrenim gördükleri programı tercih sırasına göre oluşturulan grupların görüşler arasında $p \leq 0,05$ anlamlılık düzeyinde istatistiksel olarak anlamlı bir farklılık olmadığı bulunmuştur.

Ancak öğretim elemanlarının muhasebe derslerinde öğrencilerin etkin katılımı için etkinlikler düzenlemesine ilişkin görüşler arasında gruplar arası istatistiksel olarak anlamlı bir farklılık olduğu görülmektedir [$F=2,752$; $p=0,027$, $p<0,05$]. Farklılık bulunan madde için varyanslar homojen dağıldığından, hangi gruplar arasında fark olduğunu tespit etmek amacıyla LSD testi yapılmıştır.

Gruplar arasında oluşan farklılığın 1. (X=2,81) tercihi ile üniversiteye yerleşenler ile 3. (X=2,56) tercihleri ile üniversiteye yerleşen öğrenciler arasında olduğu görülmüştür.

Ayrıca öğretim elemanlarının muhasebe derslerinde özetleme ve uygun dönütler vererek, konuyu yaşamla ilişkilendirmesine ilişkin görüşler arasında da gruplar arası istatistiksel olarak anlamlı bir farklılık olduğu görülmektedir [F=2,581; p=0,036 p<0,05]. Farklılık bulunan madde için varyanslar homojen dağıldığından, hangi gruplar arasında fark olduğunu tespit etmek amacıyla LSD testi yapılmıştır.

Gruplar arasında oluşan farklılığın 1. (X=3,50) tercihi ile üniversiteye yerleşenler ile 2. (X=3,30) ve 5. (X=3,31) ve daha sonraki tercihleri ile üniversiteye yerleşen öğrenciler arasında olduğu görülmüştür.

Araştırmaya katılan öğrencilerin okudukları sınıf düzeyine göre muhasebe öğretim programı öğretme-öğrenme sürecine ilişkin görüşleri arasında farklılık olup olmadığını belirlemek için tek yönlü varyans analizi ve farklılığın hangi gruplar arasında olduğunu belirlemek amacıyla varyanslar homojen olduğunda LSD, varyanslar homojen olmadığı durumlar için Dunnett's T3 testleri yapılmıştır. Anova tablosundan ve tanımlayıcı istatistiklerden elde edilen değerler Tablo 4.117 ve 4.118'de sunulmuştur.

Tablo 4.117. Öğrencilerin Sınıf Düzeyine Göre Muhasebe Öğretim Programı Öğretme-Öğrenme Sürecine İlişkin Görüşlerine Ait Tanımlayıcı İstatistikler

Ölçütler	Gruplar		N	X	SS
2	1	1.Sınıf	1100	3,91	1,101
	2	2.Sınıf	1334	3,87	,982
	3	Tekrar	68	3,65	1,243
8	1	1.Sınıf	1100	2,72	1,345
	2	2.Sınıf	1334	2,75	1,233
	3	Tekrar	68	2,50	1,419
14	1	1.Sınıf	1100	2,77	1,258
	2	2.Sınıf	1334	2,91	1,186
	3	Tekrar	68	2,85	1,249
20	1	1.Sınıf	1100	2,87	1,324
	2	2.Sınıf	1334	2,99	1,215
	3	Tekrar	68	2,78	1,244
26	1	1.Sınıf	1100	3,30	1,296
	2	2.Sınıf	1334	3,42	1,111
	3	Tekrar	68	3,21	1,204

Tablo 4.118. Öğrencilerin Sınıf Düzeyine Göre Muhasebe Öğretim Programı Öğretme-Öğrenme Sürecine İlişkin Görüşlerine Ait ANOVA Sonuçları

		Karelerinin Toplamı	SD	Karelerinin Ortalaması	F	p	LSD[1] Dunnett's T3[2]
Ölçüt-2	Gruplar arası	4,734	2	2,367			
	Gruplar içi	2720,597	2499	1,089	2,174	,114	
	Toplam	2725,331	2501				
Ölçüt-8	Gruplar arası	4,321	2	2,161			
	Gruplar içi	4149,189	2499	1,660	1,301	,272	
	Toplam	4153,511	2501				
Ölçüt-14	Gruplar arası	11,565	2	5,782			
	Gruplar içi	3720,530	2499	1,489	3,884	,021	1-2[2]p=0,017
	Toplam	3732,094	2501				
Ölçüt-20	Gruplar arası	9,297	2	4,648			
	Gruplar içi	3996,602	2499	1,599	2,907	,055	
	Toplam	4005,899	2501				

Tablo 4.118. (Devam) Öğrencilerin Sınıf Düzeyine Göre Muhasebe Öğretim Programı Öğretme-Öğrenme Sürecine İlişkin Görüşlerine Ait ANOVA Sonuçları

		Karelerinin Toplamı	SD	Karelerinin Ortalaması	F	p	LSD[1] Dunnett's T3[2]
Ölçüt-26	Gruplar arası	10,575	2	5,288			
	Gruplar içi	3589,353	2499	1,436	3,681	,025	1-2[2]p=0,043
	Toplam	3599,928	2501				

Tablo 4.118 incelendiğinde Öğretim elemanlarının, muhasebe derslerinde zamanı verimli kullanması, öğretim elemanlarının muhasebe derslerinde öğrencilerin etkin katılımı için etkinlikler düzenlemesi ve öğretim elemanlarının muhasebe derslerinde öğretim araç-gereç ve materyalini sınıf düzeyine uygun biçimde kullanmasına ilişkin sınıf düzeylerine göre oluşturulan grupların görüşler arasında p≤0,05 anlamlılık düzeyinde istatistiksel olarak anlamlı bir farklılık olmadığı bulunmuştur.

Ancak öğretim elemanlarının muhasebe derslerinde öğretimi bireysel farklılıklara göre sürdürmesine ilişkin görüşler arasında gruplar arası istatistiksel olarak anlamlı bir farklılık olduğu görülmektedir [F=3,884; p=0,021, p<0,05].

Farklılık bulunan madde için varyanslar homojen dağılmadığından, hangi gruplar arasında fark olduğunu tespit etmek amacıyla Dunnett's T3 testi yapılmıştır. Gruplar arasında oluşan farklılığın 1. (X=2,77) öğrencileri ile 2. (X=2,91) sınıf öğrencileri arasında olduğu görülmüştür.

Ayrıca öğretim elemanlarının muhasebe derslerinde özetleme ve uygun dönütler vererek, konuyu yaşamla ilişkilendirmesi ilişkin görüşler arasında gruplar arası istatistiksel olarak anlamlı bir farklılık olduğu görülmektedir [F=3,681; p=0,025, p<0,05]. Farklılık bulunan madde için varyanslar homojen dağılmadığından, hangi gruplar arasında fark olduğunu tespit etmek amacıyla Dunnett's T3 testi yapılmıştır. Gruplar arasında oluşan farklılığın 1. (X=3,30) öğrencileri ile 2. (X=3,42) sınıf öğrencileri arasında olduğu görülmüştür.

Farklılık bulunan her iki konuda da birinci sınıf öğrencilerinin ikinci sınıf öğrencilerine göre daha olumsuz düşünceye sahip oldukları görülmektedir.

4.2.2.3. Öğrencilerin Muhasebe Öğretiminde Sınıf Yönetimi Sürecine Yönelik Görüşlerine Ait Bulgular

Araştırmaya katılan öğrencilerin sınıf yönetimi sürecine ilişkin görüşlerini yansıtan maddelere verdikleri cevaplara göre dağılımları tablo 4.119'da gösterilmiştir.

Tablo 4.119. Muhasebe Öğretiminde Öğrencilerin Sınıf Yönetimi Sürecine Yönelik Görüşlerini Yansıtan Verilerin Dağılımı

Temel Ölçütler		Hiç	Az	Kısmen	Genellikle	Tamamen	Toplam
3. Muhasebe öğretiminde sınıf yönetimi ile "ilgi ve dikkat" durumu	f	170	349	596	823	564	2502
	%	6,8	13,9	23,8	32,9	22,5	100
9. Muhasebe öğretiminde derse yönelik ilgileri ile "demokratik öğretim ortamı" durumu	f	196	327	618	777	584	2502
	%	7,8	13,1	24,7	31,1	23,3	100
15. Muhasebe öğretiminde derse yönelik ilgileri ile "ilgi ve güdünün sürekliliği" durumu	f	226	427	780	695	374	2502
	%	9	17,1	31,2	27,8	14,9	100
21. Muhasebe öğretiminde derse yönelik ilgileri ile "önlemler, övgü ve yaptırım" durumu	f	238	407	729	725	403	2502
	%	9,5	16,3	29,1	29	16,1	100
27. Muhasebe öğretiminde derse yönelik ilgileri ile "dersi sonlandırma" durumu	f	227	362	640	778	495	2502
	%	9,1	14,5	25,6	31,1	19,8	100

Araştırmaya katılan öğrencilerin % 6,8'i öğretim elemanlarının muhasebe derslerine uygun giriş yaparak derse ilgi ve dikkat çekmediklerini, % 13,9'u ise ilgi ve dikkat çekmeyi yetersiz olarak yaptıklarını ifade etmişlerdir. Katılımcıların % 22,5'i ilgi ve dikkat durumu konusunda tamamen cevabını verirken % 32,9'u genellikle ve % 23,8'i kısmen cevabını vermişlerdir.

Öğretim elemanları muhasebe derslerinde demokratik bir öğrenme ortamı sağlıyorlar mı ifadesine araştırmaya katılanların % 79,1'i (kısmen % 24,7, genellikle % 31,1, tamamen % 23,3) olumlu cevap verirken, % 7,8'i öğrenme ortamını hiç demokratik bulmadığını ifade etmişlerdir.

Araştırmaya katılan öğrencilerin % 9'u öğretim elemanlarının muhasebe derslerine ilgi ve güdünün sürekliliğini sağlamadığını, % 17,1'i ise yetersiz sağladığını ifade etmişlerdir. Diğer katılımcılar ise değişik oranlarda ilgi ve güdünün sağlandığını beyan etmişlerdir.

Öğretim elemanlarının muhasebe derslerinde övgü ve yaptırımlardan yararlanma ve muhasebe dersleri bitiminde konuların özetlenmesi ve sonraki derslerle bağlantı kurulması konularında araştırmaya katılan öğrencilerin bir birine yakın oranlarda cevaplar verdiği görülmektedir. Her iki konuda da olumsuz görüş beyan eden öğrencilerin oranı yaklaşık % 25 dolayındadır.

Araştırmaya katılan öğrencilerin muhasebe öğretim programının Sınıf yönetim sürecine yönelik görüşlerini belirlemeyi amaçlayan sorulara verdikleri cevaplardan elde edilen verilere ait tanımlayıcı istatistikler hesaplanmış, öğrencilerin cinsiyetlerine göre görüşleri arasında farklılık olup olmadığını tespit etmek için bağımsız gruplar t-testi yapılmış ve analiz sonuçları tablo 4.120'de verilmiştir.

Tablo 4.120. Öğrencilerin Cinsiyetlerine Göre Muhasebe Öğretim Programı Sınıf Yönetim Sürecine İlişkin Görüşlerine Ait Bağımsız t-Testi sonuçları

Temel Ölçütler	Cinsiyet	N	X	SS	t	p
Ölçüt-3	**Bayan**	1329	3,47	1,165	-1,338	,181
	Erkek	1173	3,54	1,193		
Ölçüt-9	**Bayan**	1329	3,45	1,206	-1,839	,066
	Erkek	1173	3,54	1,200		
Ölçüt-15	**Bayan**	1329	3,20	1,170	-1,292	,196
	Erkek	1173	3,26	1,160		
Ölçüt-21	**Bayan**	1329	3,26	1,209	-,175	,861
	Erkek	1173	3,26	1,164		
Ölçüt-27	**Bayan**	1329	3,41	1,203	1,103	,270
	Erkek	1173	3,35	1,220		

Tablo 4.120'deki verilere göre öğrencilerin anılan sorulara verdikleri cevaplardan aldıkları puanların ortalaması bayan öğrenciler için 3,20–3,47 değerleri arasında, erkek öğrenciler için 3,26-3,54 değerleri arasında değişmektedir.

Öğretim elemanlarının muhasebe derslerine uygun bir giriş yaparak, derse ilgi ve dikkat çekmeleri, öğretim elemanlarının muhasebe derslerinde demokratik bir öğrenme ortamı sağlamaları, öğretim elemanlarının muhasebe derslerine ilgi ve güdünün sürekliliğini sağlamaları, öğretim elemanlarının muhasebe derslerinde kesinti ve engellemelere karşı uygun önlemler alarak, övgü ve yaptırımlardan yararlanmaları, öğretim elemanlarının muhasebe derslerini toparlayarak, gelecek dersle ilgili bilgiler vermelerine ilişkin öğrencilerin görüşleri arasında cinsiyetlerine göre $p \leq 0{,}05$ anlamlılık düzeyinde istatistiksel olarak anlamlı bir farklılık olmadığı bulunmuştur.

Araştırmaya katılan öğrencilerin mezun oldukları orta öğretim kurumuna göre muhasebe öğretim programı sınıf yönetim sürecine ilişkin görüşleri arasında farklılık olup olmadığını belirlemek için tek yönlü varyans analizi ve farklılığın hangi gruplar arasında olduğunu belirlemek amacıyla varyanslar homojen olduğunda LSD, varyanslar homojen olmadığı durumlar için Dunnett's T3 testleri yapılmıştır. Anova tablosundan ve tanımlayıcı istatistiklerden elde edilen değerler Tablo 4.121 ve 4.122'de sunulmuştur.

Tablo 4.121. Öğrencilerin Mezun Oldukları Orta Öğretim Kurumuna Göre Muhasebe Öğretim Programı Sınıf Yönetim Sürecine İlişkin Görüşlerine Ait Tanımlayıcı İstatistikler

Ölçütler	Gruplar		N	X	SS
3	1	Genel Lise	1294	3,42	1,182
	2	Ticaret Lisesi	1055	3,60	1,174
	3	Diğer	153	3,59	1,127
9	1	Genel Lise	1294	3,44	1,229
	2	Ticaret Lisesi	1055	3,54	1,177
	3	Diğer	153	3,56	1,163
15	1	Genel Lise	1294	3,11	1,178
	2	Ticaret Lisesi	1055	3,36	1,143
	3	Diğer	153	3,22	1,106
21	1	Genel Lise	1294	3,19	1,230
	2	Ticaret Lisesi	1055	3,32	1,124
	3	Diğer	153	3,39	1,220
27	1	Genel Lise	1294	3,28	1,219
	2	Ticaret Lisesi	1055	3,50	1,197
	3	Diğer	153	3,39	1,165

Tablo 4.122. Öğrencilerin Mezun Oldukları Orta Öğretim Kurumuna Göre Muhasebe Öğretim Programı Sınıf Yönetim Sürecine İlişkin Görüşlerine Ait ANOVA Sonuçları

		Karelerinin Toplamı	SD	Karelerinin Ortalaması	F	p	LSD[1] Dunnett's T3[2]
Ölçüt-3	Gruplar arası	18,915	2	9,458	6,846	,001	
	Gruplar içi	3452,537	2499	1,382			1-2[1]p=0,000
	Toplam	3471,452	2501				
Ölçüt-9	Gruplar arası	5,679	2	2,840	1,962	,141	
	Gruplar içi	3617,571	2499	1,448			
	Toplam	3623,250	2501				
Ölçüt-15	Gruplar arası	36,952	2	18,476	13,750	,000	
	Gruplar içi	3357,912	2499	1,344			1-2[1]p=0,000
	Toplam	3394,863	2501				
Ölçüt-21	Gruplar arası	12,412	2	6,206	4,411	,012	
	Gruplar içi	3515,761	2499	1,407			1-2[1]p=0,008
	Toplam	3528,173	2501				
Ölçüt-27	Gruplar arası	27,071	2	13,535	9,296	,000	
	Gruplar içi	3638,698	2499	1,456			1-2[2]p=0,000
	Toplam	3665,768	2501				

Tablo 4.122 incelendiğinde öğretim elemanlarının muhasebe derslerinde demokratik bir öğrenme ortamı sağlamaları ilişkin öğrencilerin görüşleri arasında mezun olunan okula göre $p \leq 0,05$ anlamlılık düzeyinde istatistiksel olarak anlamlı bir farklılık olmadığı bulunmuştur.

Ancak öğretim elemanlarının muhasebe derslerine uygun bir giriş yaparak, derse ilgi ve dikkat çekmelerine ilişkin görüşler arasında gruplar arası istatistiksel olarak anlamlı bir farklılık olduğu görülmektedir [$F=6,846$; $p=0,001$ ($p<0,05$]. Farklılık bulunan madde için varyanslar homojen dağıldığından, hangi gruplar arasında fark olduğunu tespit etmek amacıyla LSD testi yapılmıştır.

Gruplar arasında oluşan farklılığın genel lise mezunu ($X_{G.Lise}=3,42$) olan öğrenciler ile ticaret lisesi mezunu ($X_{T.Lisesi}=3,60$) olan öğrenciler arasında olduğu görülmüştür. Genel lise mezunları öğretim elemanlarının derse giriş yaparken ilgi ve dikkat çekmede kısmen yetersiz olduklarını ifade etmişlerdir.

Öğretim elemanlarının muhasebe derslerine ilgi ve güdünün sürekliliğini sağlamalarına ilişkin görüşler arasında da gruplar arası istatistiksel olarak anlamlı bir farklılık olduğu görülmektedir [$F=13,750$; $p=0,000$ ($p<0,05$]. Farklılık bulunan madde için varyanslar homojen dağıldığından, hangi gruplar arasında fark olduğunu tespit etmek amacıyla LSD testi yapılmıştır.

Gruplar arasında oluşan farklılığın genel lise mezunu ($X_{G.Lise}=3,11$) olan öğrenciler ile ticaret lisesi mezunu ($X_{T.Lisesi}=3,36$) olan öğrenciler arasında olduğu görülmüştür. Genel lise mezunları ticaret lisesi mezunlarına göre öğretim elemanlarının derse ilgi ve güdünün sağlanmasında süreklilik sağlayamadıklarını ifade etmişlerdir.

Öğretim elemanlarının muhasebe derslerinde kesinti ve engellemelere karşı uygun önlemler alarak, övgü ve yaptırımlardan yararlanmalarına ilişkin görüşler arasında da gruplar arası istatistiksel olarak anlamlı bir farklılık olduğu görülmektedir [$F=4,411$; $p=0,008$ ($p<0,05$]. Farklılık bulunan madde için varyanslar homojen dağılmadığından, hangi gruplar arasında fark olduğunu tespit etmek amacıyla Dunnett's T3 testi yapılmıştır. Gruplar arasında oluşan farklılığın genel lise mezunu ($X_{G.Lise}=3,19$) olan öğrenciler ile ticaret lisesi mezunu ($X_{T.Lisesi}=3,32$) olan öğrenciler arasında olduğu görülmüştür.

Ayrıca öğretim elemanlarının muhasebe derslerini toparlayarak, gelecek dersle ilgili bilgiler vermelerine ilişkin de görüşler arasında gruplar arası istatistiksel olarak anlamlı bir farklılık olduğu görülmektedir [F=9,296; p=0,000 (p<0,05]. Farklılık bulunan madde için varyanslar homojen dağıldığından, hangi gruplar arasında fark olduğunu tespit etmek amacıyla LSD testi yapılmıştır. Gruplar arasında oluşan farklılığın genel lise mezunu ($X_{G.Lise}$=3,28) olan öğrenciler ile ticaret lisesi mezunu ($X_{T.Lisesi}$=3,50) olan öğrenciler arasında olduğu görülmüştür.

Öğrencilerin mezun oldukları orta öğretim kurumuna göre muhasebe öğretim programı sınıf yönetim sürecine ilişkin görüşlerine ait ANOVA sonuçları bakıldığında genel lise mezunları ile ticaret lisesi mezunları arasında çoğu konuda farklılıklar olduğu görülmektedir. Bu farklılıklar öğrencilerin ortaöğretimde aldıkları derslerden kaynaklanabileceği gibi süreci algılama farklılıklarından da kaynaklanabilecektir.

Araştırmaya katılan öğrencilerin üniversiteye yerleştirilme şekline göre muhasebe öğretim programı sınıf yönetim süreci bağlamında ifade ettikleri görüşlerini belirlemeye yönelik sorulara verdikleri cevaplardan elde edilen verilere ait tanımlayıcı istatistikler hesaplanmış, öğrencilerin cinsiyetlerine göre görüşleri arasında farklılık olup olmadığını tespit etmek için bağımsız gruplar t-testi yapılmış ve analiz sonuçları tablo 4.123'de verilmiştir.

Tablo 4.123. Öğrencilerin Üniversiteye Yerleştirilme Şekline Göre Muhasebe Öğretim Programı Sınıf Yönetim Sürecine İlişkin Görüşlerine Ait Bağımsız t-Testi sonuçları

Temel Ölçütler	Üniversiteye Yerleştirilme Şekline	N	X	SS	t	p
Ölçüt-3	Sınavla	1613	3,47	1,174	-2,221	,026*
	Sınavsız Geçiş	889	3,57	1,182		
Ölçüt-9	Sınavla	1613	3,45	1,224	-2,480	,013*
	Sınavsız Geçiş	889	3,57	1,162		
Ölçüt-15	Sınavla	1613	3,13	1,161	-5,430	,000*
	Sınavsız Geçiş	889	3,39	1,154		
Ölçüt-21	Sınavla	1613	3,19	1,208	-3,942	,000*
	Sınavsız Geçiş	889	3,38	1,139		
Ölçüt-27	Sınavla	1613	3,32	1,213	-3,379	,001*
	Sınavsız Geçiş	889	3,49	1,199		

Tablo 4.123'deki verilere göre öğrencilerin anılan sorulara verdikleri cevaplardan aldıkları puanların ortalaması sınavla yerleşen öğrenciler için 3,13–3,47 değerleri arasında, sınavsız yerleşen öğrenciler için 3,38-3,57 değerleri arasında değişmektedir.

Öğretim elemanlarının muhasebe derslerine uygun bir giriş yaparak, derse ilgi ve dikkat çekmelerine ilişkin öğrencilerin görüşleri arasında istatistiksel olarak anlamlı bir farklılık olduğu görülmektedir [t =-2,221; p= 0,026; p<0,05]. Üniversiteye sınavla yerleştirilen öğrenciler, sınavsız geçiş yapan öğrencilere göre öğretim elemanlarının derse uygun giriş yapma konusunda daha hazırlıksız olduğunu düşünmektedirler ($X_{Sınavla}$=3,47, $X_{Sınavsız}$=3,57).

Öğretim elemanlarının muhasebe derslerinde demokratik bir öğrenme ortamı sağlamalarına ilişkin öğrencilerin görüşleri arasında da istatistiksel olarak anlamlı bir farklılık olduğu görülmektedir [t =-2,480; p= 0,013; p<0,05]. Üniversiteye sınavla yerleştirilen öğrencilerin öğretim elemanlarının muhasebe derslerinde demokratik bir öğrenme ortamı hazırlamaları konusunda daha olumsuz bir düşünceye sahip oldukları görülmektedir (=3,45, $X_{Sınavsız}$=3,57).

Öğretim elemanlarının muhasebe derslerine ilgi ve güdünün sürekliliğini sağlamalarına ilişkin de öğrencilerin görüşleri arasında istatistiksel olarak anlamlı bir farklılık olduğu görülmektedir [t =5,430; p= 0,000; p<0,05]. Üniversiteye sınavla yerleştirilen öğrencilerin öğretim elemanlarının derse ilgi ve güdünün sağlanmasında sürekliliği yeterince sağlayamadıklarını düşündükleri görülmektedir (=3,13, $X_{Sınavsız}$=3,39).

Öğretim elemanlarının muhasebe derslerinde kesinti ve engellemelere karşı uygun önlemler alarak, övgü ve yaptırımlardan yararlanmalarına ilişkin de öğrencilerin görüşleri arasında istatistiksel olarak anlamlı bir farklılık olduğu görülmektedir [t =3,942; p= 0,000; p<0,05]. Bu konuda üniversiteye sınavsız yerleşen öğrencilerin daha olumlu düşündükleri görülmektedir (=3,19, $X_{Sınavsız}$=3,38).

Ayrıca öğretim elemanlarının muhasebe derslerini toparlayarak, gelecek dersle ilgili bilgiler vermelerine ilişkin de öğrencilerin görüşleri arasında istatistiksel olarak anlamlı bir farklılık olduğu görülmektedir [t =3,379; p= 0,001; p<0,05]. Bu konuda da üniversiteye sınavsız yerleşen öğrencilerin daha olumlu bir kanaate sahip oldukları görülmektedir (=3,32, $X_{Sınavsız}$=3,49)

Araştırmaya katılan öğrencilerin öğrenim gördükleri programı tercih sırasına göre muhasebe Öğretim Programı Sınıf Yönetim Sürecine ilişkin görüşleri arasında farklılık olup olmadığını belirlemek için tek yönlü varyans analizi ve farklılığın hangi gruplar arasında olduğunu belirlemek amacıyla varyanslar homojen olduğunda LSD, varyanslar homojen olmadığı durumlar için Dunnett's T3 testleri yapılmıştır. Anova tablosundan ve tanımlayıcı istatistiklerden elde edilen değerler Tablo 4.124 ve 4.125'de sunulmuştur.

Tablo 4.124. Öğrencilerin Öğrenim Gördükleri Programı Tercih Sırasına Göre Muhasebe Öğretim Programı Sınıf Yönetim Sürecine İlişkin Görüşlerine Ait Tanımlayıcı İstatistikler

Ölçütler		Gruplar	N	X	SS
3	1	1	549	3,60	1,197
	2	2	238	3,45	1,234
	3	3	231	3,45	1,284
	4	4	234	3,65	1,091
	5	5+	1250	3,46	1,151
9	1	1	549	3,54	1,192
	2	2	238	3,47	1,231
	3	3	231	3,46	1,257
	4	4	234	3,56	1,204
	5	5+	1250	3,47	1,194
15	1	1	549	3,33	1,141
	2	2	238	3,23	1,249
	3	3	231	3,16	1,278
	4	4	234	3,37	1,077
	5	5+	1250	3,16	1,149
21	1	1	549	3,23	1,130
	2	2	238	3,36	1,247
	3	3	231	3,28	1,269
	4	4	234	3,33	1,135
	5	5+	1250	3,23	1,195
27	1	1	549	3,44	1,229
	2	2	238	3,50	1,235
	3	3	231	3,28	1,313
	4	4	234	3,47	1,150
	5	5+	1250	3,33	1,187

Tablo 4.125. Öğrencilerin Öğrenim Gördükleri Programı Tercih Sırasına Göre Muhasebe Öğretim Programı Sınıf Yönetim Sürecine İlişkin Görüşlerine Ait ANOVA Sonuçları

		Karelerinin Toplamı	SD	Karelerinin Ortalaması	F	p	LSD[1] Dunnett's T3[2]
Ölçüt-3	Gruplar arası	14,092	4	3,523			
	Gruplar içi	3457,359	2497	1,385	2,544	,038	
	Toplam	3471,452	2501				
Ölçüt-9	Gruplar arası	3,285	4	,821			
	Gruplar içi	3619,965	2497	1,450	,566	,687	
	Toplam	3623,250	2501				
Ölçüt-15	Gruplar arası	16,601	4	4,150			
	Gruplar içi	3378,262	2497	1,353	3,068	,016	1-5[2]p=0,040
	Toplam	3394,863	2501				
Ölçüt-21	Gruplar arası	4,784	4	1,196			
	Gruplar içi	3523,389	2497	1,411	,848	,495	
	Toplam	3528,173	2501				
Ölçüt-27	Gruplar arası	12,619	4	3,155			
	Gruplar içi	3653,149	2497	1,463	2,156	,072	
	Toplam	3665,768	2501				

Tablo 4.125 incelendiğinde öğretim elemanlarının muhasebe derslerine uygun bir giriş yaparak, derse ilgi ve dikkat çekmeleri, öğretim elemanlarının muhasebe derslerinde demokratik bir öğrenme ortamı sağlamaları, öğretim elemanlarının muhasebe derslerinde kesinti ve engellemelere karşı uygun önlemler alarak, övgü ve yaptırımlardan yararlanmaları, öğretim elemanlarının muhasebe derslerini toparlayarak, gelecek dersle ilgili bilgiler vermelerine ilişkin öğrenim gördükleri programı tercih sırasına göre oluşturulan grupların görüşleri arasında $p \leq 0,05$ anlamlılık düzeyinde istatistiksel olarak anlamlı bir farklılık olmadığı bulunmuştur.

Ancak öğretim elemanlarının muhasebe derslerine ilgi ve güdünün sürekliliğini sağlamalarına ilişkin görüşler arasında gruplar arası istatistiksel olarak anlamlı bir farklılık olduğu görülmektedir [$F=3,068$; $p=0,016$, $p<0,05$].

Farklılık bulunan madde için varyanslar homojen dağılmadığından, hangi gruplar arasında fark olduğunu tespit etmek amacıyla Dunnet's T3 testi yapılmıştır. Gruplar arasında oluşan farklılığın 1. (X=3,33) tercihi ile üniversiteye yerleşenler ile 5. (X=3,16) ve daha sonraki tercihleri ile üniversiteye yerleşen öğrenciler arasında olduğu görülmüştür.

Araştırmaya katılan öğrencilerin okudukları sınıf düzeyine göre muhasebe öğretim programı sınıf yönetim sürecine ilişkin görüşleri arasında farklılık olup olmadığını belirlemek için tek yönlü varyans analizi ve farklılığın hangi gruplar arasında olduğunu belirlemek amacıyla varyanslar homojen olduğunda LSD, varyanslar homojen olmadığı durumlar için Dunnett's T3 testleri yapılmıştır. Anova tablosundan ve tanımlayıcı istatistiklerden elde edilen değerler Tablo 4.126 ve 4.127'de sunulmuştur.

Tablo 4.126. Öğrencilerin Sınıf Düzeyine Göre Muhasebe Öğretim Programı Sınıf Yönetim Sürecine İlişkin Görüşlerine Ait Tanımlayıcı İstatistikler

Ölçütler	Gruplar		N	X	SS
3	1	1.Sınıf	1100	3,53	1,240
	2	2.Sınıf	1334	3,49	1,118
	3	Tekrar	68	3,34	1,288
9	1	1.Sınıf	1100	3,51	1,232
	2	2.Sınıf	1334	3,49	1,180
	3	Tekrar	68	3,26	1,180
15	1	1.Sınıf	1100	3,20	1,233
	2	2.Sınıf	1334	3,25	1,104
	3	Tekrar	68	2,99	1,178
21	1	1.Sınıf	1100	3,24	1,240
	2	2.Sınıf	1334	3,28	1,136
	3	Tekrar	68	3,03	1,293
27	1	1.Sınıf	1100	3,33	1,296
	2	2.Sınıf	1334	3,44	1,130
	3	Tekrar	68	3,12	1,252

Tablo 4.127. Öğrencilerin Sınıf Düzeyine Göre Muhasebe Öğretim Programı Sınıf Yönetim Sürecine İlişkin Görüşlerine Ait ANOVA Sonuçları

		Karelerinin Toplamı	SD	Karelerinin Ortalaması	F	p	LSD[1] Dunnett's T3[2]
Ölçüt-3	Gruplar arası	2,597	2	1,299	,936	,393	
	Gruplar içi	3468,854	2499	1,388			
	Toplam	3471,452	2501				
Ölçüt-9	Gruplar arası	3,831	2	1,916	1,323	,267	
	Gruplar içi	3619,419	2499	1,448			
	Toplam	3623,250	2501				
Ölçüt-15	Gruplar arası	5,557	2	2,779	2,049	,129	
	Gruplar içi	3389,306	2499	1,356			
	Toplam	3394,863	2501				
Ölçüt-21	Gruplar arası	4,635	2	2,318	1,644	,193	
	Gruplar içi	3523,537	2499	1,410			
	Toplam	3528,173	2501				
Ölçüt-27	Gruplar arası	11,756	2	5,878	4,020	,018	
	Gruplar içi	3654,012	2499	1,462			
	Toplam	3665,768	2501				

Tablo 4.127 incelendiğinde öğretim elemanlarının muhasebe derslerine uygun bir giriş yaparak, derse ilgi ve dikkat çekmeleri, öğretim elemanlarının muhasebe derslerinde demokratik bir öğrenme ortamı sağlamaları, öğretim elemanlarının muhasebe derslerine ilgi ve güdünün sürekliliğini sağlamaları, öğretim elemanlarının muhasebe derslerinde kesinti ve engellemelere karşı uygun önlemler alarak, övgü ve yaptırımlardan yararlanmaları, öğretim elemanlarının muhasebe derslerini toparlayarak, gelecek dersle ilgili bilgiler vermelerine ilişkin sınıf düzeylerine göre oluşturulan grupların görüşler arasında $p \leq 0,05$ anlamlılık düzeyinde istatistiksel olarak anlamlı bir farklılık olmadığı bulunmuştur.

4.2.2.4. Öğrencilerin Muhasebe Öğretiminde İletişim Sürecine Yönelik Görüşlerine Ait Bulgular

Araştırmaya katılan öğrencilerin iletişim sürecine ilişkin görüşlerini yansıtan maddelere verdikleri cevaplara göre dağılımları tablo 4.128'de gösterilmiştir.

Tablo 4.128. Muhasebe Öğretiminde Öğrencilerin İletişim Sürecine Yönelik Görüşlerini Yansıtan Verilerin Dağılımı

Temel Ölçütler		Hiç	Az	Kısmen	Genellikle	Tamamen	Toplam
4. Muhasebe öğretiminde iletişim ile "öğrencilerle etkili iletişim kurabilme" durumu	f	143	307	639	795	618	2502
	%	5,7	12,3	25,5	31,8	24,7	100
10. Muhasebe öğretiminde iletişim ile "anlaşılır açıklamalar ve yönergeler verebilme" durumu	f	117	328	613	876	568	2502
	%	4,7	13,1	24,5	35	22,7	100
16. Muhasebe öğretiminde iletişim ile "ses tonunu etkili biçimde kullanabilme" durumu	f	97	234	549	901	721	2502
	%	3,9	9,4	21,9	36	28,8	100
22. Muhasebe öğretiminde iletişim ile "öğrencileri ilgi ile dinleme" durumu	f	145	305	609	809	634	2502
	%	5,8	12,2	24,3	32,3	25,3	100
28. Muhasebe öğretiminde iletişim ile "sözel dili ve beden dilini etkili biçimde kullanabilme" durumu	f	165	314	684	810	529	2502
	%	6,6	12,5	27,3	32,4	21,1	100

Öğretim elemanları muhasebe derslerinde öğrencilerle etkili iletişim kurabiliyorlar mı ifadesine araştırmaya katılanların sadece % 5,7'si hiç cevabını vermişlerdir. Katılımcıların % 12,3' az cevabını verirken, % 25,5'i kısmen, % 31,8'i genellikle ve % 24,7'si tamamen cevabını vermişlerdir.

Araştırmaya katılan öğrencilerin yaklaşık % 18'i öğretim elemanları muhasebe derslerinde açıklamalar yaparak dersin işleyişi ile ilgili yönergeler veriyorlar mı ifadesine olumsuz cevap vermişlerdir. Diğer katılımcılar değişik oranlarda (kısmen % 24,5, genellikle % 35, tamamen % 22,7) olumlu cevap vermişlerdir.

Öğretim elemanları muhasebe derslerinde ses tonunu etkili biçimde kullanabiliyorlar mı ifadesine araştırmaya katılan öğrencilerin sadece % 3,9'u hiç cevabını vermişlerdir. Katılımcıların % 9,4'ü az, % 21,9'u kısmen, % 36'sı genellikle ve % 28,8'i tamamen cevabını vermişlerdir.

Araştırmaya katılanların yaklaşık % 18'i öğretim elemanlarının muhasebe derslerinde öğrencileri ilgi ile dinlemediklerini ifade ederken,% 24,3'ü kısmen dinlediklerini, % 32,3'ü genellikle dinlediklerini ve % 25,3'ü de tamamen dinlediklerini ifade etmişlerdir.

Öğretim elemanları muhasebe derslerinde sözel ve beden dilini etkili bir şekilde kullanıyorlar mı ifadesine katılımcıların % 21,1'i tamamen, % 32,4'ü genellikle ve % 27,3'ü kısmen ifadesini kullanmışlardır. Katılımcıların sadece % 6,6'sı sözel ve beden dilinin etkili bir biçimde kullanılmadığını beyan ettikleri araştırma sonuçlarında görülmüştür.

Araştırmaya katılan öğrencilerin muhasebe öğretim programının iletişim sürecine yönelik görüşlerini belirlemeyi amaçlayan sorulara verdikleri cevaplardan elde edilen verilere ait tanımlayıcı istatistikler hesaplanmış, öğrencilerin cinsiyetlerine göre görüşleri arasında farklılık olup olmadığını tespit etmek için bağımsız gruplar t-testi yapılmış ve analiz sonuçları tablo 4.129'da verilmiştir.

Tablo 4.129. Öğrencilerin Cinsiyetlerine Göre Muhasebe Öğretim Programı İletişim Sürecine İlişkin Görüşlerine Ait Bağımsız t-Testi sonuçları

Temel Ölçütler	Cinsiyet	N	X	SS	t	p
Ölçüt-4	Bayan	1329	3,55	1,138	-1,281	,200
	Erkek	1173	3,61	1,167		
Ölçüt-10	Bayan	1329	3,59	1,124	,460	,645
	Erkek	1173	3,57	1,103		
Ölçüt-16	Bayan	1329	3,76	1,092	-,414	,679
	Erkek	1173	3,77	1,077		
Ölçüt-22	Bayan	1329	3,62	1,134	1,377	,169
	Erkek	1173	3,56	1,184		
Ölçüt-28	Bayan	1329	3,49	1,141	,239	,811
	Erkek	1173	3,48	1,158		

Tablo 4.129'daki verilere göre öğretim elemanlarının muhasebe derslerinde öğrencilerle etkili iletişim kurmaları, öğretim elemanlarının muhasebe derslerinde anlaşılır açıklamalar ve yönergeler vermeleri, öğretim elemanlarının muhasebe derslerinde ses tonunu etkili biçimde kullanabilmeleri, öğretim elemanlarının muhasebe derslerinde öğrencileri ilgi ile dinlemeleri ve öğretim elemanlarının muhasebe derslerinde sözel dili ve beden dilini etkili biçimde kullanabilmelerine ilişkin öğrencilerin görüşleri arasında cinsiyetlerine göre $p \leq 0,05$ anlamlılık düzeyinde istatistiksel olarak anlamlı bir farklılık olmadığı bulunmuştur.

Araştırmaya katılan öğrencilerin mezun oldukları orta öğretim kurumuna göre muhasebe öğretim programı iletişim sürecine ilişkin görüşleri arasında farklılık olup olmadığını belirlemek için tek yönlü varyans analizi ve farklılığın hangi gruplar arasında olduğunu belirlemek amacıyla varyanslar homojen olduğunda LSD, varyanslar homojen olmadığı durumlar için Dunnett's T3 testleri yapılmıştır. Anova tablosundan ve tanımlayıcı istatistiklerden elde edilen değerler Tablo 4.130 ve 4.131'de sunulmuştur.

Tablo 4.130. Öğrencilerin Mezun Oldukları Orta Öğretim Kurumuna Göre Muhasebe Öğretim Programı İletişim Sürecine İlişkin Görüşlerine Ait Tanımlayıcı İstatistikler

Ölçütler	Gruplar		N	X	SS
4	1	Genel Lise	1294	3,45	1,169
	2	Ticaret Lisesi	1055	3,72	1,126
	3	Diğer	153	3,66	1,059
10	1	Genel Lise	1294	3,49	1,114
	2	Ticaret Lisesi	1055	3,69	1,095
	3	Diğer	153	3,52	1,176
16	1	Genel Lise	1294	3,69	1,118
	2	Ticaret Lisesi	1055	3,86	1,040
	3	Diğer	153	3,75	1,055
22	1	Genel Lise	1294	3,51	1,200
	2	Ticaret Lisesi	1055	3,68	1,110
	3	Diğer	153	3,65	1,066
28	1	Genel Lise	1294	3,40	1,180
	2	Ticaret Lisesi	1055	3,60	1,105
	3	Diğer	153	3,54	1,118

Tablo 4.131. Öğrencilerin Mezun Oldukları Orta Öğretim Kurumuna Göre Muhasebe Öğretim Programı İletişim Sürecine İlişkin Görüşlerine Ait ANOVA Sonuçları

		Karelerinin Toplamı	SD	Karelerinin Ortalaması	F	p	LSD[1] Dunnett's T3[2]
Ölçüt-4	Gruplar arası	45,522	2	22,761			
	Gruplar içi	3274,001	2499	1,310	17,373	,000	1-2[2]p=0,000
	Toplam	3319,524	2501				
Ölçüt-10	Gruplar arası	23,955	2	11,977			
	Gruplar içi	3079,717	2499	1,232	9,719	,000	1-2[1]p=0,000
	Toplam	3103,672	2501				
Ölçüt-16	Gruplar arası	17,316	2	8,658			
	Gruplar içi	2923,967	2499	1,170	7,400	,001	1-2[2]p=0,000
	Toplam	2941,283	2501				
Ölçüt-22	Gruplar arası	17,924	2	8,962			
	Gruplar içi	3334,249	2499	1,334	6,717	,001	1-2[2]p=0,001
	Toplam	3352,173	2501				
Ölçüt-28	Gruplar arası	23,834	2	11,917			
	Gruplar içi	3277,374	2499	1,311	9,087	,000	1-2[2]p=0,000
	Toplam	3301,209	2501				

Tablo 4.131 incelendiğinde öğretim elemanlarının muhasebe derslerinde öğrencilerle etkili iletişim kurmalarına ilişkin görüşler arasında gruplar arası istatistiksel olarak anlamlı bir farklılık olduğu görülmektedir [F=17,373; p=0,000 (p<0,05]. Farklılık bulunan madde için varyanslar homojen dağılmadığından, hangi gruplar arasında fark olduğunu tespit etmek amacıyla Dunnett's T3 testi yapılmıştır.

Gruplar arasında oluşan farklılığın genel lise mezunu ($X_{G.Lise}$=3,45) olan öğrenciler ile ticaret lisesi mezunu olan ($X_{T.Lisesi}$=3,72) öğrenciler arasında olduğu görülmüştür. Genel lise mezunları öğretim elemanlarının öğrencilerle iletişimi yeterince etkili kurmadıklarını ifade etmişlerdir.

Öğretim elemanlarının muhasebe derslerinde anlaşılır açıklamalar ve yönergeler vermelerine ilişkin de görüşler arasında gruplar arası istatistiksel olarak anlamlı bir farklılık olduğu görülmektedir [F=9,719; p=0,000 (p<0,05]. Farklılık bulunan madde için varyanslar homojen dağıldığından, hangi gruplar arasında fark olduğunu tespit etmek amacıyla LSD testi yapılmıştır.

Gruplar arasında oluşan farklılığın genel lise mezunu ($X_{G.Lise}$=3,49) olan öğrenciler ile ticaret lisesi mezunu olan ($X_{T.Lisesi}$=3,69) öğrenciler arasında olduğu görülmüştür.

Öğretim elemanlarının muhasebe derslerinde ses tonunu etkili biçimde kullanabilmeleri ilişkin görüşler arasında da gruplar arası istatistiksel olarak anlamlı bir farklılık olduğu görülmektedir [F=7,400; p=0,001 (p<0,05]. Farklılık bulunan madde için varyanslar homojen dağılmadığından, hangi gruplar arasında fark olduğunu tespit etmek amacıyla Dunnett's T3 testi yapılmıştır.

Gruplar arasında oluşan farklılığın genel lise mezunu ($X_{G.Lise}$=3,69) olan öğrenciler ile ticaret lisesi mezunu olan ($X_{T.Lisesi}$=3,86) öğrenciler arasında olduğu görülmüştür. Genel lise mezunları öğretim elemanlarının öğrencilerle iletişimde ses tonlarını yeterince etkili kullanamadıklarını ifade etmişlerdir.

Ayrıca öğretim elemanlarının muhasebe derslerinde öğrencileri ilgi ile dinlemeleri ve öğretim elemanlarının muhasebe derslerinde beden dilini etkili biçimde kullanabilmelerine ilişkin de görüşler arasında gruplar arası istatistiksel olarak anlamlı bir farklılık olduğu görülmektedir [F=6,717; p=0,001 p<0,05, F=9,087; p=0,000 p<0,05]. Farklılık bulunan maddeler için varyanslar homojen dağılmadığından, hangi gruplar arasında fark olduğunu tespit etmek amacıyla Dunnett's T3 testi yapılmıştır. Genel lise mezunlarının ($X_{G.Lise}$=3,51-3,40) iki konuda da ticaret lisesi mezunlarına ($X_{T.Lisesi}$=3,40-3,60) göre daha olumsuz bir kanaate sahip oldukları görülmektedir.

Araştırmaya katılan öğrencilerin üniversiteye yerleştirilme şekline göre muhasebe öğretim programı iletişim süreci bağlamında ifade ettikleri görüşlerini belirlemeye yönelik sorulara verdikleri cevaplardan elde edilen verilere ait tanımlayıcı istatistikler hesaplanmış, öğrencilerin cinsiyetlerine göre görüşleri arasında farklılık olup olmadığını tespit etmek için bağımsız gruplar t-testi yapılmış ve analiz sonuçları tablo 4.132'de verilmiştir.

Tablo 4.132. Öğrencilerin Üniversiteye Yerleştirilme Şekline Göre Muhasebe Öğretim Programı İletişim Sürecine İlişkin Görüşlerine Ait Bağımsız t-Testi sonuçları

Temel Ölçütler	Üniversiteye Yerleştirilme Şekline	N	X	SS	t	p
Ölçüt-4	Sınavla	1613	3,49	1,159	-5,030	,000*
	Sınavsız Geçiş	889	3,73	1,123		
Ölçüt-10	Sınavla	1613	3,54	1,120	-2,695	,007*
	Sınavsız Geçiş	889	3,66	1,098		
Ölçüt-16	Sınavla	1613	3,73	1,109	-2,296	,022*
	Sınavsız Geçiş	889	3,83	1,037		
Ölçüt-22	Sınavla	1613	3,53	1,178	-3,487	,000*
	Sınavsız Geçiş	889	3,70	1,112		
Ölçüt-28	Sınavla	1613	3,43	1,154	-3,575	,000*
	Sınavsız Geçiş	889	3,60	1,133		

Tablo 4.132'deki verilere göre öğrencilerin anılan sorulara verdikleri cevaplardan aldıkları puanların ortalaması sınavla yerleşen öğrenciler için 3,43–3,73 değerleri arasında, sınavsız yerleşen öğrenciler için 3,60-3,83 değerleri arasında değişmektedir.

Öğretim elemanlarının muhasebe derslerinde öğrencilerle etkili iletişim kurmalarına ilişkin öğrencilerin görüşleri arasında istatistiksel olarak anlamlı bir farklılık olduğu görülmektedir [t =5,030; p= 0,000; p<0,05]. Üniversiteye sınavla yerleştirilen öğrenciler, sınavsız geçiş yapan öğrencilere göre öğretim elemanlarının iletişimdeki etkililiğini daha yetersiz görmektedirler ($X_{Sınavla}$=3,49, $X_{Sınavsız}$=3,73).

Öğretim elemanlarının muhasebe derslerinde anlaşılır açıklamalar ve yönergeler vermelerine ilişkin de öğrencilerin görüşleri arasında istatistiksel olarak anlamlı bir farklılık olduğu görülmektedir [t =2,695; p= 0,007; p<0,05]. Üniversiteye sınavsız geçiş yapan öğrenciler öğretim elemanlarının açıklamalarını sınavla yerleşenlere göre daha yeterli görmektedirler ($X_{Sınavla}$=3,54, $X_{Sınavsız}$=3,66).

Öğretim elemanlarının muhasebe derslerinde ses tonunu etkili biçimde kullanabilmelerine ilişkin öğrencilerin görüşleri arasında da istatistiksel olarak anlamlı bir farklılık olduğu görülmektedir [t =2,296; p= 0,022; p<0,05]. Üniversiteye sınavsız geçiş yapan öğrenciler, sınavla yerleştirilen öğrencilere göre öğretim elemanlarının ses tonlarını daha etkili kullandıklarını ifade etmektedirler ($X_{Sınavla}$=3,73, $X_{Sınavsız}$=3,83).

Öğretim elemanlarının muhasebe derslerinde öğrencileri ilgi ile dinlemelerine ilişkin de öğrencilerin görüşleri arasında istatistiksel olarak anlamlı bir farklılık olduğu görülmektedir [t =3,487; p= 0,000; p<0,05]. Üniversiteye sınavsız geçiş yapan öğrenciler, sınavla yerleştirilen öğrencilere göre öğretim elemanlarının kendilerini daha ilgiyle dinlediklerini düşünmektedirler ($X_{Sınavla}$=3,53, $X_{Sınavsız}$=3,70).

Ayrıca öğretim elemanlarının muhasebe derslerinde beden dilini etkili biçimde kullanabilmelerine ilişkin öğrencilerin görüşleri arasında istatistiksel olarak anlamlı bir farklılık olduğu görülmektedir [t =3,575; p= 0,000; p<0,05]. Üniversiteye sınavsız geçiş yapan öğrenciler, sınavla yerleştirilen öğrencilere göre öğretim elemanlarının beden dilini daha etkili kullandıklarını düşünmektedirler ($X_{Sınavla}$=3,43, $X_{Sınavsız}$=3,60).

Araştırmaya katılan öğrencilerin öğrenim gördükleri programı tercih sırasına göre muhasebe öğretim programı iletişim sürecine ilişkin görüşleri arasında farklılık olup olmadığını belirlemek için tek yönlü varyans analizi ve farklılığın hangi gruplar arasında olduğunu belirlemek amacıyla varyanslar homojen olduğunda LSD, varyanslar homojen olmadığı durumlar için Dunnett's T3 testleri yapılmıştır. Anova tablosundan ve tanımlayıcı istatistiklerden elde edilen değerler Tablo 4.133 ve 4.134'de sunulmuştur.

Tablo 4.133. Öğrencilerin Öğrenim Gördükleri Programı Tercih Sırasına Göre Muhasebe Öğretim Programı İletişim Sürecine İlişkin Görüşlerine Ait Tanımlayıcı İstatistikler

Ölçütler	Gruplar		N	X	SS
4	1	1	549	3,70	1,161
	2	2	238	3,58	1,166
	3	3	231	3,61	1,189
	4	4	234	3,65	1,107
	5	5+	1250	3,50	1,143
10	1	1	549	3,65	1,098
	2	2	238	3,67	1,115
	3	3	231	3,54	1,164
	4	4	234	3,62	1,160
	5	5+	1250	3,53	1,101
16	1	1	549	3,86	1,076
	2	2	238	3,77	1,072
	3	3	231	3,69	1,208
	4	4	234	3,75	1,032
	5	5+	1250	3,74	1,075
22	1	1	549	3,70	1,121
	2	2	238	3,67	1,234
	3	3	231	3,68	1,188
	4	4	234	3,65	1,126
	5	5+	1250	3,50	1,154
28	1	1	549	3,51	1,167
	2	2	238	3,64	1,134
	3	3	231	3,50	1,160
	4	4	234	3,45	1,157
	5	5+	1250	3,44	1,138

Tablo 4.134. Öğrencilerin Öğrenim Gördükleri Programı Tercih Sırasına Göre Muhasebe Öğretim Programı İletişim Sürecine İlişkin Görüşlerine Ait ANOVA Sonuçları

		Karelerinin Toplamı	SD	Karelerinin Ortalaması	F	p	LSD[1] Dunnett's T3[2]
Ölçüt-4	Gruplar arası	15,980	4	3,995			
	Gruplar içi	3303,543	2497	1,323	3,020	,017	1-5[1]p=0,001
	Toplam	3319,524	2501				
Ölçüt-10	Gruplar arası	8,318	4	2,079			
	Gruplar içi	3095,355	2497	1,240	1,677	,152	
	Toplam	3103,672	2501				
Ölçüt-16	Gruplar arası	7,577	4	1,894			
	Gruplar içi	2933,706	2497	1,175	1,612	,168	
	Toplam	2941,283	2501				
Ölçüt-22	Gruplar arası	19,706	4	4,926			1-5[1]p=0,001
	Gruplar içi	3332,467	2497	1,335	3,691	,005	2-5[1]p=0,046
	Toplam	3352,173	2501				3-5[1]p=0,039
Ölçüt-28	Gruplar arası	10,558	4	2,640			
	Gruplar içi	3290,651	2497	1,318	2,003	,092	
	Toplam	3301,209	2501				

Tablo 4.134 incelendiğinde, öğretim elemanlarının muhasebe derslerinde anlaşılır açıklamalar ve yönergeler vermeleri, öğretim elemanlarının muhasebe derslerinde ses tonunu etkili biçimde kullanabilmeleri ve öğretim elemanlarının muhasebe derslerinde sözel dili ve beden dilini etkili biçimde kullanabilmelerine ilişkin öğrenim gördükleri programı tercih sırasına göre oluşturulan grupların görüşler arasında p≤0,05 anlamlılık düzeyinde istatistiksel olarak anlamlı bir farklılık olmadığı bulunmuştur.

Ancak öğretim elemanlarının muhasebe derslerinde öğrencilerle etkili iletişim kurmalarına ilişkin görüşler arasında gruplar arası istatistiksel olarak anlamlı bir farklılık olduğu görülmektedir [F=3,020; p=0,017, p<0,05]. Farklılık bulunan madde için varyanslar homojen dağıldığından, hangi gruplar arasında fark olduğunu tespit etmek amacıyla LSD testi yapılmıştır.

Gruplar arasında oluşan farklılığın 1. (X=3,70) tercihi ile üniversiteye yerleşenler ile 5. (X=3,50) ve daha sonraki tercihleri ile üniversiteye yerleşen öğrenciler arasında olduğu görülmüştür.

Ayrıca öğretim elemanlarının muhasebe derslerinde öğrencileri ilgi ile dinlemelerine ilişkin görüşler arasında da gruplar arası istatistiksel olarak anlamlı bir farklılık olduğu görülmektedir [F=3,691; p=0,005 p<0,05]. Farklılık bulunan madde için varyanslar homojen dağıldığından, hangi gruplar arasında fark olduğunu tespit etmek amacıyla LSD testi yapılmıştır.

Gruplar arasında oluşan farklılığın 1. (X=3,70) 2. (X=3,67) ve 3. (X=3,68) tercihi ile üniversiteye yerleşenler ile 5. (X=3,50) ve daha sonraki tercihleri ile üniversiteye yerleşen öğrenciler arasında olduğu görülmüştür.

Araştırmaya katılan öğrencilerin okudukları sınıf düzeyine göre muhasebe öğretim programı iletişim sürecine ilişkin görüşleri arasında farklılık olup olmadığını belirlemek için tek yönlü varyans analizi ve farklılığın hangi gruplar arasında olduğunu belirlemek amacıyla varyanslar homojen olduğunda LSD, varyanslar homojen olmadığı durumlar için Dunnett's T3 testleri yapılmıştır. Anova tablosundan ve tanımlayıcı istatistiklerden elde edilen değerler Tablo 4.135 ve 4.136'da sunulmuştur.

Tablo 4.135. Öğrencilerin Sınıf Düzeyine Göre Muhasebe Öğretim Programı İletişim Sürecine İlişkin Görüşlerine Ait Tanımlayıcı İstatistikler

Ölçütler	Gruplar		N	X	SS
4	1	1.Sınıf	1100	3,57	1,231
	2	2.Sınıf	1334	3,60	1,069
	3	Tekrar	68	3,22	1,337
10	1	1.Sınıf	1100	3,55	1,175
	2	2.Sınıf	1334	3,60	1,061
	3	Tekrar	68	3,56	1,111
16	1	1.Sınıf	1100	3,76	1,177
	2	2.Sınıf	1334	3,78	1,001
	3	Tekrar	68	3,56	1,098
22	1	1.Sınıf	1100	3,57	1,238
	2	2.Sınıf	1334	3,62	1,083
	3	Tekrar	68	3,35	1,219
28	1	1.Sınıf	1100	3,49	1,232
	2	2.Sınıf	1334	3,50	1,076
	3	Tekrar	68	3,28	1,144

Tablo 4.136. Öğrencilerin Sınıf Düzeyine Göre Muhasebe Öğretim Programı İletişim Sürecine İlişkin Görüşlerine Ait ANOVA Sonuçları

		Karelerinin Toplamı	SD	Karelerinin Ortalaması	F	p	LSD[1] Dunnett's T3[2]
Ölçüt-4	Gruplar arası	9,505	2	4,753			
	Gruplar içi	3310,018	2499	1,325	3,588	,028	
	Toplam	3319,524	2501				
Ölçüt-10	Gruplar arası	1,637	2	,819			
	Gruplar içi	3102,035	2499	1,241	,659	,517	
	Toplam	3103,672	2501				
Ölçüt-16	Gruplar arası	3,193	2	1,597			
	Gruplar içi	2938,089	2499	1,176	1,358	,257	
	Toplam	2941,283	2501				
Ölçüt-22	Gruplar arası	5,298	2	2,649			
	Gruplar içi	3346,874	2499	1,339	1,978	,139	
	Toplam	3352,173	2501				
Ölçüt-28	Gruplar arası	3,148	2	1,574			
	Gruplar içi	3298,060	2499	1,320	1,193	,304	
	Toplam	3301,209	2501				

Tablo 4.136 incelendiğinde öğretim elemanlarının muhasebe derslerinde öğrencilerle etkili iletişim kurmaları, öğretim elemanlarının muhasebe derslerinde anlaşılır açıklamalar ve yönergeler vermeleri, öğretim elemanlarının muhasebe derslerinde ses tonunu etkili biçimde kullanabilmeleri, öğretim elemanlarının muhasebe derslerinde öğrencileri ilgi ile dinlemeleri ve öğretim elemanlarının muhasebe derslerinde sözel ve beden dilini etkili biçimde kullanabilmelerine ilişkin sınıf düzeylerine göre oluşturulan grupların görüşler arasında $p \leq 0,05$ anlamlılık düzeyinde istatistiksel olarak anlamlı bir farklılık olmadığı bulunmuştur.

4.2.2.5. Öğrencilerin Muhasebe Öğretiminde Öğrencilerin Başarıyı Ölçme Değerlendirme Sürecine Yönelik Görüşlerine Ait Bulgular

Araştırmaya katılan öğrencilerin başarıyı ölçme değerlendirme sürecine ilişkin görüşlerini yansıtan maddelere verdikleri cevaplara göre dağılımları tablo 4.137'de gösterilmiştir.

Tablo 4.137. Muhasebe Öğretiminde Öğrencilerin Başarıyı Ölçme Değerlendirme Sürecine Yönelik Görüşlerini Yansıtan Verilerin Dağılımı

Temel Ölçütler		Hiç	Az	Kısmen	Genellikle	Tamamen	Toplam
5. Muhasebe öğretiminde başarıyı ölçme-değerlendirme ile "uygun ölçü araçları hazırlama" durumu	f	307	489	778	638	290	205
	%	12,3	19,5	31,1	25,5	11,6	100
11. Muhasebe öğretiminde başarıyı ölçme-değerlendirme ile "dönüt verme" durumu	f	239	412	736	754	361	205
	%	9,6	16,5	29,4	30,1	14,4	100
17. Muhasebe öğretiminde başarıyı ölçme-değerlendirme ile "notlandırma ve ilgililere bildirme " durumu	f	227	344	666	803	462	205
	%	9,1	13,7	26,6	32,1	18,5	100
23. Muhasebe öğretiminde başarıyı ölçme-değerlendirme ile "içeriği ölçme durumu" durumu	f	119	311	679	860	533	205
	%	4,8	12,4	27,1	34,4	21,3	100
29. Muhasebe öğretiminde başarıyı ölçme-değerlendirme ile "objektiflik" durumu	f	209	246	696	740	511	205
	%	8,4	13,8	27,8	29,6	20,4	100

Araştırmaya katılan öğrencilerin % 12,3'ü öğretim elemanlarının muhasebe derslerinde uygun ölçme değerlendirme araçları hazırlamadıklarını, % 19,5'i ise az olarak hazırladıklarını ifade etmişlerdir. Diğer katılımcıların bu konuda farklı düzeylerde olumlu kanaate sahip oldukları görülmüştür.

Öğretim elemanları muhasebe derslerinde öğrencilerin anlama düzeylerine göre dönütler veriyorlar mı ifadesine genel olarak olumlu cevap vermişlerdir. Katılımcılardan sadece % 9,6'sı tamamen olumsuz cevap vermişlerdir.

Araştırmaya katılan öğrencilerin yaklaşık % 23'ü öğretim elemanlarının muhasebe derslerinde ürünleri notlandırma ve ilan etme konusunda titiz olmadıklarını beyan etmişlerdir.

Muhasebe dersleri ile ilgili yapılan sınavlarda içerikte yer alan konuların tam ölçülmesi konusunda araştırmaya katılan öğrencilerin büyük bir bölümü (% 82,8) öğretim elemanlarının davranışlarını olumlu bulduklarını ifade etmişlerdir.

Katılımcıların sadece % 8,4'ü öğretim elemanlarının muhasebe derslerindeki değerlendirmelerinin objektif olmadığını ifade ettikleri görülmektedir.

Araştırmaya katılan öğrencilerin muhasebe öğretim programının başarıyı ölçme değerlendirme sürecine yönelik görüşlerini belirlemeyi amaçlayan sorulara verdikleri cevaplardan elde edilen verilere ait tanımlayıcı istatistikler hesaplanmış, öğrencilerin cinsiyetlerine göre görüşleri arasında farklılık olup olmadığını tespit etmek için bağımsız gruplar t-testi yapılmış ve analiz sonuçları tablo 4.138'de verilmiştir.

Tablo 4.138. Öğrencilerin Cinsiyetlerine Göre Muhasebe Öğretim Programı Başarıyı Ölçme Değerlendirme Sürecine İlişkin Görüşlerine Ait Bağımsız t-Testi sonuçları

Temel Ölçütler	Cinsiyet	N	X	SS	t	p
Ölçüt-5	Bayan	1329	3,04	1,194	-,206	,837
	Erkek	1173	3,05	1,175		
Ölçüt-11	Bayan	1329	3,23	1,155	-,214	,830
	Erkek	1173	3,24	1,189		
Ölçüt-17	Bayan	1329	3,41	1,196	1,597	,110
	Erkek	1173	3,33	1,189		
Ölçüt-23	Bayan	1329	3,59	1,078	2,063	,039*
	Erkek	1173	3,50	1,121		
Ölçüt-29	Bayan	1329	3,40	1,195	,097	,923
	Erkek	1173	3,40	1,194		

Tablo 4.138'deki verilere göre öğrencilerin anılan sorulara verdikleri cevaplardan aldıkları puanların ortalaması bayan öğrenciler için 3,04–3,59 değerleri arasında, erkek öğrenciler için 3,05-3,50 değerleri arasında değişmektedir.

Öğretim elemanlarının muhasebe derslerinde uygun ölçü araçları hazırlamaları, öğretim elemanlarının muhasebe derslerinde öğrencilerin anlama düzeylerine göre dönütler vermeleri, öğretim elemanlarının muhasebe derslerinde öğrencilerin ürünlerini kısa sürede notlandırıp ve ilgililere bildirmeleri ve öğretim elemanlarının muhasebe derslerindeki değerlendirmelerinin objektifliğine ilişkin öğrencilerin görüşleri arasında cinsiyetlerine göre $p \leq 0,05$ anlamlılık düzeyinde istatistiksel olarak anlamlı bir farklılık olmadığı bulunmuştur.

Ancak öğretim elemanlarının muhasebe derslerindeki sınavlarda içerik bilgisini tam ölçmelerine ilişkin öğrencilerin görüşleri arasında istatistiksel olarak anlamlı bir farklılık olduğu görülmektedir [$t = 2,063$, $p = 0,039$, $p < 0,05$]. Bayan öğrenciler, erkek öğrencilere göre öğretim elemanlarının muhasebe derslerindeki sınavlarda içerik bilgisini tam ölçmeleri konusunda daha olumlu düşünmektedirler ($X_{Bayan}=3,59$, $X_{Bay}=3,50$).

Araştırmaya katılan öğrencilerin mezun oldukları orta öğretim kurumuna göre muhasebe öğretim programı başarıyı ölçme değerlendirme sürecine ilişkin görüşleri arasında farklılık olup olmadığını belirlemek için tek yönlü varyans analizi ve farklılığın hangi gruplar arasında olduğunu belirlemek amacıyla varyanslar homojen olduğunda LSD, varyanslar homojen olmadığı durumlar için Dunnett's T3 testleri yapılmıştır. Anova tablosundan ve tanımlayıcı istatistiklerden elde edilen değerler Tablo 4.139 ve 4.140'da sunulmuştur.

Tablo 4.139. Öğrencilerin Mezun Oldukları Orta Öğretim Kurumuna Göre Muhasebe Öğretim Programı Başarıyı Ölçme Değerlendirme Sürecine İlişkin Görüşlerine Ait Tanımlayıcı İstatistikler

Ölçütler	Gruplar		N	X	SS
5	1	Genel Lise	1294	2,94	1,210
	2	Ticaret Lisesi	1055	3,18	1,138
	3	Diğer	153	3,03	1,197
11	1	Genel Lise	1294	3,09	1,190
	2	Ticaret Lisesi	1055	3,41	1,128
	3	Diğer	153	3,25	1,139
17	1	Genel Lise	1294	3,25	1,219
	2	Ticaret Lisesi	1055	3,51	1,152
	3	Diğer	153	3,42	1,139
23	1	Genel Lise	1294	3,52	1,127
	2	Ticaret Lisesi	1055	3,59	1,074
	3	Diğer	153	3,52	1,027
29	1	Genel Lise	1294	3,32	1,226
	2	Ticaret Lisesi	1055	3,47	1,161
	3	Diğer	153	3,61	1,096

Tablo 4.140. Öğrencilerin Mezun Oldukları Orta Öğretim Kurumuna Göre Muhasebe Öğretim Programı Başarıyı Ölçme Değerlendirme Sürecine İlişkin Görüşlerine Ait ANOVA Sonuçları

		Karelerinin Toplamı	SD	Karelerinin Ortalaması	F	p	LSD[1] Dunnett's T3[2]
Ölçüt-5	Gruplar arası	33,860	2	16,930			
	Gruplar içi	3475,854	2499	1,391	12,172	,000	1-2[1]p=0,000
	Toplam	3509,714	2501				
Ölçüt-11	Gruplar arası	60,451	2	30,225			
	Gruplar içi	3368,301	2499	1,348	22,425	,000	1-2[1]p=0,000
	Toplam	3428,751	2501				
Ölçüt-17	Gruplar arası	40,905	2	20,453			
	Gruplar içi	3517,154	2499	1,407	14,532	,000	1-2[2]p=0,000
	Toplam	3558,060	2501				
Ölçüt-23	Gruplar arası	3,228	2	1,614			
	Gruplar içi	3017,926	2499	1,208	1,337	,263	
	Toplam	3021,155	2501				
Ölçüt-29	Gruplar arası	20,911	2	10,456			
	Gruplar içi	3547,006	2499	1,419	7,366	,001	1-2[2]p=0,005 1-3[2]p=0,007
	Toplam	3567,917	2501				

Tablo 4.140 incelendiğinde öğretim elemanlarının muhasebe derslerindeki sınavlarda içerik bilgisini tam ölçmelerine ilişkin mezun olunan okula göre oluşturulan grupların görüşler arasında $p \leq 0,05$ anlamlılık düzeyinde istatistiksel olarak anlamlı bir farklılık olmadığı bulunmuştur

Ancak öğretim elemanlarının muhasebe derslerinde uygun ölçme araçları hazırlamalarına ilişkin görüşler arasında gruplar arası istatistiksel olarak anlamlı bir farklılık olduğu görülmektedir [F=12,172; p=0,000 (p<0,05]. Farklılık bulunan madde için varyanslar homojen dağıldığından, hangi gruplar arasında fark olduğunu tespit etmek amacıyla LSD testi yapılmıştır.

Gruplar arasında oluşan farklılığın genel lise mezunu ($X_{G.Lise}$=2,94) olan öğrenciler ile ticaret lisesi mezunu olan ($X_{T.Lisesi}$=3,18) öğrenciler arasında olduğu görülmüştür.

Öğretim elemanlarının muhasebe derslerinde öğrencilerin anlama düzeylerine göre dönütler vermelerine ilişkin de görüşler arasında gruplar arası istatistiksel olarak anlamlı bir farklılık olduğu görülmektedir [$F=22,425$; $p=0,000$ ($p<0,05$]. Farklılık bulunan madde için varyanslar homojen dağıldığından, hangi gruplar arasında fark olduğunu tespit etmek amacıyla LSD testi yapılmıştır.

Gruplar arasında oluşan farklılığın genel lise mezunu ($X_{G.Lise}=3,09$) olan öğrenciler ile ticaret lisesi mezunu olan ($X_{T.Lisesi}=3,41$) öğrenciler arasında olduğu görülmüştür.

Öğretim elemanlarının muhasebe derslerinde öğrencilerin ürünlerini kısa sürede notlandırıp ve ilgililere bildirmelerine ilişkin görüşler arasında da gruplar arası istatistiksel olarak anlamlı bir farklılık olduğu görülmektedir [$F=14,532$; $p=0,000$ ($p<0,05$]. Farklılık bulunan madde için varyanslar homojen dağılmadığından, hangi gruplar arasında fark olduğunu tespit etmek amacıyla Dunnett's T3 testi yapılmıştır.

Gruplar arasında oluşan farklılığın genel lise mezunu ($X_{G.Lise}=3,25$) olan öğrenciler ile ticaret lisesi mezunu olan ($X_{T.Lisesi}=3,51$) öğrenciler arasında olduğu görülmüştür.

Ayrıca öğretim elemanlarının muhasebe derslerindeki değerlendirmelerinin objektifliği konusunda da görüşler arasında gruplar arası istatistiksel olarak anlamlı bir farklılık olduğu görülmektedir [$F=7,366$; $p=0,001$ ($p<0,05$]. Farklılık bulunan madde için varyanslar homojen dağılmadığından, hangi gruplar arasında fark olduğunu tespit etmek amacıyla Dunnett's T3 testi yapılmıştır.

Gruplar arasında oluşan farklılığın genel lise mezunu ($X_{G.Lise}=3,32$) olan öğrenciler ile ticaret lisesi ve diğer lise mezunu olan ($X_{T.Lisesi}=3,47$, $X_{Diğer}=3,61$) öğrenciler arasında olduğu görülmüştür.

Araştırmaya katılan öğrencilerin üniversiteye yerleştirilme şekline göre muhasebe öğretim programı başarıyı ölçme değerlendirme süreci bağlamında ifade ettikleri görüşlerini belirlemeye yönelik sorulara verdikleri cevaplardan elde edilen verilere ait tanımlayıcı istatistikler hesaplanmış, öğrencilerin cinsiyetlerine göre görüşleri arasında farklılık olup olmadığını tespit etmek için bağımsız gruplar t-testi yapılmış ve analiz sonuçları tablo 4.141'de verilmiştir.

Tablo 4.141. Öğrencilerin Üniversiteye Yerleştirilme Şekline Göre Muhasebe Öğretim Programı Başarıyı Ölçme Değerlendirme Sürecine İlişkin Görüşlerine Ait Bağımsız t-Testi sonuçları

Temel Ölçütler	Üniversiteye Yerleştirilme Şekline	N	X	SS	t	p
Ölçüt-5	Sınavla	1613	2,95	1,207	-5,395	,000*
	Sınavsız Geçiş	889	3,22	1,124		
Ölçüt-11	Sınavla	1613	3,13	1,187	-5,955	,000*
	Sınavsız Geçiş	889	3,42	1,117		
Ölçüt-17	Sınavla	1613	3,30	1,213	-3,789	,000*
	Sınavsız Geçiş	889	3,49	1,146		
Ölçüt-23	Sınavla	1613	3,51	1,119	-2,501	,012*
	Sınavsız Geçiş	889	3,62	1,059		
Ölçüt-29	Sınavla	1613	3,35	1,211	-2,921	,004*
	Sınavsız Geçiş	889	3,49	1,159		

Tablo 4.141'deki verilere göre öğrencilerin anılan sorulara verdikleri cevaplardan aldıkları puanların ortalaması sınavla yerleşen öğrenciler için 2,95–3,51 değerleri arasında, sınavsız yerleşen öğrenciler için 3,22-3,62 değerleri arasında değişmektedir.

Öğretim elemanlarının muhasebe derslerinde uygun ölçme araçları hazırlamalarına ilişkin öğrencilerin görüşleri arasında istatistiksel olarak anlamlı bir farklılık olduğu görülmektedir [t =-5,395; p= 0,000; p<0,05]. Üniversiteye sınavla yerleştirilen öğrencilerin, sınavsız geçiş yapan öğrencilere göre öğretim elemanlarının muhasebe derslerinde uygun ölçme araçları hazırlamaları konusunda daha olumsuz düşünceye sahip oldukları görülmektedir ($X_{Sınavla}$=2,95, $X_{Sınavsız}$=3,22).

Öğretim elemanlarının muhasebe derslerinde öğrencilerin anlama düzeylerine göre dönütler vermelerine ilişkin de öğrencilerin görüşleri arasında istatistiksel olarak anlamlı bir farklılık olduğu görülmektedir [t =-5,955; p= 0,000; p<0,05]. Üniversiteye sınavla yerleştirilen öğrencilerin, sınavsız geçiş yapan öğrencilere göre öğretim elemanlarının, öğrencilerin anlama düzeylerine göre dönütler vermeleri konusunda daha yetersiz oldukları düşüncesine sahip oldukları görülmektedir ($X_{Sınavla}$=3,13, $X_{Sınavsız}$=3,42).

Öğretim elemanlarının muhasebe derslerinde öğrencilerin ürünlerini kısa sürede notlandırıp ve ilgililere bildirmelerine ilişkin öğrencilerin görüşleri arasında da istatistiksel olarak anlamlı bir farklılık olduğu görülmektedir [t =-3,789; p= 0,000; p<0,05]. Üniversiteye sınavla yerleştirilen öğrencilerin, sınavsız geçiş yapan öğrencilere göre öğretim elemanlarının öğrencilerin ürünlerini kısa sürede notlandırıp ve ilgililere bildirmeleri konusunda daha olumsuz düşünceye sahip oldukları görülmektedir ($X_{Sınavla}$=3,30, $X_{Sınavsız}$=3,49).

Öğretim elemanlarının muhasebe derslerindeki sınavlarda içerik bilgisini ölçmelerine ilişkin öğrencilerin görüşleri arasında da istatistiksel olarak anlamlı bir farklılık olduğu görülmektedir [t =-2,501; p= 0,012; p<0,05]. Bu konuda her iki grubun küçük farklılıklar olsa da olumlu kanaate sahip oldukları görülmektedir ($X_{Sınavla}$=3,51, $X_{Sınavsız}$=3,62).

Ayrıca öğretim elemanlarının muhasebe derslerindeki değerlendirmelerinin objektifliğine ilişkin de öğrencilerin görüşleri arasında istatistiksel olarak anlamlı bir farklılık olduğu görülmektedir [t =-2,921; p= 0,004; p<0,05]. Üniversiteye sınavla yerleştirilen öğrenciler, sınavsız geçiş yapan öğrencilere göre öğretim elemanlarının değerlendirmelerinin objektifliği tartışılabilir bir konumdadır ($X_{Sınavla}$=3,35, $X_{Sınavsız}$=3,49).

Araştırmaya katılan öğrencilerin öğrenim gördükleri programı tercih sırasına göre muhasebe öğretim programı başarıyı ölçme değerlendirme sürecine ilişkin görüşleri arasında farklılık olup olmadığını belirlemek için tek yönlü varyans analizi ve farklılığın hangi gruplar arasında olduğunu belirlemek amacıyla varyanslar homojen olduğunda LSD, varyanslar homojen olmadığı durumlar için Dunnett's T3 testleri yapılmıştır. Anova tablosundan ve tanımlayıcı istatistiklerden elde edilen değerler Tablo 4.142 ve 4.143'de sunulmuştur.

Tablo 4.142. Öğrencilerin Öğrenim Gördükleri Programı Tercih Sırasına Göre Muhasebe Öğretim Programı Başarıyı Ölçme Değerlendirme Sürecine İlişkin Görüşlerine Ait Tanımlayıcı İstatistikler

Ölçütler	Gruplar		N	X	SS
5	1	1	549	3,16	1,192
	2	2	238	2,94	1,231
	3	3	231	3,07	1,205
	4	4	234	3,22	1,136
	5	5+	1250	2,98	1,172
11	1	1	549	3,38	1,157
	2	2	238	3,34	1,176
	3	3	231	3,19	1,214
	4	4	234	3,21	1,108
	5	5+	1250	3,16	1,174
17	1	1	549	3,40	1,205
	2	2	238	3,38	1,151
	3	3	231	3,43	1,231
	4	4	234	3,35	1,164
	5	5+	1250	3,35	1,194
23	1	1	549	3,58	1,094
	2	2	238	3,51	1,179
	3	3	231	3,61	1,101
	4	4	234	3,56	1,084
	5	5+	1250	3,53	1,089
29	1	1	549	3,48	1,210
	2	2	238	3,53	1,153
	3	3	231	3,27	1,305
	4	4	234	3,45	1,123
	5	5+	1250	3,35	1,184

Tablo 4.143. Öğrencilerin Öğrenim Gördükleri Programı Tercih Sırasına Göre Muhasebe Öğretim Programı Başarıyı Ölçme Değerlendirme Sürecine İlişkin Görüşlerine Ait ANOVA Sonuçları

		Karelerinin Toplamı	SD	Karelerinin Ortalaması	F	p	LSD[1] Dunnett's T3[2]
Ölçüt-5	Gruplar arası	23,445	4	5,861			1-2[1]p=0,016
	Gruplar içi	3486,269	2497	1,396	4,198	,002	1-5[1]p=0,002 2-4[1]p=0,010
	Toplam	3509,714	2501				4-5[1]p=0,004
Ölçüt-11	Gruplar arası	21,279	4	5,320			1-3[1]p=0,036
	Gruplar içi	3407,472	2497	1,365	3,898	,004	1-5[1]p=0,000
	Toplam	3428,751	2501				2-5[1]p=0,029
Ölçüt-17	Gruplar arası	2,112	4	,528			
	Gruplar içi	3555,947	2497	1,424	,371	,830	
	Toplam	3558,060	2501				
Ölçüt-23	Gruplar arası	2,312	4	,578			
	Gruplar içi	3018,843	2497	1,209	,478	,752	
	Toplam	3021,155	2501				
Ölçüt-29	Gruplar arası	14,001	4	3,500			1-3[1]p=0,030
	Gruplar içi	3553,916	2497	1,423	2,459	,044	1-5[1]p=0,048 2-3[1]p=0,020
	Toplam	3567,917	2501				2-5[1]p=0,038

Tablo 4.143 incelendiğinde öğretim elemanlarının muhasebe derslerinde öğrencilerin ürünlerini kısa sürede notlandırıp ve ilgililere bildirmeleri ve öğretim elemanlarının muhasebe derslerindeki sınavlarda içerik bilgisini tam olarak ölçmelerine ilişkin öğrenim gördükleri programı tercih sırasına göre oluşturulan grupların görüşler arasında $p \leq 0,05$ anlamlılık düzeyinde istatistiksel olarak anlamlı bir farklılık olmadığı bulunmuştur.

Ancak öğretim elemanlarının muhasebe derslerinde uygun ölçü araçları hazırlamalarına ilişkin görüşler arasında gruplar arası istatistiksel olarak anlamlı bir farklılık olduğu görülmektedir [$F=4,198$; $p=0,002$, $p<0,05$]. Farklılık bulunan madde için varyanslar homojen dağıldığından, hangi gruplar arasında fark olduğunu tespit etmek amacıyla LSD testi yapılmıştır.

Gruplar arasında oluşan farklılığın 1. (X=3,16) tercihi ile üniversiteye yerleşenler ile 2. (X=2,94) ve 5. (X=2,98) ve daha sonraki tercihleri ile üniversiteye yerleşen öğrenciler ve 4. (X=3,22) tercihi ile üniversiteye yerleşenler ile 2. (X=2,94) ve 5. (X=2,98) daha sonraki tercihleri ile üniversiteye yerleşen öğrenciler arasında olduğu görülmüştür.

Öğretim elemanlarının muhasebe derslerinde öğrencilerin anlama düzeylerine göre dönütler vermelerine ilişkin görüşler arasında da gruplar arası istatistiksel olarak anlamlı bir farklılık olduğu görülmektedir [$F=3,898$; $p=0,004$, $p<0,05$]. Farklılık bulunan madde için varyanslar homojen dağıldığından, hangi gruplar arasında fark olduğunu tespit etmek amacıyla LSD testi yapılmıştır.

Gruplar arasında oluşan farklılığın 1. (X=3,38) tercihi ile üniversiteye yerleşenler ile 3. (X=3,19) ve 5. (X=3,16) ve daha sonraki tercihleri ile üniversiteye yerleşen öğrenciler ve 2. (X=3,34) tercihi ile üniversiteye yerleşenler ile 5. (X=3,16) ve daha sonraki tercihleri ile üniversiteye yerleşen öğrenciler arasında olduğu görülmüştür.

Ayrıca öğretim elemanlarının muhasebe derslerindeki değerlendirmelerinin objektifliğine ilişkin görüşler arasında da gruplar arası istatistiksel olarak anlamlı bir farklılık olduğu görülmektedir [$F=2,459$; $p=0,044$ $p<0,05$]. Farklılık bulunan madde için varyanslar homojen dağıldığından, hangi gruplar arasında fark olduğunu tespit etmek amacıyla LSD testi yapılmıştır.

Gruplar arasında oluşan farklılığın 1. (X=3,48) tercihi ile üniversiteye yerleşenler ile 3. (X=3,27) ve 5. (X=3,35) ve daha sonraki tercihleri ile üniversiteye yerleşen öğrenciler ve 2. (X=3,53) tercihi ile üniversiteye yerleşenler ile 3. (X=3,27) ve 5. (X=3,35) ve daha sonraki tercihleri ile üniversiteye yerleşen öğrenciler arasında olduğu görülmüştür.

Araştırmaya katılan öğrencilerin okudukları sınıf düzeyine göre muhasebe öğretim programı başarıyı ölçme değerlendirme sürecine ilişkin görüşleri arasında farklılık olup olmadığını belirlemek için tek yönlü varyans analizi ve farklılığın hangi gruplar arasında olduğunu belirlemek amacıyla varyanslar homojen olduğunda LSD, varyanslar homojen olmadığı durumlar için Dunnett's T3 testleri yapılmıştır. Anova tablosundan ve tanımlayıcı istatistiklerden elde edilen değerler Tablo 4.144 ve 4.145'de sunulmuştur.

Tablo 4.144. Öğrencilerin Sınıf Düzeyine Göre Muhasebe Öğretim Programı Başarıyı Ölçme Değerlendirme Sürecine İlişkin Görüşlerine Ait Tanımlayıcı İstatistikler

Ölçütler	Gruplar		N	X	SS
5	1	1.Sınıf	1100	3,04	1,261
	2	2.Sınıf	1334	3,07	1,120
	3	Tekrar	68	2,82	1,132
11	1	1.Sınıf	1100	3,19	1,233
	2	2.Sınıf	1334	3,27	1,117
	3	Tekrar	68	3,25	1,164
17	1	1.Sınıf	1100	3,37	1,262
	2	2.Sınıf	1334	3,40	1,128
	3	Tekrar	68	3,00	1,246
23	1	1.Sınıf	1100	3,51	1,185
	2	2.Sınıf	1334	3,60	1,019
	3	Tekrar	68	3,28	1,118
29	1	1.Sınıf	1100	3,41	1,269
	2	2.Sınıf	1334	3,41	1,119
	3	Tekrar	68	3,03	1,338

Tablo 4.145. Öğrencilerin Sınıf Düzeyine Göre Muhasebe Öğretim Programı Başarıyı Ölçme Değerlendirme Sürecine İlişkin Görüşlerine Ait ANOVA Sonuçları

		Karelerinin Toplamı	SD	Karelerinin Ortalaması	F	p	LSD[1] Dunnett's T3[2]
Ölçüt-5	Gruplar arası	3,960	2	1,980			
	Gruplar içi	3505,754	2499	1,403	1,412	,244	
	Toplam	3509,714	2501				
Ölçüt-11	Gruplar arası	3,705	2	1,852			
	Gruplar içi	3425,047	2499	1,371	1,352	,259	
	Toplam	3428,751	2501				
Ölçüt-17	Gruplar arası	10,165	2	5,082			
	Gruplar içi	3547,895	2499	1,420	3,580	,028	2-3[2]p=0,008
	Toplam	3558,060	2501				
Ölçüt-23	Gruplar arası	9,232	2	4,616			
	Gruplar içi	3011,922	2499	1,205	3,830	,022	
	Toplam	3021,155	2501				
Ölçüt-29	Gruplar arası	9,556	2	4,778			
	Gruplar içi	3558,361	2499	1,424	3,355	,035	
	Toplam	3567,917	2501				

Tablo 4.145 incelendiğinde öğretim elemanlarının muhasebe derslerinde uygun ölçü araçları hazırlamaları, öğretim elemanlarının muhasebe derslerinde öğrencilerin anlama düzeylerine göre dönütler vermeleri, öğretim elemanlarının muhasebe derslerindeki sınavlarda içerik bilgisini tam ölçmelerine ve öğretim elemanlarının muhasebe derslerindeki değerlendirmelerinin objektifliğine ilişkin sınıf düzeylerine göre oluşturulan grupların görüşler arasında $p \leq 0,05$ anlamlılık düzeyinde istatistiksel olarak anlamlı bir farklılık olmadığı bulunmuştur.

Ancak öğretim elemanlarının muhasebe derslerinde öğrencilerin ürünlerini kısa sürede notlandırıp ve ilgililere bildirmelerine ilişkin görüşler arasında gruplar arası istatistiksel olarak anlamlı bir farklılık olduğu görülmektedir [$F=3,580$; $p=0,028$, $p<0,05$].

Farklılık bulunan madde için varyanslar homojen dağılmadığından, hangi gruplar arasında fark olduğunu tespit etmek amacıyla Dunnett's T3 testi yapılmıştır. Gruplar arasında oluşan farklılığın 2. (X=3,40) sınıf öğrencileri ile tekrar konumunda (X=3,00) olan öğrenciler arasında olduğu görülmüştür.

4.2.2.6. Öğrencilerin Muhasebe Öğretiminde Öğrencilerin Endüstriyel Staj Uygulamalarına Yönelik Görüşlerine Ait Bulgular

Araştırmaya katılan öğrencilerin endüstriyel staj uygulamaları sürecine ilişkin görüşlerini yansıtan maddelere verdikleri cevaplara göre dağılımları tablo 4.146'da gösterilmiştir.

Tablo 4.146. Muhasebe Öğretiminde Öğrencilerin Endüstriyel Staj Uygulamalarına Yönelik Görüşlerini Yansıtan Verilerin Dağılımı

Temel Ölçütler		Hiç	Az	Kısmen	Genellikle	Tamamen	Toplam
6. Muhasebe öğretiminde endüstriyel staj uygulamaları ile " MYO'lardaki etkinliklerin paralellik" durumu	f	361	474	796	560	311	2502
	%	14,4	18,9	31,8	22,4	12,4	100
12. Muhasebe öğretiminde endüstriyel staj uygulamaları ile "bilgi ve beceriyi kazandırma" durumu	f	245	455	724	667	411	2502
	%	9,8	18,2	28,9	26,7	16,4	100
18. Muhasebe öğretiminde endüstriyel staj uygulamaları ile "işletmelerin stajyer öğrenciye gerekli olan rehberliği ve danışmanlığı yapma" durumu	f	270	461	785	631	355	2502
	%	10,8	18,4	31,4	25,2	14,2	100
24. Muhasebe öğretiminde endüstriyel staj uygulamaları ile "MYO ile sektör arasında yeterli ve etkili işbirliği ve koordinasyon sağlanma " durumu	f	323	450	830	613	286	2502
	%	12,9	18	33,2	24,5	11,4	100
30. Muhasebe öğretiminde endüstriyel staj uygulamaları ile "objektif ve sürece yönelik olarak değerlendirilme" durumu	f	247	370	783	683	419	2502
	%	9,9	14,8	31,3	27,3	16,7	100

Araştırmaya katılan öğrencilerin % 33,3'ü staj uygulamaları ile MYO'larda verilen teorik eğitimin paralellik göstermediğini beyan etmişlerdir.

Katılımcılardan % 12,4'ü söz konusu paralelliğin olduğuna tamamen katıldıklarını ifade ederken % 22,4'ü genellikle ve % 31,8'i kısmen bu görüşe katıldıklarını ifade etmişlerdir.

Staj uygulamaları esnasında öğrenciler gerekli bilgi ve beceriyi kazanmakta mıdır ifadesine araştırmaya katılan öğrencilerin % 9,8'i hiç cevabını verirken % 18,2'si az olarak cevabını vermişlerdir. Katılımcıların % 16,4 stajla gerekli bilgi ve becerinin tamamen kazanıldığını ifade ederken, % 26,7'si genellikle ve % 28,9'u kısmen cevabını vermişlerdir.

Araştırmaya katılanların yaklaşık % 30'u staj uygulamalarında işletmelerin stajyer öğrenciye gerekli olan rehberliği ve danışmanlığı yapmadığını ifade etmişlerdir.

MYO ile sektör arasında yeterli ve etkili işbirliği ve koordinasyon sağlanmakta mıdır ifadesine araştırmaya katılan öğrencilerin % 20,9'u olumsuz cevap verirken diğer katılımcılar farklı düzeylerde bu konuda olumlu görüş beyan etmişlerdir.

Araştırmaya katılan öğrencilerin % 9,9'u staj uygulamaları objektif ve sürece yönelik olarak değerlendirilmediğini ifade ettikleri görülmüştür. Katılımcıların % 14,8'i aynı konuda az cevabını verirken % 31,3'ü kısmen % 27,3'ü genellikle ve % 16,7'si tamamen cevabını vermişlerdir.

Araştırmaya katılan öğrencilerin muhasebe öğretim programının endüstriyel staj uygulamalarına yönelik görüşlerini belirlemeyi amaçlayan sorulara verdikleri cevaplardan elde edilen verilere ait tanımlayıcı istatistikler hesaplanmış, öğrencilerin cinsiyetlerine göre görüşleri arasında farklılık olup olmadığını tespit etmek için bağımsız gruplar t-testi yapılmış ve analiz sonuçları tablo 4.147'de verilmiştir.

Tablo 4.147. Öğrencilerin Cinsiyetlerine Göre Muhasebe Öğretim Programı Endüstriyel Staj Uygulamalarına İlişkin Görüşlerine Ait Bağımsız t-Testi sonuçları

Temel Ölçütler	Cinsiyet	N	X	SS	t	p
Ölçüt-6	Bayan	1329	2,97	1,197	-1,135	,256
	Erkek	1173	3,02	1,245		
Ölçüt-12	Bayan	1329	3,18	1,183	-1,496	,135
	Erkek	1173	3,26	1,227		
Ölçüt-18	Bayan	1329	3,14	1,179	,283	,778
	Erkek	1173	3,13	1,204		
Ölçüt-24	Bayan	1329	3,02	1,176	-,518	,605
	Erkek	1173	3,05	1,190		
Ölçüt-30	Bayan	1329	3,27	1,201	,472	,637
	Erkek	1173	3,25	1,179		

Tablo 4.147'deki verilere göre öğrencilerin anılan sorulara verdikleri cevaplardan aldıkları puanların ortalaması bayan öğrenciler için 2,97–3,27 değerleri arasında, erkek öğrenciler için 3,02-3,26 değerleri arasında değişmektedir.

Staj uygulamaları ile MYO'larda verilen teorik eğitim paralelliği, staj uygulamaları esnasında öğrencilerin gerekli bilgi ve beceriyi kazanmaları, staj uygulamalarında işletmelerin stajyer öğrenciye gerekli olan rehberliği ve danışmanlığı yapmaları, MYO ile sektör arasında yeterli ve etkili işbirliği ve koordinasyon sağlanması ve staj uygulamalarının objektif ve sürece yönelik olarak değerlendirilmesine ilişkin öğrencilerin görüşleri arasında cinsiyetlerine göre $p \leq 0,05$ anlamlılık düzeyinde istatistiksel olarak anlamlı bir farklılık olmadığı bulunmuştur.

Araştırmaya katılan öğrencilerin mezun oldukları orta öğretim kurumuna göre muhasebe öğretim programı endüstriyel staj uygulamalarına ilişkin görüşleri arasında farklılık olup olmadığını belirlemek için tek yönlü varyans analizi ve farklılığın hangi gruplar arasında olduğunu belirlemek amacıyla varyanslar homojen olduğunda LSD, varyanslar homojen olmadığı durumlar için Dunnett's T3 testleri yapılmıştır. Anova tablosundan ve tanımlayıcı istatistiklerden elde edilen değerler Tablo 4.148 ve 4.149'da sunulmuştur.

Tablo 4.148. Öğrencilerin Mezun Oldukları Orta Öğretim Kurumuna Göre Muhasebe Öğretim Programı Endüstriyel Staj Uygulamalarına İlişkin Görüşlerine Ait Tanımlayıcı İstatistikler

Ölçütler	Gruplar		N	X	SS
6	1	Genel Lise	1294	2,88	1,225
	2	Ticaret Lisesi	1055	3,13	1,204
	3	Diğer	153	3,01	1,189
12	1	Genel Lise	1294	3,14	1,230
	2	Ticaret Lisesi	1055	3,30	1,181
	3	Diğer	153	3,27	1,106
18	1	Genel Lise	1294	3,04	1,216
	2	Ticaret Lisesi	1055	3,24	1,156
	3	Diğer	153	3,17	1,157
24	1	Genel Lise	1294	2,92	1,198
	2	Ticaret Lisesi	1055	3,18	1,149
	3	Diğer	153	3,00	1,170
30	1	Genel Lise	1294	3,16	1,222
	2	Ticaret Lisesi	1055	3,38	1,140
	3	Diğer	153	3,31	1,188

Tablo 4.149. Öğrencilerin Mezun Oldukları Orta Öğretim Kurumuna Göre Muhasebe Öğretim Programı Endüstriyel Staj Uygulamalarına İlişkin Görüşlerine Ait ANOVA Sonuçları

		Karelerinin Toplamı	SD	Karelerinin Ortalaması	F	p	LSD[1] Dunnett's T3[2]
Ölçüt-6	Gruplar arası	37,580	2	18,790			
	Gruplar içi	3684,342	2499	1,474	12,745	,000	1-2[1]p=0,000
	Toplam	3721,922	2501				
Ölçüt-12	Gruplar arası	15,649	2	7,824			
	Gruplar içi	3612,071	2499	1,445	5,413	,005	1-2[1]p=0,001
	Toplam	3627,720	2501				
Ölçüt-18	Gruplar arası	23,332	2	11,666			
	Gruplar içi	3522,465	2499	1,410	8,276	,000	1-2[1]p=0,000
	Toplam	3545,797	2501				
Ölçüt-24	Gruplar arası	41,028	2	20,514			
	Gruplar içi	3454,806	2499	1,382	14,839	,000	1-2[1]p=0,000
	Toplam	3495,834	2501				
Ölçüt-30	Gruplar arası	28,972	2	14,486			
	Gruplar içi	3515,506	2499	1,407	10,297	,000	1-2[1]p=0,000
	Toplam	3544,478	2501				

Tablo 4.149 incelendiğinde staj uygulamaları ile MYO'larda verilen teorik eğitim paralelliğine ilişkin görüşler arasında gruplar arası istatistiksel olarak anlamlı bir farklılık olduğu görülmektedir [F=12,745; p=0,000 (p<0,05]. Farklılık bulunan madde için varyanslar homojen dağıldığından, hangi gruplar arasında fark olduğunu tespit etmek amacıyla LSD testi yapılmıştır.

Gruplar arasında oluşan farklılığın genel lise mezunu ($X_{G.Lise}$=2,88) olan öğrenciler ile ticaret lisesi mezunu ($X_{T.Lisesi}$=3,13) öğrenciler arasında olduğu görülmüştür.

Staj uygulamaları esnasında öğrencilerin gerekli bilgi ve beceriyi kazanmaları ilişkin görüşler arasında da gruplar arası istatistiksel olarak anlamlı bir farklılık olduğu görülmektedir [F=5,413; p=0,005 (p<0,05]. Farklılık bulunan madde için varyanslar homojen dağıldığından, hangi gruplar arasında fark olduğunu tespit etmek amacıyla LSD testi yapılmıştır.

Gruplar arasında oluşan farklılığın genel lise mezunu ($X_{G.Lise}$=3,14) olan öğrenciler ile ticaret lisesi mezunu ($X_{T.Lisesi}$=3,30) öğrenciler arasında olduğu görülmüştür.

Staj uygulamalarında işletmelerin stajyer öğrenciye gerekli olan rehberliği ve danışmanlığı yapmalarına ilişkin de görüşler arasında gruplar arası istatistiksel olarak anlamlı bir farklılık olduğu görülmektedir [F=8,276; p=0,000 (p<0,05]. Farklılık bulunan madde için varyanslar homojen dağıldığından, hangi gruplar arasında fark olduğunu tespit etmek amacıyla LSD testi yapılmıştır.

Gruplar arasında oluşan farklılığın genel lise mezunu ($X_{G.Lise}$=3,04) olan öğrenciler ile ticaret lisesi mezunu ($X_{T.Lisesi}$=3,24) öğrenciler arasında olduğu görülmüştür.

MYO ile sektör arasında yeterli ve etkili işbirliği ve koordinasyon sağlanması ilişkin görüşler arasında da gruplar arası istatistiksel olarak anlamlı bir farklılık olduğu görülmektedir [F=14,839; p=0,000 (p<0,05]. Farklılık bulunan madde için varyanslar homojen dağıldığından, hangi gruplar arasında fark olduğunu tespit etmek amacıyla LSD testi yapılmıştır.

Gruplar arasında oluşan farklılığın genel lise mezunu ($X_{G.Lise}$=2,92) olan öğrenciler ile ticaret lisesi mezunu ($X_{T.Lisesi}$=3,18) öğrenciler arasında olduğu görülmüştür.

Ayrıca staj uygulamalarının objektif ve sürece yönelik olarak değerlendirilmesine ilişkin görüşler arasında da gruplar arası istatistiksel olarak anlamlı bir farklılık olduğu görülmektedir [F=10,297; p=0,000 (p<0,05]. Farklılık bulunan madde için varyanslar homojen dağıldığından, hangi gruplar arasında fark olduğunu tespit etmek amacıyla LSD testi yapılmıştır.

Gruplar arasında oluşan farklılığın genel lise mezunu ($X_{G.Lise}$=3,16) olan öğrenciler ile ticaret lisesi mezunu ($X_{T.Lisesi}$=3,38) öğrenciler arasında olduğu görülmüştür.

Araştırmaya katılan öğrencilerin üniversiteye yerleştirilme şekline göre muhasebe öğretim programı endüstriyel staj uygulamaları bağlamında ifade ettikleri görüşlerini belirlemeye yönelik sorulara verdikleri cevaplardan elde edilen verilere ait tanımlayıcı istatistikler hesaplanmış, öğrencilerin cinsiyetlerine göre görüşleri arasında farklılık olup olmadığını tespit etmek için bağımsız gruplar t-testi yapılmış ve analiz sonuçları tablo 4.150'de verilmiştir.

Tablo 4.150. Öğrencilerin Üniversiteye Yerleştirilme Şekline Göre Muhasebe Öğretim Programı Endüstriyel Staj Uygulamalarına İlişkin Görüşlerine Ait Bağımsız t-Testi sonuçları

Temel Ölçütler	Üniversiteye Yerleştirilme Şekline	N	X	SS	t	p
Ölçüt-6	Sınavla	1613	2,87	1,214	-6,700	,000
	Sınavsız Geçiş	889	3,21	1,200		
Ölçüt-12	Sınavla	1613	3,17	1,214	-2,385	,017
	Sınavsız Geçiş	889	3,29	1,183		
Ölçüt-18	Sınavla	1613	3,07	1,190	-3,947	,000
	Sınavsız Geçiş	889	3,26	1,183		
Ölçüt-24	Sınavla	1613	2,94	1,185	-5,738	,000
	Sınavsız Geçiş	889	3,22	1,155		
Ölçüt-30	Sınavla	1613	3,20	1,204	-3,819	,000
	Sınavsız Geçiş	889	3,38	1,157		

Tablo 4.150'deki verilere göre öğrencilerin anılan sorulara verdikleri cevaplardan aldıkları puanların ortalaması sınavla yerleşen öğrenciler için 2,87–3,20 değerleri arasında, sınavsız yerleşen öğrenciler için 3,21-3,38 değerleri arasında değişmektedir

Staj uygulamaları ile MYO'larda verilen teorik eğitim paralelliğine ilişkin öğrencilerin görüşleri arasında istatistiksel olarak anlamlı bir farklılık olduğu görülmektedir [t =-6,700; p= 0,000; p<0,05]. Üniversiteye sınavla yerleştirilen öğrenciler, sınavsız geçiş yapan öğrencilere göre staj uygulamalarının teorik eğitime paralelliğinin daha düşük olduğunu düşünmektedirler ($X_{Sınavla}$=2,87, $X_{Sınavsız}$=3,21).

Staj uygulamaları esnasında öğrencilerin gerekli bilgi ve beceriyi kazanmalarına ilişkin de öğrencilerin görüşleri arasında istatistiksel olarak anlamlı bir farklılık olduğu görülmektedir [t =-2,385; p= 0,017; p<0,05]. Üniversiteye sınavla yerleştirilen öğrenciler, staj uygulamaları esnasında öğrencilerin gerekli bilgi ve beceriyi kazanma durumlarının daha yetersiz olduğunu düşünmektedirler ($X_{Sınavla}$=3,17, $X_{Sınavsız}$=3,29).

Staj uygulamalarında işletmelerin stajyer öğrenciye gerekli olan rehberliği ve danışmanlığı yapmalarına ilişkin öğrencilerin görüşleri arasında da istatistiksel olarak anlamlı bir farklılık olduğu görülmektedir [t =-3,947; p= 0,000; p<0,05]. Üniversiteye sınavla yerleştirilen öğrenciler, sınavsız geçiş yapan öğrencilere göre işletmelerin stajyer öğrenciye gerekli olan rehberliği yeterince sağlamadıklarını düşünmektedirler ($X_{Sınavla}$=3,07, $X_{Sınavsız}$=3,26).

MYO ile sektör arasında yeterli ve etkili işbirliği ve koordinasyon sağlanmasına ilişkin de öğrencilerin görüşleri arasında istatistiksel olarak anlamlı bir farklılık olduğu görülmektedir [t =-5,738; p= 0,000; p<0,05]. Üniversiteye sınavsız geçiş yapan öğrencilere bu konuda da diğer gruba göre daha olumlu bir kanaate sahiptirler düşünmektedirler ($X_{Sınavla}$=2,94, $X_{Sınavsız}$=3,22).

Ayrıca staj uygulamalarının objektif ve sürece yönelik olarak değerlendirilmesine ilişkin öğrencilerin görüşleri arasında da istatistiksel olarak anlamlı bir farklılık olduğu görülmektedir [t =-3,819; p= 0,000; p<0,05]. Üniversiteye sınavla yerleştirilen öğrenciler, sınavsız geçiş yapan öğrencilere göre staj uygulamalarının objektif ve sürece yönelik olarak değerlendirilmesine daha az katıldıklarını ifade etmişlerdir ($X_{Sınavla}$=3,20, $X_{Sınavsız}$=3,38).

Araştırmaya katılan öğrencilerin öğrenim gördükleri programı tercih sırasına göre muhasebe öğretim programı endüstriyel staj uygulamalarına ilişkin görüşleri arasında farklılık olup olmadığını belirlemek için tek yönlü varyans analizi ve farklılığın hangi gruplar arasında olduğunu belirlemek amacıyla varyanslar homojen olduğunda LSD, varyanslar homojen olmadığı durumlar için Dunnett's T3 testleri yapılmıştır. Anova tablosundan ve tanımlayıcı istatistiklerden elde edilen değerler Tablo 4.151 ve 4.152'de sunulmuştur.

Tablo 4.151. Öğrencilerin Öğrenim Gördükleri Programı Tercih Sırasına Göre Muhasebe Öğretim Programı Endüstriyel Staj Uygulamalarına İlişkin Görüşlerine Ait Tanımlayıcı İstatistikler

Ölçütler		Gruplar	N	X	SS
6	1	1	549	3,05	1,249
	2	2	238	2,96	1,221
	3	3	231	3,02	1,148
	4	4	234	3,05	1,193
	5	5+	1250	2,96	1,225
12	1	1	549	3,21	1,209
	2	2	238	3,10	1,227
	3	3	231	3,37	1,142
	4	4	234	3,22	1,187
	5	5+	1250	3,21	1,211
18	1	1	549	3,19	1,210
	2	2	238	3,09	1,201
	3	3	231	3,19	1,232
	4	4	234	3,17	1,120
	5	5+	1250	3,11	1,186
24	1	1	549	3,11	1,154
	2	2	238	3,07	1,204
	3	3	231	3,09	1,255
	4	4	234	3,19	1,157
	5	5+	1250	2,96	1,177
30	1	1	549	3,32	1,127
	2	2	238	3,18	1,224
	3	3	231	3,32	1,169
	4	4	234	3,26	1,152
	5	5+	1250	3,24	1,222

Tablo 4.152. Öğrencilerin Öğrenim Gördükleri Programı Tercih Sırasına Göre Muhasebe Öğretim Programı Endüstriyel Staj Uygulamalarına İlişkin Görüşlerine Ait ANOVA Sonuçları

		Karelerinin Toplamı	SD	Karelerinin Ortalaması	F	p	LSD[1] Dunnett's T3[2]
Ölçüt-6	Gruplar arası	4,786	4	1,196			
	Gruplar içi	3717,136	2497	1,489	,804	,523	
	Toplam	3721,922	2501				
Ölçüt-12	Gruplar arası	8,745	4	2,186			
	Gruplar içi	3618,975	2497	1,449	1,508	,197	
	Toplam	3627,720	2501				
Ölçüt-18	Gruplar arası	3,810	4	,953			
	Gruplar içi	3541,987	2497	1,418	,672	,612	
	Toplam	3545,797	2501				
Ölçüt-24	Gruplar arası	17,703	4	4,426			
	Gruplar içi	3478,131	2497	1,393	3,177	,013	
	Toplam	3495,834	2501				
Ölçüt-30	Gruplar arası	4,883	4	1,221			
	Gruplar içi	3539,595	2497	1,418	,861	,486	
	Toplam	3544,478	2501				

Tablo 4.152 incelendiğinde staj uygulamaları ile MYO'larda verilen teorik eğitim paralelliği, staj uygulamaları esnasında öğrencilerin gerekli bilgi ve beceriyi kazanmaları, staj uygulamalarında işletmelerin stajyer öğrenciye gerekli olan rehberliği ve danışmanlığı yapmaları, MYO ile sektör arasında yeterli ve etkili işbirliği ve koordinasyon sağlanması ve staj uygulamalarının objektif ve sürece yönelik olarak değerlendirilmesine ilişkin öğrenim gördükleri programı tercih sırasına göre oluşturulan grupların görüşler arasında $p \leq 0,05$ anlamlılık düzeyinde istatistiksel olarak anlamlı bir farklılık olmadığı bulunmuştur.

Araştırmaya katılan öğrencilerin okudukları sınıf düzeyine göre muhasebe öğretim programı endüstriyel staj uygulamalarına ilişkin görüşleri arasında farklılık olup olmadığını belirlemek için tek yönlü varyans analizi ve farklılığın hangi gruplar arasında olduğunu belirlemek amacıyla varyanslar homojen olduğunda LSD, varyanslar homojen olmadığı durumlar için Dunnett's T3 testleri yapılmıştır. Anova tablosundan ve tanımlayıcı istatistiklerden elde edilen değerler Tablo 4.153 ve 4.154'de sunulmuştur.

Tablo 4.153. Öğrencilerin Sınıf Düzeyine Göre Muhasebe Öğretim Programı Endüstriyel Staj Uygulamalarına İlişkin Görüşlerine Ait Tanımlayıcı İstatistikler

Ölçütler	Gruplar		N	X	SS
6	1	1.Sınıf	1100	3,07	1,204
	2	2.Sınıf	1334	2,94	1,223
	3	Tekrar	68	2,81	1,363
12	1	1.Sınıf	1100	3,27	1,232
	2	2.Sınıf	1334	3,18	1,183
	3	Tekrar	68	3,01	1,139
18	1	1.Sınıf	1100	3,17	1,198
	2	2.Sınıf	1334	3,12	1,180
	3	Tekrar	68	2,90	1,259
24	1	1.Sınıf	1100	3,16	1,198
	2	2.Sınıf	1334	2,95	1,158
	3	Tekrar	68	2,79	1,216
30	1	1.Sınıf	1100	3,28	1,207
	2	2.Sınıf	1334	3,26	1,173
	3	Tekrar	68	3,09	1,278

Tablo 4.154. Öğrencilerin Sınıf Düzeyine Göre Muhasebe Öğretim Programı Endüstriyel Staj Uygulamalarına İlişkin Görüşlerine Ait ANOVA Sonuçları

		Karelerinin Toplamı	SD	Karelerinin Ortalaması	F	p	LSD[1] Dunnett's T3[2]
Ölçüt-6	Gruplar arası	12,102	2	6,051			
	Gruplar içi	3709,819	2499	1,485	4,076	,017	
	Toplam	3721,922	2501				
Ölçüt-12	Gruplar arası	7,462	2	3,731			
	Gruplar içi	3620,258	2499	1,449	2,575	,076	
	Toplam	3627,720	2501				
Ölçüt-18	Gruplar arası	5,399	2	2,700			
	Gruplar içi	3540,397	2499	1,417	1,906	,149	
	Toplam	3545,797	2501				
Ölçüt-24	Gruplar arası	31,019	2	15,509			
	Gruplar içi	3464,815	2499	1,386	11,186	,000	1-2[1]p=0,000 1-3[1]p=0,013
	Toplam	3495,834	2501				
Ölçüt-30	Gruplar arası	2,284	2	1,142			
	Gruplar içi	3542,194	2499	1,417	,806	,447	
	Toplam	3544,478	2501				

Tablo 4.154 incelendiğinde staj uygulamaları ile MYO'larda verilen teorik eğitim paralelliği, staj uygulamaları esnasında öğrencilerin gerekli bilgi ve beceriyi kazanmaları, staj uygulamalarında işletmelerin stajyer öğrenciye gerekli olan rehberliği ve danışmanlığı yapmaları ve staj uygulamalarının objektif ve sürece yönelik olarak değerlendirilmesi ilişkin sınıf düzeylerine göre oluşturulan grupların görüşler arasında p≤0,05 anlamlılık düzeyinde istatistiksel olarak anlamlı bir farklılık olmadığı bulunmuştur.

Ancak MYO ile sektör arasında yeterli ve etkili işbirliği ve koordinasyon sağlanmasına ilişkin görüşler arasında gruplar arası istatistiksel olarak anlamlı bir farklılık olduğu görülmektedir [F=11,186; p=0,000, p<0,05].

Farklılık bulunan madde için varyanslar homojen dağıldığından, hangi gruplar arasında fark olduğunu tespit etmek amacıyla LSD testi yapılmıştır.

Gruplar arasında oluşan farklılığın 1. (X=3,16) sınıf öğrencileri ile 2. (X=2,95) sınıf ve tekrar konumunda (X=2,79) olan öğrenciler arasında olduğu görülmüştür.

SONUÇ ve ÖNERİLER

Ekonomik ve toplumsal bir süreç olarak ele alınması gereken kalkınma olgusu, tüm toplumların ortak hedefini oluşturmaktadır. Eğitimin kalkınma üzerindeki etkisi ise, geçmişten günümüze birçok çalışmanın konusunu oluşturmuştur. Başta kalkınma olmak üzere birçok konuda fark yaratacak olan eğitim olgusu, üzerinde önemle durulması gereken bir konudur. Bu çalışmayla da özellikle son yıllarda önemi bir kat daha artan ve mesleki eğitimin bir parçası olan muhasebe eğitimi ve özelde de meslek yüksek okullarında uygulanan muhasebe öğretim programı, hem öğrenciler hem de öğretim elemanlarının bakış açılarıyla değerlendirmeye tabi tutulmuştur. Çalışmanın bundan sonra hazırlanacak muhasebe öğretim programlarına katkı sağlaması umulmuştur.

Bu araştırma ile meslek yüksek okullarında muhasebe dersleri veren öğretim elemanları ve muhasebe bölümlerinde okuyan öğrencilerin meslek yüksek okullarında uygulanan muhasebe programının değerlendirilmesine ilişkin görüşleri, öğretim elemanları için on, öğrenciler için ise altı kategoride ele alınmıştır.

Araştırmadan elde edilen bulguları şu şekilde değerlendirmek mümkündür;

- Araştırmaya katılan 145 öğretim elemanının cinsiyetlerine göre dağılımı (bayan % 49, erkek % 51) birbirlerine oldukça yakındır. Öğretim elemanlarının % 51,7'si 6-15 yıllık bir mesleki kıdeme sahiptirler. Öğretim görevlisi unvanlı öğretim elemanlarının ağırlıklı olarak (% 74,5) dersleri yürüttüğü meslek yüksekokullarında öğretim görevlilerinin % 71,7'sinin lisansüstü eğitim aldıkları görülmektedir.
- Araştırmada muhasebe öğretiminde hedef davranışlara yönelik sorulara verilen cevaplar değerlendirildiğinde öğretim elemanlarının, muhasebe öğretiminde hedef-davranışların ölçülebilir ve gözlenebilirlik özelliklerini yeterli bulmadıkları tespit edilmiştir. Uygulanan programın zayıf ve kuvvetli yanlarını ortaya çıkarmak ve öğrencilerin gelişimini izlemek için ölçme ve değerlendirme, öğretim programlarının önemli bir öğesidir. Bu nedenle, oluşturulacak muhasebe öğretim programında hedef davranışlar ölçülebilir bir yapıda olmalıdır. Ayrıca

muhasebe öğretim programı amaçlarının açık ve anlaşılabilir nitelikte olmasına ilişkin de öğretim elemanlarının görüşleri arasında istatistiksel olarak anlamlı bir farklılık olduğu görülmektedir. Öğretim elemanlarının değerlendirmeleri ve beklentileri doğrultusunda muhasebe programının amaçları gözden geçirilerek gerekli düzeltmeler yapılmalıdır. Bu bağlamda, Yüksek Öğretim Kurulu'nun mesleki eğitimi geliştirme kapsamında yaptığı çalışmalara mümkün olduğu kadar geniş bir katılım sağlanarak ilgili tüm sektörlerin görüşleri programda yer almalıdır.

Muhasebe öğretim programının meslek yüksek okullarında uygulanabilirliği konusunda da öğretim elemanları arasında tereddütler olduğu görülmektedir. Özellikle muhasebe konularının önceki öğrenmelerle ilişki kurulabilecek niteliği, muhasebe konuları ile muhasebe programı amaçları arasındaki tutarlılık ve muhasebe konularının MYO-Sektör işbirliğini sağlayabilme durumu konusunda öğretim elemanlarının farklı görüşlere sahip olduğu görülmektedir. Muhasebe konularının ders işleyiş sürecindeki yeri ve önemi dikkate alınarak beklentileri karşılayacak bir yapıya kavuşturulması gerekmektedir.

- Muhasebe öğretiminde program içeriğine ilişkin olarak katılımcılara on adet soru sorulmuştur. Sorulara verilen cevaplar değerlendirildiğinde muhasebe öğretim programı konu alanı bilgilerinin güncelliği ve geçerliliği konusunda istenilen noktada olunmadığı anlaşılmaktadır. Bu nedenle bölümde okutulacak muhasebe dersleri ve içerikleri için standartlar oluşturulmalıdır. Bu standartlar, ilgili alandaki öğretim elemanları, meslek ve işletme temsilcilerinin katılımının sağlandığı bir komisyon tarafından belirlenmelidir.

Muhasebe öğretim programı konularının öğretim ilkelerine uygunluğu, açık ve anlaşılabilir bir şekilde düzenlenmesi konusunda öğretim elemanlarının büyük oranda olumlu kanaate sahip oldukları görülmektedir. Bu sonuç, son yıllarda yapılan program geliştirme çalışmalarının olumlu bir sonucu olarak değerlendirilebilir.

Muhasebe öğretiminde muhasebe konularının önceki öğrenmelerle ilişki kurulabilecek niteliği konusunda öğretim elemanları arasında farklı algılama durumlarının olduğu görülmektedir. Öğretim elemanlarının bu konudaki beklentileri dikkate alınarak yeni öğrenmeler ile önceki öğrenmeler arasındaki ilişkiler daha etkin bir şekilde düzenlenerek programa yansıtılmalıdır.

Öğretim elemanlarının önemli bir bölümü muhasebe öğretim programı konularının MYO-Sektör işbirliğini sağlayamadığını ifade etmektedirler. MYO-Sektör ilişkileri mesleki eğitimin temel konularından biridir. Özellikle ilgili sektörün görüşleri/beklentileri bilimsel araştırmalarla tespit edilerek muhasebe konu alanı içerisindeki yerini alması sağlanmalıdır. Ancak bu şekilde MYO - Sektör işbirliği büyük ölçüde sağlanabilir.

- Muhasebe derslerinde, öğretim teknolojilerinin etkin bir şekilde kullanılmasının sağlanması için öğretim elemanlarını teşvik edecek önlemlerin alınması gerekmektedir. Bu önlemler de özellikle program özelliklerinden genellik ve sınırlılık dikkate alınmalıdır.

Ayrıca materyal uyarlama ve materyal arşivleme çalışmalarında, öğretim elemanlarını teşvik edecek bir uygulamaya gidilmesi hem mevcut durumda muhasebe öğretiminin kalitesini artıracak hem de muhasebe eğitiminin disiplinler arası ilişkileri kullanma özelliği açısından olumlu olacaktır.

- Muhasebe derslerinde konu ile ilgili olarak alan uzmanlarına sunumlar yaptırılmasının, öğrencileri derse motive etmede ve kalıcı öğrenme sağlamada önemi dikkate alınmalı, bu yapı ayrıntılı olarak programlarda yer almalıdır.

Muhasebe öğretiminde, öğrencinin muhasebe derslerine aktif katılımını sağlayacak önlemlerin alınması gereği araştırma sonuçlarından görülmektedir. Muhasebe dersinin kendine has zorlukları dikkate alınarak, öğrenim durumları oluşturulmalıdır. Programlarda bu çalışmalar yapılırken öğrenim durumları oluşturmada uyulması gereken ilkelere yer verilmelidir – ki bunlardan bazıları; hedefe, içeriğe, öğrenciye, öğretim ilkelerine uygunluk, ekonomiklik ve tutarlılıktır. Bu ilkelerden hareketle öğretim elemanlarının ağırlıklı olarak derse girdiği meslek yüksek okullarında, hizmet içi eğitim seminerleri uygulanmalı ve akademik gelişimleri açısından içinde bulundukları durumları dikkate alan bir strateji ortaya konmalıdır.

Öğretim elemanlarının araştırma sonuçlarına göre, öğrenciyi tanımada ilgililerle işbirliği yapma konusunda aktif olmadıkları görülmektedir. Öğrenci merkezli eğitim anlayışının günümüzde artık vazgeçilmez olduğu bir ortamda öğrencinin tanınması, bireysel farklılıkların dikkate alınması ve öğrencinin okul karar süreçlerine etkin olarak katılımının sağlanması gerekmektedir.

- Öğretim elemanlarının bir bölümünün bilimsel etkinliklere ya hiç katılmadığı ya da az olarak katıldığı görülmektedir. Öğretim elemanlarının sürekli olarak kendini yenilemeleri gerekmektedir. Bunu gerçekleştirmenin yolu, bilimsel etkinliklere katılarak mesleki yayınları takip etmektir. Bu konuda standartlar getirilerek öğretim elemanlarının söz konusu etkinliklere katılımı sağlanmalıdır.
- MYO'larda verilen teorik eğitim ile staj uygulamalarının uyumlu olmadığı araştırma sonuçlarından anlaşılmaktadır. Yaşam boyu öğrenme, problem çözme ve üst düzey düşünme becerileri, teorik bilgi ile uygulamanın bütünleşmesi sayesinde kazanılacağı şüphe götürmez bir gerçektir. Dolayısıyla, staj uygulamaları eğitimin önemli bir parçası olarak görülmeli, teorik eğitimle eş zamanlı olarak planlanmalı ve uygulanmalıdır. Staj uygulamaları öğrencinin iş hayatına uyumunu sağlayacak içeriğe sahip olmalıdır.

Staj uygulamalarının objektif ve sürece yönelik olarak değerlendirilmesi konusunda da öğretim elemanlarının görüşleri arasında anlamlı farklılık olduğu görülmektedir. MYO'larda uygulanan öğretim faaliyetlerinde olduğu gibi staj uygulamalarının değerlendirilmesinde standartların belirlenmesi gerekmektedir. Bunu sağlamak için de staj uygulamalarının değerlendirilmesinde genel, geçerli, objektif ve sürece uygun değerlendirme ilkeleri belirlenmelidir. Söz konusu değerlendirme ilkeleri, staj öncesinde öğrencilere yazılı olarak verilerek, değerlendirmenin her aşamasında öğrenci bilgilendirilmelidir.

- Araştırmaya 1173 erkek, 1329 bayan öğrenci olmak üzere 2502 öğrenci katılmıştır. Öğrencilerin % 35,5'i üniversiteye sınavsız olarak yerleştirilmiştir. Araştırmaya katılan öğrencilerin yarısı okudukları bölümü/programı 5. ve daha sonraki tercihlerinde tercih etmişlerdir.
- Araştırma sonuçlarına göre öğretim elemanlarının muhasebe derslerine uygun araç, gereç ve materyal hazırlamadıkları öğrencilerin bir kısmı tarafından vurgulanmıştır. Muhasebe ders içerikleri dikkate alınarak öğrencilerin konuyu daha iyi anlamalarını sağlayacak araç gereçler derslerde kullanılmalıdır. Araç gereç kullanımı dersi vermekle sorumlu öğretim elemanın kişisel tercihine

bırakılmamalı, modüler sistem içerisinde araç-gereç ve materyallere yer verilmelidir.

Araştırma sonuçlarına göre öğretim elemanları, muhasebe dersleri ile uyumlu uygulama etkinlikleri ve kaynak önerme konusunda yetersiz görülmektedir. Gerek uygulama etkinlikleri gerekse yararlanılacak kaynaklar dönem başında planlanarak/belirlenerek öğrencilere duyurulmalıdır ve kaynak temini açısından MYO'larda birimler oluşturulmalıdır.

- Araştırma sonuçlarına göre öğrenciler, öğretim elemanlarının muhasebe derslerinde öğrencilerin etkin katılımı için etkinlikler düzenlemediğini beyan etmişlerdir. Bu sonuca göre, önemli bir öğretim elemanı grubu tarafından dersler, öğretmen merkezli olarak yürütülmektedir. Öğretim elemanlarının muhasebe derslerinde bireysel farklılıkları da dikkate almadıkları görülmektedir. Her iki bulgu da öğretim elemanlarının ders işleyişinde öğrenci odaklı öğretime gereken önemi vermediklerini göstermektedir. Öğretim elemanlarının bu tür tutumlardan uzaklaşmalarını sağlayacak düzeyde öğretim ortamları oluşturularak, nispeten öğretmen merkezli eğitimin önüne geçilmeli ve her türlü program organizasyonlarında öğrenciyi merkeze alacak düzenlemeler yapılmalıdır.
- Araştırma sonuçlarına göre muhasebe derslerinin demokratik bir öğrenme ortamında işlendiği ve öğretim elemanlarının ders bitiminde konuları özetlediği ve sonraki derslerle bağlantı kurdukları görülmektedir. Ancak derse uygun giriş yapılarak, ilgi ve dikkat çekilmesi konusunda eksiklikler olduğu anlaşılmaktadır. Bu tür olumsuzlukların giderilmesi için muhasebe konuları günlük yaşamla ilişkilendirilmeli, muhasebe derslerinde öğrencilerle etkili iletişim kurulmalı ve ders dışı farklı ortamlar yaratılmalıdır.
- Öğretim elemanlarının muhasebe öğretimine uygun ölçme değerlendirme araçları hazırlama, öğrencilerin anlama düzeylerine göre geri bildirim verme, sınavlarda içeriğe bağlı kalma ve değerlendirme etkinliklerinde objektif oldukları, ancak öğrenme ürünlerinin notlandırma ve ilan etme konusunda titiz davranmadıkları görülmektedir. Öğretim elemanlarının notlandırma ve ilan etme konularında eksikliklerinin giderilmesi için okul yönetimlerinin mevzuatları dikkate alarak daha etkin kararlar vermesi gerekmektedir.

- Araştırma sonuçlarına göre öğrenci görüşlerinden hareketle, staj uygulamaları ile MYO'larda verilen öğretimin uyumluluğu, staj uygulamalarında işletmelerin stajyer öğrenciye gerekli olan rehberliği ve danışmanlığı yapmaları ve meslek yüksek okulları ile sektör arasında yeterli ve etkili işbirliği ile koordinasyon sağlanması konusunda öğrencilerin önemli bir bölümünün olumsuz düşünceye sahip oldukları görülmüştür. Staj uygulamaları öğrencilere, özgüven sağlama, iletişim becerilerini artırma, mesleğe ilişkin fikir sahibi yapma, mesleki ilgi oluşturma ve profesyonelliği öğretme gibi davranışları kazandırmaktadır.

Bu açıdan bakıldığında, uygulamaların daha etkin hale gelmesi için MYO-Sektör işbirliği daha gerçekçi bir şekilde temellendirilmelidir. Tüm ayrıntılar çok iyi bir planlama ile netleştirilmeli, öğretim elemanlarının farklı uygulamalar yapmalarının önüne geçecek kılavuz kitaplar hazırlanmalı, sürecin daha etkin takibi için denetim mekanizması oluşturulmalı ve öğrencinin staj uygulamalarına daha etkin katılmalarını sağlayacak ekonomik destekler sağlanmalıdır.

Bu konuda ileride, çalışma yapacak olan araştırmacılar için öneriler şunlardır;

- Muhasebe öğretim programının öğelerine yönelik ayrıntılı bir planlama dahilinde kapsam genişletilebilir ve bunun sonucunda program öğeleri daha ayrıntılı bir şekilde analize tabi tutulabilir.
- MYO-Sektör işbirliği tüm ayrıntıları dikkate alınarak tespit edilebilir ve endüstriyel staj uygulamalarının sektör ihtiyaçları doğrultusunda yeniden yapılanması yönelik beklentiler araştırılabilir.
- MYO'lardaki muhasebe bölümlerinin sektör ihtiyaçları doğrultusunda programları ulusal ve uluslar arası düzeyde yapılanmasına yönelik çalışmalar yapılabilir.
- Mesleki ve teknik eğitimin önemli bir parçası olan muhasebe eğitimi orta ve yüksek öğretim düzeyindeki programlarının bütünleştirilmesine yönelik araştırmalar yapılabilir.

KAYNAKLAR

Açıkgöz, Kamile Ün, (2003). *Aktif Öğrenme*. İzmir: Eğitim Dünyası Yayınları.

Adıgüzel, O., Cem (2009). "Meslek Yüksekokulu Öğrencilerinin İşyeri Eğitimi Öğrenme Ürünlerinin Değerlendirilmesi". *Ondokuz Mayıs Üniversitesi Eğitim Fakültesi Dergisi.*

Akman, N., Hoşal, Muğan, C., Şımga (2004). "Muhasebe Eğitiminde Öğretim Ve Öğrenim Yöntemleri İle Ders Başarısı Arasındaki İlişki: Pilot Çalışma". Erişim Tarihi;05.08.2010, http://www.isletme.istanbul.edu.tr/ surekli_yayinlar/ tmes2004/tmes_2004.pdf.

Alkan, Cevat, Doğan, Hıfzı ve Sezgin, İlhan (2001), *Mesleki ve Teknik Eğitimin Esasları*. Ankara: Nobel Yayınları.

Akyüz, Yahya (2001), Türk Eğitim Tarihi, Alfa Yayınları, İstanbul.

Albrecht, W.S., Sack, R.J., (2000), Accounting Education: Charting the Course through a Perilous Future. American Accounting Association, Accounting Edication Series, volume No:16, United States of America. http://proquest.umi.com/pqdweb?SQ=ALBRECHT%2C+W.S.%2C+SACK%2C+ R.J.%2C2000.Accounting+Education&DBId=-1&date=ALL&onDate= &before Date= &afterDate= &fromDate=&toDate= &pubtitle=&author=&FT=1&AT= any&revType=review&revPos=all&STYPE=all&sortby=REVERSE_CHRON&R QT=305&querySyntax=PQ&searchInterface=1&moreOptState=CLOSED&TS=1 281592826&h_pubtitle=&h_pmid=&clientId=61422&JSEnabled=1, Erişim Tarihi;05.04.2010.

Alkan, Cevat, Doğan, Hıfzı, Sezgin, İlhan (1996), "Mesleki ve Teknik Eğitimin Esasları", 3.Baskı, Gazi Büro Kitapevi, Ankara.

American Accounting Association (1999), Accounting Education Change Commission, Bedford Report, Accounting Education Series, Volume No;15, Chapter; 3, Sarasota.

Arsal, Zeki (1998), Program Geliştirme Sürecinde İhtiyaç Analizinin Yeri ve Nasıl Yapıldığına İlişkin Program Geliştirme Uzmanlarının Görüşleri, (Yayınlanmamış Yüksek Lisans Tezi), Abant İzzet Baysal Üniversitesi Sosyal Bilimler Enstitüsü, , Bolu.

Ataman, Ümit (2003), Genel Muhasebe, Türkmen Kitabevi, İstanbul.

Atamanalp, Celalettin, Karcıoğlu, Reşat, Orhan, M., Suphi (2001), Tek Düzen Hesap Planına Uygun Maliyet Muhasebesi, Aktif Yayınları, Erzurum.

Atwood, H., Mason and Ellis, J., (1971), The Concept of Need: An Analysis for Adult Education Adult Leadership.

Aysan, Mustafa (1979), Türkiye'de Muhasebe Eğitimi Nasıl Yapılmalıdır, Türkiye I. Muhasebe Eğitimi Sempozyumu, Antalya.

Basaran, İ., Ethem (1999), Eğitime Giriş, Umut Yayım Dağıtım, Ankara.

Başar, Hüseyin (2003), Sınıf Yönetimi, Anı Yayıncılık, Ankara.

Bayazıtlı, Ercan, Çelik, Orhan (2004), Muhasebe Eğitiminin Kalitesinin Artırılmasında İlk Adım, Yükseköğretim Kurumlarında Muhasebe Eğitiminin Etkinliğinin Analizi, 24. Türkiye Muhasebe Eğitimi Sempozyumu (s. 44-78). Antalya.

Bilen, M. (2006), Plandan Uygulamaya öğretim, Anı Yayıncılık, Ankara.

Bloom, S., Benjamin (1995), İnsan Nitelikleri ve Okulda Öğrenme, Çeviren; Durmuş A. Özçelik, MEB Yayınları, İstanbul.

Boyce, Gordon (2003), Critical accounting education: teaching and learning outside the circle, Critical Perspectives on Accounting, Sydney.

Brady, D. (1994). Development of Vocational Curricula Handout, England: The University of Huddersfield.

Büyükkaragöz, Savaş ve Çivi, Cuma, (1999), Genel Öğretim Metotları, Beta Basım Yayın Dağıtım, İstanbul.

Çeliköz, Nadir (2004), Yeni Program Geliştirme Anlayışına Dayalı Olarak Geliştirilen Bir Program Tasarımının Öğrenci Başarısına Etkisi, Gazi Eğitim Fakültesi Dergisi, Cilt 24, Sayı1.

Çevik, Osman, Ertaş, Fatih C. (2001), Muhasebe Eğitiminde Öğrencilerin Dışadönüklük ve İçedönüklük Özelliklerinin Grup Çalışması Tercihine Etkisi, MÖDAV Muhasebe Bilim Dünyası Dergisi, Cilt: 3, Sayı: 4, İstanbul.

Dahlgren, L. O., & Marton, E. (1978). Students' conceptions of subject matter: an aspect of learning and teaching in higher education. Studies in Higher Education

Demirel, Özcan (2001), Kuramdan Uygulamaya Eğitimde Program Geliştirme, Pegem-A Yayıncılık, Ankara.

Demirel, Özcan (2003), Öğretme Sanatı, Pegem-A Yayınları, Ankara

Demirel, Özcan, Kaya, Zeki (2003), Öğretmenlik Mesleğine Giriş, Pegem-A Yayınları, Ankara.

Demirkan, Şefika (2004), Lisans Programında Muhasebe Eğitiminin Kalitesini Artırma Yollarına İlişkin Bir Yaklaşım: Öğrenme Stilleri, 24. Türkiye Muhasebe Eğitimi Sempozyumu (s. 79-89). Antalya.

Doğan, Hıfzı (1975), Program Geliştirmede Sistem Yaklaşımı, Ankara Üniversitesi Eğitim Fakültesi Dergisi, Cilt 7, Sayı 14, Ankara.

Doğanay, Ahmet (2007), Öğretim İlke ve Yöntemler, Pegem-A Yayınları, Ankara

Erden, M., Akman, Y., (2002), Gelişim ve Öğrenme, Arkadaş Yayınevi, Ankara.

Erden, M. (1998), Eğitimde Program Değerlendirme, Anı Yayıncılık, Ankara.

Erişen, Yavuz (1997), Atelye ve Meslek Dersleri Öğretmenlerinin Öğretmenlik Formasyonu Açısından Hizmet İçi Eğitim İhtiyaçlarının Belirlenmesi, (Yayınlanmamış Yüksek Lisans Tezi), Ankara Üniversitesi Sosyal Bilimler Enstitüsü, Ankara.

Erişen, Yavuz (1997), Program Geliştirme Modelleri Üzerine Bir İnceleme, Eğitim Yönetimi Dergisi, Yıl;3, Sayı;3.

Ertürk, Selahattin(1972), Eğitimde Program Geliştirme, Ankara

Fidan, N., Erden, M., (1991), Eğitime Giriş, Peryal Mat. San. Tic. Ltd. Şti, Ankara.

Gençtürk, Mehmet, Demir, Yusuf, Çarıkçı, Oğuzhan (2008), Meslek Yüksekokulu Öğrencilerinin Muhasebe-Finans Eğitimine Bakış Açıları ve Farkındalıkları Üzerine Bir Uygulama, Süleyman Demirel Üniversitesi İktisadi ve İdari Bilimler Fakültesi, Y.2008, C.13, S.1 s.209-228.

Gökçen, Gürbüz (1998), Uygulamacıların Muhasebe Eğitiminden Beklentileri Marmara Üniversitesi, Muhasebe Araştırma ve Merkezi Muhasebe Finansman Dergisi, Sayı 9, Aralık 1998, ss.43-50.

Gözütok, F., Dilek (1994), 1.2.3. Sınıf Hayat Bilgisi Dersi İhtiyaç Belirleme Araştırması, EARGED Yayınları, Ankara.

Gücenme, Ümit (2002), Genel Muhasebe, Marmara Kitabevi, Bursa.

Güçlü, Faruk, (2004), Muhasebe Eğitimi Açısından Meslek Yüksek Okulları Hacettepe Üniversitesi Ankara Meslek Yüksek Okulu Deneyimi, http://www.isletme.istanbul.edu.tr/surekli_yayinlar/tmes2004/bildiri11.doc.

Gültekin, Mehmet ve Anagün, S., Şengül (2006/2), Avrupa Birliğinin Eğitimde Kaliteyi Belirleyici Alan Göstergeleri Açısından Türk Eğitim Sisteminin Durumu, Anadolu Üniversitesi Sosyal Bilimler Dergisi.

Gürol, M. (2004), Öğretimde Planlama, Uygulama ve Değerlendirme, Üniversite Kitapevi, Ankara:

Hassell, J. M. (1991). A review of empirical research in accounting education (1985–1991). Journal of Accounting Education, 9(Spring), 167–231.

Hızlan, Doğan (1983), Cumhuriyet Döneminde Eğitim, MEB, Yayın No:91, İstanbul.

Hızlan, Doğan (1997), Okul-Sanayi İlişkileri, İnkılap Yayınevi, İstanbul.

Hoque, Zahirul (2002), Using journal articles to teach public sector accounting in higher education, Journal of Accounting Education, Australia.

Hüseyin, İslamoğlu (199), Türkiye'de Mesleki Eğitimin Yeniden Yapılanması (Yüksek Lisans Tezi), Anadolu Üniversitesi Sosyal Bilimler Enstitüsü, Eskişehir.

Johnstone, K., M., and Biggs, S., F., (1998), Problem-based learning: introductory analysis and accounting curricula implications. Journal of Accounting Education, 16(3/4), ss;407–427

Kalmış, Halis, Yılmaz, B., Burcu (2004), Lisans Seviyesindeki Muhasebe Eğitiminin Mevcut Durumu ve Geliştirilmesi İçin Yapılması Gereken Geliştirmeler, XXIII. Türkiye Muhasebe Eğitimi Sempozyumu, 19 - 23 Mayıs 2004, Tekirova (Kemer) Antalya, ss. 37 – 51.

Kaptan, Saim (1995), Bilimsel Araştırma ve İstatistik Teknikleri, Tekışık Web Ofset Tesisleri, Ankara.

Karakaya, Şerafettin (2006), Sosyal Bir Süreç Olarak Eğitim, Kazım Karabekir Eğitim Fakültesi Dergisi, Sayı:13.

Karasar, Niyazi (1993), Bilimsel Araştırma Yöntemi, Nobel Yayınları, Ankara.

Karip, Emin (2007), Ölçme ve Değerlendirme, Pegem-A Yayınları, Ankara.

Kaya, Uğur, Daştan, Abdulkerim (2004), Türkiye'de Lisans Düzeyinde Verilen Muhasebe Eğitiminin Öğrenci - Öğretici ve Uygulayıcılar Açısından Değerlendirilmesi. 24. Türkiye Muhasebe Eğitimi Sempozyumu (s. 174-188). Antalya.

Kaya, Zeki ve Diğerleri (2004), Sınıf Yönetimi, Pegem-A Yayıncılık, Ankara

Kocatürk, Feden (2006), AB Ülkelerinde Mesleki Eğitim Sistemlerine İlişkin Yaklaşımlar Ve Türkiye İçin Uyum Analizi, (Basılmamış Yüksek Lisans Tezi), Ankara.

Koşan, Abdulkadir (2003), Eğitimde Okul-Endüstri, Atatürk Üniversitesi Sosyal Bilimler Enstitüsü Dergisi, Cilt 2, Sayı 1-2.

Köse, Yasemin, Saban, Metin (2010), Global Muhasebe Eğitiminde Uluslararası Düzenlemeler ve Gelişmeler www.mu.edu.tr/iibf/umes24/kitap/3-1.pdf, Erişim Tarihi; 12.08.2010.

Kutlu, Hüseyin (2009), Tekdüzen Genel Muhasebe, Nobel Yayınları, Ankara.

Küçükahmet, Leyla (2001), Öğretim İlke ve Yöntemleri, Nobel Yayın Dağıtım, Ankara.

Küçükahmet, Leyla (2003), Öğretimde Planlama ve Değerlendirme, Nobel Yayın Dağıtım, Ankara

Küçüksavaş, Nihat (2005), Finansal Muhasebe (Genel Muhasebe), Kare Yayınları, İstanbul.

Lazol, İbrahim (2008), Genel Muhasebe, Ekin Yayınları, Bursa.

McMillan, J. H. and Schumacher, S., (2006), Research in Education: Evidence-Based Inquiry. Sixth Edition. Allyn and Bacon, 517 p, Boston, MA.

MEB, (2010), (http://yogm.meb.gov.tr/istatistikler.htm)

http://emezun.meb.gov.tr/doc/tanitimmodulu/30-Muhasebe_Finansman.pdf

Mndebele-Comfort B. S., & Dlamini, E. (2008). High school vocational programmes: self-reported perceptions of vocational teachers in Swaziland, *Journal of Vocational Education & Training*, 60(3), 315 – 325

M.E.B. (2005), Öğretmen Genel Yeterlikler Çalışması Mevcut Durum Raporu Retrieved October 12, 2006 from http://oyegm.meb.gov.tr/yet.

Mc Neil, J. (1996), Curriculum, Harper Collins Publishers, New York.

Morgan, Clifford (1985), Psikolojiye Giriş, Çeviren: Sirel Karakaş, Meteksan Yayınları, Ankara.

Moore, D., Kenneth (1990), Öğretim Becerileri, Çeviren; Nizamettin Kaya.

Oliva, P., F. (1988), Devoloping The Curriculum, Scott, Foresmand &Company, New York.

Ornstein A.C. & Hunkins F.P. (1988), Curriculum: Foundations, Principles and Issues, Prentice Hall, New Jersey.

Özdamar, Kazım (2003), Modern Bilimsel Araştırma Yöntemleri, Kaan Kitabevi, Eskişehir.

Özçelik, D., Ali (1993), Eğitim Programları ve Öğretim, ÖSYM Yayınları, Ankara.

Özsoy, Ceyda (2007), Türkiye'de Mesleki ve Teknik Eğitimin İktisadi Kalkınmadaki Yeri Ve Önemi, Yayınlanmamış Doktora Tezi, Anadolu Üniversitesi Sosyal Bilimler Enstitüsü, Eskişehir.

OSYM, (2010), http://www.osym.gov.tr/Genel/BelgeGoster.aspx? F6E10 F8892433 CFF8DF7C92FCA5B4D05367EEC3328026340)

ÖSYM, (2010), http://www.osym.gov.tr/dosya/1-49839/h/ 26onlisansogretimalan .pdf

Parker, Lee D., (2002), Back to the future, the broadening accounting trajectory, British Accounting Review, South Australia.

http : // www.sciencedirect.com / science? _ob = Article URL&_udi = B6WC3 - 45 K0XBP-9&_user=4019113&_coverDate=12/31/2001&_rdoc=1& _fmt= high &_orig=search&_origin=search&_sort=d&_docanchor=&view=c&_searchStrId= 1552504462&_rerunOrigin=google&_acct=C000062080&_version=1&_urlVersion=0&_userid=4019113&md5=252cf7f0fca26cd9315012e98a4243b3&searchtype=a

Ravenscroft, Susan P., Rebele James E., Pıerre, Kent St. (2008), The importance of accounting education research, Journal of Accounting Education,

Rezaee, Zabihollah, Szendi, Joseph Z., . Elmore, Robert C., (2010), International Accounting Education: Insights from Academicians and Practitioners, The International Journal of Accounting, http://www.sciencedirect.com/science?_ob=ArticleURL&_udi=B6W4P- 45GNS7 D-M&_user=4019113&_coverDate= 12%2F31%2F1997&_alid=1428439707&_rdoc=1&_fmt=high&_orig=search&_cdi=6548&_sort=r&_docanchor=&view=c&_ct=133&_acct=C000062080&_version=1&_urlVersion=0&_userid=4019113&md5=d26252552dc4103aef6a3f394496dfaf

Rebele, J., & Tiller, M. G. (1986). Empirical research in accounting education: a review and education.

http://www.sciencedirect.com/science?_ob=ArticleURL&_udi=B6VDD-45K0C6 M14&_user=4019113&_coverDate=07/01/1991&_rdoc=1&_fmt=high&_orig=se

arch&_origin=search&_sort=d&_docanchor=&view=c&_searchStrId=158573965 9&_rerunOrigin=google&_acct=C000062080&_version=1&_urlVersion=0&_use rid=4019113&md5=1f35317c26238b758078bae4e6cfd746&searchtype=a

Rouda, R. H. ve Kusy, M. E. (2008). "Needs Assessment The First Step, Development of Human Resources -- Part 2. 19http://alumni.caltech.edu/~rouda/ T2_NA.html.

Sayın, Şevket, Yeğinboy, Yasemin, Tektüfekçi, Fatma (2010), Dokuz Eylül Üniversitesi İ.İ.B.F.'nde Öğrenci Açısından ve Alt Yapı Bakımından Muhasebe ve Finansman Eğitiminin Etkinliğinin Ölçülmesi ve Değerlendirilmesi Üzerine Bir Araştırma, İzmir.

http://uvt.ulakbim.gov.tr/uvt/index.php?cwid=9&vtadi=TPRJ,TTAR,TTIP,TMUH TSOS,THUK&ano=50226_6e3b6c0e0bc8c6b5b18ddab17fd854ae

Sevilengül, Orhan (2007), Genel Muhasebe, Gazi kitabevi, Ankara.

Sezgin S. İlhan (1980), Becerili İnsan Gücünün Yetiştirilmesi Araştırması, MEB Etüd Ve Programlama Dairesi Yayını,173.Ankara

Sezgin, İlhan (2009), Mesleki ve Teknik Eğitimde Program Geliştirme, Nobel Yayın Dağıtım, Ankara.

Simpson R.D and Brown D.R. (1977), Validating Scieence Teaching Competencies using the Delphi Method, in Science Education. 61 (2): 209-219.

Sönmez, Veysel (2004), Program Geliştirmede Öğretmen El Kitabı, Anı Yayıncılık, Ankara

Spiel, C., Lapka, D., Gradinger, P., Reimann, R., Schober, B., Wagner, P. & von Eye, A. (2009), *A Euclidean distance-based matching procedure for non-randomized comparison studies.* Poster presented at the 2009 Biennial Meeting of the Society for Research in Child Development (SRCD), Denver, USA.

Subaşı, Şerife (2006), Muhasebe Meslek Mensuplarının Sürekli Eğitimi ve Türkiye'deki Uygulamanın Değerlendirilmesi, (Yayınlanmamış Doktora Tezi) Anadolu Üniversitesi Sosyal Bilimler Enstitüsü, Eskişehir.

Tan, Ş. (2005), Öğretimi Planlama ve Değerlendirme, Pegem-A Yayıncılık, Ankara.

Türkbal, Aydın (2003), Bilimsel Araştırma Yöntemleri ve Yazma Teknikleri, Aktif Yayınevi, İstanbul.

Türk, Ercan (1999), Türk Eğitim Sistemi, Nobel Yayınevi, Ankara.

TÜRK DİL KURUMU, (2005), Yazım Kılavuzu, Türk Dil Kurumu, Ankara

TÜRK DİL KURUMU, (1988), Türkçe Sözlük, Türk Dil Kurumu, Ankara

Turan, Kemal (1992), Mesleki Teknik Eğitimin Gelişmesi ve Mehmet Rüştü Özel, MEB Yayınlar, İstanbul.

Turan, Kemal (1996), Ahilikten Günümüze Mesleki ve Teknik Eğitimin Tarihi Gelişimi, M.Ü. İlahiyat Fakültesi Vakfı Yayınlar, İstanbul.

UA, (2010) Erasmus: http://www.ua.gov.tr/index.cfm?action=detay&bid=9 Erişim Tarihi: 11.08.2010

UA, (2010) Comenius: http://www.ua.gov.tr/index.cfm?action=detay&yayinID=10980F63AA0F9FF4EE7DEE36577432471673E, Erişim Tarihi: 11.08.2010

UA, (2010)Grundtvig: http://www.ua.gov.tr/index.cfm?action=detay&yayinid=33250E6A1AFB0B5DD0C4F32A25682A81A8169&CFID=3463870&CFTOKEN=10944132, Erişim Tarihi: 11.08.2010

UA, (2010), Minerva: http://www.ua.gov.tr/index.cfm?action=detay&yayinid=33250E6A1AFB0B5DD0C4F32A25672A81A8169&CFID=3463870&CFTOKEN=10944134, Erişim Tarihi: 11.08.2010

UA, (2010), Lingua: http://www.ua.gov.tr/index.cfm?action=detay&yayinid=77525B9306CD313B95DCC981FFE79EBEDD3EC&CFID=3463870&CFTOKEN=10944132, Erişim Tarihi: 11.08.2010

UÇKAÇ, Mustafa (2003), Genel Muhasebe, Dilara Yayınevi, Trabzon.

Ünal, Işıl (1996), İşbaşında Yetiştirmenin Verimlilik ve İstihdam Açısından Değerlendirilmesi, Milli Prodüktivite Merkezi, MPM Verimlilik Dergisi.

Ünsür, Ahmet (1998), Mesleki Eğitim ve Mesleğe Yöneltme: İnsan Kaynaklarının Geliştirilmesi, Sakarya Üniversitesi Yayınları, Sakarya.

Varış, Fatma (1996), Eğitimde Program Geliştirme, Alkım Yayınları, Ankara.

Varış, Fatma, (1997), Eğitim Bilimine Giriş, Alkım Yayınları, Ankara.

Yalın, Halil İbrahim, (2003), Öğretim Teknolojileri ve Materyal Geliştirme, Nobel Yayınları, Ankara.

Yıldırım, Ali, Şimşek Hasan, (2006), Sosyal Bilimlerde Nitel Araştırma Yöntemleri, Seçkin Yayıncılık, Ankara.

Yıldırım, Cemal (1999), Eğitimde Ölçme Değerlendirme, ÖSYM Yayınları, Ankara.

Yılmaz, Serpil, Ciğer, Ayşegül (2010), Küreselleşme Ve Ön lisans Muhasebe Eğitiminde Kalite Arayışı.

www.isletme.istanbul.edu.tr/surekli_yayinlar/tmes2004/bildiri13.doc

Yılmaz, Serpil, Ciğer, Ayşegül (2010), Küreselleşme ve Önlisans Muhasebe Eğitiminde Kalite Arayışı, http://www.isletme.istanbul.edu.tr/surekli_yayinlar /tmes2004/bildiriler.htm, Erişim Tarihi;12.08.2010.

YÖK, (2010), Yönetmelikhttp://www.yok.gov.tr/content/blogcategory/87/213/.

Yüksel, S., (2003), Türkiye'de Program Geliştirme Çalışmaları ve Sorunları, Milli Eğitim Dergisi, Sayı 159, Ankara.

Rezaee, Zabihollah, Szendı, Z., Joseph, Elmore, Robert (1997), International Accounting Education: Insights from Academicians and Practitioners, Texas.

Zaif, Figen, Ayanoğlu, Yıldız (2007), Muhasebe Eğitiminde Kalitenin Arttırılmasında Ders Programlarının Önemi: Türkiye'de Bir İnceleme, Gazi Üniversitesi İktisadi ve İdari Bilimler Fakültesi Dergisi 9/1, Ankara

Zaif, Figen (2004), "Muhasebe Eğitiminde Yeni Yaklaşımlar", Türkiye XXIII. Muhasebe Eğitimi Sempozyumu, 19-23 Mayıs, s.53-62.

Zengingönül, Oğul (1999), Avrupa Birliği'nde Mesleki Teknik Eğitime Yeni Yaklaşımlar ve Türkiye İçin Bir Uyum Analizi, TOBB Yayın No. Genel: 342, AYDB: 159, Ankara.

Woolfolk, A. (2002), " Educational Psychology", New York: Pearson.

EKLER

ATATÜRK ÜNİVERSİTESİ

Sosyal Bilimler Enstitüsü Müdürlüğü

Anket İzin Dilekçe Formu

Öğrencinin	**Adı Soyadı**	**Alper TAZEGÜL**
	Numarası	**077718002**
	Ana Bilim / Bilim Dalı	**İŞLETME/MUHASEBE-FİNANSMAN**
	Programı	**Doktora**
Tezin Konusu: Muhasebe Öğretim Programına Yönelik Değerlendirme		
Anketin Konusu: 1. Muhasebe Öğretim Programına Yönelik Öğretim Elemanı Değerlendirme Anketi 2. Muhasebe Öğretim Programına Yönelik Öğrenci Değerlendirme Anketi		
Anketin Uygulanacağı Kişi veya Kurumlar **1) İstanbul Üniversitesi** • **Sosyal Bilimler Meslek Yüksekokulu** **2) Uludağ Üniversitesi** • **Sosyal Bilimler Meslek Yüksekokulu** • **Karacabey Meslek Yüksekokulu** • **Mustafa Kemalpaşa Meslek Yüksekokulu** • **İnegöl Meslek Yüksekokulu** • **Yenişehir İbrahim Orhan Meslek Yüksekokulu**		

- **Orhaneli Meslek Yüksekokulu**
- **Harmancık Meslek Yüksekokulu**

3) Balıkesir Üniversitesi

- **Balıkesir Meslek Yüksekokulu**
- **Bandırma Meslek Yüksekokulu**
- **Burhaniye Meslek Yüksekokulu**
- **Bigadiç Meslek Yüksekokulu**
- **Gönen Meslek Yüksekokulu**
- **Havran Meslek Yüksekokulu**
- **Savaştepe Meslek Yüksekokulu**
- **Sındırgı Meslek Yüksekokulu**

4) Trakya Üniversitesi

- **Edirne Sosyal Bilimler Meslek Yüksekokulu**
- **Havsa Meslek Yüksekokulu**

5) Dokuz Eylül Üniversitesi

- **İzmir Meslek Yüksekokulu**

6) Pamukkale Üniversitesi

- **Honaz Meslek Yüksekokulu**
- **Buldan Meslek Yüksekokulu**
- **Atasay Kamer Meslek Yüksekokulu**

7) Muğla Üniversitesi

- **Dalaman Meslek Yüksekokulu**
- **Datça Kazım Yılmaz Meslek Yüksekokulu**
- **Fethiye Ali Sıtkı Mefharet Koçman Meslek Yüksekokulu**
- **Milas Sıtkı Koçman Meslek Yüksekokulu**
- **Ula Ali Koçman Meslek Yüksekokulu**

8) Celal Bayar Üniversitesi

- **Ahmetli Meslek Yüksekokulu**
- **Demirci Meslek Yüksekokulu**
- **Gördes Meslek Yüksekokulu**
- **Kırkağaç Meslek Yüksekokulu**

9) Akdeniz Üniversitesi

- **Sosyal Bilimler Meslek Yüksekokulu**
- **Elmalı Meslek Yüksekokulu**
- **Korkuteli Meslek Yüksekokulu**
- **Kumluca Meslek Yüksekokulu**
- **Manavgat Meslek Yüksekokulu**
- **Alanya Meslek Yüksekokulu**
- **Akseki Meslek Yüksekokulu**

10) Çukurova Üniversitesi

- **Adana Meslek Yüksekokulu**
- **Ceyhan Meslek Yüksekokulu**
- **Kozan Meslek Yüksekokulu**

11) Süleyman Demirel Üniversitesi

- **Atabey Meslek Yüksekokulu**
- **Eğirdir Meslek Yüksekokulu**
- **Gönen Meslek Yüksekokulu**
- **Keçiborlu Meslek Yüksekokulu**
- **Sütçüler Prof. Dr. Hasan Gürbüz Meslek Yüksekokulu**
- **Yalvaç Meslek Yüksekokulu**
- **Şarkikaraağaç Meslek Yüksekokulu**
- **Isparta Meslek Yüksekokulu**
- **Gelendost Meslek Yüksekokulu**

12) Osmaniye Korkut Ata Üniversitesi

- **Osmaniye Meslek Yüksekokulu**
- **Kadirli Meslek Yüksekokulu**
- **Düziçi Meslek Yüksekokulu**
- **Bahçe Meslek Yüksekokulu**

13) Selçuk Üniversitesi

- **Akören Ali Rıza Ercan Meslek Yüksekokulu**
- **Akşehir Meslek Yüksekokulu**
- **Cihanbeyli Meslek Yüksekokulu**

- **Doğanhisar Meslek Yüksekokulu**
- **Ereğli Kemal Akman Meslek Yüksekokulu**
- **Sosyal Bilimler Meslek Yüksekokulu**

14) Gazi Üniversitesi

- **Gazi Meslek Yüksekokulu**

15) Nevşehir Üniversitesi

- **Nevşehir Meslek Yüksekokulu**
- **Hacı Bektaş Veli Meslek Yüksekokulu**

16) Karadeniz Teknik Üniversitesi

- **Trabzon Meslek Yüksekokulu**
- **Beşikdüzü Meslek Yüksekokulu**
- **Maçka Meslek Yüksekokulu**
- **Vakfıkebir Meslek Yüksekokulu**

17) On Dokuz Mayıs Üniversitesi

- **Bafra Meslek Yüksekokulu**
- **Çarşamba Ticaret Borsası Meslek Yüksekokulu**
- **Samsun Meslek Yüksekokulu**
- **Terme Meslek Yüksekokulu**
- **Vezirköprü Meslek Yüksekokulu**

18) Artvin Çoruh Üniversitesi

- **Artvin Meslek Yüksekokulu**

19) Dicle Üniversitesi

- **Diyarbakır Meslek Yüksekokulu**
- **Ergani Meslek Yüksekokulu**

20) Gaziantep Üniversitesi

- **Naci Topçuoğlu Meslek Yüksekokulu**
- **Oğuzeli Meslek Yüksekokulu**
- **Nizip Meslek Yüksekokulu**
- **Gaziantep Meslek Yüksekokulu**

21) Harran Üniversitesi

- **Şanlıurfa Meslek Yüksekokulu**

- **Akçakale Meslek Yüksekokulu**
- **Birecik Meslek Yüksekokulu**
- **Bozova Meslek Yüksekokulu**
- **Siverek Meslek Yüksekokulu**
- **Viranşehir Meslek Yüksekokulu**

22) Atatürk Üniversitesi

- **Erzurum Meslek Yüksekokulu**
- **Aşkale Meslek Yüksekokulu**
- **İspir Hamza Polat Meslek Yüksekokulu**
- **Narman Meslek Yüksekokulu**
- **Oltu Meslek Yüksekokulu**
- **Pasinler Meslek Yüksekokulu**

23) Kafkas Üniversitesi

- **Sosyal Bilimler Meslek Yüksekokulu**
- **Kağızman Meslek Yüksekokulu**

24) İnönü Üniversitesi

- **Arapgir Meslek Yüksekokulu**
- **Malatya Meslek Yüksekokulu**

25) Yüzüncü Yıl Üniversitesi

- **Başkale Meslek Yüksekokulu**
- **Erciş Meslek Yüksekokulu**
- **Gevaş Meslek Yüksekokulu**
- **Özalp Meslek Yüksekokulu**
- **Van Meslek Yüksekokulu**

26) Beykent Üniversitesi

- **Sosyal Bilimler Meslek Yüksek Okulu**

27) Başkent Üniversitesi

- **Başken Üniversitesi Meslek Yüksek Okulu**

28) Çağ Üniversitesi

- **Çağ Üniversitesi Meslek Yüksek Okulu**

29) Doğuş Üniversitesi

- **Doğuş Üniversitesi Meslek Yüksekokulu**

30) Fatih Üniversitesi

- **İstanbul Meslek Yüksekokulu**

31) İstanbul Aydın Üniversitesi

- **Anadolu Bil Meslek Yüksekokulu**

32) İstanbul Kültür Üniversitesi

- **İşletmecilik Meslek Yüksekokulu**

33) İstanbul Ticaret Üniversitesi

- **İstanbul Ticaret Üniversitesi Meslek Yüksekokulu**

34) İzmir Üniversitesi

- **İzmir Üniversitesi Meslek Yüksekokulu**

Uygundur. Ana Bilim dalı Başkanı Prof.Dr. Muammer ERDOĞAN	**Tez Danışmanı** Prof.Dr. M. Suphi ORHAN
Tarih/Sayı :	Tarih :

Eki : Adet Anket Formu

1 Adet Tez Önerisi

Sayın Öğretim Elemanı

Bu soru formu, "Muhasebe Öğretim Programının Öğretim Elemanı Ve Öğrenci Görüşlerine Göre Değerlendirilmesi: Meslek Yüksekokullarında Bir Uygulama" bağlamında yürütülen bilimsel bir araştırma ile ilgilidir. Araştırma sonuçları, elde edilen bulgular ışığında bu konudaki tutumları belirlemek amacıyla kullanılacaktır.

Soru formu beş bölümden oluşmaktadır. Birinci bölümde kişisel bilgilere ilişkin sorular yer almaktadır. İkinci, Üçüncü, dördüncü ve beşinci bölümde öğretim elemanlarının muhasebe öğretim programına yönelik akademik değerlendirmelerine ilişkin sorular bulunmaktadır. Sorulara vereceğiniz yanıtlar diğer meslek yüksek okullarından elde edilecek veriler ile birlikte analiz edilip değerlendirilecektir. Görev yaptığınız meslek yüksek okulu düzeyinde ayrıca bir değerlendirme yapılmayacaktır.

Bu ölçekte 76 adet soru ifadesi bulunmaktadır. Bu soruları yanıtlarken göstereceğiniz samimiyet ve sabır var olan durumun olduğu gibi ortaya konulabilmesi açısından önemlidir. Bu nedenle her bir ifadeyi okuduktan sonra, düşüncenizi size verilen liste üzerinde ayrılan yere işaretleyiniz. Lütfen işaretsiz ifade bırakmayınız. Size verilen soru formu üzerine adınızı yazmayınız, kimliğinizi belirtecek herhangi bir işaret bırakmayınız.

Katkılarınız için teşekkürler...

Danışman
Prof.Dr. M.Suphi ORHAN
Atatürk Üniversitesi
İİBF Öğretim Üyesi

Alper TAZEGÜL
Atatürk Üniversitesi
Sosyal Bilimler Enstitüsü

İletişim:
05068550372
alpertazegul@gmail.com, alpertazegul@mynet.com

BÖLÜM 1: GENEL BİLGİLER				
1. Cinsiyetiniz	Bayan	1	Bay	2
2. Mesleki kıdeminiz	1-5 Yıl	1	6-10 Yıl	2
	11-15 Yıl	3	16-20 Yıl	4
	20 ve Üstü	5		
3.Öğrenim durumunuz	Lisans	1	Yüksek Lisans	2
	Doktora	3		
4. Akademik unvanınız	Prof.Dr.	1	Doç.Dr.	2
	Yrd. Doç. Dr.	3	Öğr. Gör.	4
	Okt.	5	Arş. Gör.	6
5.Lisans/Lisans Üstü Mezuniyet Alanınız	Muhasebe	1		
	Diğer	2		
6.Halen Görev Yaptığınız;	Üniversite :			
	Fakülte :			
	Meslek Yüksekokulu :			
	Bölüm :			
	Ana Bilim Dalı :			

BÖLÜM II: PROGRAM KAZANIMLARI-KAPSAM-PLANLAMA-MATERYAL GELİŞTİRME	Tamamen	Genellikle	Kısmen	Az	Hiç
1. Muhasebe öğretim programı amaçlarının birey ve toplumun ihtiyaçlarına yönelik oluşturulduğunu düşünüyor musunuz?					
2. Muhasebe öğretim programı konuları ile muhasebe öğretim programı amaçları arasında bir tutarlılık var mıdır?					
3. Muhasebe derslerine başlamadan önce öğretimin amacını ve içeriğini belirliyor musunuz?					
4. Muhasebe dersleriyle ilgili bilgi ve işlem yaprağı hazırlıyor musunuz?					
5. Muhasebe öğretim programı amaçlarının bu dersi alan öğrencilerin mesleki özelliklerine uygun olduğuna inanıyor musunuz?					
6. Muhasebe öğretim programı konuları içerisinde yer alan bilgiler öğrenci seviyesini yansıtmakta mıdır?					
7. Muhasebe derslerine başlamadan önce öğretim etkinliklerini belirliyor musunuz?					
8. Muhasebe derslerinde tepegöz saydamı, slayt, bilgisayar ekranı hazırlıyor musunuz?					
9. Muhasebe öğretim programı amaçları genel anlamda muhasebe alanının özellikleri ile paralellik taşımakta mıdır?					
10. Muhasebe öğretim programı konularının okul-sektör işbirliğini sağlayabilecek yapıda olduğunu düşünüyor musunuz?					
11. Muhasebe derslerine başlamadan önce öğretimde kullanacağınız yönetim anlayışını tespit ediyor musunuz?					
12. Muhasebe derslerinde Şema, şekil ve grafik hazırlıyor musunuz?					
13. Muhasebe öğretim programı amaçlarının toplumun arzu ettiği mesleki beklentileri karşılayabileceğini düşünüyor musunuz?					
14. Muhasebe öğretim programı konu alanlarındaki bilgilere bakıldığında, bu bilgilerin güncel ve geçerli olduğunu söyleyebilir misiniz?					

15. Muhasebe derslerine başlamadan önce öğretim etkinliklerini gerçekleştireceğiniz öğretim ortamlarını seçiyor musunuz?					
16. Muhasebe derslerinde pano, afiş, sergi düzenliyor musunuz?					
17. Muhasebe öğretim programı amaçlarının öğretim elemanları tarafından açık ve anlaşılabilir niteliğinin olduğunu söyleyebilir misiniz?					
18. Muhasebe öğretim programı konularının öğrencilerin yansıtıcı düşünmesine, yaratıcı olmasına, bireysel ve grup problemlerini çözmesine yardımcı olabilecek şekilde geliştirildiğini düşünüyor musunuz?					
19. Muhasebe derslerinde kullanacağınız ölçme ve değerlendirme araçlarını önceden belirliyor musunuz?					
20. Muhasebe derslerinde materyal uyarlama, materyali arşivleme çalışmaları yapıyor musunuz?					
21. Muhasebe öğretim programı amaçları programda belirtildiği gibi bilişsel ve psikomotor becerileri kazandırabileceği kanısında mısınız?					
22. Muhasebe öğretim programı konularının, bu alanı oluşturan genel disiplin ile ilişkili olarak hazırlandığını ve yansıtıldığını söyleyebilir misiniz?					
23. Muhasebe öğretim programı amaçları öğrenciler mesleğe başladığında mesleki anlamda onları donanımlı meslek mensubu yapabilecek düzeyde midir?					
24. Muhasebe öğretim programı konuları günlük yaşamla ilişkilendirilebilecek nitelikte midir?					
25. Muhasebe öğretim programı amaçları tutarlı bir şekilde birbirini desteklemekte midir?					
26. . Muhasebe öğretim programında yer alan konuların önceki öğrenmelerle ilişki kurulabilecek nitelikte olduğunu söyleyebilir misiniz?					
27. Muhasebe öğretim programı amaçları, öğrencilerin ortaöğretim sonrası alabileceği şekilde tasarlanıp geliştirildiğini düşünüyor musunuz?					

28. Muhasebe öğretim programı konularının içinde yer alan bilgilerin sunuluş sırası öğretim ilkelerine uygun bir şekilde düzenlenmiş midir?					
29. Muhasebe öğretim programı amaçlarının meslek yüksekokullarında uygulanabilir niteliğinin olduğunu düşünüyor musunuz?					
30. Muhasebe öğretim programı konularının açık, anlaşılabilir bir şekilde ifade edildiğini düşünüyor musunuz?					
BÖLÜM III: ÖĞRETİM YAPMA-YÖNETME VE DEĞERLENDİRME	Tamamen	Genellikle	Kısmen	Az	Hiç
1.Muhasebe derslerinde, öğrencinin ilgi ve dikkati ilgili konu ya da konulara çekilebiliyor musunuz?					
2. Muhasebe derslerinde öğrencilerin kendilerini ifade edebilecekleri bir ortam oluşturuyor musunuz?					
3. Amaca uygun ölçme ve değerlendirme yöntemleri belirliyor musunuz?					
4. Muhasebe derslerinde, öğrencinin önceden öğrendikleri ile konu alanı arasında bağ kurulabilmekte midir?					
5. Muhasebe derslerinde, öğretimde uygulanacak kuralları belirleyerek, öğrencileri motive ediyor musunuz?					
6. Öğrencinin performans ölçütlerini belirliyor musunuz?					
7. Muhasebe derslerinde, öğrencinin konu alanı ile ihtiyacı arasında bağ kurulabilmekte midir?					
8. Muhasebe derslerinde olumlu davranışı pekiştirerek, olumsuz davranışı düzeltiyor musunuz?					
9. Öğrencilerin değerlendirme sürecine katılımını sağlıyor musunuz?					
10. Muhasebe derslerinde, öğrenci hedef – davranışlardan haberdar edilmekte midir?					
11. Muhasebe derslerinde öğretim ortamını düzenliyor musunuz?					
12. Öğretim sürecinin etkinliğini ve süreçteki rolünüzü değerlendiriyor musunuz?					
13. Muhasebe derslerinde, konular öğretim ilkelerinden hareketle işlenmekte midir?					
14. Öğretim hızını öğrenciye göre ayarlayarak, zamanı etkin olarak yönetiyor musunuz?					
15. Öğrenciye geri bildirim sağlıyor musunuz?					
16. Muhasebe derslerinde, öğrencilerin öğretim etkinliğine aktif katılımları içim süreç zenginleştirilmekte midir?					
17. Muhasebe derslerinde, konu ile ilgili olarak alan uzmanlarına bilgi sunumları yaptırılmakta mıdır?					
18 Muhasebe derslerinde, bilgiyi aktarmaktan çok öğrencilere bilgiye ulaşmaları konusunda yol gösterilmekte midir?					
19. Muhasebe derslerinde öğrenciler soru sormaya ve cevap vermeye isteklendirilip, cesaretlendirmekte midir?					

20. Muhasebe derslerinde öğrencilerin görüşlerini açık, özgür bir şekilde ifade etmelerine fırsat verecek demokratik ortamlar sağlanmakta mıdır?					
21. Muhasebe derslerinde, bireysel ve grup problemlerini çözmesini gerektirecek etkinliklere yönelik uygulamalar yapılmakta mıdır?					
22. Muhasebe derslerinde ana temaları da belirleyerek, ortaya çıkan düşünceler konusunda genel özetler yapılmakta mıdır?					
23. Muhasebe derslerinde, öğrencilerin bireysel farklılıklarına dikkat edilmekte midir?					
24. Muhasebe derslerinde , öğrenme eksikliklerini ve yanlışlıklarını gidermek için anında dönüt ve düzeltmeler yapılmakta mıdır?					
25. Muhasebe derslerinde, öğrencileri bir sonraki derse hazırlamaları için gerekli yönlendirmeler yapılmakta mıdır?					
BÖLÜM IV: ÖĞRENCİ TANIMA-REHBERLİK	Tamamen	Genellikle	Kısmen	Az	Hiç
1. Öğrenciyi tanımada ilgililerle iş birliği yapıyor musunuz?					
2. Muhasebe mesleği ile ilgili yasa ve yönetmelikleri takip ediyor musunuz?					
3. Öğrencilerin bilişsel, duyuşsal ve devinişsel özelliklerini tanımaya yönelik çalışmalar yapıyor musunuz?					
4. Bilimsel etkinliklere katılarak ve meslekî yayınları izliyor musunuz?					
5. Öğrencilerin ilgi ve yeteneklerini gözlemleyerek, öğrenme stilini belirliyor musunuz?					
6. Meslekî kuruluşlara aktif olarak katılıyor musunuz?					
7. Öğrencilerin okul karar süreçlerine katılımını destekliyor musunuz?					
8. Kişisel ve mesleki davranışlarınız nedeniyle meslektaşlarınızdan performansınız ile ilgili geri bildirim alıyor musunuz?					
9. Öğrencilerin meslekî geleceklerini plânlama becerilerini geliştirmelerine yardım ediyor musunuz?					
10. Okul etkinliklerine katılarak, okulun işleyişi ile ilgili görüş ve önerilerde bulunuyor musunuz?					

BÖLÜM V: MYO-SEKTÖR İLİŞKİSİ	Tamamen	Genellikle	Kısmen	Az	Hiç
1. Staj uygulamaları ile MYO'larda verilen teorik eğitim paralellik göstermekte midir?					
2. Staj uygulamaları esnasında öğrenciler gerekli bilgi ve beceriyi kazanmakta mıdır?					
3. Staj uygulamalarında işletmeler stajyer öğrenciye gerekli olan rehberliği ve danışmanlığı yapmakta mıdır?					
4. MYO ile sektör arasında yeterli ve etkili işbirliği ve koordinasyon sağlanmakta mıdır?					
5. Staj uygulamaları objektif ve sürece yönelik olarak değerlendirilmekte midir?					

Değeri Öğrencimiz...

Bu soru formu "Muhasebe Öğretim Programının Öğretim Elemanı Ve Öğrenci Görüşlerine Göre Değerlendirilmesi: Meslek Yüksekokullarında Bir Uygulama" bağlamında yürütülen bilimsel bir araştırma ile ilgilidir. Araştırma sonuçları, elde edilen bulgular ışığında bu konudaki tutumları belirlemek amacıyla kullanılacaktır. Soru formu iki bölümden oluşmaktadır. Birinci bölümde kişisel bilgilere ilişkin sorular İkinci bölümde ise muhasebe öğretimine yönelik olarak öğrenci değerlendirmeleri ile ilgili sorular bulunmaktadır.

Bu ölçekte 35 adet soru ifadesi bulunmaktadır. Bu soruları yanıtlarken göstereceğiniz samimiyet ve sabır var olan durumun olduğu gibi ortaya konulabilmesi açısından önemlidir. Bu nedenle her bir ifadeyi okuduktan sonra, düşüncenizi size verilen liste üzerinde ayrılan yere işaretleyiniz. Lütfen işaretsiz ifade bırakmayınız. Size verilen soru formu üzerine adınızı yazmayınız, kimliğinizi belirtecek herhangi bir işaret bırakmayınız.

Katkılarınız için teşekkürler...

Danışman
Prof.Dr. M. Suphi ORHAN
Atatürk Üniversitesi
İİBF Öğretim Üyesi

Alper TAZEGÜL
Atatürk Üniversitesi
Sosyal Bilimler Enstitüsü
İletişim:
05068550372
alpertazegul@gmail.com
alpertazegul@mynet.com

BÖLÜM 1: GENEL BİLGİLER				
1. Cinsiyetiniz	Bayan	1	Bay	2
2.Mezun Olduğunuz Orta Öğretim Kurumu	Genel Lise	1	Ticaret Lisesi	2
	Diğer (Belirtiniz)	3	....	
3.Üniversiteye Yerleştirilme Şekliniz	Sınavla	1	Sınavsız Geçiş	2
4.Öğrenim Gördüğünüz Programın Tercih Sırası	Belirtiniz	1	....	
5.Sınıfınız	Birinci Sınıf	1	İkinci Sınıf	2
	Tekrar	3		

BÖLÜM II: PROGRAM DEĞERLENDİRME	Tamamen	Genellikle	Kısmen	Az	Hiç
1. Öğretim elemanları muhasebe dersleri ile ilgili dönem planı yaparak, planlamasını açık, anlaşılır ve düzenli biçimde ifade ediyor mu?					
2. Öğretim elemanları, muhasebe derslerinde zamanı verimli kullanabiliyorlar mı?					
3. Öğretim elemanları muhasebe derslerine uygun bir giriş yaparak, derse ilgi ve dikkati çekiyorlar mı?					
4. Öğretim elemanları muhasebe derslerinde öğrencilerle etkili iletişim kurabiliyorlar mı?					
5. Öğretim elemanları muhasebe derslerinde uygun ölçme değerlendirme araçları hazırlayabiliyorlar mı?					
6. Staj uygulamaları ile MYO'larda verilen teorik eğitim paralellik göstermekte midir?					
7. Öğretim elemanları muhasebe derslerine uygun araç gereç ve materyal seçip ve hazırlıyor mu?					
8. Öğretim elemanları, muhasebe derslerinde öğrencilerin etkin katılımı için etkinlikler düzenliyorlar mı?					
9. Öğretim elemanları muhasebe derslerinde demokratik bir öğrenme ortamı sağlıyorlar mı?					
10. Öğretim elemanları muhasebe derslerinde açıklamalar yaparak dersin işlenişi il ilgili yönergeler veriyorlar mı?					
11. Öğretim elemanları muhasebe derslerinde öğrencilerin anlama düzeylerine göre dönütler verebiliyorlar mı?					
12. Staj uygulamaları esnasında öğrenciler gerekli bilgi ve beceriyi kazanmakta mıdır?					
13. Öğretim elemanları muhasebe derslerine uygun öğretim ortamları hazırlıyor mu?					
14. Öğretim elemanları, muhasebe derslerinde öğretimi bireysel farklılıklara göre sürdürüyorlar mı?					
15. Öğretim elemanları muhasebe derslerine ilgi ve güdünün sürekliliğini sağlıyorlar mı?					

BÖLÜM II: PROGRAM DEĞERLENDİRME	Tamamen	Genellikle	Kısmen	Az	Hiç
16. Öğretim elemanları muhasebe derslerinde ses tonunu etkili biçimde kullanabiliyorlar mı?					
17. Öğretim elemanları muhasebe derslerinde öğrencilerin ürünlerini kısa sürede notlandırıp ilan ediyorlar mı?					
18. Staj uygulamalarında işletmeler stajyer öğrenciye gerekli olan rehberliği ve danışmanlığı yapmakta mıdır?					
19. Öğretim elemanları muhasebe dersleri ile uyumlu uygulama etkinlikleri planlıyor mu?					
20. Öğretim elemanları, muhasebe derslerinde öğretim araç-gereç ve materyallerini sınıf düzeyine uygun biçimde kullanıyorlar mı?					
21. Öğretim elemanları muhasebe derslerinde öğrenci kaynaklı ortaya çıkan engellemelere karşı uygun önlemler alarak dersin sürdürülmesi için övgü ve yaptırımlardan yararlanıyorlar mı?					
22. Öğretim elemanları muhasebe derslerinde öğrencileri ilgi ile dinliyorlar mı?					
23. Öğretim elemanları muhasebe dersleri ile ilgili yaptıkları sınavlarda ders içeriklerinde yer alan konuları tam olarak ölçüyorlar mı?					
24. MYO ile sektör arasında yeterli ve etkili işbirliği ve koordinasyon sağlanmakta mıdır?					
25. Öğretim elemanları muhasebe dersleri ile ilgili olarak yeterli kaynak öneriyor mu?					
26. Öğretim elemanları, muhasebe derslerinde özetleme ve uygun dönütler vererek, konuyu yaşamla ilişkilendiriyorlar mı?					
27. Öğretim elemanları muhasebe derslerinin bitiminde konuları özetleyerek sonraki dersler ile bağlantı kuruyorlar mı?					
28. Öğretim elemanları muhasebe derslerinde sözel dili ve beden dilini etkili biçimde kullanabiliyorlar mı?					
29. Öğretim elemanlarının muhasebe derslerindeki değerlendirmelerinin objektif olduğunu düşünüyor musun?					
30. Staj uygulamaları objektif ve sürece yönelik olarak değerlendirilmekte midir?					

ÖZGEÇMİŞ

1976 Yılında Kars İli Arpaçay İlçesinde Doğdu.

1985 Yılında Kars Atatürk İlkokulu'nu Bitirdi.

1988 Yılında Kars Gazi Kars Ortaokulu'nu Bitirdi.

1991 Yılında Elazığ Sivrice Lisesi'ni Bitirdi.

1996 Yılında Selçuk Üniversitesi İktisadi İdari Bilimler Fakültesi'ni Bitirdi.

1996 Yılında Milli Eğitim Bakanlığı Bünyesinde Kars İlinde Öğretmenliğe Atandı.

2000 Yılında Askerlik Görevini Kısa Dönem Olarak Tamamladı.

2002 Yılında Kafkas Üniversitesi Kars Meslek Yüksekokulu'na Öğretim Görevlisi Olarak Atandı.

2005 Yılında Kafkas Üniversitesi Sosyal Bilimle Enstitüsü İşletme Anabilim Dalında Yüksek Lisansı Kazandı.

2007 Yılında Atatürk Üniversitesi Sosyal Bilimle Enstitüsü İşletme Anabilim Dalı Muhasebe Finansman Bilim Dalında Doktora eğitimine başladı.

2011 Yılında Kafkas Üniversitesi Kars Meslek Yüksekokulu'na yardımcı doçent olarak atandı.

2013 Yılında Kafkas Üniversitesi İktisadi ve İdari Bilimler Fakültesi'ne yardımcı doçent olarak atandı.

Kolibri 360 GmbH
Ferdinand-Jühlke-Straße 7
99095 Erfurt, Deutschland
produktsicherheit@kolibri360.de

Druck:
CPI Druckdienstleistungen GmbH
im Auftrag der
Kolibri 360 GmbH
Ferdinand-Jühlke-Str. 7
99095 Erfurt